한국 사회의 질

이론에서 적용까지

이 연구는 2013년 정부(교육부)의 재원으로 한국연구재단의 지원을 받아 수행한 연구입니다.
(NRF-2013-S1A5B8A01053931)

이 도서의 국립중앙도서관 출판예정도서목록(CIP)은 서지정보유통지원시스템 홈페이지(http://seo-ji.nl.go.kr)와 국가자료공동목록시스템(http://www.nl.go.kr/kolisnet)에서 이용하실 수 있습니다.
(CIP제어번호: 2015024770)

한국 사회의 질

이론에서 적용까지

서울대학교 사회발전연구소 기획
이재열 외 지음

한울
아카데미

머리말

한국의 현대사는 세계가 놀라움을 표하는 경제성장과 민주화를 경험한 성공의 역사지만, 내부적으로는 많은 논란의 대상이 되고 있다. 외부의 찬사와 내부의 비판이 교차하는 주된 이유는 성공이 불러온 역설 때문이다. 헐벗고 굶주리던 대중이 눈부신 경제성장으로 1인당 국민소득 3만 달러를 넘보는 선진국 시민이 되었지만, 정작 대다수 국민들은 경제적 자신감을 잃고 미래에 대해 불안해 하고 있다. 직선제 개헌을 성공시키고 세계에서도 보기 드문 평화적 정권교체를 이루어냈지만, 정작 민주주의를 경험하는 유권자들의 정치에 대한 냉소는 심각한 수준을 넘어섰다. 각종 선거의 투표율은 계속 낮아졌다. 여의도 정치를 둘러싼 냉소와 비판에도 불구하고 격돌형 정당정치의 폐해는 쉽게 개선될 것 같지 않다. 풍요의 역설이자 민주화의 역설인 것이다.

이 책은 이러한 문제에 대한 해답을 찾고자 하는 노력에서 출발했다. 한 개인을 평가하는 데도 재산이나 지위 이외에 인격을 중시하는 것처럼, 한 나라의 수준을 가늠하는 데도 경제력이나 군사력 외에 보아야 할 품격이 있다. 우리는 이러한 나라의 품격을 사회의 질(social quality)이라고 생각한다.

사실 따지고 보면 1960년대 경제성장과 1980년대 민주화에 이어 오늘의 한국을 지배하는 시대정신이라고 할 만한 것은 잘 보이지 않는다. 어떤 이들은 경제성장이 더 이루어져야 한다고 주장하고, 어떤 이들은 민주화가 불완전해서 문제라고 주장한다. 그러나 현재 우리가 겪고 있는 많은 문제들은 더 이상의 성장이나 민주화로는 해결하기 어려운 보다 근본적인 원인을 가지고 있다. 그것은 '묻지마 성장'이 아닌, 일자리를 만들고 나누는 성장을, 그리고 절차적 민주주의에 따른 승자 독식의 권력 행사가 아니라, 사회적 합의와 신뢰에 바탕을 둔 협력적 정치 과정을 요구한다. 이는 그동안의 압축적 고도성장과 민주화 과정에서 간과되었던 근원적 이슈들에 대한 성찰을 요구하는데, 그 배경에는 인간적 욕구 충족을 허락하는 사회경제적인 안전장치로서의 복지지출, 모두가 동의하고 신뢰할 수 있는 투명한 규칙과 그것의 공정한 집행, 외형적이고 비본질적인 요인들로 인한 차별과 배제가 없는 포용성, 그리고 각 개인이 스스로의 역량을 극대화하고, 공동체의 운명을 결정하는 데 참여할 수 있는 역능성의 제고 등과 같은 이슈가 자리하고 있다.

이 같은 이유에서 사회의 질은 개인의 웰빙이나 행복과 떼어놓고 생각할 수 없는 사회적 수준에서의 구성적 효과, 즉 한 사회의 제도 역량과 시민들의 참여가 어우러진 사회적 품격이라고 할 수 있을 것이다.

'사회의 질'에 대한 관심은 지난 2008년 이 책의 필자들이 참여한 '사회발전과 사회의 질'이라는 주제의 공동 연구를 통해 꽃피우게 되었다. 한국연구재단은 서울대학교 사회발전연구소를 중점 연구소로 지정하고, 한국의 현실에서는 찾기 어려운 무려 9년간의 장기 연구를 결정한 바 있다. 정진성 전임 소장의 탁월한 리더십에 의해 시작된 이 연구는, 그 이후 장경섭 전 소장을 거쳐 장덕진 현 소장에까지 이어지면서 한국 사회과학 연구의 훌륭한 한 전형을 만들어나가고 있다.

이 연구에서는, 사회의 질이라는 개념을 최초로 제안한 유럽의 사회과학자들은 물론, 일본, 중국, 대만, 태국, 홍콩, 호주 등 다양한 지역의 연구자들과 컨소시엄을 구성하여 함께 표준화된 설문지를 이용하여 데이터를 모으고 분석했을 뿐 아니라, 신문이나 방송 등 언론 매체와의 협업을 통해 연구 성과물이 국민들에게 쉽게 이해될 수 있도록 하는 작업을 해왔다. 특히 SBS 미래부와는 사회의 질 프레임워크를 활용하여 '미래한국리포트'를 수년간 공동으로 제작해오고 있는데, 이 과정에서 유럽의 여러 나라들을 직접 방문하여 자료를 모으고 전문가를 인터뷰하여 풍부한 내용을 방송으로 소화할 수 있도록 협력하기도 했다.

이 책은 이러한 과정에서 연구에 참여한 공동 연구자들이 각자 주제를 정하여 사회의 질과 관련한 주요 개념과 이론들을 한국적 맥락에서 비판적으로 검토하고 재구성해나가는 작업의 일환으로 구상된 것이다.

이 책의 제1장을 맡은 구혜란은 유럽 학자들이 제안한 '사회의 질'이라는 개념과 방법이 어떤 구성을 갖추고 있는지 꼼꼼하게 검토한 후, 이를 '삶의 질'이라는 개념과 대비시켜 그 특성을 밝히고 있다.

이 책의 본문은 크게 두 파트로 구성되는데, 제1부는 사회의 질 프레임워크의 4대 영역이라고 할 수 있는 사회경제적 안전성, 응집성, 포용성, 역능성에 대해 각각 오랫동안 연구해온 공동 연구자들이 집필을 담당하고 있다. 제2장에서 남은영은 사회적 위험 개념을 활용하여 사회경제적 안전성의 문제를 검토하고 있고, 제3장에서 정해식과 안상훈은 신뢰와 투명성이 뒤지는 한국 현실에서 사회적 응집성이 다른 나라들에 비해 뒤지는 원인에 대해 검토하고 있다. 제4장에서 정병은은 사회적 배제의 개념과 한국적 현실에 대해 검토하고 있다. 그리고 제5장에서 김주현은 사회정치적인 관점에서 역능성의 문제를 검토하고 있다.

제2부는 4대 영역을 가로지르는 주제별 접근이라고 해도 좋을 터인데, 사회의 질 접근이 가진 일반체계이론적 응용 가능성을 한국 사회를 통해 검증해본다는 의미가 있다. 제6장에서 정민수는 지역사회 역량으로서 제도와 생활세계의 상호 작용의 양상을 다루고 있다. 본래 사회의 질 연구가 배태된 맥락도 구체적 지역사회를 염두에 둔 것이라는 점에서 그의 시도는 매우 유익

한 것이다. 제7장에서 조병희는 건강과 의료의 문제를 네 영역으로 구분하여 사회의 질 프레임워크가 가지는 역동성을 적용하는 신선한 시도를 하고 있다. 이를 통해 건강의 문제가 한국 사회에서 갖는 문제의 다차원적 측면들에 대해 풍부한 해석을 이끌어낸다. 제8장에서 정진성은 인권 문제를 크로스커팅 이슈로 제기한다. 즉, 서구에서 탈역사적으로 활용된 사회의 질 프레임을 사회발전론적 맥락에 위치시키면서, 동시에 그 핵심을 인권에 맞춤으로 해서 인권론적 시각에서 새로운 사회발전 이론을 제안하고 있다. 아울러 안상훈은 제9장의 사회의 질 프레임이 가진 여러 요소들을 기준으로 하여 복지국가 전략 유형론을 제안한 후, 한국의 미래 복지전환의 경로에 대한 설득력 있는 대안을 제시하고 있다.

이 책의 결론에서 이재열은 기존의 사회의 질 연구의 핵심 내용과 한계들을 제시하고, 각 주제별 서술들이 가지는 경험적 함의에 대해 정리했다. 또 국제 비교에 유용한 대안적 분류틀을 제안하고, 그 개념에 기초하여 한국의 향후 복지국가 발전에 미치는 함의에 대해 정리하고 있다.

공저자들은 이 책이 한국 사회에서 국민계정만으로 발전을 측정하려는 외골수 성장론에 대한 진지한 성찰의 계기가 되기를 기대한다. 또한 향후 사회의 질에 대한 경험적 연구를 통해 서구의 이론을 발전적으로 승화시켜 한국적 발전이론을 진전시키는 데 도움이 되기를 기대한다.

본래 이 책은 지난 2011년에 원고를 모으고 출간하려 했지만, 그동안 연구진의 구성이 변화했고, 또 내용을 꼼꼼히 개선하고자 노력하면서 그 시기가 상당히 늦어지게 되었다. 그동안 서울대학교 사회학과 대학원에 개설된 '사회발전과 사회의 질' 세미나에서 이 책의 주요 내용들이 다루어졌다. 또한 이 책의 원고들이 논문이나 연구보고서의 형태로 발표되기도 했다. 들쭉날쭉한 원고들이 이 정도나마 가지런해질 수 있었던 데는 같은 연구팀 내 한신갑 교수의 꼼꼼한 논평이 큰 도움이 되었다. 그러나 오랜 시간을 끌었음에도 불구하고 이 책이 제대로의 모습을 여전히 갖추지 못하고 있다면 이는 전적으로 필자들의 책임이다.

이 책이 나오기까지 많은 이들의 도움이 있었다. 이곳에 모두 그 기여를 밝히기는 쉽지 않지만, 몇 분들은 꼭 언급해야 할 듯하다. 먼저 한국연구재단은 연구비 지원을 통해 이 책이 나올 수 있는 기본 자원을 제공했다. 그리고 사회발전연구소의 장덕진 소장을 비롯한 조교진들은 편집과 출판 과정에서 방향 실정과 기술적 편집 과정 등에 큰 도움을 주셨다. SBS의 윤석민 부회장과 신경렬 이사, 박수언 국장을 비롯한 미래부원들은 활발한 토론을 통해, 사회의 질 개념이 관념적이고 현학적 수준에 머물지 않고 한국의 현실을 드러낼 수 있도록 끊임없이 자극하고 지원해주셨다. 그리고 아시아와 유럽의 여러 동료 학자들, 특히 영국의 앨런 워커(Alan Walker), 대만의 왕리롱(王麗容), 홍콩의 챈 레이먼(陳國康), 태국의 타일와디 브리쿨(Thawilwadee Bureekul), 중국의 장하이동(張海東)과 린카(林卡), 일본의 오이시 아키코(大石亞希子)와 오가와 데수오(小川哲生) 등과의 지적 교류가 준 자극과 격려는 이 책이 만들어지는 과정에서 간접적으로 큰 도움이 되었다. 아울러 도서출판 한울 김종수 사장의 적극적 지원과 편집부 배유진 대리의 꼼꼼한 편집이 없었다면 이 책의 출간은 또 한 해를 넘겼을지 모른다. 모두에게 깊이 감사 드린다.

2015년 9월

필자들을 대표하여 이재열

차례

결론

표와 그림 차례

서론

제1장 사회의 질: 이론과 방법

제1장

사회의 질 이론과 방법

구혜란 서울대학교 사회발전연구소 연구교수

1. 들어가기

좋은 사회, 좋은 삶이란 무엇인가의 문제는 어느 시대, 어느 사회를 막론하고 지속적인 관심의 대상이 되어온 질문이다. 산업화와 근대화가 한창이던 때에는 '좋은(good)'을 구성하는 요인을 경제성장과 물질적인 부를 향유하는 것과 동일시하는 경향이 강했다. 오랫동안 GDP가 좋은 사회, 또는 발전된 사회를 판가름하는 기준이 되어온 것은 이를 잘 드러내준다. 탈산업 사회, 탈근대 사회로의 전환은 사회적으로, 정책적으로 좋은 사회, 좋은 삶이 무엇인가에 대한 인식을 재점검하는 데 일조했다. 물질적인 부가 좋은 삶과 좋은 사회를 가져오는가에 대한 문제 제기로부터 출발하여 '더 많이(more)'가 '더 좋은(better)' 것은 아니라는 데 대한 성찰은, '좋은'의 구성 요인에 대한 우리의 관심을 양(quantity)적인 것에서 질(quality)적인 것, 물질적인 것에서 비물질적인 것으로 돌려놓았다(Noll, 2004: 153). 이러한 인식의 전환은 이후 삶의 질 연구가 폭발적으로 증가하게 되는 배경이 되었다.

삶의 질에 대한 관심은 그동안 사회발전의 척도가 되어온 GDP를 대체할 수 있는 새로운 사회발전 지표를 찾으려는 노력들로 이어졌다.[1] 이러한 노력들은 국제적인 수준에서 UN의 '인간개발지수', OECD의 '당신의 더 나은 삶의 지표(your better life index)', EU의 사회지표 체계 등으로 가시화되었다. 개별 국가수준에서도 여러 사회 부문의 발전 정도와 변화 동향을 보다 복합적으로 보여줄 수 있는 지표가 필요하다는 데 대한 공감대가 형성되면서 새로운 지표 개발이 활발하게 이루어지고 있다. 대표적으로 1990년대 이후 영국, 호주, 캐나다, 일본 등에서 산출되고 있는 삶의 질, 또는 웰빙 지표들을 꼽을 수 있다(이희길 외, 2013). 한국에서도 통계청의 주도 아래 2014년 6월 '국민 삶의 질 지표'가 구축된 바 있다.[2)]

삶의 질과 사회지표 연구의 확산은, 경제적이고 물질적인 요인 이외에 삶의 질과 사회발전을 구성하는 사회적·심리적·규범적 요인들이 있음을 드러내 보여주었다. 또한 삶의 질이 단일 차원의 개념이 아니라 여러 요인들에 의해서 중첩적으로 결정되는 다차원적인 개념이라는 점도 보여주었다. 정책적인 면에서도 삶의 질이 공공정책이 도달해야 하는 주요 목표 중의 하나로 자리매김하는 데 기여했으며, 성장 중심의 경제 우위 정책에서 부의 재분배, 사회적 포용, 사회통합을 지향하는 사회정책의 중요성을 재평가하는 토대를 제공했다.

이러한 성과에도 불구하고 지금까지의 연구들이 궁극적으로 지향하고 있는 목적을 충분히 달성하고 있는가에 대해서는 다분히 회의적이다. 사실 삶

---

1) 반두라(Bandura, 2008)는 2008년 현재 전 세계적으로 국가 성취도를 보여줄 수 있는 복합지표를 산출하는 연구들만도 178건이 진행되고 있음을 보여준 바 있다.

2) 국내에서는 삶의 질 지표개발 작업이 2009년부터 본격적으로 시작되었다. 2014년 6월에는 소득·소비·자산, 고용·임금, 사회복지, 주거 등 4개의 물질 부문 영역과 건강, 교육, 문화·여가, 가족·공동체, 시민참여, 안전, 환경, 주관적 웰빙 등 8개의 비물질 부문 영역에서 모두 81개의 지표가 최종 선정되었다.

의 질과 사회발전을 연구하고 측정하는 것은 그러한 지식과 도구들을 이용하여 우리의 삶을 변화시켜가려는 의도를 가지고 있다. 즉, 사회발전이나 사회문제에 대한 새로운 개념과 보다 상세한 지표들을 통해서 곧 현재 사회경제적 상황을 파악하고 이를 개선할 수 있는 보다 효과적인 정책들을 만들어냄으로써 우리의 행동과 사회의 변화를 도모하는 것을 전제로 한다. 그러나 콥(C. Cobb)이 직시하고 있는 것처럼, 삶의 질 연구와 새로운 지표들이 정책에 반영되거나 시민들의 행동을 바꾸는 데 실질적으로 기여하는 경우는 흔치 않다(Cobb, 2000: 15).

삶의 질 연구의 성과가 제한적으로 활용되고 있는 데는 몇 가지 이유가 있다. 우선 지금까지 삶의 질 연구가 무엇이 삶의 질과 사회발전을 구성하는가에 집중해왔다는 점을 들 수 있다. 삶의 질을 구성하는 비물질적인 요인들에 대한 탐색이 연구의 주를 이루면서 삶의 질과 조금이라도 연관이 있는 요인들을 찾아내어 이를 기존의 삶의 질 구성 요인들의 목록에 추가하는 방식으로 삶의 질의 전체적인 그림을 그리고자 하는 경향이 강하다. 그러다 보니 각각의 요인들이 서로 어떻게 작동하여 삶의 질의 향상과 사회발전을 초래하는지에 대한 이론적인 탐구는 상대적으로 미진한 상태이다.[3] 삶의 질을 구성하는 수많은 구성 요소들 간의 관계와 이들과 삶의 질과의 인과관계가 명확하지 않은 상태에서 서로 다른 삶의 질에 대한 개념 정의와 다수의 삶의 질 지표들은 정책 과정에서 어느 방법과 결과들을 활용해야 할 것인지에 대한 혼란을 야기했다(Cobb, 2000). 이는 삶의 질의 구성 요인들이 서로 독립적으로 삶

---

3) 콥은 삶의 질 접근방식이 공리주의적인 이론적 프레임을 크게 벗어나지 못하고 있다고 비판한다(Cobb, 2000). 욕구 충족을 최대화하기 위해 시장바구니에 담는 내용물이 이전에는 물질적인 것이었다면, 삶의 질 연구에서는 그것이 건강, 환경, 사회관계 등과 같은 비물질적인 것으로 확대되었다는 것 이상도 이하도 아니라는 것이다.

의 질에 영향을 주는 것이 아니며, 어느 한 부문에서의 삶의 질의 향상이 다른 부문의 낮은 삶의 질의 수준을 상쇄하거나 대신할 수는 없기 때문이다.

삶의 질 연구가 개인과 사회의 변화에 크게 기여하지 못하고 있는 또 다른 이유는 좋은 삶, 좋은 사회를 논의하는 과정에서 일반 시민들의 사회적 합의 과정의 중요성을 간과하고 있다는 점에서 찾아진다. 지금까지의 삶의 질 연구는 '현황 파악 → 정책 개입 → 정책효과 측정'이라는 정책 과정 속에서 개인들을 철저히 정책 개입의 대상으로 간주하고 있다. 삶의 질 논의와 지표 체계 개발이 정책을 입안하는 집단을 중심으로 이루어져왔다는 사실이 이를 뒷받침한다. 그러나 좋은 삶, 좋은 사회가 무엇인가의 논의는 사회발전에 대한 비전과 정책목표를 설정하는 다분히 정치적인 과정 속에서 이루어질 필요가 있다. 삶의 질 연구는 이를 간과함으로써 변화를 위한 추동력을 충분히 확보하지 못하고 있는 것이다.[4)]

이런 문제의식은 특정한 사회적 맥락 속에서 사회 전반의 변화 과정을 유기적으로 파악하고 이를 총체적으로 분석할 수 있는 이론적·방법론적 접근의 필요성을 제기한다. 또한 공적 제도와 기관에 의존하지 않고 시민들의 직접적인 참여에 기반을 둔 삶의 질과 사회발전 모델을 마련할 필요성을 제기한다. 사회의 질(social quality) 연구는 바로 이런 맥락에서 기존의 연구들을 비판적으로 검토하고 참여민주주의의 틀 위에서 개인의 삶과 사회발전의 통합된 모델을 제시하고자 하는 시도이다(van der Maesen and Walker, 2002: 8; Gasper et al., 2008: 23).

그렇다면 사회의 질 연구는 기존의 삶의 질 연구의 문제들을 어떤 방식으

4) 국내에서 국가가 우선시해야 하는 목표가 성장이냐, 아니면 삶의 질 또는 행복이냐에 대한 논쟁이 여전히 사회갈등의 한 축으로 작동하고 있는 것은 삶의 질 담론이 사회발전의 중심으로 확고하게 자리 잡고 있지 못함을 보여준다.

로 해결하려고 하는가? 이에 대한 답을 얻기 위해 우선 삶의 질 연구를 둘러싼 이론적·방법론적 쟁점들을 분명히 할 필요가 있다.

2. 삶의 질 연구의 쟁점

삶의 질 연구는 다양한 학문적인 배경과 정책적인 관심을 가지고 진행되어 왔다. 따라서 삶의 질 개념과 접근 방법의 스펙트럼이 매우 넓다. 베르거슈미트(R. Berger-Schmitt)와 놀(H. Noll)은 이를 삶의 질(quality of life) 접근과 사회수준의 질(quality of societies) 연구로 구분하여 정리하고 있다(Berger-Schmitt and Noll, 2000). 삶의 질 접근은 개인의 삶의 조건이나 주관적 웰빙 등 개인의 특성에 초점을 맞추는 반면, 사회수준의 질 접근은 평등, 공정성, 자유, 연대감 등 사회의 특성에 초점을 맞춘다. 델헤이(J. Delhey)와 그의 동료들은 여기에 객관적 삶의 질과 주관적 삶의 질이라는 차원을 더하여 개인의 객관적 삶의 조건, 개인의 주관적 웰빙, 객관적 사회의 조건, 그리고 주관적 사회의 질 등 4개의 차원으로 분류하고 있다(Delhey et al., 2001). 또 다른 한편으로 로베인스(Ingrid Robeyns)와 판데르페인(R. J. van der Veen)은 이론적인 면에서 볼 때 삶의 질에 대한 접근은 자원 중심의 접근(resource approach), 주관적 웰빙 중심의 접근(subjective well-being approach), 그리고 역량 중심의 접근(capability approach)으로 구분할 수 있다고 했다(Robeyns and van der Veen, 2007).

이처럼 삶의 질 연구는 하나의 체계화된 연구 경향이라기보다는 삶의 질이라는 헐거운(loose) 개념 아래 상당히 이질적인 접근 방식들을 포괄하고 있다. 따라서 그 내부에 상이한 이론적·방법론적 쟁점들이 존재한다. 이는 크게 세 가지로 정리할 수 있다(Noll, 2004: 158~161). 첫 번째는 삶의 질 개념과 연결되어 있다. 즉, 삶의 질을 개인의 욕구나 필요가 충족되는 정도로 볼 것인가, 아니면 개인이 자신의 삶을 자유롭게 선택할 수 있는 정도로 볼 것인가의 문제이다. 전자가 개인의 삶의 질 '상태'에 초점을 맞춘 것이라면 후자는 삶의 질을 추구하는 개인의 '행위'능력에 초점을 둔다. 스칸디나비안 웰빙 연구나 주관적 웰빙 연구 등 대부분의 삶의 질 연구는 명시적으로, 또는 암묵적으로 개인의 상태에 주목한다. 반면 센(Amartya Sen)의 역량 이론은 행위를 보다 강조한 것이라 볼 수 있다.

개인의 삶의 질 상태에 주목하는 연구들은, 좋은 삶이란 개인이 가지고 있는 선호나 욕구가 충족되는 삶을 의미하며, 좋은 사회란 시민들이 자신의 욕구를 최대한으로 충족시킬 수 있는 사회라고 본다. 따라서 개인이 성취한 욕구 충족 정도 또는 효용성(utility)이 개인들 간의 삶의 질을 비교하는 초점이 된다. 이들은 개인이 자신의 욕구와 필요, 이해가 무엇인지를 분명히 알고 있을 뿐 아니라, 이를 추구할 수 있는 독립적이고 자율적인 존재라고 전제한다. 문제는 개인마다 선호와 욕구, 필요, 이해가 다르기 때문에 개인들이 성취한 것들을 직접적으로 비교하는 것은 불가능하다. 그렇기 때문에 현실적으로는 욕구 충족을 위해서 개인이 쓸 수 있는 통제 가능한 자원과 사회에서 제공되는 집합재(collective goods)의 크기로 비교하거나, 아니면 자신의 삶의 질 향상을 위한 욕구와 필요가 어느 정도 충족되었는지에 대한 주관적인 판단 또는 만족도를 통해서만이 이를 측정할 수 있다고 본다.

반면에 인간 행위를 강조하는 연구들은, 좋은 삶이란 개인이 가치 있다고 생각하는 것들을 자유롭게 선택할 수 있는 삶을 의미한다. 또한 좋은 사회란 시민들이 자신이 원하는 삶을 자유롭게 선택해서 이를 마음껏 추구할 수 있도록 역량(capabilities)을 북돋아주는 사회라고 본다. 이들은 개인이 원하거나 필요로 하는 자원의 종류나 크기는 개인마다 다를 뿐 아니라 같은 자원을 가지고 있다고 하더라도 그 효용 가치는 서로 다를 수 있다고 본다. 그런데 삶의 질을 개인의 효용으로 환원해버리면 이런 차이를 고려할 수가 없다. 따라서 삶의 질 연구는 개인의 효용 자체가 아니라 개인이 가치 있다고 생각하는 자원을 추구할 수 있는 실질적인 자유에 초점을 맞추어야 한다고 본다. 다시 말해서, 개인이 소유하고 통제할 수 있는 자원의 크기뿐 아니라 이를 자신의 삶의 질 향상을 위해 전환할 수 있는 개인적·제도적·사회적 능력이 삶의 질을 판단하는 기준이 되어야 한다고 주장한다(Robeyns, 2005; Robeyns and van der Veen, 2007). 이렇게 볼 때 경제성장이나 물질적 풍요는 그 자체로 가치가 있다기보다는 그것이 사람들의 역량을 확장시키는 데 기여한다는 점에서 가치가 있다.

삶의 질 연구의 두 번째 쟁점은 삶의 질을 측정할 때 개인이 처한 객관적인 조건과 상황에 초점을 맞출 것인가, 아니면 개인이 자신의 삶에 대해 내리는 주관적인 판단에 초점을 맞출 것인가의 문제이다. 전자의 경우 측정 대상은 개인이 소유하고 있는, 또는 통제할 수 있는 자원, 소득, 자산, 지식, 건강, 사회관계 등이 되며(예컨대 Erikson, 1974) 후자인 경우 삶의 만족도나 삶에 대한 긍정적 또는 부정적인 정서적 경험 등 개인의 인지적·정서적 평가가 중심이 된다(예컨대 Diener, 2000).

객관적인 조건을 중요시하는 연구들은 주관적 지표들을 삶의 질 지표에 포함시키거나 정책 과정에 반영하는 것에 부정적인 입장을 취한다. 이들은 객관적 지표들은 상대적으로 측정하고자 하는 개념을 분명히 정의할 수 있고 국가 간, 지역 간, 집단 간의 비교가 용이하기 때문에 정책 과정에 널리 활용될 수 있는 장점이 있다고 주장한다. 반면 개인의 주관적 인식이나 평가는 동일한 조건이라고 하더라도 각자 자신의 삶에 대해 갖는 기대수준에 따라서 큰 차이를 보이며, 때로 자신의 객관적 상황에 기대수준을 맞추는 경향이 있다는 점에 주목한다(Erickson, 1993). 이런 이유로 사실상 주관적 지표는 개인 간의 삶의 질을 비교할 수 있는 신뢰할 만한 지표가 되지 못한다는 것이다.

반면에 주관적 지표의 중요성을 강조하는 연구들은 객관적 지표들과 삶의 질이나 사회발전과의 관계가 항상 분명한 것은 아니라는 점을 지적한다(Noll, 2004: 158). 객관적 지표가 좋아진다고 하더라도 주관적 만족도에 전혀 영향을 주지 못하거나, 오히려 떨어지는 경험적인 증거들이 나타난다는 것이다(Easterlin, 1973; Diener and Suh, 1997; Veenhoven, 2002). 따라서 페인호번(R. Veenhoven) 같은 연구자는 상호 관계가 불분명한 여러 개의 객관적 지표들을 통합하는 방식보다 삶에 대한 주관적 만족도나 행복감이 삶의 질을 더 포괄적으로 드러낼 수 있다고 주장한다(Veenhoven, 2002).

삶의 질 연구를 둘러싼 마지막 쟁점은 개인수준에서의 삶의 질과 사회수준에서의 질 간의 관계를 어떻게 설정하는가의 문제이다. 개인의 삶의 질에 초점을 맞추는 연구들은 개인의 경제적 상황이나 교육, 건강 상태, 사회관계 등 주로 개인이 가지고 있는 특성이나 삶의 조건들을 중심으로 삶의 질을 측정한다. 이들은 사회의 질적 수준은 개인들의 삶의 질의 총합으로 평가할 수 있다는 입장을 취해왔다. 반면 삶의 질에 대해 방법론적 전체주의(methodological holism) 입장을 취하는 연구들은 사회수준에서의 삶의 질은 개인의 삶의 질을 합한 것으로 환원할 수 없기 때문에 사회수준의 삶의 질을 구성하는 별도의 요소들이 고려되어야 한다고 주장한다(Farrell et al., 2008). 개인들의 삶의 상태로는 사회수준에서의 불평등이나 사회적 배제 등을 나타낼 수 없다는 것이다.

최근 사회발전 연구들은 이와 같은 삶의 질 연구의 쟁점들을 서로 배타적으로 보기보다는 상호 보완적인 것으로 간주하는 경향이 지배적이다. 효용에 개인 행위의 요소를, 객관적인 요인에 주관적인 요인을, 개인의 삶의 차원에 사회수준의 요소들을 결합하는 방향으로 수렴되어가고 있다. 그 대표적인 예는 유럽연합이 추진한 유럽의 사회지표 체계에서 찾아볼 수 있다. 유럽의 사회지표 체계는 삶의 질과 사회적 응집, 지속가능성이라는 세 가지 복지 개념을 넓은 의미의 삶의 질로 개념화하고 이를 ① 객관적 생활조건의 개선, ② 주관적 웰빙의 향상, ③ 불평등 해소, ④ 사회적 연대 강화, ⑤ 인적 자본 개발, ⑥ 자연 자본의 보존과 향상 등 6개의 유럽연합의 정책목표 차원과 연결하여 부문별로 관련 지표들을 추가하고 있다.

2009년에 발표된 스티글리츠 위원회 보고서(Stiglitz et al., 2009)[5]의 사회발전 측정을 위한 권고 사항에서도 이러한 경향은 잘 드러난다. 이 보고서는 삶의 질은 각자의 객관적인 조건과 함께 개인의 역량도 중요하기 때문에 개인의 역량을 보여줄 수 있는 건강, 교육, 개인 활동, 환경 조건 등이 함께 측정되어야 한다는 점을 분명히 하고 있다. 또한 삶의 질을 측정할 때 소득과 소비 등 물질적인 측면뿐 아니라 부의 분배와 같은 사회적인 면들에 관심을 가져야 할 것, 그리고 객관적인 조건과 주관적 인식을 함께 고려해야 할 것 등을 권고하고 있다.

그러나 서로 다른 입장들을 기계적으로 결합하는 방식으로는 쟁점들을 통합할 수 없다. 문제는 이러한 쟁점들을 어떤 방식으로 결합할 것인가, 이론적으로 명료하고 경험적으로 검증이 가능한 분석틀로 어떻게 구성할 것인가에 있다.

---

5) 경제성과와 사회발전 측정 위원회(Commission on the Measurement of Economic Performance and Social Progress), 일명 스티글리츠-센 위원회는 2008년 초 프랑스의 사르코지(Nicolas Sarkozy) 대통령의 제안으로 구성되었다. 이 위원회는 사회발전 지표로서의 GDP가 가지는 문제점을 분명히 하고 이를 대신할 대안 지표를 제시하는 것을 목표로 했다. 2009년에 최종 보고서가 발표되었는데, 이후 이 보고서는 사회발전과 삶의 질을 측정하는 경험연구의 지침서 역할을 하고 있다.

3. 사회의 질 연구방법론

1) 연구의 출발점으로서의 '사회성'[6)]

사회의 질 연구 방법을 이해하기 위해서는 '사회성(the social)'의 개념을 명확히 이해하는 것이 필요하다. 왜냐하면 사회의 질 연구는, 삶의 질 연구가 개인을 공동체 안에서의 개인(individuals-in-communities)이 아니라 원자화된 독립적인 개인으로 인식함으로써 개인주의적 오류를 범하고 있다는 비판의식으로부터 출발하고 있기 때문이다(Beck and van der Maesen et al., 2001: 308; Gasper et al., 2008: 18). 이들은 개인에 대한 인식과 개인과 사회와의 관계에 대한 존재론적 이해의 틀을 이론적으로 재정립하는 것이 필요하다고 주장한다. 사회성은 이를 위한 핵심적인 개념이다.

사회의 질 연구에서 사회성은 '사회적 존재로서의 개인의 자기실현'과 '개인들 간의 상호 작용의 결과에 기초한 집합적 정체성 형성' 간의 상호 의존성에 기반을 두고 구체화되는 것으로 정의된다(Beck and van der Maesen et al., 2001: 310). 사회성에 대한 이러한 정의를 통해서 우리는 사회의 질 연구가 가지고 있는 세 가지 전제들을 확인할 수 있다. 첫째는 개인은 사회적 존재(social being)로서 타인과의 상호 작용을 통해서 자기를 실현해나가는 사회적 행위자(social agent)로 인식된다는 점이다. 삶의 질 연구는 개인을 사회와는

---

6) 'the social'의 의미를 적절하게 드러낼 수 있는 번역어를 찾는 것은 쉽지 않다. 때로 'the social'은 '사회' 그 자체를 의미하는 것으로 기술되기도 한다. 여기서는 '사회성'으로 번역했는데, 그 이유는 '사회'가 보다 정태적이고 개인 행위와의 관계에서 외재한다는 의미가 강한 반면 '사회성'은 개인 행위들 간의 관계를 통해 형성되어가는 과정으로서의 의미를 반영할 수 있다고 생각했기 때문이다.

분리된 욕구를 지닌 '개인 행위자(individual agent)'로 규정한다. 즉, 개인 욕구나 선호가 타인의 욕구나 선호에 영향을 받지 않는다는 것을 전제하며, 개인이 맺는 사회관계란 자신의 욕구 충족을 위한 도구적인 행위로 간주된다. 반면 사회의 질 연구에서 개인은 사회관계 속에서 타인의 욕구와 가치에 민감하게 반응하는 존재이며, 타인과의 소통 과정을 통해 자신의 선호와 정체성을 형성해나감으로써 자기를 실현하는 존재로 인식된다.

둘째로, 그렇기 때문에 사회의 질 연구에서 개인의 자아실현은 물질적·심리적 욕구 충족이 아니라 본질적으로 사회적 인정과 공공성을 지향하는 행위로 인식된다(Beck and Keizer et al., 2001: 13). 삶의 질 연구에서 개인의 자아실현은 좁은 의미에서 효용을 얻는 것이라고 할 수 있다. 즉, 자아실현이란 개인이 자신이 처한 상황이나 조건 안에서 얼마나 원하는 바를 성취했는가를 의미한다. 이 과정에서 다양한 이해관계가 상충하게 되는데, 이때 개인은 자신의 목표를 실현시키는 데 중요하다고 생각하는 경우에 한해서 공동의 이익을 추구한다고 본다. 반면에 사회의 질 연구에서는 개인의 자아실현이란 공동체의 정체성을 형성해가는 집합적 과정으로, 개인이 자유롭게 추구하는 목표가 타인이나 공동체의 인정을 어느 정도 받으면서 실현되는가가 중요한 의미를 지닌다. 즉, 자기실현 행위의 핵심은 욕구 충족 자체에 있는 것이 아니라 욕구 실현을 위한 타협과 합의 과정에 있다는 것이다.

셋째로, 사회성은 개인들 간의 복잡한 상호 작용과 집합적 과정의 유기적인 결과물이지 그 자체로 개인의 행위를 제약하거나 가능하게 하는 외재적 자원, 또는 구조(structure)로 인식될 수 없다는 점이다(Gasper et al., 2008: 23). 즉, 사회성은 그 자체로 존재하는 실체가 아니라 사회적 존재들 간의 집합적인 상호 작용을 통해 조직화된 질서를 스스로 만들어내는 일종의 자기조직화(self-organization) 과정으로 이해된다(Beck and Keizer et al., 2001: 13; Beck and van der Maesen et al., 2001: 310). 따라서 사회성 개념틀 안에서 개인은 행위자이면서 동시에 조건이며, 사회성은 행위자와 행위의 대상으로서의 사회적 환경 또는 구조로서의 객관적 조건이라는 이분법적 틀이 아니라 사회적 삶의 간주관적 수준(inter-subjective level)에서 결정되는 것이라고 본다(Beck and Keizer et al., 2001: 12).

이러한 사회성의 재발견을 통해서 사회의 질 연구는 삶의 질 연구가 갖고 있는 오류를 극복할 수 있다고 말한다.

> 사회성의 주제는 생산과 재생산의 영역, 구조, 실천, 그리고 사회적 관습 안에 압축되어 있는 사람들 간의 관계를 말하는 것이다. 이러한 접근은 개인주의가 갖는 오류와 전체주의가 갖는 오류를 넘어서는 것이다. 왜냐하면 사회적 전체(그리고 사회)는 집합체나 개인으로 이루어지는 것이 아니라 사회적 관계로 이루어져 있기 때문이다(Gasper et al., 2008: 23).

사회의 질 연구는 수평축과 수직축이 교차하는 사회의 질 공간 속에서 사회성이 구체화된다고 본다(〈표 1-1〉 참조). 체계통합과 사회통합을 양극단으로 하는 수평축은 개인과 집단, 공동체의 다양한 이해, 욕구, 역학 관계, 갈등 등이 사회적으로 인정받고 수용되어져가는 공간이다. 이를 위해서는 상호 의사소통(interactive communication)이 중요하다. 의사소통 과정을 통해서 행위자들은 상호 간의 상이한 이해와 욕구를 이해하고 이를 존중하면서 스스로 타협점을 찾게 된다. 정치 참여와 사회적 승인은 개인이 갖는 다양성 또는 이질성이 체계에 통합되어가는 과정을 이끈다. 수직축은 개인사적 발전과 사회발전을 나타내는 축이다. 수직축은 특정한 개인의 경험과 가치, 선호(preference)가 사회의 규범과 가치에 대한 자기성찰적 과정을 통해서 보편적 가치로 전환되는 과정을 나타낸다. 이 과정은 합의된 집단적 규범을 발전시켜나가는 과정, 즉 규범적인 공리가 수용되는 과정을 나타낸다. 사회성은 이 두

〈표 1-1〉 사회성 실현 공간을 구성하는 두 축에 대한 이해

구분	수평축	수직축
주제	경험적 맥락에서의 행위자	가치, 규범, 원칙, 권리, 관습 등
공간의 성격	상호작용(interaction)	실현되지 않은 가능성(contingencies)
변화의 요점	정치 참여와 사회적 승인	규범의 집단화와 가치민감성
분석의 핵심	이해, 욕구, 권력, 갈등에 대한 상호 의사소통	지역적·개별적 가치에서부터 지구적·보편적 가치로의 전환
행위지향	다양성의 통합(타협)	규범적 공리의 수용(합의)

자료: Beck and van der Maesen et al.(2001: 326, Figure 17.4).

〈표 1-2〉 사회의 질 구조

조건 요인(자원의 차원)	구성 요인(인간 행위의 차원)	규범 요인(도덕/이념의 차원)
사회경제적 안전성 사회적 응집성 사회적 포용성 사회적 역능성	개인의 안전 사회적 인정 사회적 반응성 개인 역량	사회정의(형평성) 연대감 평등가치 인간존엄성

자료: Gasper et al.(2008: 21).

축 간의 긴장 관계 속에서 형성되며, 두 축 간의 긴장 관계는 사회가 갖는 역동성의 기본이 된다.

사회의 질은 자원(resource)의 차원을 나타내는 조건 요인(conditional factors), 인간 행위의 차원을 나타내는 구성 요인(constitutional factors), 그리고 도덕과 이념의 차원을 나타내는 규범 요인(normative factors) 등 다차원적인 구조로 이루어진다(〈표 1-2〉 참조). 사회의 질의 구성 요인은 인간 행위의 중심이 되는 지향성을 말한다. 인간 행위의 중심은 법적 제도화에 근거한 개인의 안전 추구, 공동체 구성원들 간의 상호 존중과 사회적 인정, 집단, 공동체, 체계의 개방성 내지 사회적 민감성, 그리고 개인의 신체적·정신적 역량 등이다. 이를 토대로 개인은 '사회적 행위지향을 갖는 개인(social agent)'으로 구성되

는 것이다.

사회적 행위의 실현 기회는 사회의 질의 조건 요인들에 의해 조건 지워진다. 사회의 질의 조건 요인은 객관적 조건과 주관적 조건으로 구분된다. 객관적 조건은 개인 외적(extra-individual) 조건으로, 개인의 일상생활에 필요한 물질적·비물질적 자원의 가용성(사회경제적 안전성), 체계의 하부 구조에의 접근성(사회적 포용성), 집합적으로 합의된 가치와 규범(사회적 응집성), 그리고 사회적 상호 작용을 위한 개인과 사회의 환경(사회적 역능성)[7] 등으로 구성된다. 사회성 실현의 주관적 조건은 개인 내적(intra-individual) 조건으로, 상호 작용하는 개인들이 이러한 객관적 조건과 행위자로서의 개인을 어떻게 이해하고 해석하고 있는지에 대한 인지적·동기적·정서적 측면을 의미한다. 사회의 질은 이러한 객관적·주관적 조건들이 집합적 정체성 형성에 기초한 개인의 자기실현 과정과 부합되는 정도, 즉 사회성이 실현된, 또는 발전된 정도를 나타낸다.

사회의 질의 규범 요인은 사회의 질의 적정수준을 판단하는 규범적 근거라고 할 수 있다. 사회의 질은 특정한 시간과 공간 속에서 사회의 질의 구성 요인과 조건 요인들이 결합되어 나타나는데, 규범 요인은 이렇게 구현된 사회의 질적 수준의 적정성을 평가하는 준거가 된다. 사회의 질 연구에서는 네 가지 영역의 객관적 조건 요인 각각에 대해 사회정의, 연대감, 평등가치, 인간존엄성과 같은 규범적인 준거들을 들고 있다.

이와 같이 사회의 질은 조건 요인, 구성 요인, 규범 요인 등의 3개의 차원으로 구조화된다. 이러한 사회의 질의 존재론적 구조는 이에 적합한 방법론적

---

7) 사회의 질에서 사회적 역능성은 지식과 숙련 등에 기초한 개인의 잠재적 역량이나 실현 정도 또는 정치 체제에의 참여 정도를 의미하는 것을 넘어서서 개인의 선택의 범위를 넓히는 것을 의미한다(Walker, 2011: 9).

도구들에 의해서 보다 분명하게 포착될 수 있다. 지표와 같은 단일한 경험연구 도구만으로는 사회의 질의 복합적인 다층 구조는 충분히 이해하기 어렵다는 것이다. 따라서 사회의 질을 연구하기 위해서는 사회의 질의 존재론적 모형에 대응하는 방법론적 도구를 개발할 필요가 있다.

2) 방법론의 세 축

기존의 삶의 질 연구가 주로 지표에 의존하여 삶의 질 개념을 측정하고 평가해왔다면, 사회의 질 연구에서는 사회의 질을 구성하는 자원, 인간 행위, 도덕과 이념 등으로 구분되는 세 차원에 대해 각각 지표, 프로파일(profile) 그리고 기준(criteria)을 축으로 하는 방법론 틀을 제안하고 있다(〈그림 1-1〉 참조).

지표는 사회의 질의 객관적 조건을 측정하는 도구로, 사회경제적 안전성, 사회적 응집성, 사회적 포용성 그리고 사회적 역능성 등 네 가지 영역에서의 객관적 상태를 측정한다. 프로파일은 주관적 조건을 측정하는 도구로, 개인

〈그림 1-1〉 사회의 질 방법론의 세 축

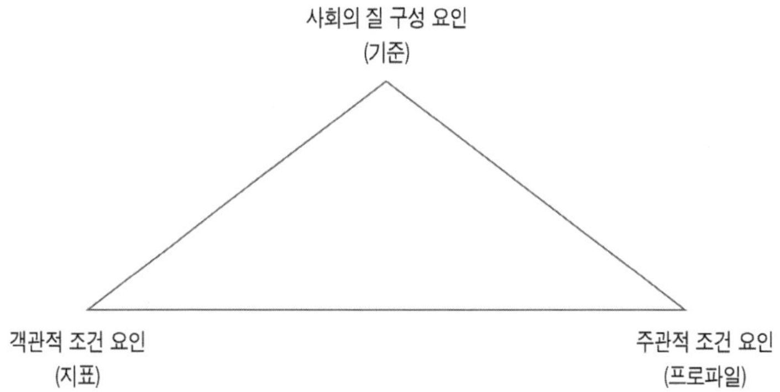

자료: Keizer and Hamilton(2002: 37).

이 객관적 조건과 사회의 질 구성 요인을 어떻게 해석하고 있는가를 측정한다. 그런데 이러한 객관적·주관적 조건에 대한 평가는 본질적으로 '누구의 질, 어떤 질(whose quality, what quality)'이라는 규범적 질문과 맞닿게 된다. 기준은 이러한 규범적 측면을 드러내는 도구라고 할 수 있다.

(1) 지표

지표는 현재의 상태를 계량화하여 보여주고, 시계열적으로, 서로 다른 사회 간에, 또는 정책 목표와의 비교를 가능하게 함으로써 현재의 상태를 보다 잘 이해할 수 있도록 하는 도구로서 널리 활용되어왔다. 사회의 질 연구에서도 지표는 중요한 방법론의 도구로 활용되고 있다.

사회의 질 연구에서 지표는 사회성 실현의 객관적 조건을 측정하는 도구이다. 사회의 질의 객관적 조건은 사회경제적 안전성, 사회적 응집성, 사회적 포용성, 사회적 역능성 등의 네 가지 차원으로 구분되어 측정된다. 사회경제적 안전성 지표는 개인들이 지속적으로 충분한 자원을 보유할 수 있는 정도를, 사회적 응집성 지표는 사회관계가 어느 정도 공유된 정체성과 가치 및 규범에 기초하고 있는지를, 사회적 포용성 지표는 개인들이 제도와 사회관계에 어느 정도 접근할 수 있는지를, 그리고 사회적 역능성 지표는 개인의 역량과 행위능력이 사회관계에 의해서 지지되는 정도를 측정한다. 사회의 질 지표는 이러한 네 가지 차원에서의 조건들이 집합적 정체성 형성과 자기실현 간의 상호 작용을 통해서 형성되는 사회성을 어느 정도 강화하는지를 파악하기 위한 도구라고 할 수 있다.

사회의 질 연구는 사회의 질 구성 요인과의 밀접한 연관성을 가져야 한다는 것을 전제로 단계적 접근 방법을 통해 지표를 선정하고 있다(Keizer and Hamilton, 2002: 11~15). 지표선정 과정은 다음과 같다. 우선 사회경제적 안전성, 사회적 응집성, 사회적 포용성 그리고 사회적 역능성으로 개념화되는 네 가지 객관적 조건의 구성 요소들을 정의하고, 각각의 구성 요소들의 관심 주제가 무엇인지를 분명히 밝힌다. 구성 요소에 대한 정의와 관심 주제가 분명해지면 각 구성 요소의 관심 주제에 부합하는 영역(domain)을 선택하고, 각각의 영역을 일상생활의 실제 과정을 보여줄 수 있는 여러 개의 하위 영역으로 구분한다. 마지막으로 하위 영역별로 이에 적합한 지표를 선정한다. 이러한 과정을 통해서 사회의 질 연구는 네 가지 객관적 조건 요인에 대해 18개의 영역과 50개의 하위 영역을 선정하고 총 95개의 사회의 질 지표를 제안한 바 있다(Van der Maesen and Walker, 2005).

그러나 사회의 질 연구는 선정된 95개의 지표가 완결된 보편적인 지표 체계는 아니라고 말한다. 이는 연구를 시작하기 위한 출발점에 불과하다는 점을 분명히 하고 있다(Keizer and Hamilton, 2002: 13). 왜냐하면 사회의 질 지표는 구체적인 일상생활과 사회적 맥락 속에서, 그 시공간에서 구체화되는 사회성을 경험적으로 드러낼 수 있는 것이어야 하기 때문이다. 따라서 1차적으로 선정된 지표 체계를 경험적 연구에 활용하고, 그 결과를 바탕으로 다시 이론화하여 지표를 수정하고, 수정된 지표를 이용한 경험 연구를 통해 그 결과를 다시 이론화하는, 이론화와 경험적 검증을 반복하는 과정을 통해서 지속적으로 수정해나가야 하는 것이라고 본다.

사회의 질 연구는, 삶의 질 연구가 가족, 일, 건강, 주거, 환경 등 삶을 영역별로 구분하고 지표를 선정하는 논리와 지표들 간의 관계들에 대한 충분한 논리적 근거 없이 지표들을 추가해나가는 방식으로 지표 체계를 구성하는 데 문제가 있다고 지적한다. 왜냐하면 이 경우에 삶의 영역을 구성하는 영역은 무한정 늘어날 수 있으며 각 영역과 삶의 질과의 관계뿐 아니라 각 영역의 지표들 간에 상충하는 결과가 나타날 수 있기 때문이다(Wallace and Abbott, 2007).

삶의 질 연구에서와는 달리 사회의 질 연구에서 지표는 주관적 인식을 포괄하지 않는다. 지표의 역할을 객관적 조건을 드러내는 도구로서 한정하고 있기 때문이다. 따라서 선정된 지표 체계에서 주관적 만족도나 주관적 인식에 대한 지표는 포함되어 있지 않다. 예를 들어 사회적 역능성 지표에는 지식 기반, 노동시장, 제도의 개방성과 지원 정도, 공적 공간의 존재, 사적 관계 등 조직이나 제도 및 사회관계가 개인의 역능성을 강화하는 데 기여하는 객관적 조건들이 포함된다. 반면 개인이 스스로의 역능성에 대해 어떻게 인식하고 있는가와 같은 주관적 지표는 포함되어 있지 않다. 이들은 만족도나 행복감과 같은 지표로는 사회의 질의 주관적 조건을 드러낼 수 없기 때문에 이를 위한 별도의 도구가 개발될 필요가 있다고 제안한다.

(2) 프로파일

프로파일은 사회의 질의 주관적인 조건을 드러내는 도구이다. 프로파일은 행위자로서의 개인이 사회에서 자기를 실현할 수 있는 잠재력을 어떻게 인식하고 있는가를 나타낸다. 즉, 자신의 행위지향과 역량에 대한 주관적 해석(van der Maesen and Keizer, 2002: 30)을 보여주는 것이다. 개인 행위자는 생활세계에서의 경험이나 생애사 등에 기초하여 자아 개념을 형성해나가는데, 이 과정에서 참여, 사회적 인정, 규범의 집단화와 가치민감성 등 개인 행위의 차원을 규정하는 요소들이 어떻게 작용하는지를 측정하고 이를 표준화한 것이 프로파일이다(Beck and van der Maesen et al., 2001: 359). 이런 의미에서 프로파일은 객관적 조건에 대한 주관적 만족도라는 삶의 질 연구의 주관적 웰빙 지표보다 질적으로 심화된 도구이다.

사회의 질 연구에서 말하는 프로파일은 조직론에서 종종 활용되는 프로파일 분석을 염두에 두고 있다(Beck and van der Maesen at al., 2001: 359). 조직연구 분야에서 프로파일 분석은 상호작용론적 심리학에 근거하여 조직이 가지고 있는 특성이 개인의 욕구나 특성과 어느 정도 부합하는가, 그리고 개인과 조직, 또는 개인과 상황 간의 적합도(fitness)가 조직행동이나 직업만족도 등 결과변수에 어떤 영향을 주는지를 파악하는 데 사용되어왔다. 예를 들면 오릴리와 그의 동료들은 조직이 가지고 있는 핵심적인 문화적 규범, 가치를 찾아내고, 이것이 조직 구성원 개인의 자아 개념이나 정체성에 어느 정도 중요한지를 측정하여 조직문화 프로파일(Organizational Culture Profile)을 구성했다. 이들은 이를 이용하여 개인과 조직 간의 적합도를 측정한 후 개인-조직 간 적합도가 조직행동, 직업만족도, 직업 이동 등과 유의미한 상관관계가 있음을 밝힌 바 있다(Caldwell and O'Reilly, 1990; O'Reilly et al., 1991). 사회의 질 연구에서는 이러한 절차와 도구를 응용하여 사회와 개인과의 관계 및 정체성을 구성하는 전형적인 프로파일을 찾아낼 수 있을 것으로 본다. 또한 이를 객관적 조건 요인과 결합시킴으로써 사회성의 실현 정도를 측정할 수 있을 것이라고 말한다.

사회의 질 연구에서는 프로파일을 구성하는 데 활용할 수 있는 도구로 심층 면담이나 자기기술식 문장완성 도구(self-descriptive sentence completion instrument)의 활용 가능성도 언급하고 있다. 자기기술식 문장완성 도구는 일종의 반구조화된 질문지로, 면접 대상자가 개방형으로 구성된 문장을 완성하면 이를 위계적으로 구조화된 코딩 체계에 맞추어 분류함으로써 자아와 삶에 대한 인지 구조를 파악할 수 있도록 개발된 도구이다(Dittmann-Kohli and Westerhof, 1997). 사회의 질 연구는 이러한 방법을 통해 개인이 가지고 있는 자기 자신에 대한 인지적·정서적 사고의 망과 개인의 삶의 의미를 개념화하여 개인의 경험, 목표, 행위에 의거하여 나타나는 지식의 분류 체계와 연결함으로써 복잡한 사회성의 관계구조에 대한 지식을 얻을 수 있을 것으로 본다(Beck and van der Maesen et al., 2001: 359).

(3) 기준

사회의 질 연구에서 '기준(criteria)'은 사회의 질적 수준의 적정성을 판단하는 도구이다. 사회의 질은 앞에서도 언급했듯이 공동체와 체계, 개인과 사회 발전을 축으로 하는 공간에서 양 축의 상호 긴장관계 속에서 구성된다. 이때 적정한 사회의 질 수준은 무엇인가에 대한 논의는 필수적이다. 개인이나 집단이 완벽하게 체계에 통합될 때 개인의 이익과 가치의 희생이 따를 수도 있을 것이며, 공동체 수준에서의 갈등과 이해관계의 충돌이 상시적으로 일어나 분절화된 사회관계가 지속되는 것도 좋은 사회의 모습은 아니다. 또한 개인이 가지고 있는 특정한 이해관계나 가치관이 사회적으로 충분히 인정받지 못하거나 사회적 인정을 위해서 개인이 자신이 추구하는 가치에 부합하는 삶을 자유롭게 선택할 수 없다면 그 사회는 질적으로 좋은 사회라고 할 수 없을 것이다. 그렇다면 2개의 축으로 이루어지는 사회의 질 공간의 어느 접점에서 합의와 타협이 이루어지는 것이 적정한가를 판단할 수 있는 기준을 정하는 것이 필요한데, 그것이 사회의 질 연구에서 말하는 방법론적 도구로서의 기준이라 할 수 있다.

적정한 사회의 질 수준은 모든 구성원에 대해 최소한의 삶의 질을 유지할 수 있는 조건을 보장하는 것을 통해 달성되는 것이 아니다. 또는 삶의 영역의 서로 다른 수준들의 총점을 끌어올리는 것을 통해서 개선되는 것도 아니다. 사회의 질 연구에서는 사회의 질의 적정수준은 그 사회의 역사와 사회문화적 상황에 기초를 둔 사회관계에 뿌리를 두고 있어야 한다고 본다. 따라서 사회의 질 연구는 모든 사회에 보편적으로 적용할 수 있는 단일한 기준이란 있을 수 없다는 상대주의 또는 다원주의적인 입장을 취하고 있다(Beck and van der Maesen et al., 2001: 345). 그렇기 때문에 어떤 요소가 필요한지, 또 그 요소들 간의 우선순위를 어떻게 주어야 하는지 등을 판단하는 객관적인 준거틀 자체보다는 이를 결정하는 과정의 민주성에 관심을 갖는다. 이런 면에서 볼 때 사회의 질 연구는 단순히 삶의 질의 개념화, 구성 요소 결정, 측정, 평가의 내용만을 다루는 연구 방법이라기보다는 이것이 이루어지는 정치적 과정의 성격까지를 포괄하는 실천적인 연구 방법이라고 할 수 있다.

사회의 질 연구가 기준을 방법론 도구의 한 축으로 포함시키는 중요한 이유는, 사회발전을 개념화하고 측정하는 과정은 사회적 담론을 형성함으로써 궁극적으로는 원하는 사회변화를 이끌어내는 과정이어야 한다는 점을 중요시하기 때문이다. 이를 위해서는 위로부터의 거버넌스가 아닌, 정책결정 과정에 시민의 참여를 가능하게 하는 개방형 거버넌스와 시민사회의 조직들을 연결하는 네트워크 거버넌스가 필요하다고 주장한다. 이를 기반으로 사회발전을 모니터링하고 평가하는 체제를 마련하는 것이 중요하다는 것이다(Beck and Keizer et al., 2001: 19~21).

사회의 질 연구에서 기준은 두 가지 논점과 관계가 있다. 하나는 무엇을 가지고 사회의 질의 적정수준을 판단할 것인가의 문제이고, 다른 하나는 누가 그것을 결정하는가의 문제이다. 사회의 질의 적정수준을 판단하는 대상은 사회의 질 수준에 기여한 도구, 개입, 그리고 그 성과 등을 고려하는 실질적인 면과 의사소통 방식, 정보 형태, 투명성, 그리고 접근성 등을 고려하는 절차적인 면으로 나누어진다. 사회의 질을 결정하는 주체는 시민과 전문가로 나누어진다. 사회의 질 연구는 사회의 질적 수준의 결정이나 정책을 구성하는 데 있어서 시민들의 아래로부터의 참여를 강조하고 있다. 따라서 실질적으로 정책의 대상이 되는 집단의 민주적 참여가 사회의 질의 기준을 결정하는 데 필수적이라고 본다. 그러나 사회의 질 연구는 이를 시민에게만 의존하는 것은 특정 이해에 쏠릴 위험이 있다는 것을 인정한다. 그래서 관련 정보나 자료, 연구 결과들을 통해서 공정성에 대한 객관적인 해석을 내릴 수 있는 전문가의 역할도 중요하다고 주장한다(Beck and van der Maesen et al., 2001: 358). 다시 말해서 사회의 질에 대한 전문가의 객관적인 검증과 시민들의 판단을 결합하는 방식으로 사회의 질의 적정수준을 결정할 수 있으며, 그 과정은 개방적이고 공정하며 투명하여야 한다는 것이다.

사회의 질 연구는 다음과 같은 네 가지 실천적인 질문들을 기준을 도출하는 기본틀로 제시하고 있다(Beck and van der Maesen et al., 2001: 358; Beck and Keizer et al., 2001: 23).

- 결과가 어느 정도 시민의 이해와 필요에 부합하는가, 즉 시민들이 원하는 바를 얻었는가?
- 결과가 도출되는 과정이 어느 정도 시민의 경험과 이해에 부합하는가, 즉 시민들이 기대하는 방식으로 처리되었는가?
- 문제의 해결을 위해 가용한 수단이 책임 있는 방식으로 사용되었는가, 즉 자원이 책임 있게 사용되었는가?
- 모든 필요한 정보와 상황의 특별한 면들이 공개적으로 시민들과 소통되었는가, 즉 과정이 공정하고 투명했는가?

이상에서 살펴본 바와 같이 사회의 질 연구는 사회의 질 구조에 부응하는 세 가지 방법론적 도구를 통해 개인의 삶과 사회의 질을 총체적으로 파악하고자 한다. 이러한 도구들을 활용하여 드러난 각각의 차원들은 상호 연결되어 총체성(totality)을 형성한다. 사회의 질을 구성하는 행위자의 행위지향과 이를 조건지우는 객관적·주관적 조건, 그리고 이런 행위 과정에서의 원칙, 규범, 규칙, 절차들 간의 유기적인 결합의 형태는 상호 구별되는 사회의 질 레짐(social quality regimes)의 성격을 파악할 수 있는 기초가 된다(Walker, 2009).

사회의 질 연구가 지표를 중심으로 하는 삶의 질 연구와 달리 프로파일이나 기준과 같은 질적 방법론 도구를 활용하는 것은, 개인의 삶과 사회발전에 있어서 개인 행위의 미시적인 과정이 차지하는 중요성이 작지 않다는 판단에 기인한다. 그렇기 때문에 사회의 질 연구는, 각 방법론을 분석 대상에 통합적으로 적용하는 데 가장 적합한 방법은 사례연구라고 제안한다(Beck and Keizer et al., 2001: 17~18). 이런 면에서 네덜란드 헤이그 시 라크(Laak) 지역의 지속가능한 도시발전 프로젝트는 사회의 질 연구의 실천적인 적용 가능성을 가늠하는 첫 번째 사례연구 모델로서 매우 중요한 의미를 가진다(van der Maesen, 2009, 2010). 이 연구는 도시를 하나의 총체적 공간으로 보고 사회의 질을 구성하는 3개의 요인들(구성 요인, 조건 요인, 규범 요인)과 지속가능성의 세 차원(경제적·환경적·사회적 지속가능성)을 함께 고려하여 도시발전 계획을 세우고 실천해나가는 프로젝트이다. 또한 이 프로젝트를 통해 학지, 시민단체, 정부, 시민 공동체가 상호 협조하는 새로운 형식의 거버넌스도 실험하고 있다. 라크 지역 사례연구는 사회의 질 분석틀이 과연 과학적·정책적 준거틀이 될 수 있는지를 검증할 수 있는 의미 있는 연구이다. 그러나 이 프로젝트는 현재 진행 중에 있으며, 사회의 질 연구틀을 지역사회에 적용하기 위한 구체적인 절차나 방법들을 개발하는 과정에 있다. 또한 아직까지 그 결과물들을 확인하기에는 이른 감이 있다. 따라서 그 성공여부는 좀 더 지켜봐야 할 것으로 보인다.

4. 삶의 질 연구와의 비교

이상에서 살펴본 바와 같이 사회의 질 연구는 삶의 질 연구와는 상이한 개념틀과 방법론에 기초하고 있다. 이러한 차이는 기본적으로 사회의 질 연구와 삶의 질 연구의 연구 방향과 이론적·방법론적 가정과 전제들의 차이에 기인한다. 따라서 두 연구 방법의 방법론적 차이를 이들이 기반으로 하고 있는 몇 가지 가정과 전제들과 연결하여 살펴볼 필요가 있다.

우선 개인의 삶의 질과 사회의 질 간의 관계에 대한 가정을 살펴보자. 앞에서 살펴보았듯이 최근에 삶의 질 연구는 기존의 다양한 연구 성과들을 기반으로 삶의 영역의 다차원적인 성격을 드러내는 방향으로 진행되고 있다. 마찬가지로 사회의 질 연구도 삶과 사회에 대해 다차원적이고 통합된 접근을 시도하고 있다. 그러나 개별 연구 성과들을 통합하는 방식에 있어서 삶의 질 연구와 사회의 질 연구는 차이가 난다. 삶의 질 연구가 삶과 사회의 질을 구성하는 다양한 요인들을 기계적으로 종합하려고 한다면, 사회의 질 연구는 이를 이론적 토대 위에서 좀 더 유기적으로 통합하려고 하고 있다. 삶의 질 연구는 삶의 질의 전체적인 모습은 여러 차원의 구성 요소들을 모두 더함으로써 알 수 있다고 가정한다. 또한 이를 통해 사회를 비교할 수 있다고 본다. 그렇기 때문에 삶의 질 연구에서는 다양한 삶의 질 구성 요소들을 나열하고 이를 종합하는 방식으로 지표화한 후 그 결과를 비교하는 연구가 이루어지고 있다. 연구방법론에 있어서도 어떤 지표를 추가하거나 제거할 것인지, 어느 지표에 더 많은 가중치를 두어야 하는지, 어떻게 하면 다수의 지표들을 단순화 또는 종합지수화하여 비교를 용이하게 할 수 있는지 등 기술적인 문제가 중요한 이슈가 되고 있다(예컨대 Alkire, 2008; OECD, 2008). 반면에 사회의 질 연구는 삶의 영역들의 종합만으로는 전체를 파악할 수 없다고 본다. 그 대신 삶의 질 전체를 구성하는 메커니즘이 무엇인지에 관심을 둔다. 이를 위해서 삶의 구성 요소들이 서로 어떤 관계를 가지며 어떤 방향으로 움직이는지, 그 동력은 무엇인지, 이를 규정하는 규범적인 토대는 무엇이어야 하는지 등 이론적인 문제에 집중하고 있다. 그래서 구체적인 기술적(technical) 방법보다는 방법론적(methodological) 근거들에 대한 논의가 중요한 이슈가 되고 있다.

둘째, 사회의 질 연구는 개인과 개인 행위에 대한 전제에서 삶의 질 연구와 차이가 난다. 삶의 질 연구에서 개인은 자신의 욕구 실현을 목표로 하는 데 반해서, 사회의 질 연구에서 개인은 사회 과정 속에서 자기실현을 통해 공동체의 정체성을 획득해나가는 것을 목표로 한다. 이런 면에서 사회의 질 연구는 개인의 효용을 중심으로 하는 삶의 질 연구보다는 행위에 관심을 갖는 연구에 보다 가깝다고 할 수 있다. 그러나 삶의 질 연구에서 개인의 행위가 욕구를 실현시킬 수 있는 자원의 획득과 통제 능력이나 자원을 삶의 질로 전환시킬 수 있는 능력 등 욕구 충족을 지향하는 도구적인 행위를 의미한다면, 사회의 질 연구에서의 행위는 사회관계 안에서 다른 행위자의 욕구를 이해하고 이에 근거하여 타협과 동의를 이끌어낼 수 있는 의사소통 능력을 의미한다(Beck and van der Maesen et al., 2001: 346). 삶의 질 연구에 있어서 개인이 사회에 통합되는 메커니즘은 재화나 서비스 등의 자원의 확보나 분배, 이를 위한 역량의 증대를 통하는 것이라면, 사회의 질 연구에서의 사회통합의 메커니즘은 기본적으로 의사소통 메커니즘이라고 할 수 있다. 따라서 사회의 질 연구 방법의 핵심적인 주제는 이러한 의사소통 메커니즘을 평가하고 분석할 수 있는 적절한 방법을 찾는 것이다.

셋째, 미시와 거시의 구분에 있어서도 사회의 질 연구는 삶의 질 연구와 차이가 난다. 삶의 질 연구에서 측정과 분석 단위는 기본적으로 개인이고, 개인을 중심으로 개인과 개인, 개인과 사회와의 관계를 개념화한다. 삶의 질 연구는 제도나 체계, 규범, 사회관계 등 개인이 처한 사회적 맥락을 개인과 분리하여 사회적 맥락을 객관적 조건(또는 거시적 조건)으로, 그러한 조건에 대한 개인의 효용이나 만족도를 주관적 요인(또는 미시적 조건)으로 인식하는 이분법적인 사고에 기초하고 있다. 그렇기 때문에 삶의 질 수준은 체계나 제도수준의 변화와 그에 따른 결과로서의 주관적 만족도와의 함수관계로 결정된다고 본다. 반면에 사회의 질 연구에서는 사회는 개인 간의 사회관계로 이루어지며 사회적 실천을 통해 발현되는 것으로 본다. 따라서 사회의 질적 수준은 일상생활에서 행위자들 간에 변화하는 상호 작용의 형태와 함수관계를 갖는다(Beck and van der Maesen et al., 2001: 345~346). 사회의 질 연구에서 사회 과정의 미시적인 토대가 중요한 측정 대상으로 포함되는 이유는 이 때문이다. 이러한 미시적인 성격은 단순히 개인이 얼마나 사회적 조건에 만족하는가,

얼마나 행복한가를 점수화하여 측정하는 방식으로는 파악할 수 없다. 사회의 질의 미시적 과정은 개인들이 가치와 규범들을 내재화하는 과정의 특성들을 밝혀냄으로써 파악할 수 있다고 보는 것이다.

마지막으로 삶의 질 연구와 사회의 질 연구는 정책 개입의 성격에 대해서도 서로 다른 입장을 취한다. 삶의 질 연구에서는 개인을 국가 정책의 수혜자로 간주하고, 개인이 삶의 질을 추구할 수 있도록 국가가 다양한 복지를 제공하고 개인수준에서 물적·인적·사회적 자본 형태의 역량을 축적하여 사회 체계에 통합할 수 있도록 지원하는 것을 정책적 개입의 핵심으로 보고 있다(Wallace and Abbott, 2007). 반면에 사회의 질 연구에서 개인은 국가정책 과정에 적극적으로 참여하고 자신이 배태되어 있는 공동체와 집단의 사회관계와 상호 작용의 질적 수준을 변화시킬 수 있는 능동적인 행위자로 간주된다. 따라서 국가수준에서의 정책적 개입뿐 아니라 공동체 수준에서의 사회적 개입의 필요성이 강조된다. 사회적 개입이 필요한 부분은 의사소통을 위한 담화, 관계, 실천 등이며 이를 통해 사회관계의 질, 공동의 가치와 규범에 의해서 생성되는 서로 간의 동의와 헌신, 신뢰감을 회복해나가는 것이 중요하다고 본다(Beck and Keizer et al., 2001: 12). 이러한 맥락에서 국가복지의 확대는 사회의 질을 위한 충분조건이 될 수 없다. 이에 더해 결과가 아닌 과정으로서 참여민주주의의 실현이 병행되어야 한다. 즉, 참여민주주의를 통해 사회적 합의와 타협을 이루어나갈 수 있도록 공동체의 역량을 확대해나가는 것이 사회의 질을 확보하는 데 필수적이다(Walker, 2011: 16).

5. 앞으로의 과제

이상에서 살펴본 바와 같이 사회의 질 연구는 기존의 연구 성과들을 이론적 바탕 위에 체계적으로 연결하면서, 모든 단계의 정책 과정을 포괄하는 통합적 분석틀을 제시하고자 한다. 또한 개개인의 삶의 질과 공동체의 발전이 밀접한 연관을 가지고 있으며 둘 간의 조화로운 발전은 도구적 합리성에 기초한 전략적 행위가 아니라 개인과 공동체 수준에서 의사소통의 합리성에 기초하는 의사소통 행위를 통해 정당성과 정체성을 확보하는 데 있다는 점을 분명히 하고 있다.

그러나 사회의 질 연구가 가지고 있는 문제의식과 접근 방법의 적절성에도 불구하고 사회의 질 연구의 프레임을 실제 적용하기 위해서는 해결해야 하는 많은 과제가 남아 있다. 특히 지표를 제외하고 프로파일과 기준 등의 질적 방법들을 어떻게 활용할 수 있을 것인가에 대한 구체적인 방안을 마련하는 것이 시급하다. 이에 대한 연구는 이제 시작 단계에 있다고 해도 과언이 아니다. 프로파일이나 기준 등을 경험연구에 적용할 수 있도록 하는 것은 지표를 구성하는 것과 비교하여 상대적으로 어려운 작업이다. 따라서 경험적인 측정이 용이하도록 구체적인 측정 도구와 세부 절차 및 기법들을 보다 명료하게 개발해야 한다. 이를 위해 의사소통 행위를 경험적으로 측정하는 다양한 연구 성과들을 검토하고 이를 적극적으로 활용할 필요가 있다. 예를 들면 하버마스(Jürgen Habermas)의 의사소통이론에 기초하여 정책수립 과정에서 시민참여를 경험적으로 측정하는 일련의 연구 성과들을 참조하는 것도 한 방법이 될 수 있을 것이다(Chang and Jacobson, 2010; Jacobson, 2004).[8)]

---

8) 제이콥슨(T. Jacobson)과 그의 동료들은 하버마스의 의사소통행위이론에 기초하여 시민 참여를 '합의에 도달하는 담화 과정(dialogic process)'으로 개념화하고, 정부의 정책수립 과정과 정책수행 과정에서 시민들의 참여가 해당 정책의 정당성을 제공하는 데 어떠한 영향을 주는지를 여러 사례연구를 통해서 보여주고 있다. 또한 정부의 타당성 주장에 대한 시민의 만족도와 의견을 제시할 수 있는 여러 조건에 대한 평가를 중심으로 시민 참여를 측정할 수 있는 조사 문항을 개발한 바 있다.

또한 사회의 질 연구가 제시하고 있는 3개의 방법론 도구들과 사회의 질의 구조를 논리적으로 연결할 수 있는 방안이 보다 정교화될 필요가 있다. 즉, 지표를 통해서 드러난 사회의 질의 객관적 조건이 표준화된 프로파일과 어떠한 관계가 있으며, 그러한 관계가 특정 사회의 질적 수준을 결정하는 기준들과 어떤 연관성을 갖는 것인가 등을 설명할 수 있는 논리적인 근거가 보다 분명할 필요가 있다.

다음으로 사회의 질 연구 방법의 타당성과 유용성은 무엇보다도 경험연구를 통해 검증해나가야 한다. 지금까지 사회의 질 연구는 사회의 질 개념과 방법론의 골격을 갖추는 이론적인 논의가 주축을 이루어왔다. 앞으로는 이를 여러 각도에서 검증하는 작업을 통해 탄탄한 이론을 구성하는 것이 필수적이다. 최근 유럽과 아시아 국가들을 중심으로 사회의 질 연구 방법을 활용한 경험연구들이 상당수 축적되고 있다(Gordon et al., 2005; Yee and Chang, 2011). 그러나 이들은 대부분 지표를 중심으로 하는 연구들에 한정되어 있다. 앞에서 살펴본 바와 같이 사회의 질 연구에서 지표는 사회의 질을 구성하는 객관적 조건을 드러내는 도구에 한정되어 있기 때문에 지표만 가지고는 사회의 질 수준을 제대로 드러내는 것에 한계가 있다. 따라서 사회의 질 연구방법론의 세 도구들을 활용하는 경험적인 연구들을 진행하고, 그 결과를 토대로 사회의 질이 가지고 있는 개념과 분석틀을 지속적으로 개선해나가는 과정이 필요하다. 이런 순환 구조가 잘 돌아간다면 사회의 질 연구는 이론적·방법론적으로 사회발전을 측정하고 사회발전의 방향을 제시할 수 있는 유용한 준거틀로서 역할을 할 수 있을 것이다.

마지막으로 사회의 질 연구를 한국에 적용하기 위해 고려할 점들을 분명히 할 필요가 있다. 최근 사회의 질 개념을 이용하여 국내에서 이루어지는 많은 연구들은 대부분 한국에서 사회의 질의 객관적 조건 요인들의 수준이 어느 정도인가를 경험적으로 검증하는 데 머물러 있다. 이 과정에서 사회의 질 연구가 비판적으로 보고 있는 삶의 질 연구의 문제점들이 그대로 답습되고 있는 경향이 보인다. 예를 들면 사회경제적 안전성, 사회적 응집성, 사회적 포용성, 사회적 역능성 등 사회의 질의 네 가지 조건 요인들의 상태를 측정하는 지표들을 구성하는 데 있어서 주관적 만족도 같은 지표를 포함시킨다든가, 사회의 질적 수준을 각 영역들의 지표값들을 표준화하여 더한 값으로 환원해 버리는 것 등이 그러하다. 이는 사회의 질 연구의 연구방법론을 제대로 적용한 것이라고 보기 어렵다. 앞으로 사회의 질 연구가 한국 사회의 질적 수준을 의미 있게 드러내기 위해서는 사회성의 미시적 과정을 드러내는 연구들로 연구가 확장될 필요가 있다. 또한 무엇이 한국 사회의 질적 수준을 판단하는 데 있어서 핵심적인 가치인가에 대한 심도 있는 질문들을 던짐으로써 사회의 질 담론을 형성할 수 있어야 할 것이다.

제 1 부

한국 사회의 질: 영역별 쟁점

제2장

사회경제적 안전성 사회적 위험의 관점에서

남은영 서울대학교 아시아연구소 선임연구원

1. 사회경제적 안전성과 사회적 위험

사회경제적 안전성(Socio-economic Security)은 무엇보다도 삶의 기회 및 위험의 분배와 관련되는 것이다. 이 개념은 '사회의 질'을 확보하기 위한 기본 토대가 되는 조건이라고 할 수 있다. 이는 인간적 삶을 위한 기초적인 물질적·환경적 자원을 사회적인 수준에서 제대로 확보하고 있는지의 여부와도 관련된다. 빈곤으로부터의 안전, 주거생활의 안전, 범죄로부터의 안전, 질병과 재해, 실업 등의 사건으로부터 보호되는 상황을 포괄한다. 구체적인 영역으로는 소득과 소비, 주거와 환경, 노동, 교육, 돌봄과 건강 등이 포함된다. 이러한 기초적 욕구와 요건들이 충족되지 못할 때, 사람들은 불안해하고 위협을 느끼거나 객관적인 위험에 처하게 된다(정진성 외, 2010).

이 글에서는 사회경제적 안전성을 사회적 위험의 개념을 중심으로 살펴보고자 한다. 먼저 사회적 위험의 정의를 살펴보고, 사회적 위험의 종류와 범주에 대해 논의한다. 또한 과거의 사회적 위험과 새로운 사회적 위험이 부상하게 된 배경에 대해 서구의 맥락을 서술하고, 다음으로 한국 사회에서 사회적 위험의 양상이 어떻게 나타나고 있는지 고찰하고자 한다. 한국 사회의 사회적 위험의 양상에 대해서는 크게 세 가지 영역에 대해 살펴보고자 한다. 첫째, 노동시장에서의 사회적 위험, 둘째, 새로운 사회적 위험과 가족: 일-가족 양립 중심, 셋째, 가족 경제상황의 변화 및 생활사건을 통해 본 일상생활 위험 등이다.

1) 사회적 위험이란

전통 사회에서 다수의 구성원들이 두려워했던 사회적 위험은 전쟁이나 천재지변으로 인해 개인의 복지가 위협받는 것 등이었다. 그러나 산업 사회 속의 인간들은 점차 풍요를 누릴 수 있는 기회를 갖게 되지만 일부 소수 구성원 혹은 경우에 따라서는 다수의 구성원들이 풍요를 누리지 못하는 현상이 나타난다. 현대에는 전통 사회와는 달리 많은 개인들이 자율성을 갖게 되면서 공동체의 규제에서 벗어나게 되었지만 다른 한편으로는 삶의 위기에 빠질 위험성이 높아지게 되었다. 이로 인해 개인의 삶이 더욱 취약해지고 제도에 의존적이 되는 역설적인 현상에 직면하고 있다. 그러한 현상들의 발생 원인은 주로 당사자의 잘못보다는 현대사회의 구조적인 특성에 있다고 할 수 있다. 예를 들면 대량 실업, 직업병, 환경오염, 교통사고, 노후 빈곤과 같은 현상은 산업화 이전에는 보기 드물었던 사회적 위험이다(김영란, 2005). 사회적 위험(social risk)이란 지금까지의 삶의 조건들을 위협하거나 적어도 현재의 삶의 수준을 급격히 하락시키는 사건 또는 상황을 말한다. 즉, 특정한 조건에 개인의 삶이 종속되어 있는데, 이러한 조건들이 충족되지 않아 자력으로 안정적인 삶을 영위할 수 없고 생존의 기반이 되는 노동력을 재생산할 수 없는 상황을 의미한다.

한편 "후기 산업 사회로의 이행과 연관된 경제·사회변동의 결과로 인해 사람들이 생애 기간에 직면하는 위험들"로 규정되는 새로운 사회적 위험은 가족 구조의 불안정, 노동시장의 유연화, 세계화의 움직임 등으로 가시화되고 있다(Esping-Andersen, 1999; Taylor-Gooby, 2004).

한국 사회에서는 성장지상주의 이념과 사회 분위기 속에서 사회 성원들의 일상적 복지와 안전을 보장(social security)하기 위한 모색이 이루어져왔으나 국가의 취약한 위험관리 체계에 따른 여러 가지 형태의 위험들이 나타났다(임현진 외, 2002). 사회적 위험의 부상에 따라 특히 1997년 외환위기 이후에는 국가가 최소한의 생계를 유지할 수 있도록 해주는 사회적 안전망을 구축해야 한다는 사회적 요구가 일어나기 시작했다. 이후 정부는 국민기초생활보장제 시행 등 복지정책을 통해 사회적 위험에 대한 안전망을 모색하기에 이르렀으나 여전히 미약한 상황에 있으며, 새로운 사회적 위험에 대한 논의는 초기 단계에 있다고 할 수 있다(김영란, 2006).

현재 한국 사회는 서구와는 달리 전통적 사회의 위험과 새로운 사회적 위험이 중첩되어 나타나고 있다. 경제 위기 이후 한국 사회의 양극화와 빈곤 문제는 매우 심각한 양상을 보이며 전개되고 있다. 1997년 외환위기 이후 정부가 경제 위기를 극복했다고 발표한 1999년 이후 빈곤율은 약간 감소하는 추세를 보였지만, 2002년부터 절대빈곤율은 다시 증가하기 시작했다. 그러나 더욱 중요한 현상은 상대빈곤율의 증가가 매우 빠른 속도로 진행되기 시작했다는 점이다.[1] 이러한 상대빈곤의 심화는 분배구조의 약화가 이루어지고 있음을 의미한다. 여성 가구주 가구의 상대적 빈곤율은 남성 가구주 가구에 비해 3배가량 더 높게 나타나고 있다.[2] 그 배경에는 비정규직 노동자의 증가로

---

1) 상대빈곤율이란 전체 가구를 소득수준별로 나란히 세웠을 때 한가운데에 위치한 가구의 소득의 50% 이하에 해당하는 가구 비율을 의미한다. 한국의 상대빈곤율은 2008년 14.3%로, 2000년 10.5%에서 매년 조금씩 높아지고 있다[2002년 10.9%, 2004년 12.3%, 2006년 14.2%(유경준, 2008)].

대표되는 노동시장 유연화 흐름이 자리하고 있다(남찬섭·허선, 2005; 류정순, 2005). 노동 조건의 악화와 노동소득분배율은 경제 위기 이후 최저수준으로 떨어졌으며, 노동시간은 OECD 국가 중 가장 긴 것으로 나타나고 있다(OECD Factbook, 2011).

현재 한국은 가족 구조의 변화, 여성의 노동시장 참여 증대와 사회적 보살핌의 부재, 노동시장의 유연화에 따른 고용 불안정의 증대, 절대적·상대적 빈곤의 증가, 근로빈민층 확대, 사회적 양극화 현상 등 다양한 위험 요인이 나타나고 있다. 2000년대 들어오면서 한국 사회의 위험 구조에서 가장 두드러진 것은 경제 위기 이후 경제적 생계 위험과 사회해체 위험의 급격한 증가를 들 수 있다(김영란, 2006).

특히 외환위기 이후 소득과 자산의 감소를 경험한 사람들에게서 실업, 부도, 신용불량과 같은 경제적 위험과 함께 건강 악화, 자살 충동, 가족 해체 등을 경험한 사람들이 많은 것으로 나타났다. 스스로 중산층에서 이탈했다고 생각하는 사람들일수록 이러한 개인 해체 및 가족 해체와 같은 일상의 부정적인 변화를 많이 경험한 것으로 나타났다(남은영, 2009). 따라서 한국의 경우 전통적인 사회적 위험에서 새로운 사회적 위험이 순차적으로 나타난 서구와는 달리, 2개의 위험군이 동시다발적으로 나타나는 다양한 위험과 잠재적 가능성이 혼재되어 있는 중층적인 사회적 위험 속에 놓여 있다고 볼 수 있다.

이와 같이 사회적 위험은 현재 서구사회에서, 탈산업 사회의 도래와 전지구화로 인한 사회경제적 변화와 복지국가의 정책적 수요의 변화로 인해 구사회적 위험과 대비되는 새로운 사회적 위험의 등장이라는 맥락에서 논의가 이루어지고 있다. 그러나 한국은 사회적 안전망이 부족한 상태에서 외환위기

---

2) 2008년 남성 가구주의 상대빈곤율은 6.6%, 여성 가구주의 상대빈곤율은 17%로 나타나고 있다(성명재, 2009).

이후 급격하게 이루어진 노동시장의 유연화와 비정규직의 증가, 가족 구조의 변화 등으로 인해 구사회적 위험과 새로운 사회적 위험이 중첩되어 나타나는 이중적인 사회적 위험을 경험하고 있다. 이로 인해 각 개인과 사회 집단에 미치는 사회적 위험의 파장은 더욱 크다고 볼 수 있다.

이러한 측면에서 한국 사회의 사회적 위험의 양상과 효과를 보다 구체적으로 살펴보고자 한다. 이 글에서 주목하고자 하는 사회적 위험은 노동시장과 가족의 영역에서 일어나는 위험들이다. 새로운 사회적 위험에 관한 기존 연구에서 주로 논의되어왔던 노동시장 영역과 관련된 실업 및 고용 불안정의 위험, 일-가족 양립에 관한 위험을 살펴볼 것이다. 그리고 외환위기 이후 심화된 경제적 상황의 악화 및 가족의 생활사건들을 포함한 가족 영역의 일상생활 위험 등을 함께 고려하고자 한다. 이와 같이 서구에서 논의되어왔던 새로운 사회적 위험뿐만 아니라 한국 사회의 사회적 위험을 포괄적으로 진단할 수 있는 영역들을 포함하여 현실 적합한 사회적 위험에 대한 고찰을 하고자 한다.

2) 이론적 배경

(1) 사회적 위험의 분류

사회적 위험은 여러 이론적 접근에 따라 다양하게 정의되고 있다. 에스핑안데르센(G. Esping-Andersen)은 생산 방식과 산업 구조의 변화를 수반하는 탈산업 사회가 도래함에 따라 전후 복지국가의 역할과 그 토대가 기능 부진에 빠져 있으며, 이것이 복지국가의 위기라고 한다. 에스핑안데르센은 사회적 위험을 '계급 위험(class risks)', '생애주기 위험(life-course risks)', '세대 간 위험(intergenerational risk)'으로 구분한다. 이러한 위험들은 모두 가족에 의해 내부화될 수도 있고, 시장에 의해 배분될 수도 있으며, 혹은 복지국가에 의해 흡

수될 수도 있다.

먼저 계급 위험은 사회적 위험의 가능성이 사회적 계층들 사이에 불균등하게 분배된다는 것을 함축한다. 즉, 미숙련 노동자들은 저소득과 실업에 취약하며, 편모들은 빈곤에 빠질 위험이 매우 높다. 사회적 위험은 생애 기간에 걸쳐서도 불균등하게 배분된다. 라운트리(Seebohm Rowntree)는 일찍이 빈곤이 아동기 — 특히 대가족에서 — 와 노령기 — 소득이 감소하기 때문에 — 에 집중된다는 것을 관찰했다. 즉, 가족이 젊을 때에는 그 구성원들의 욕구들을 충족시키기 위해 많은 비용을 필요로 하는 반면에 가구소득은 낮다. 시간이 흐르면서(자녀들이 독립할 무렵이면) 소득이 증가하다가 이후 노령기에 접어들면 소득이 급격히 줄어든다. 가족은 전통적으로 생애주기 위험을 분산화하기 위한 핵심적인 공간이었다. 시장도 위험을 관리하는데, 즉 생명보험이나 민간 연금저축과 같은 것도 시장에서 생애주기 위험을 관리하는 경우이다. 전통적으로 복지국가는 생애주기 위험 중에서도 '경제활동에 참여하지 않는' 인생의 양극단의 시기, 즉 아동기 — 가족수당에 의해서 — 와 노령기 — 연금에 의해서 — 에 집중하여 보호를 제공한다. 보다 일반적으로 전후의 복지국가는 안정적인 남성 주생계원 가족을 가정하고 있었기 때문에 사회적 보호의 노력도 이러한 가족들의 고용 안정에 초점을 맞추었다. 그러나 출현하고 있는 탈산업 사회의 특징은 가족의 불안정성과 실업의 만연, 고용 불안정의 증가 등을 특징으로 하며, 이러한 정황들은 이제 생애주기 위험들이 청년기와 중년기, 즉 성인기의 삶에까지 확산되게 하고 있다. '3분의 2 사회'나 '신하층 계급' 같은 개념들 역시 열악한 생활기회의 덫에 빠질 가능성이 점점 높아지고 있다는 것을 시사한다.

세대 간의 위험이란, 일부 집단이 체계적으로 겪는 위험(민족 차별, 인종 차별 등)이 통상적으로 계급 위험으로 나타나지만 이러한 불평등이 세대에서 세대로 이어질 때 나타나는 세대 간 위험 전승의 문제를 말한다. 상속과 시장은 보통 서로를 강화하는 관계에 있는데, 즉 직업적·교육적 성취가 여전히 강력하게 사회적 출신에 의해 과잉 결정된다는 것이 연구 결과를 통해 밝혀지고 있다(Erikson and Goldthorpe, 1992; Shavit and Blossfeld, 1993). 라운트리가 조사한 요크 지역의 가족들을 1970년대에 재조사한 앳킨슨(A. B. Atkinson)은, 빈곤가족 출신의 아동이 그렇지 않은 아동들에 비해 빈곤에 빠질 확률이 2.6배나 높다는 것을 발견했다(Atkinson, 1983). 상속된 불이익은 '사회적 자본'의 불평등을 낳게 된다. 이러한 불평등은 가족 속에서 생산된 다음 시장에서 더욱 심화된다. 이에 비해 세대 간의 위험은 이것과는 다르며, 주로 기회평등 정책의 형태로서 나타나게 된다. 이에 따라 북유럽의 복지국가들은 기회평등에 대해 보다 광범위하며 포괄적인 접근법을 채택했다. 이러한 접근법에서 바탕에 깔려 있는 원칙은, 불리함을 만들어내는 원천은 다양할 수 있다는 것과 원칙적으로 위험을 피해갈 수 있는 집단은 그 어디에도 없다는 것이다. 결국 상속된 불이익은 단순한 인적 자본을 뛰어넘는 것이며, 생활기회에 결정적으로 여겨질 수 있는 자원을 모두 망라하게 된다(Esping-Andersen, 1999).

반면 테일러-구비(P. Taylor-Gooby)는 '새로운 사회적 위험'을 "탈산업 사회로의 변화 과정에서 경제적·사회적 변동의 결과로서 생애 과정에서 사람들이 직면하게 된 위험"으로 정의하며, 새로운 사회적 위험에서 중요한 네 가지 발생 경로를 제시한다(Taylor-Gooby, 2004). 첫 번째는 여성들의 교육수준 향상으로 여성들의 노동시장 참여가 증가한 반면, 경제활동을 하는 남성의 인구는 감소하고 있다.[3] 이와 같이 많은 여성들이 임금노동으로 이동하면서 일과 가정을 양립하기 어려운 저숙련 여성층에서 새로운 사회적 위험이 일어나게 된다. 또한 여성 고용의 증가와 함께 가족 내의 보살핌에 대한 욕구가 무급

---

3) EU의 남성 경제활동 참가율은 1970년 89%에서 2001년 78%로 감소한 반면, 여성은 45%에서 61%로 상승했다(Taylor-Gooby, 2004).

노동으로 여성이 전담해왔던 전통적 유형의 보살핌으로는 점차 충족되기 힘들어지게 되었다. 두 번째는 노인 인구의 증가로 노인 보살핌에 대한 부담이 급증하고 있는데, 여성이 보살핌과 직장을 병행하기 어려워 노동시장에서 철수하면 남성 혼자 경제활동을 해야 하는 부담으로 빈곤의 가능성이 높아진다. 세 번째, 비숙련 생산직의 비중을 감소시켜온 생산기술의 변동, 그리고 저임금의 비교우위를 이용한 국가 간 경쟁의 격화로 발생하는 노동시장의 변화는 교육수준이 낮은 사람들이 사회적으로 배제되는 위험을 발생시킨다. 즉, 교육수준이 낮을수록 실업에 빠질 확률과 장기 빈곤의 위험을 높인다.[4] 네 번째로는 일부 국가에서 민영화된 공적 보험, 의료보험 등을 소비자가 잘못 선택할 경우, 혹은 민영 보험에 대한 규제가 잘 이루어지지 않을 경우 새로운 위험이 발생할 수 있다(Taylor-Gooby, 2004).

여기서는 위험을 세 가지 기본적인 형태인 보편적 위험(universal risks), 생애주기 위험(life-cycle risks), 범주형 위험(categorical risks)으로 구분하고 있다. 보편적 위험은 원칙적으로 연령, 젠더, 사회적 지위에 관계없이 모든 사람들에 의해 공유되는 위험이다. 예를 들면 노동시장에서의 활동을 제한하거나 불가능하게 하는 불행한 사고를 당하는 일 등이다. 보편적 위험은 이론적으로는 사회의 모든 구성원들이 당할 수 있지만, 모든 사람들이 동일한 정도로 이러한 위험에 노출되는 것은 아니다. 생애주기 위험은 원칙적으로 모든 사람에 의해 공유되는 것이지만, 특정한 연령이나 특별한 생애주기의 단계에 있는 모든 사람에 의해 경험된다. 예를 들면 노년층은 치매와 같은 질환에 걸

4) 교육과 고용과의 연계는 저학력자들의 사회적 배제의 위험에 영향을 미친다. 의무교육만을 받은 사람들의 실업률은 대졸자에 비해 2.5배가 높으며, 기술수준의 향상을 경험한 사람은 직업의 사다리에서 상승할 가능성이 높지만 기술수준이 낮은 사람들은 불안정성이나 실업을 경험할 가능성이 높다(Taylor-Gooby, 2004).

릴 가능성이 훨씬 더 높다. 범주형 위험은 종종 계급 위험(class risks)이나 집단 위험(group risks)으로도 불린다. 예를 들면 광부와 같은 특정한 사회집단이 특별히 노출되는 위험인데, 광부와 관련된 직업병 등과 같은 것으로 모든 사람이 공유하는 위험은 아니다.

이러한 위험은 그 효과의 측면에서 사건적 효과(incident effect), 생애적 효과(lifetime effect), 세대 간 효과(intergenerational effect)로 구분할 수 있다. 사건적 효과는 사건과 직접적으로 관련되는 효과를 말하며, 상대적으로 단기간이 지난 이후에 사라진다. 일시적인 실업과 단기간의 실업은 보통 사건적인 효과만 가질 뿐이다. 생애적 효과는 개인의 삶에서 오랫동안 지속되는 위험과 관련되는데, 장기간의 실업이나 장애는 보통 생애적인 효과를 갖는 것으로 보인다. 세대 간 효과는 다음 세대로 전승되는 불행한 사건이 갖는 효과이며 다음 세대에 재생산된다. 장애는 개인으로 하여금 복지 혜택에 의존하게 하는데, 이것은 생계 부양자로서의 능력을 상실하게 하며 자녀에 대한 투자와 노동시장에의 진입 기회를 위태롭게 한다. 각각의 위험은 다양한 효과를 동시에 초래할 수 있다는 점을 주목해야만 한다. 하나의 위험은 처음에는 사건적 효과를 가져오지만 시간이 흐름에 따라 이후에는 생애 효과, 세대 간 효과를 초래할 수도 있다. 이와 같이 위험의 유형과 위험의 효과에 따라서도 재분류가 이루어질 수 있다. 이러한 구분은 어떤 위험관리가 국가의 정책적인 개입에 의해 담당되어야 하는지를 분석하는 데 중요한 의미를 갖는다(Neubourg and Weigand, 2000).

한편 사회적 위험 관리(Social Risk Management)의 관점에서는 사회정책을 개인이나 가구가 위험에 대처할 수 있도록 지원하기 위한 공적인 개입으로 재정의한다(Neubourg and Weigand, 2000). 이런 관점에서 볼 때, 사회정책은 더 이상 일정한 시기에 주요한 욕구(main needs)를 충족시키는 것이 아니다. 이러한 접근은 개인의 생애 과정의 특정 시기의 위험에서 발생하는 욕구를 만족시킬 수 없다는 것이다. 사회정책은 단지 정적인 틀 속에서 모든 개인으로 하여금 경제 구조 하에서의 성취를 하도록 보장하는 것에 초점을 두어서는 안 되며, 오히려 현실화하는 우발적 사건(contingencies)을 방지(protect)하고, 그것이 실현되기 전에 그 효과를 완화(mitigate)하며, 어려운 시기에 불운, 충격이나 불행한 사건이 닥쳤을 때 그에 대처(cope)하도록 하는 데 초점을 두어야 한다.

앞서 살펴본 바와 같이 사회적 위험에 대한 분류는, 위험을 정의하며 사회 구성원이 일생을 살아가면서 직면할 수 있는 위험의 범위와 성격을 규명해준다는 점에서 그 의의가 있다. 한편 새로운 사회적 위험의 개념은 과거의 복지국가의 정책적인 개입이 이루어졌던 사회적 위험뿐만 아니라 탈산업 사회 이후 경제적·사회적 변동으로 인해 초래되는 새로운 사회적 위험의 관점에서 정책의 필요성과 전제 조건들에 대한 새로운 인식을 환기시킨다는 점에서 중요한 함의를 갖는다고 볼 수 있다. 대체로 위험에 대한 분류는 위험이 갖는 효과의 측면에서 생애주기의 효과, 세대 간 효과, 계급 혹은 범주의 효과 등으로 나누어진다.

(2) 새로운 사회적 위험의 부상

제2차 세계대전 이후 1970년대까지 유럽의 복지국가는 대규모 안정적인 제조업 부문을 기반으로 상대적으로 지속적인 경제성장을 유지했으며, 사회의 다수 구성원들이 높은 수준의 가족-임금으로 고용되어 있었다. 어린 자녀에 대한 보살핌이 제공되는 안정적인 핵가족 구조, 취약한 노년층 등으로 인해 정부는 광범위한 신케인스주의 정책을 통해 국민경제를 관리했다. 아울러 낮은 실업률, 안정된 임금, 노동 계급과 중간 계급의 연합정치 체제 아래, 산업 사회에서 시장이나 가족에 의해 충족되지 않는 영역의 보완적 편익과 서비스를 제공했다. 즉, 소득의 부재 및 중단(예컨대 은퇴, 실업, 질병, 장애)이나 생애주기에서 임금과 필요와의 불일치(예컨대 자녀수당) 등에 대응하기 위한 적절한 혜택을 제공했다. 전통적으로 복지국가에서 의료나 교육 관련 정책은 바람직한 것으로 인식되었으나 사회적 보살핌은 대부분 가족제도를 통해서 제공되었으며 가족에 대한 개입은 제한적으로 이루어졌다(Taylor-Gooby, 2004).

그러나 1980년대 이후 사회 구조의 변화는 사회적 위험의 양상에도 변화를 가져왔다. 전통적인 사회적 위험이 산업 사회에서 노동능력의 상실, 즉 질병, 재해, 노령, 실업과 관련된 위험이라면, 새로운 사회적 위험은 노동시장에서의 취약성(vulnerability)과 노동가능성(employability)의 약화, 그리고 가족에게 보살피는 책임을 지우는 경향으로 인한 고용접근 제한과 관련된 것이다. 그런데 문제는 전통적인 사회적 위험은 전후 복지정책으로 사회 성원들에 대한 일정 정도의 사회보장(social security)을 가능케 한 반면, 새로운 사회적 위험은 현재의 복지정책으로 위험에 대한 사회안전망을 제공할 수 없는 상황에 있다는 점이다(김영란, 2006).

즉, 새로운 사회적 위험은 노동시장에서 특정한 위치를 유지하거나 접근하는 데 있어서 무능력과 관련되며, 보살핌 책임으로 인해 임금노동에 종사할 수 있는 능력을 감소시키는 것과 관련되는 것이다. 이러한 노동시장의 접근성은 가족 구조의 변화, 노동시장의 변화와 연관되어 있다. 이처럼 새로이 대두되는 사회적 위험을 크게 두 가지 영역으로 나누어보면, 첫 번째는 노동시장에서 생산인구의 감소 추세와 노동의 유연화로 인한 위험이며, 두 번째 영역은 전통적 가족의 틀이 무너지면서 나타나는 다양한 사회적 위험이라고 할 수 있다.

노동시장 구조의 변화로 인해 서구의 경우, 1970년대 중반 이후 '복지국가의 황금기'에는 부각되지 않았던 노동자층에서의 고용 불안정, 위험(insecurity), 저임금과 불투명한 직업 전망(poor career prospect and pay) 등이 나타나기 시작했다. 그런데 이들은 경제적 세계화, 빠르게 도입되는 새로운 기술에 따른 기술혁신 등의 변화에 의한 것으로 고용 불안정을 경험하는 사람들이 신빈곤층의 핵심으로 부상하게 되었다. 즉, 이들의 노동시장 진입에서의 문제, 안정되고 안전한, 그리고 충분한 임금고용, 사회보장 유지 문제, 유동적인 시장에서 적당한 훈련과 교육을 받을 수 있는 기회 등에서의 문제가 야기되었다.

경제적 변화, 특히 1980년대 이후 노동시장 구조의 변화는 과거 복지국가의 황금기에는 볼 수 없었던 높은 실업률의 지속, 장기실업자의 증가, 파트타임 등 비정규직 증가 등의 문제를 부각시켰다. 경제의 세계화는 무역의 자유화, 자본의 이동성, 범세계적인 경쟁의 격화로 기술 변화의 속도를 크게 가속화시켰으며, 일자리 없는 성장 혹은 저임금과 불안정 고용을 보편화하고 있다. 따라서 빈곤과 의존을 막기 위한 케인스주의식 복지국가의 제1차 방어선, 즉 완전 고용과 고임금의 전일제 직업은 붕괴되었고 새로운 빈곤을 양산하고 있다.

또한 노동시장의 유연성, 산업 구조와 인력 구조의 재조정, 기업조직의 슬림화를 골자로 한 신자유주의적 구조 조정은 노동 계층을 고용 불안정이라는 위험에 노출시킨다. 그리고 노동 계층 내부 구성 집단에 서로 다른 효과를 창출한다. 경쟁력을 갖춘 노동 계층에게는 비교적 유리하게 작용하는 반면, 미숙련 노동자와 취약 계층에게는 대단히 불리한 악조건을 제공한다. 숙련공/미숙련공 임금 격차 확대, 미숙련 노동시장의 경쟁 심화, 취업 불안정 증대 등 노동시장에서 취약 계층이 당면한 불이익은 수없이 많다(송호근, 2002). 특히 경제의 세계화는 고용 및 노동시장의 불안정성을 가져왔다. 1980년대에 들어와서 산업 구조의 변화는 노동 과정의 고도화로 나타난다. 전문적이고 숙련된 기술이나 지식을 갖춘 노동력이 선호되며, 이러한 자격에서 미달된 노동의 수요는 주로 저임금에 의존하게 된다. 또한 이러한 추세는 임시직, 비자발적인 파트타임직, 영세 자영업과 같은 '전형을 벗어난 불확실한 직업'을 조장하며, 실제적으로 높은 실업의 위험, 열등한 기술, 열악한 노동 조건과 약한 노조 등과 관련되어 있다(Room, 1990). 미국의 경우 비교적 저실업을 누리고 있지만 빈곤선보다 낮은 임금을 지불하는 일자리만 늘어나고 있다(Esping-Andersen, 1999). 유럽의 경우 고용 전략에서 직업의 양극화에 대한 위협은 실제적인 것으로, 새로운 기술에 대한 투자는 높은 직업적 계급 집단에게 집중되고 있다. 반면 저숙련 직업은 훈련, 기술 향상, 개인적 발전을 위한 기회를 거의 제공받지 못한다(Esping-Andersen, 2002).

따라서 1980년대 이후 노동시장 구조의 변화는 장기 실업의 증가, 파트타임 등 비정규직 노동자의 증가 등과 함께 빈부 격차의 심화로 요약할 수 있다. 미국의 경우 1979~1999년 사이에 전일제 노동을 하면서 4인 가족 기준으로 빈곤선 이하의 소득을 버는 비율은 50%나 증가했으며, 영국, 독일, 프랑스 등도 빈곤층이 증가하면서 사회 양극화가 심화되었다(미시라, 2002).

가족 구조도 변했다. 현대 사회에서는 친족제도와 지역사회의 중요성이 해체되고, 가족제도의 약화와 다양한 삶의 방식이 일상화되고 있다. 이혼과 재혼 등으로 핵가족 이외에도 한부모 가족, 독신 가구 등 가족의 유형이 다양해지고 있으며, 여성의 노동시장 참여가 증가하고 있다. 대부분의 전통적 가족은 남성이 생계 유지자이고 가장이며 여성들은 남성에게 경제적으로 의존한다는 가정을 기본틀로 하여 형성되었다. 전통적으로 가부장적인 가족 형태하에서 여성은 자녀와 노인을 돌보는 책임 속에서 가사노동을 주로 하며 경제활동을 제약받아왔다. 결국 부양자인 남편에게 경제적으로 의존할 수밖에 없고 사회에 진출하는 기회가 생기더라도 대개는 주변자의 역할만 해왔다. 따라서 과거의 사회적 위험에 대한 복지국가 프로그램 역시 결혼 상태가 안정적이며 남성이 부양자의 역할을 하고 여성은 가사노동을 전담하는 모델을 전제로 설계된 것이다.

그러나 과거에 안정적이었던 핵가족 모델은 높은 이혼율과 낮은 출산율 등

〈표 2-1〉 과거의 사회적 위험과 새로운 사회적 위험의 비교

구분	과거의 사회적 위험(Old Social Risk)	새로운 사회적 위험(New Social Risk)
시대	· 산업 사회	· 탈산업 사회
사회적 도대	· 제조업 중심의 완전 고용 · 핵가족에 기초한 남성부양자 모델	· 지식정보 중심의 단절적 고용 · 양소득자 모델, 한부모 가족의 증가
형태	· 산재, 실업, 질병, 노령, 장애 등으로 인한 소득의 중단이나 상실	· 아동 및 노인에 대한 보살핌 · 사회적 약자에 대한 가족보호 기능의 약화 · 단절적이고 불안정한 고용 · 비정형적인 직업경력
위험의 담지자	· 남성산업노동자	· 여성노동자, 저/비숙련 노동인구, 청년실업자, 아동, 노인, 편모
대응	· 사회복지정책	· 사회복지정책의 미비

자료: 주정(2008) 재구성.

으로 인해 더 이상 안정적이지 못하다. 결혼생활은 점점 더 불안해지고 있으며, 이혼과 가족 해체로 인한 편부모 가정의 증가는 아동빈곤을 확대시키게 된다. 또한 아이들에 대한 보육 문제가 사회적으로 해결되지 않으면 여성들은 노동시장에 참여할 기회를 제한 당하게 되며, 노동시장에서 불리한 위치에 있는 여성들은 사회보험이 제공하는 위험분산 혜택에서 제외되게 된다. 한편 노인 인구의 증가와 평균수명의 연장은 과거에는 개인과 가족의 차원에 있었던 '보살핌'이라는 새로운 사회적 위험을 창출해낸다. 즉, 여성의 노동시장 참여와 가족 구조의 변화로 인해 일상생활의 보살핌 문제가 더 이상 가족 차원에서 해결되지 않는 사회적 위험의 범주로 부상하게 되었다(김영란, 2006). 따라서 일-가족 양립이 새로운 사회적 위험의 주요한 차원이 된다.

이상과 같이 산업 사회의 사회적 위험과 다른 성격을 지니고 있는 새로운 사회적 위험을 과거의 위험과 비교해보면 〈표 2-1〉과 같다.

2. 한국 사회에서 사회적 위험의 양상

1) 노동시장에서의 사회적 위험

사회적 위험의 양상은 전통적인 사회적 위험과 새로운 사회적 위험으로 나뉜다. 산업 사회에서는 안정적인 핵가족에 기초한 남성 부양자 모델 아래 발생하는 실업, 질병, 노령, 장애 등의 형태로 사회적 위험이 나타났고 그것에 대하여 서구 국가들은 사회복지정책으로 대응했다. 이후 탈산업 사회가 도래하면서 불안정하고 단절적인 고용이 증대되었고 다양한 가족 형태의 등장으로 아동, 노인 등 사회적 약자에 대한 가족의 보호 기능이 약화되었다. 특히 여성 노동자, 저숙련·비숙련 노동인구, 청년 실업자 등에게 부가되는 사회적 위험이 크게 증가했는데, 이에 대한 사회복지정책은 미비한 실정이다.

한국에서의 사회적 위험은 특히 외환위기 이후 증폭되어 나타났는데, 전통적인 사회적 위험과 새로운 사회적 위험이 중첩되어 나타나고 있는 것이 특징이다. 여기에서는 노동시장에서의 사회적 위험, 가족생활과 일-가족 양립, 가족의 경제상황 및 생활 사건을 통한 일상생활의 위험을 중심으로 한국 사회에서 경험되는 주요한 사회적 위험들에 대해 살펴보고자 한다.

(1) 실업 및 장기미취업

외환위기 이후 기업들의 부도 및 도산과 구조 조정으로 인해 대규모의 실업이 발생했다. 실업자는 2000년 2월에 122만 명에 이르렀다가 이후 2006년에 83만 명으로 감소했고, 실업률은 3.5%를 기록했다.[5] 2011년 한국의 실업

---

5) 2010년 1월 실업자가 급증하여 121만 명(실업률 5.0%)을 기록했으며, 이는 2000년 이후 최대치이다.

〈그림 2-1〉 OECD 국가 간 장기실업률 비교

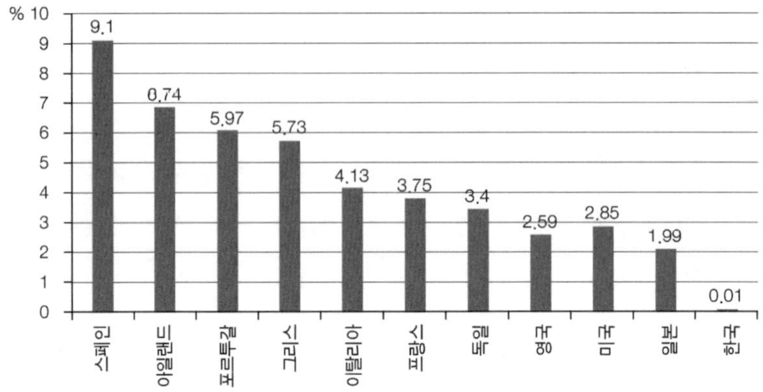

자료: OECD Factbook(2011).

률은 3.1%로 OECD 평균인 8.2%에 훨씬 못 미치는 수준으로 실업률 자체만 본다면 외국에 비해 실업 문제가 심각하지 않은 것으로 여겨진다. 그러나 외국에서는 구직자들의 대부분이 실업자 통계에 포함되는 반면, 한국에서는 사회 안전망의 미비와 경제 구조의 차이로 인해 구직자들의 상당수가 실업 통계에 잡히지 않는 한계가 있다. 따라서 실업률이 외국에 비해 낮다고 해서 한국의 실업 문제가 외국보다 덜 심각하다고 결론내리기는 어렵다(금재호, 2007). 다음은 2011년 현재 12개월 이상의 장기 실업에 대한 국제비교 결과이다.

OECD 11개국의 장기 실업에 대한 국가 간 비교를 살펴보면, 스페인이 9.1%로 가장 높게 나타났으며, 다음은 아일랜드(6.74%), 포르투갈(5.97%), 그리스(5.73%), 프랑스(3.75%), 독일(3.40%) 순으로 나타나고 있다. 한국의 경우 장기실업자는 0.01%로 매우 낮게 나타나고 있지만, 공식 실업지표와는 달리 2012년 1월 현재 학생도 아니면서 구직을 포기한 무업자들은 201만 5000명으로 집계되고 있다(통계청, 2012). 특히 무업자 중 젊은 세대(20~30대)인 이른바 니트(NEET)족의 증가가 두드러지고 있다. 니트족이란 'Not in Employment,

〈그림 2-2〉 니트족 증가 추이(2003~2012년)

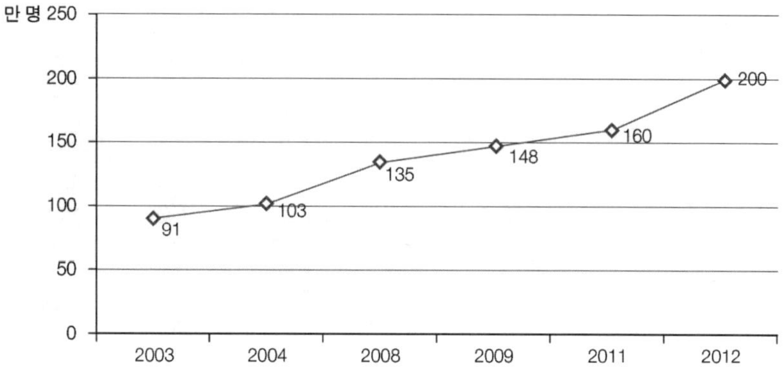

자료: 통계청(2003~2012).

Education or Training'을 뜻하며, 15세에서 64세 사이의 경제활동인구 중 구직, 가사, 육아, 취업준비, 등교 등의 활동 가운데 아무것도 하지 않는 사람들이다. 이들은 아예 실업률 통계에서 빠지는 부류('쉬었음')이다. 니트족은 1990년대 경제 사정이 나빴던 영국 등 유럽에서 처음 나타나 일본으로 빠르게 확산되었다. 일본에서 2000년대 초반에 유행해 사회 문제가 되었는데, 최근 한국에서도 급증하고 있다. 니트족은 취업에 대한 의욕이 전혀 없기 때문에, 일할 의지는 있지만 일자리를 구하지 못하는 실업자나 아르바이트로 생활하는 프리터족과 다르다.

니트족의 증가 추이를 살펴보면, 2003년에는 규모가 91만 명이었는데 2004년에 103만 명으로 100만 명을 넘어선 이후 지속적으로 증가하여 2009년 148만 명, 2012년 2월에는 200만 명으로 급증했다. 즉, 2004년 100만 명에서 8년 만인 2012년에 200만 명으로 2배 증가한 것이다. 이와 같이 한국에서도 니트족은 급증하고 있으며 소득이 없는 니트족은 소비능력도 부족하기 때문에 늘어날수록 경제의 잠재성장력을 감소시키는 등 경제에 부정적 영향을 주는 동

〈그림 2-3〉 연령별 무업자('쉬었음') 인구

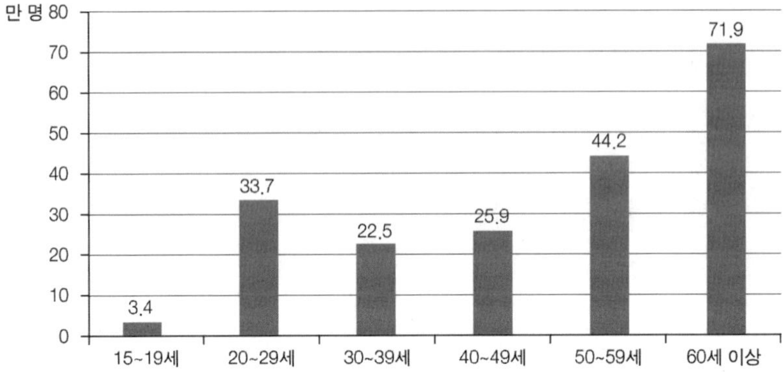

자료: 통계청(2012).

시에 실업 문제를 비롯한 여러 가지 사회 문제를 일으킬 가능성이 있다.

연령별 무업자('쉬었음') 인구는 60세 이상이 가장 많고, 다음은 50대, 20대 순으로 나타나고 있다. '쉬었음' 인구는 고령화로 인해 늘어나는 것이 보통이며, 특히 베이비붐 세대가 은퇴하는 최근에는 증가세를 보이고 있다. 그러나 2012년 20대 인구(625만 명) 중 '쉬었음'은 33만 7000명으로 5.4%를 차지하고 있는데, 이는 20대 100명 중 5명이 니트족이라는 것을 의미한다. 30대 니트족 인구도 2011년에 비해 12.7%가 증가하여, 최근 취업이 어려워지면서 구직을 포기한 젊은 고학력층들이 많이 늘어나고 있음을 보여주고 있다(헤럴드경제, 2013년 3월 11일). 지금까지는 주로 베이비붐 세대인 60대 장년층 은퇴자가 늘어나는 양상을 보였으나 최근 조사에서는 20~30대 젊은 층의 증가세가 두드러졌다. 이와 같이 20~30대의 니트족이 증가하는 것은 잠재성장력과 국내총생산을 감소시키는 경제적인 문제뿐 아니라 근로 의욕의 상실로까지 이어져 사회적인 문제로 비화될 가능성이 크다.

다음은 '사회의 질 조사'[6]를 분석하여 12개월 이상 장기 미취업자의 특성

〈표 2-2〉 미취업 기간 및 장기 미취업자

(단위: %)

미취업 기간		12개월 이상 장기 미취업자			
1개월	6.5	남성	15.2	중졸 이하	48.8
2~3개월	4.2	여성	40.2	고졸	18.9
4~5개월	4.0	20대	36.3	대재 이상	25.5
7~9개월	2.1	30대	18.8	가구소득 200만 원 미만	44.4
12개월 이상	27.9	40대	14.7	가구소득 300만 원 미만	23.4
없음	39.1	50대	21.3	가구소득 400만 원 미만	29.8
		60대 이상	51.6	가구소득 500만 원 이상	21.5

자료: 서울대학교 사회발전연구소(2009).

과 미취업 기간을 살펴보았다. 실직 기간은 12개월 이상이 약 28%로, 실직을 할 경우 단기적인 실업보다는 12개월 이상의 장기적인 실업에 머무르게 되는 비중이 가장 높은 것을 알 수 있다. 한편 장기 미취업자의 연령별 비율은 60대가 가장 높고 다음은 20대로 나타나, 고령으로 인한 퇴직자 및 노동시장에 진입하지 못한 청년층의 미취업 비중이 가장 높은 것을 알 수 있다. 성별로는 남성에 비해 여성의 미취업이 2배 이상 높다. 또 가구소득이 낮을수록, 교육수준이 낮을수록 장기 미취업자가 많은 것으로 나타났다. 즉, 미취업은 사회경제적 지위가 낮을수록 더욱 많으며, 이러한 집단은 장기적인 비경제활동으로 인한 경제적인 불안정의 위험을 겪을 가능성이 높다고 볼 수 있다. 한편 월 가구소득 300~400만 원대의 집단도 장기 미취업자가 상대적으로 많이 분포하고 있어 이 집단도 노동시장에서 매우 취약한 집단임을 알 수 있다. 즉, 전반적으로 미취업은 교육수준과 소득수준이 낮은 층과 20대와 60대에서 높

6) 이 조사에는 사회의 질(social quality)의 네 가지 영역인 사회경제적 안전성, 사회적 포용성, 사회적 응집성, 사회적 역능성에 관한 질문들이 광범위하게 포함되어 있다. 전국 만 19세 이상 성인 남녀를 대상으로 2009년 9월 11일부터 21일까지 실시되었으며, 구조화된 질문지를 사용한 면접조사로서 표본 크기는 1006명이다.

게 나타났다. 이를 통해 사회경제적 지위가 낮을수록, 그리고 청년 및 고령층이 미취업의 위험에 크게 노출되어 있음을 알 수 있다(〈표 2-2〉).

(2) 불안정한 고용: 실직가능성 및 비정규직

한국 사회는 외환위기를 겪으면서 7%가 넘는 실업률을 경험했을 뿐 아니라 임금근로자 가운데 비정규직 종사자의 비율이 50%를 넘어서는 등 급격한 변화들을 겪었다. 이런 과정에서 사회적 이슈로 등장한 것이 고용 불안이다(남재량·류근관·최효미, 2005). 2011년 현재 3.1%의 낮은 실업률에도 불구하고 고용 불안이나 '일자리 없는 성장(jobless growth)'에 대한 논의가 계속되고 있다. 기존 연구에서 고용 불안에 대한 정의가 명확하게 이루어져 있지 않지만, 이와 관련된 연구로서 고용안정성(stability)과 고용안전성(security)에 대한 연구들이 있다. 미국 노동시장의 불안정성을 측정하기 위해 개발된 방법으로 예거(David A. Jaeger)와 스티븐스(Ahn Huff Stevens)의 '1년 이하 근속자 비중' 연구 및 '10년 미만 근속자 비중' 연구가 있고(Jaeger and Stevens, 1999), 뉴마크(David Neumark) 등의 '직장유지율(job retention rate)' 연구(Neumark et al., 1999), 그리고 베른하르트(Annette Bernhardt) 등의 '2년 이내 이직률' 연구(Bernhardt et al., 1999) 등이 있다.

국내 연구자 가운데 김우영은 직업안정성을 "자신의 직장을 계속 유지할 수 있는 가능성"으로 정의한다(김우영, 2003). 따라서 그는 "직업안정성이 감소한다는 것은 자신이 다니고 있던 직장에서 이직할 가능성이 증가하는 것"으로 파악하고 있다. 전병유는 "근로자가 일자리에 있는 기간이 짧아지는 것"을 고용불안정성(job instability)으로 정의하고, "순전히 사용자의 의도와 필요에 의해 일자리가 중단되는 것"을 고용불안전성(job insecurity)이라고 정의하고 있다(전병유, 2000). 금재호 등은 '고용 불안의 증대'를 '실직가능성의 증대'와 '재취업가능성의 하락'으로 정의하고 있다(금재호·조준모, 2005). 즉, 실직가

〈그림 2-4〉 실업률과 실직가능성의 국가 간 비교

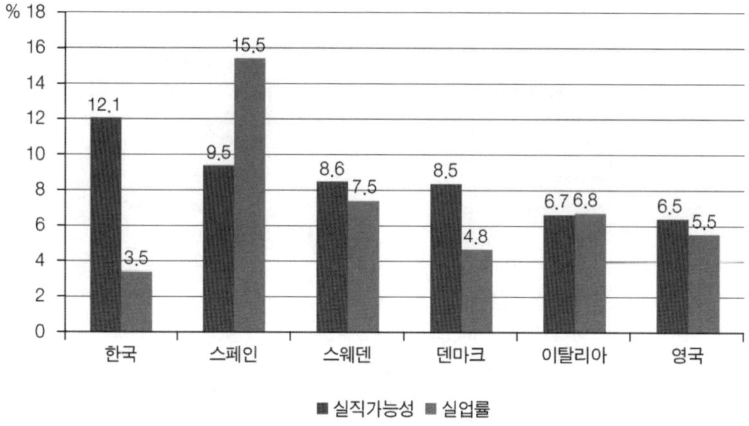

자료: European Quality of Life(2009); 서울대학교 사회발전연구소(2009).

능성의 증대는 고용 불안을 초래한다고 볼 수 있다. 다음은 실직가능성에 대한 OECD 국가 간 비교 결과이다(〈그림 2-4〉).

〈그림 2-4〉에서는 각 국가별 실업률과 '6개월 내 실직가능성'이 함께 제시되어 있다. 한국은 '6개월 이내에 실직할 가능성'이 있다고 응답한 사람이 12.1%로 6개국 중에 가장 높으며, 스페인, 스웨덴, 덴마크, 이탈리아, 영국의 순으로 나타난다. 그러나 이러한 수치를 실업률과 비교할 때 중요한 시사점을 발견할 수 있다. 한국에서는 실업률이 다른 국가에 비해 가장 낮게 나타남에도 불구하고 가까운 장래의 실직가능성에 대한 인식이 가장 높게 나타나는 것을 볼 수 있다. 즉, 다른 국가에 비해 불완전 취업이 많으며, 비정규직(임시직)의 비중이 매우 높음을 암시해준다. 여타 국가들은 실업률이 한국보다 높지만 일단 취업을 했을 경우에는 고용이 보다 안정적으로 유지된다는 것을 알 수 있다.

이와 같이 세계화 및 산업 구조, 고용 구조의 변화 등으로 인해 노동시장의

〈그림 2-5〉 실직 이유에 관한 국제 비교: 미국, 일본, 스웨덴, 한국

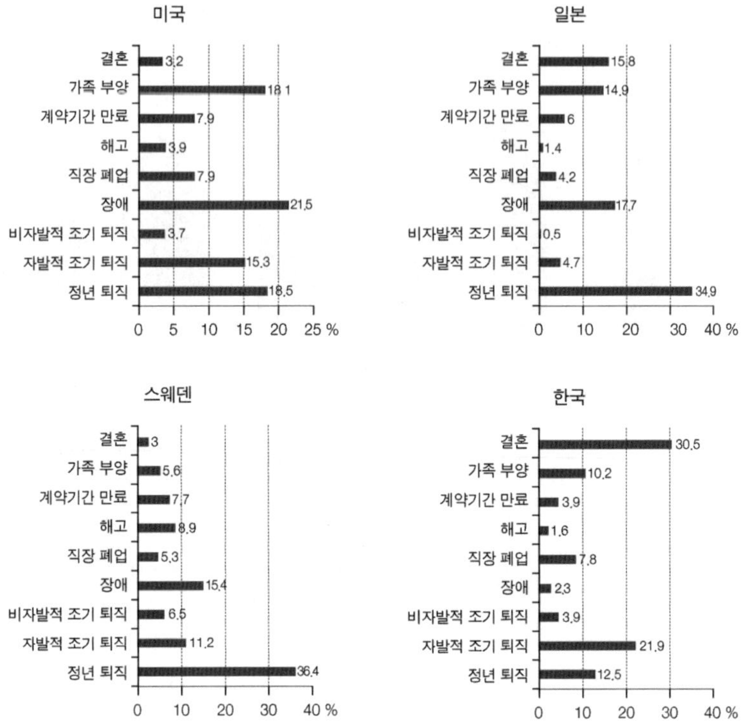

자료: 서울대학교 사회발전연구소(2009).

불안정성이 증가되었으며, 한국에서는 외환위기 이후 거의 모든 직종에 걸쳐서 실직의 위험이 급격히 증가되어왔다. 각 국가별 실직 이유를 비교한 〈그림 2-5〉는 경제활동을 지속할 수 없었던 이유에 관한 국가 간의 차이를 보여주고 있다. 실직 이유로는 결혼, 가족 부양, 계약기간 만료, 해고, 직장 폐업, 장애, 조기 퇴직(자발적/비자발적), 정년퇴직 등의 사유가 제시되었다. 즉, 직장으로 인한 사유와 개인적 사유로 나누어지는데, 한국에서는 실직 이유로 가장 큰 비중을 차지하는 것이 결혼으로 전체의 1/3 이상을 차지한다. 결혼과

〈그림 2-6〉 각 요인별 6개월 내 실직가능성에 대한 인식: 고용 형태, 사업장 규모, 가구주 성별, 가구소득

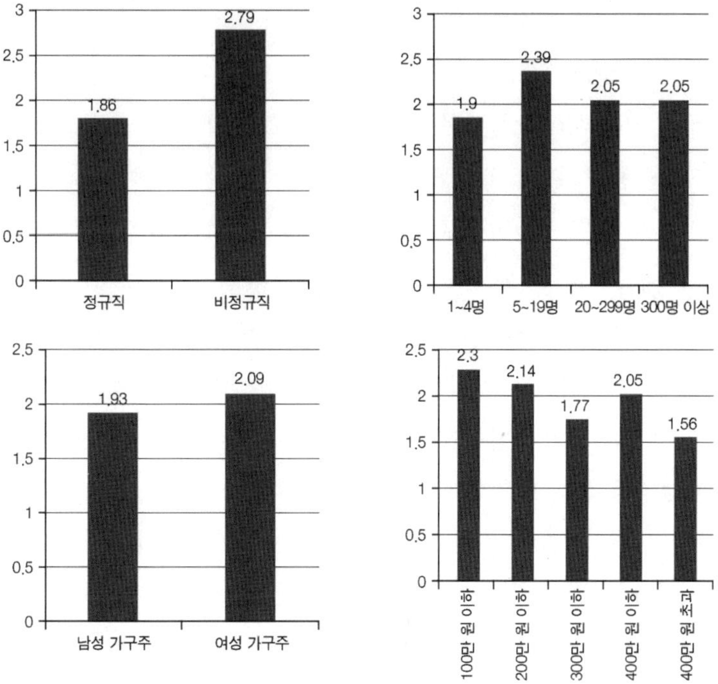

주: 최소값 0, 최대값5.
자료: 서울대학교 사회발전연구소(2009).

가족 부양을 합칠 경우, 약 47%로 나타나서, 결혼 및 가족에 대한 의무가 경제활동을 지속할 수 없도록 하는 주요한 원인으로 작용하고 있음을 알 수 있다. 이러한 원인은 주로 여성의 경우에 해당되는데, 국제 비교를 통해 서구보다 한국 사회에서 일-가족의 양립이 더 어렵다는 것을 잘 알 수 있다. 다음은 자발적 조기 퇴직과 정년퇴직으로, 두 가지 원인을 합하면 약 38%로 나타난다. 특히 남성의 경우에 자발적 조기 퇴직과 정년퇴직의 비중이 높은 것으로 짐작된다.

외환위기 이후 한국 사회에서는 비정규직 증가로 대표되는 노동시장의 유연화가 심화되고 있다. '사회의 질 조사'에 의하면 '6개월 이내에 실직할 가능성'에 대한 인식은 비정규직일수록, 사업장의 규모가 5명 이상 20명 미만일 경우, 소득이 낮을 경우, 여성 가구주의 경우에 높게 나타났다(〈그림 2-6〉). 이는 한국의 고용 실태와 불완전 고용의 특성을 드러내준다. 또한 고용불안정성은 저소득층뿐 아니라 월 300만 원 이상에서 400만 원 이하의 소득 집단에서도 높게 나타나, 불안정한 고용으로 인해 중간 소득집단이 느끼는 사회적 위험도 매우 크다는 것을 보여주었다. 한편 고용 불안정은 교육수준에 따른 차이는 나타나고 있지 않아서, 고학력층도 고용 불안정에서 자유롭지 못하며 고용 유지에 대한 불안감을 가지고 있음을 보여주었다. 따라서 고용불안정성과 같은 새로운 사회적 위험에 대한 인식은 고용 지위(정규직/비정규직), 혹은 성별(남성/여성) 등의 요인에 의해 큰 영향을 받고 있는 것으로 나타난다.

〈표 2-3〉에서는 실직가능성에 영향을 미치는 요인을 알아보고자 회귀분석을 실시했다. 연령이 낮을수록, 가구소득이 낮을수록 실직가능성이 더 높게 나타났다(모델 1). 또 고용상의 지위와 직장 규모를 독립 변수로 추가했을 때, 정규직일수록 실직가능성이 감소하고 있으나 직장의 규모는 유의미한 효과를 미치지 않았다(모델 2). 가족의 소득수준에 대한 주관적 평가와 현재 가계 재정의 수입과 지출 균형(가계수지)과 같은 가족의 경제상황을 추가했을 경우, 현재 가족의 소득수준을 높다고 평가할수록 실직가능성이 낮았고, 가계 수지가 악화되어 있을수록 실직가능성이 높았다(모델 3). 다음으로 고용 지위를 추가하여 실직가능성에 미치는 요인을 살펴본 결과, 정규직일수록, 현재 가족의 소득수준에 대해 높다고 평가할수록 실직가능성이 낮게 나타났으며, 가계 수지가 악화되어 있을 경우 실직가능성이 더 높았다(모델 4). 계급 변수를 추가했을 경우, 전문직·관리직 종사자들로 구성된 중상 계급이 노동자 계급에 비해 실직가능성이 낮은 것으로 나타났다(모델 5). 사무직 종사자로 구성

〈표 2-3〉 실직가능성에 대한 회귀분석

구분	모델 1	모델 2	모델 3	모델 4	모델 5
성별(여성)	.119(.054)	.043(.019)	.062(.028)	.086(.039)	.077(.035)
연령	-.010(-.108)*	-.006(-.067)	-.006(-.067)	-.007(-.077)	-.007(-.074)
교육수준	-.007(-.011)	.021(.032)	.036(.056)	.034(.052)	.025(.039)
가구소득	-.001(-.158)***	-.001(-.132)**	-.812(-.284)***	.000(-.041)	.000(-.035)
고용상 지위 (정규직)		-.841(-.294)***		-.848(-.296)***	-.850(-.297)***
직장규모 (20인 이상)		.057(.023)	.065(.026)	.073(.029)	.091(.037)
가족소득 수준 (주관적 평가)			-.212(-.159)***	-.202(-.150)**	-.248(-.185)***
가족 경제상황 (가계수지 악화)			.106(.084)*	.113(.089)*	.114(.090)*
중상계급				-.754(-.086)*	-.795(-.091)*
신중간계급				-.048(-.015)	-.054(-.017)
구중간계급				-.056(-.015)	-.074(-.020)
성장기 경제상황					.089(.081)
상수	1.704***	2.403***	2.475***	2.406***	2.354***
R^2	.034	.116	.145	.152	.157

* p〈.05, ** p〈.01, *** p〈.001
주: 기준은 노동자계급.

된 신중간 계급이나 자영업자들로 구성된 구중간 계급은 노동 계급과 실직가능성에 있어서 유의미한 차이가 없는 것으로 나타나고 있다. 즉, 이 집단들은 모두 비슷한 정도로 실직가능성을 의식하고 있다고 볼 수 있다. 따라서 일부 전문직이나 고위 관리직의 종사자들을 제외한 대부분의 사무직, 생산직, 자영업 종사자들은 6개월 이내에 실직을 할 수도 있다는 위기감을 상당히 많이 느끼고 있음을 알 수 있다.

위에서 살펴본 바와 같이 한국의 경우 공식 통계로 나타난 실업률이 낮은 반면 실직가능성에 대한 인식 정도가 높은데, 이는 한국 사회 노동시장의 특

〈그림 2-7〉 OECD 국가의 임시고용률

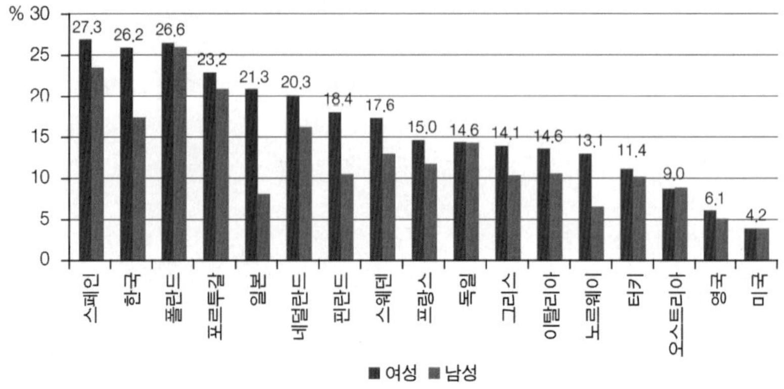

자료: OECD Factbook(2011).

성에서 기인한다고 볼 수 있다. 경제 위기 이후 비정규직이 급격히 증가했으며, 특히 고용 기간이 정해져 있는 임시직 노동자가 비정규직의 대부분을 차지하고 있다. 2011년 현재 전체 임금근로자 중 비정규직은 34.2%를 차지하고 있으며, 이 가운데 임시직은 19.2%, 시간제 노동은 9.5%이다(한국노동연구원, 2011). 그리고 구직활동을 하지 않지만 실질적으로 실업 상태에 있는 사람들이 상당수 존재하기 때문에 공식적인 실업률이 현실보다 낮게 측정되고 있는 점도 간과할 수 없다.

OECD 17개국의 임시고용률을 살펴보면(〈그림 2-7〉) 대부분의 국가에서 모두 여성의 임시고용률이 남성의 임시고용률보다 높게 나타나고 있다. 특히 한국 여성의 임시고용률은 26.2%로, 스페인과 폴란드에 이어 3위를 차지하고 있어 매우 높다는 것을 알 수 있다. 다음으로는 포르투갈과 일본, 네덜란드의 비율이 높은 편이며, 상대적으로 오스트리아, 영국, 미국은 10% 이하로 임시고용의 비율이 낮게 나타나고 있다. 특히 한국과 일본은 여성과 남성의 임시고용률 격차가 매우 큰 국가로, 여성의 임시고용률은 26.2%로 높은 반면, 남성의 임시고용률은 17.7%로 상대적으로 낮게 나타나고 있다.

한국에서 공식 집계되는 비정규직은 한시적 근로자, 시간제 근로자, 비전형 근로자로 구분된다. 한시적 근로자란 근로 계약기간을 정한 근로자, 또는 기간을 정하지 않았으나 계약의 반복 갱신으로 계속 일할 수 있는 근로자와 비자발적 사유로 계속 근무를 기대할 수 없는 근로자로 정의된다. 시간제 근로자란 직장에서 근무하도록 정해진 소정의 근로시간이 동일 사업장에서 동일한 종류의 업무를 수행하는 정규직 근로자의 근로시간보다 1시간이라도 짧은 근로자로, 평소 1주에 36시간 미만 일하는 것으로 정해져 있는 경우이다. 비전형 근로자란 파견근로자,[7] 용역근로자,[8] 특수형태근로종사자,[9] 가정 내(재택, 가내) 근로자, 일일(단기)근로자[10]로 정의된다.

한국에서 전체 임금근로자 중 정규직의 비율은 2002년에는 72.6%였으나 2011년에는 65.8%로 감소했다. 비정규직의 비중은 2002년 27.4%에서 계속 증가하여 2011년 현재는 34.2%로, 전체 임금근로자 세 명 가운데 한 명이 비정규직인 것으로 나타나고 있다. 그리고 비정규직 중에서 약 58%가 임시직으로 나타나, 한시적 고용 형태가 비정규직의 큰 부분을 차지하고 있음을 알 수 있다.

---

7) 파견근로자란 파견 사업주가 근로자를 고용한 후 사용 사업주의 사업장에서 사용 사업주를 위해 근무하도록 하는 형태를 의미한다.

8) 용역근로자는 용역 업체에 고용되어 이 업체의 지휘 하에 이 업체와 용역 계약을 맺은 다른 업체에서 근무하는 형태(청소용역, 경비용역 등)를 의미한다.

9) 특수형태근로종사자란 개인적으로 모집, 판매, 배달, 운송 등의 업무를 통해 고객을 찾거나 맞이하여 상품이나 서비스를 제공하고 소득을 얻는 형태를 의미한다. 주로 보험설계사, 학습지교사, 퀵서비스 배달기사 등이 이에 해당한다.

10) 일일근로자란 근로계약을 정하지 않고 일거리가 생겼을 경우 며칠 또는 몇 주씩 일하는 형태의 근로자를 의미한다.

〈그림 2-8〉 한국의 고용형태별 규모 추이(2002~2011년)

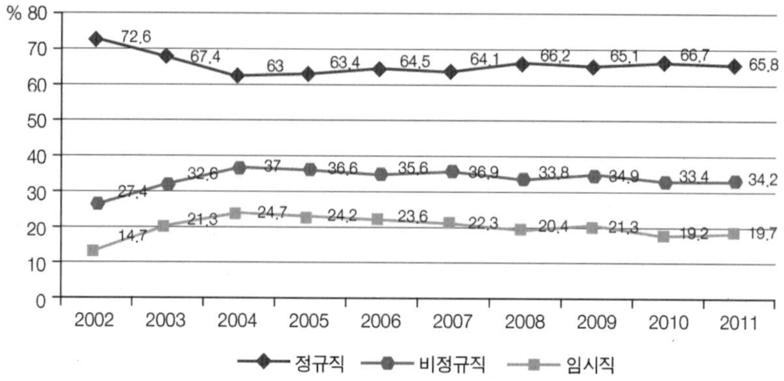

자료: 한국노동연구원(2011).

〈그림 2-9〉 학력별 비정규직 비중 추이(2002~2011년)

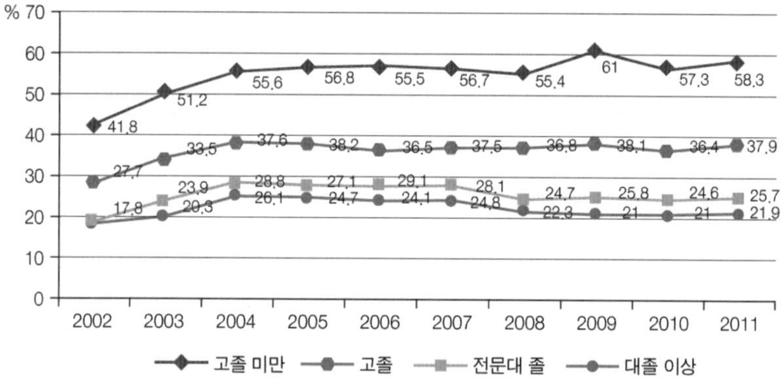

주: 각 학력 내 임금근로자 중 비중이다.
자료: 통계청(2002~2011).

학력별 비정규직 비중은 모든 학력 집단에서 2002년에 비해 지속적으로 증가하고 있는 추세이다. 고졸미만 집단에서 비정규직 비중은 58.3%로 가장 높으며, 다음은 고졸 집단으로 37.9%, 전문대졸은 25.7%, 대졸 이상의 경우

〈그림 2-10〉 사업체 규모별 비정규직 비중

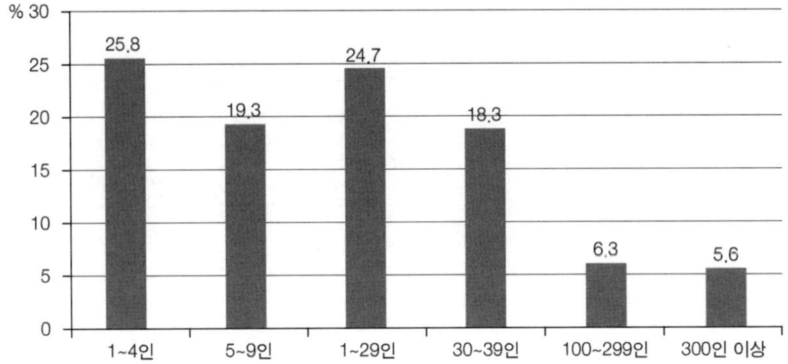

주: 임금근로자 중 비중이다.
자료: 통계청(2011).

도 21.9%로 나타나고 있다. 즉, 고졸 미만자들은 10명 중 6명이 비정규직이며, 대졸 이상자도 5명 중 1명은 비정규직으로 나타난다. 최근 10년 사이에 비정규직이 계속 증가하고 있으며, 특히 저학력 집단에서 증가세가 더욱 두드러진다.

비정규직 종사자가 가장 많이 분포하고 있는 사업체의 규모는 1~4인, 10~29인 규모의 사업체로서, 각각 약 25% 정도의 종사자가 이 규모의 사업체에 종사한다. 즉, 전체 비정규직 종사자의 약 절반 이상이 위 규모의 사업체에 종사하고 있는 것으로 나타나고 있다. 다음은 5~9인, 30~99인 규모의 사업체로, 각각 약 20%의 비중을 나타낸다. 따라서 전체 비정규직 근로자의 70%가 30인 미만 규모의 소규모 사업장에서 근무하고 있으며, 비정규직의 약 90%는 종사자 수가 100인 미만의 사업체에 분포하고 있다. 따라서 소규모 사업체일수록 비정규직이 많아서 근로자들의 고용 지위가 더욱 열악한 것을 알 수 있다.

이와 같이 한국에서 지난 10여 년간 비정규직의 규모는 크게 증가되어왔으

〈그림 2-11〉 연령별, 성별 임금근로자 중 비정규직 비중

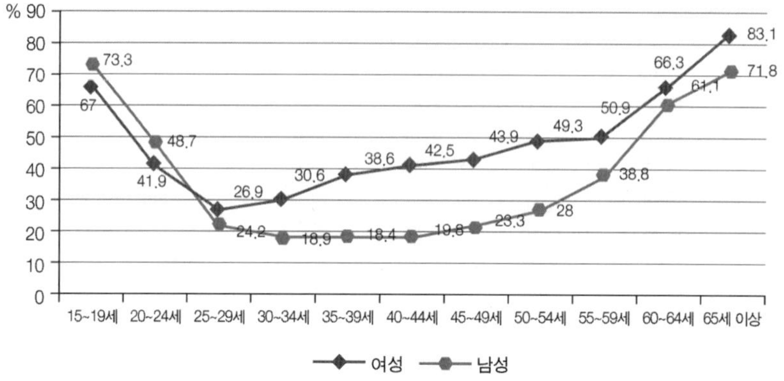

자료: 통계청(2011).

며, 모든 학력 집단에서 증가세가 나타나고 있지만 특히 저학력 집단에서 두드러지고 있다. 사업체 규모별로는 소규모 사업체에 집중적으로 분포하고 있으며, 비정규직 근로자의 약 90%가 100인 미만의 소규모 사업체에 근무하고 있는 것으로 나타나고 있다.

연령별 비정규직 근로자의 비중이 U자 곡선을 나타내고 있는데, 그 이유는 노동시장 정착 과정인 청년기에 비정규직 일자리 비중이 높다가 정착에 성공하면서 비정규직 비중이 낮아진 후, 남성의 경우 50대부터 주된 일자리에서 퇴직하면서 비정규직 비중이 상승하고, 여성은 출산 등으로 인해 노동시장에서 퇴장했다가 다시 진입하는 과정에서 비정규직화가 발생하기 때문으로 보인다. 남성의 경우 비정규직 비중 저점은 35~39세인 것으로 나타났고, 50~54세부터는 뚜렷이 증가하고 있다. 여성은 비정규직 비중 저점이 남성보다 10세 빠른 25~29세인 것으로 나타났고, 이후 30세 이상부터 급격히 증가하고 있다. 60세 이상에도 일을 계속하는 경우 남녀 모두 절반 이상의 임금근로 일자리가 비정규직이며, 60세 이상 일자리는 60% 이상 비정규직에 종사하고

있는 것으로 추정되고 있다(성재민·정성민, 2011).

2) 새로운 사회적 위험과 가족: 일-가족 양립

최근 여성의 사회 진출이 늘어나면서 일과 가족생활의 균형 문제가 중요한 사회적 이슈가 되고 있다. 한국 여성의 경제활동 참가율은 지난 수십 년간 지속적으로 상승해왔는데, 특히 1980년대 중반 이후 기혼 여성의 경제활동 참가는 미혼 여성의 경제활동 참가보다 훨씬 빠른 속도로 증가했다. 그 결과 통계청의 '2011년 맞벌이가구 및 경력단절여성 통계집계 결과'를 보면, 맞벌이 가구는 507만 가구로 전체의 43.6%를 차지하여 보편적인 가족 형태로 자리 잡아가고 있다(통계청, 2011).[11] 이러한 변화는 여성의 일에 대한 가치와 태도의 변화, 불안정한 노동시장, 그리고 가족의 변화 등 여러 가지 복합적인 요인들이 작용한 결과로 보인다(양소남·신창식, 2011).

근래에 들어 여성의 학력이 높아지고 평생취업 의식이 향상되면서 출산율이 급격히 떨어졌다. 이와 동시에 노동의 유연화에 따른 비정규직 일자리의 증가는 노동을 하지만 빈곤한 많은 남녀 노동자들을 양산하고 남성들이 생계부양자 역할을 하기 어렵게 만들었다(신경아, 2007). 기혼 여성의 취업의 증가와 함께 일-가족 갈등의 문제는 더욱 간과할 수 없는 사회적 위험으로 등장하게 되었다.

2014년 현재 여성의 경제활동 참가율은 52.2%로, 남성의 74.7%와 비교하면 아직도 저조한 수준이라고 할 수 있다(통계청, 2014). 이를 생애주기별로 살

---

11) 가구주 연령이 40대인 가구 중 맞벌이는 52.1%로 비율이 가장 높았으며, 50대도 절반가량(49.7%)의 부부가 경제활동에 종사하고 있다. 60세 이상(28.9%), 15~29세(39.2%)는 상대적으로 맞벌이 비율이 낮았다(통계청, 2011).

펴보면, 20대 후반에 69.8%로 가장 높게 나타나고, 30대 초반 연령층의 경제활동 참가율은 54.6%로 현저하게 감소했다가 30대 후반부터 다시 노동시장에 진출하는 여성 인구가 증가하는 M자형 곡선을 보이고 있다. 이러한 현상은 취업 여성들이 6세 이하의 자녀를 양육하고 있는 경우 고용률이 급락한다는 통계청(2008, 2009)의 조사에서도 짐작할 수 있듯이, 여성의 경우 20대 후반까지는 적극적으로 노동시장에 참여하다가 30대 초반에 출산과 육아로 인해 경력 단절을 경험하고, 이후 다시 경제활동에 참여한다는 것을 보여주는 결과라고 할 수 있다(양소남·신창식, 2011). 한국은 과거보다 많은 여성이 노동시장에 참여하고 있음에도 불구하고 가사와 육아는 여성의 책임이라는 관습적인 사고방식이 사회 전반적으로 만연해 있고, 따라서 대다수의 직장 여성들은 가정과 직장 생활의 병행으로 인해 많은 어려움을 겪고 있는 것으로 보고되고 있다(통계청, 2010).

일과 가족생활의 갈등은 두 영역에서 비롯되는 역할 압력이 여러 가지 이유로 서로 양립할 수 없는 경우에 나타나는 역할갈등의 한 형태라고 정의할 수 있다. 이런 갈등은 직장에서 수행하는 역할이 가정의 역할 수행에 방해를 함으로써 초래되는 갈등(work to family conflict)과 가정에서의 일이 직장에서 수행하는 역할을 방해함으로써 초래되는 갈등(family to work conflict)의 두 유형으로 구분된다. 일-가족 갈등은 시간, 긴장, 행동에 기반을 두어 세 가지 형태로 설명된다. 첫 번째는 한정되어 있는 시간으로 인해 한 영역의 역할 수행에 들이는 시간이 많을수록 다른 영역의 역할 수행에 쓸 수 있는 시간이 줄어들게 되고, 따라서 그 영역의 역할 수행이 지장을 받게 되어 발생하는 갈등을 말한다. 두 번째는 한 영역의 역할갈등에서 얻은 긴장이나 스트레스 등이 다른 영역에까지 영향을 미침으로써 발생하는 갈등이다. 마지막으로는 한 영역에서의 역할 수행에는 효과적이었던 행동이 다른 영역에서 요구되는 행동에는 적합하지 않음으로써 빚어지는 갈등을 말한다(Greenhaus and Beutell, 1985).

임금근로자를 대상으로 한 연구에서는 가정에서의 가사노동 시간이 길수록 갈등을 높게 인식하고 있는 것으로 나타나고 있다(Barnett and Rivers, 1996; Williams, 2000). 이와 함께 장시간 근로, 잦은 야근, 가족친화적 근로제도의 부족, 제도 사용에 허용적이지 않은 직장분위기 등의 직업환경적 특성이 일-가족 갈등을 유발하는 요인으로 설명되고 있다(Marks et al., 2001; Voydanoff, 2005; 장수정·송다영·김은지, 2009). 또한 한국에서 일-가족 갈등에는 연령, 건강상태, 6세 미만의 아동 유무 여부, 가사조력사 유무 여부, 근로시간, 법정근로시간 제도 및 가족친화적 제도 등과 관련이 있다고 보고하고 있다(송다영·장수정·김은지, 2010). 특히 맞벌이 여성의 일-가족 갈등은 맞벌이 남성이나 외벌이 남성에 비해 높은 것으로 조사되었다.

'사회의 질 조사' 결과를 통해 일-가족의 양립 갈등에 대해 살펴보았는데, 여기서의 일-가족 양립 정도에 대한 인식은 한 영역(일 또는 가족)에서의 책임을 다른 영역(일 또는 가족)의 요구와 양립시키기 어려운 데서 오는 역할갈등(Hammer and Thompson, 2003)을 포함하여, 일과 가족 두 영역에서의 양립 정도에 대한 주관적 평가를 의미한다. 특히 일-가족 양립에 대한 '시간 압력'과 '긴장 및 갈등 정도'에 초점을 두고 있다. 시간 압력이란 시간 부족으로 인해 집안일을 수행하는 것에 압박감을 받는 것을 의미하며, 긴장 및 갈등은 한 영역(일 또는 가족)에서 어떤 일을 수행할 때 다른 영역(일 또는 가족)에 대한 걱정, 그로 인해 역할 수행에 방해를 받는 심리적 상태를 의미한다(장수정·송다영·김은지, 2009). '사회의 질 조사'에서는 시간 압력과 심리적 긴장, 근무로 인한 육체적인 피로감 등으로 일-가족 양립 갈등을 측정했다. 이것은 하나의 영역이 다른 영역에 긍정적 또는 부정적 영향을 끼친다는 관점에서 바라본 것으로, 한 영역의 활동이 다른 영역의 활동에 영향을 주거나 원인을 제공한다는 관점으로 일-가족 간 상호 영향을 파악하고자 한 것이다.

일-가족 갈등에 대하여, '직장에서 퇴근하면 집안일을 할 수 없을 정도로

〈그림 2-12〉 일-가족 양립 갈등(전체, 성별, 연령별, 가구주 성별)

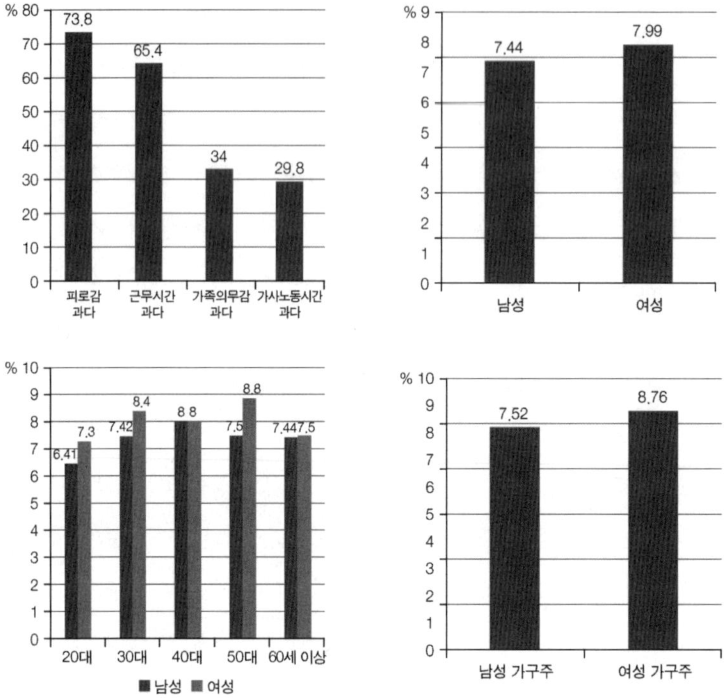

주: 최소값 0, 최대값 10.
자료: 서울대학교 사회발전연구소(2009).

피로감이 높다'는 문항에 응답 대상자의 약 74% 정도가 긍정적인 응답을 하여 직장과 가정 일을 병행하기에 현실적으로 큰 어려움이 있음을 보여주었다. 또한 '근무 시간이 너무 길어서 집안일을 하기 어렵다'는 응답도 약 65%를 차지하고 있어, 직장에서의 장시간 노동으로 인해 가족에 대한 돌봄 노동을 충분히 감당하기가 어려움을 보여주었다. 반대로 '가족에 대한 의무감으로 직장 일에 집중하기 어렵다'는 응답도 세 명 가운데 한 명의 비중으로 나타나고 있어서 상당수의 사람들이 가족에 대한 부담감이 많다고 느끼고 있는 것으로 나타났다. 전반적으로 살펴볼 때, 여성이 남성보다 더욱 많은 일-가족 갈등을 느끼고 있으며, 가구주일 경우 이러한 갈등이 더욱 심각하게 나타나고 있다. 여성 가구주의 경우 남성 가구주에 비해 과다한 시간 압박이나 업무 부담으로 인해 일-가족 간 양립에서의 어려움을 느끼고 있는 것을 알 수 있다. 또 30대 여성과 50대 여성이 일-가족 갈등을 가장 많이 느끼고 있는 것으로 나타난 반면, 남성의 경우 연령이 증가할수록 일-가족 갈등이 증가하다가 40대에 정점을 찍은 이후에는 감소하고 있다.

3) 가족 경제상황의 변화 및 생활사건을 통해 본 일상생활 위험

외환위기를 전후하여 많은 사람들이 실업이나 경제활동의 위축, 소득이나 자산의 감소 등과 같은 경제적인 부문에서의 위기를 겪었을 뿐만 아니라 개인의 심리 상태나 행위에서도 부정적인 경험을 하게 되었고, 건강 악화, 가족 해체, 범죄로부터의 피해 등 일상생활에서 많은 변화가 있었던 것으로 나타나고 있다(남은영, 2009). 외환위기 이후의 불안 요인에 관한 소비자보호원(1999)의 조사에 의하면, 외환위기 이후 대다수의 사람들이 물가 상승에 대한 불안의식(77.6%)을 가장 많이 꼽고 있으며, 소득 감소(41.7%)와 실직에 대한 불안감(37.5%)도 크게 느끼고 있는 것으로 나타났다. 이 외에도 높은 세금부담(17.2%)과 금리부담(16.1%) 등의 경제적인 측면에서의 부담감을 많이 느끼는 것으로 보고되고 있다.

외환위기를 전후하여 개인이나 가족이 경험한 여러 가지 사회 문제들에 대한 조사(서울대학교 사회발전연구소, 2007)에서도 실제로 자산이나 소득의 감소 등 경제적 상황의 악화를 경험한 사례가 가장 많았고, 이와 함께 개인과 가족 해체 등의 문제를 함께 경험한 것으로 나타나고 있다. 전체의 과반수에 해당하는 48%가 소득의 감소를 경험했고 36%는 자산의 감소를 경험했다. 전체 응답자의 19.2%는 실업, 11.6%는 부도/신용불량을 경험한 것으로 보고되어, 전체의 30% 이상의 사람들이 단지 소득이나 자산의 감소뿐 아니라 실업, 부도/신용불량 등의 극단적인 경제적 위기까지 경험을 한 것으로 조사되었다.[12] 나아가 경제적인 위기나 변화뿐 아니라 건강 악화(16.4%), 우울증/자살 충동(9.1%)과 같은 일상생활의 부정적인 변화도 경험한 것으로 보고되고 있다. 한편 외환위기 이후 자산이 감소한 집단과 소득이 감소한 집단은 실업/가족 해체, 부도/신용불량, 건강 악화, 우울증/자살 충동 등과 같은 부정적 경험을 두 가지 이상 중복해서 겪은 것으로 나타나고 있다. 특히 자산이 감소한 사람 가운데 90.7%가 두 가지 이상, 53.3%가 세 가지 이상의 부정적인 일상적 사건을 동시에 경험한 것으로 보고하고 있다. 소득이 감소한 사람들 역시 66.2%가 두 가지 이상, 39.9%가 세 가지 이상을 중복 경험한 것으로 나타나고 있다. 한편 자산이 감소한 사람들 가운데 56.9%가 소득도 감소했으며, 37.1%는 직업의 안정성이 감소되었다고 응답했다(남은영, 2009).

그러면 외환위기 이후 10여 년이 지난 시점에서 가족 일상생활의 위험이 어떻게 변했는지 '사회의 질 조사'를 통해서 살펴보기로 한다. 가족의 경제적 상황은 단지 생계를 해결하는 것에서부터 여유 있는 생활과 저축 등의 풍요로운 상태를 영위하는 데 이르기까지 매우 다양하며, 가족의 안녕과 기본적인 욕구의 충족에서 가장 중심적인 부분이라고 할 수 있다. '사회의 질 조사'에서는 지난 1년간의 가족의 경제적 상황에 대하여, '저축을 함', '생계유지',

---

12) 실직과 감봉으로 인해 신용불량 상태에 몰린 개인은 1998년 9월 말까지 230만 명에 이르러 외환위기 이후 95만 명(70.9%)이 증가했고, 1997년에 4건이던 법원의 소비자파산 선고도 1998년 10월까지 108건으로 무려 27배나 증가했다. 이에 따라 중앙일보(1998)의 국민여론조사 결과에 의하면 빚보증으로 인해 곤욕을 치른 사람이 39%에 이르며, 결과적으로 친인척 간의 경제 거래관계에서도 이전과는 다른 불신과 보증기피 현상이 만연하고 있다(유홍준, 2000).

〈그림 2-13〉 가족의 경제상황 및 경제적 위험 정도(직업별, 가구소득별, 고용형태별)

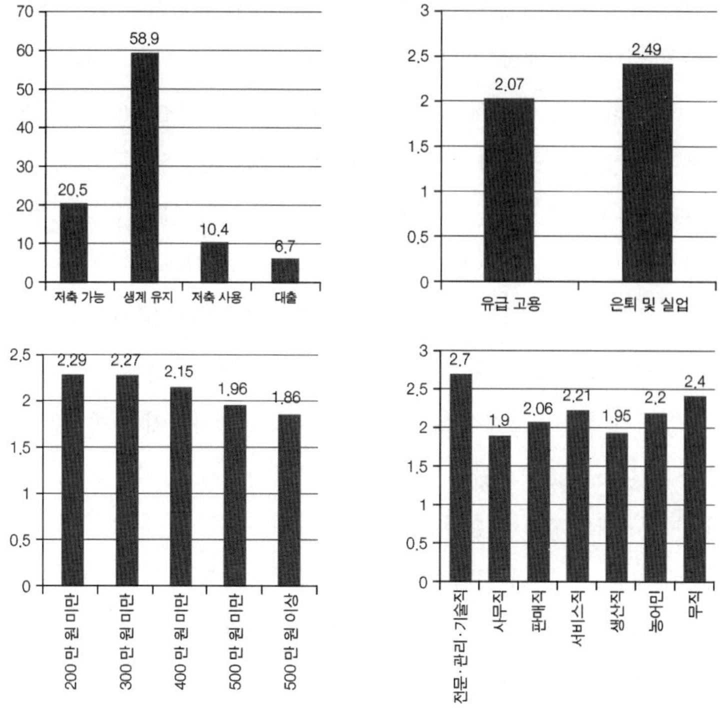

주: 최소값 0, 최대값 5.
자료: 서울대학교 사회발전연구소(2009).

'저축을 사용', '저축을 사용하고 모자라서 대출을 받음'의 네 가지 범주로 구분하여 질문했다.

이에 대해 응답자 전체의 약 20%만이 저축이 가능했으며 나머지 80%는 여유가 없는 생활로 현상을 유지하거나 혹은 적자를 기록한 것으로 나타나고 있어, 외환위기 이후 10년이 지난 시점에서 저축을 할 수 있는 가구는 소수에 불과하며 전체적으로 재정적인 어려움을 겪고 있는 것으로 나타났다. 그중 60%의 가구는 저축도 적자도 아닌 '생계를 유지'했다고 응답하여 그 비중이 가장 높았고, 나머지 10%가 저축을 탕진하고 있다고 응답했으며, 약 7%는 대출을 받은 것으로 나타났다. 직업별로는 전문·기술·관리직의 경우 경제상황의 악화를 많이 경험하고 있었으며, 다음이 무직, 서비스직, 농어민, 판매직의 순으로 나타났다. 사무직과 생산직이 비교적 다른 직업 집단에 비해 가족의 경제적인 상황에 있어서 가계 적자를 덜 경험한 것을 알 수 있다. 과거 고학력자들이 주로 종사하며 고소득을 보장받았던 직업 집단인 전문기술관리직 종사자들에게서 경제적인 불안이 가장 심각하게 나타나는 것을 볼 때, 새롭게 나타나는 사회적 위험의 양상이 과거의 직업별 사회경제적 지위와는 다르게 표출되고 있음을 알 수 있다. 가구소득이 낮을수록 경제적 상황의 악화 정도가 심각하며, 유급고용자에 비해 은퇴자 및 실업자들이 경제적인 어려움을 많이 겪은 것으로 나타났다. 즉, 소득과 고용상태가 경제적 상황을 예측하는 데 있어서 매우 중요한 요인임을 알 수 있다.

가족이 지난 1년 동안 경험했던 가족 해체(이혼, 별거 등), 의료비의 과도한 부담, 투자손실, 실직/파산, 직업 불안정, 범죄 피해와 같은 일상생활에서 겪은 부담과 불안정성, 위험 등에 대해 살펴보았다. 가장 큰 비중을 차지한 것은 의료비 부담으로 전체의 약 18%의 응답자들이 의료비에 부담감을 느낀다고 보고하고 있으며, 다음으로 투자손실, 실직/파산, 직업 불안정, 가족 해체, 범죄 피해의 순으로 나타나고 있다. 투자손실 및 직업관련 위험을 합하면 전체의 약 21%의 사람들이 이러한 부정적인 경험을 한 것으로 나타나서 의료 및 직장관련 위험이 가장 큰 비중으로 나타나고 있다.

이와 같은 일상생활의 위험을 직업별로 살펴보면 전문·관리·기술직에서 가장 높게 나타나고 있으며, 미취업자보다도 높은 수치를 보이고 있어서 이 집단에서 겪는 사회적 위험이 매우 크다는 것을 알 수 있다. 한편 직장 규모별로 보면 5~20인 규모와 300인 이상의 대규모 사업장에 종사하는 사람들에게서 일상생활 위험이 높게 나타나고 있다. 따라서 과거에 높은 보수와 안정

〈그림 2-14〉 가족 해체 및 일상생활 경험

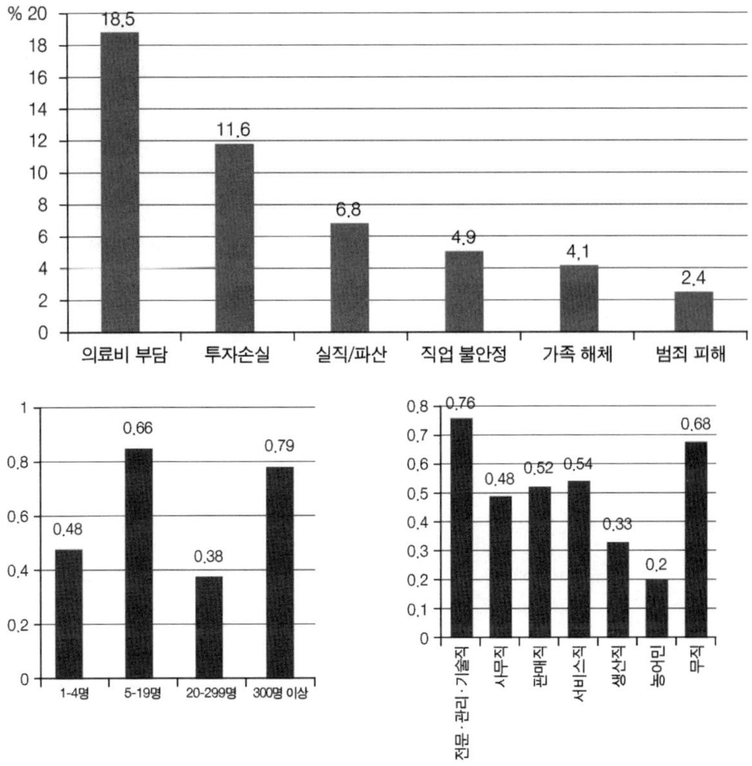

주: 최소값 0, 최대값 5.
자료: 서울대학교 사회발전연구소(2009).

적인 생활이 보장되었던 대규모 사업장 종사자들이 실제 일상생활과 직업 및 가족의 영역에서 큰 불안정성을 겪었던 것으로 나타나, 일상적 위험이 과거와는 다른 특성을 보이고 있음을 알 수 있다. 이러한 결과는 현재 거의 모든 직종의 사람들에게 일상생활의 위험이 널리 확산되어 있음을 보여준다.

가족의 생활사건에 영향을 미치는 요인을 알아보고자 회귀분석을 실시한 결과(〈표 2-4〉) 성별, 연령, 교육수준이나 가구 전체 소득은 유의미하지 않은

〈표 2-4〉 가족의 생활사건으로 본 일상생활 위험

구분	모델 1	모델 2	모델 3
성별(여성)	-.026(-.015)	.017(.009)	.045(.025)
연령	-.001(-.015)	.000(.003)	-.001(-.017)
교육수준	.031(.068)	.038(.083)	.005(.079)
가구전체소득	.000(-.060)	.005(.006)	.005(.016)
현재 가족 소득수준(주관적)		-.106(-.079)**	-.108(-.099)**
가족 경제상황(가계 수지균형)		.165(.032)***	.162(.163)***
유급고용 여부		.064(.033)	.044(.023)
중상계급			.083(.013)
신중간계급			-.052(-.022)
구중간계급			-.183(-.068)
상수	.315	.077	.071
R^2	.006	.044	.048

*p<.05, ** p<.01, *** p<.001
주: 기준은 노동자계급.

것으로 나타났다. 즉, 교육수준이나 가구소득이 높더라도 일상생활 위험에 전반적으로 노출되어 있음을 알 수 있다. 현재 가족의 소득수준에 대한 주관적 평가와 가족의 경제상황이 영향을 미치는 것으로 나타났다. 객관적인 실제 가구소득보다 주관적으로 평가하는 가족의 소득수준이 높을수록 부정적인 생활사건들을 덜 경험한 것으로 나타났다. 그리고 가계 수지가 악화되어 수입보다 지출이 많을 경우 여러 가지 일상생활의 위험에 많이 노출됨을 알 수 있다. 따라서 일상생활의 위험은 실질소득보다는 가계의 재정적인 운영 및 주관적인 소득 평가와 밀접히 관련되어 있다고 보인다. 다른 측면에서는 가족이 부정적인 생활사건들을 많이 겪을 경우, 소득이 높더라도 가계의 재정적 손실 및 과다 지출로 이어져서 가계 수지가 악화되고 수입보다 지출이 많은 상황으로 갈 수 있고, 이에 따라 소득수준에 대한 주관적인 평가는 더욱 낮아진다고도 볼 수 있다.

3. 결론

사회경제적 안전성은 인간다운 삶을 위한 기초적인 물질·환경 자원을 사회적인 수준에서 제대로 확보하고 있는지의 여부와 관련된다. 구체적으로는 빈곤으로부터의 안전, 주거의 안전, 질병과 재해 및 실업으로부터의 안전 등을 포괄한다. 이 글에서는 사회경제적 안전성에 대비되는 사회적 위험의 개념을 중심으로 사회경제적 안전성의 의미와 현재의 실태를 알아보고자 했다.

한국 사회는 가족 구조의 변화, 여성의 노동시장 참여 증대와 사회적 보살핌의 부재, 노동시장의 유연화에 따른 고용 불안정의 증대, 절대적·상대적 빈곤의 증가, 근로빈민층 확대, 사회적 양극화 현상 등 다양한 위험 요인에 직면하고 있다. 2000년대 들어오면서 한국 사회의 위험 구조에서 가장 두드러진 것은 경제 위기 이후 경제적 생계 위험과 사회해체 위험이 급격히 증가한 것을 들 수 있다. 한국은 유럽 국가와 비교했을 때 실업률이 낮은 반면 가까운 미래에 실직가능성이 매우 높은 것으로 나타나, 비정규직의 증가, 특히 임시직 위주의 고용 관행이 지배적임을 보여주고 있다. 한편 실직 이유는 결혼 및 가족 부양이 전체의 40%를 차지하며, 정년퇴직과 자발적 조기 퇴직이 각각 22%, 12.5%로 큰 비중을 차지했다. 실직 이유를 통해서 볼 때, 이와 같은 결과는 한국 사회에서 일-가족 양립의 어려움이 매우 크다는 것을 시사해준다.

한편 공식적인 실업 통계와는 달리 최근 10여 년 동안 15세에서 64세 사이의 경제활동인구 중 구직, 가사, 육아, 취업준비, 등교 등의 활동 가운데 아무것도 하지 않는 사람들이 크게 증가하고 있음을 볼 수 있다. 특히 이러한 무업자 중 젊은 세대(20~30대)인 이른바 니트족의 증가가 사회 문제가 되고 있다. 고용환경이 악화되어 취업을 포기하는 청년실업자가 늘어나면서 일하지 않고 일할 의지도 없는 청년 무직자, 즉 니트족도 증가했다고 볼 수 있다. 장기 미취업과 같은 사회적 위험은 저소득, 저학력, 청년 혹은 노인층과 여성들에게서 많이 나타났다. 또 '6개월 이내의 실직가능성'에 대한 인식을 통해서 불안정한 고용의 실태를 살펴보았는데, 비정규직일수록 고용 불안정이 매우 높았고, 사업장 종사자 수가 5~19인 규모인 사업장, 여성 가구주, 저소득층에서 고용불안정성이 높게 나타났다.

이와 함께 여성의 경제활동 참가율이 증가하면서 등장한 새로운 사회적 위험으로 일-가족 갈등이 중요한 이슈가 되고 있다. 일-가족 양립 정도에 대한 인식은 한 영역(일 또는 가족)에서의 책임을 다른 영역(일 또는 가족)의 요구와 양립시키기 어려운 데서 오는 역할갈등을 포함해, 두 영역에서의 양립 정도에 대한 주관적 평가를 의미한다. 전체 응답자의 40% 이상의 남녀 근로자가 '직장 일로 인한 피로감'이나 '근무 시간 과다'로 집안일을 하기 어렵다고 보고하고 있다. 일과 가족의 양립 갈등에서의 어려움은 남성보다 여성에게서 높게 나타났으며, 특히 30대와 50대 여성, 여성 가구주일수록 높았다. 즉, 일-가족 갈등은 주로 여성들에게 집중되는 사회적 위험이라고 볼 수 있다.

가계의 경제적 생계 위험 및 재정적 상황 또한 중요한 사회적 위험으로 나타났다. 전체 응답자의 약 80%가 생활의 여유가 없이 근근이 가계수지 균형을 맞추었거나 적자 가계를 운영한 것으로 나타났다. 한편 과거에 안정된 고소득 집단으로 인식되었던 전문·관리·기술직 종사자들도 상당한 가계의 재정적자 문제에 봉착하고 있음을 알 수 있었다. 이와 함께 가족 해체 및 일상생활 경험에서는 전체적으로 의료비 부담을 가장 많이 보고했고, 투자손실, 실직/파산, 직업 불안정, 가족 해체, 범죄 피해 등의 순으로 어려움을 겪은 것으로 나타났다. 일상생활의 위험은 교육수준이나 실질적인 가구소득보다는 가계 수지의 균형 정도와 가구소득에 대한 주관적인 평가와 관련되어 있음을 알 수 있었다.

지금까지 살펴본 바와 같이 사회적 위험의 양상을 구분하는 경계로서 일반적으로 고용과 소득이 가장 중요한 축으로 작동하고 있는 것을 볼 수 있다. 과거의 사회적 위험에 해당되는 실업(미취업)의 위험은 저학력, 저소득층, 청년층이나 노년층에서 높게 나타나고 있다.

그러나 새로운 사회적 위험으로 분류될 수 있는 실직가능성, 일-가족 갈등이나 가족 해체 및 일상생활의 위험, 경제적인 생계의 위험 및 생활 수준의 변화 등은 반드시 기존의 사회경제적 지위와 일치하지 않는 것을 볼 수 있다. 새로운 위험의 담지자가 된 여성이나 전문·관리·기술직 같은 고학력자들이 종사하는 직업군, 은퇴자 및 실업자에게서 이러한 위험이 높게 나타나고 있다. 위의 결과를 놓고 볼 때 한국 사회의 사회적 위험은 매우 복합적인 방식으로 나타나고 있음을 알 수 있다. 즉, 기존에 사회적 지위를 획득하는 가장 주요한 통로로 여겨졌던 교육수준이 더 이상 사회적 안정성을 보장하지 못하며, 오히려 고용 상태나 고용에서의 지위(정규직/비정규직)가 중요한 축으로 작용하고 있다고 볼 수 있다.

이와 함께 과거에는 남성부양자 모델하에서 가족의 보호 아래 있었던 여성 및 청년, 노년층이 사회적 위험의 담지자로 새롭게 부상하고 있다. 최근의 사회적 변화로 인해 단절적이고 불안정한 고용 혹은 비정형적인 직업 경력이 점차 확산됨에 따라, 과거 고학력층이 종사하던 안정적인 직업군이었던 전문·관리·기술직이 사회적 위험으로부터 자유롭지 못하며, 오히려 일상생활 위험이나 가계재정 문제에 있어서 상대적으로 취약한 집단으로 드러나고 있다는 점에 주목할 수 있다. 또한 최근의 청년 니트족의 급격한 증가와 같은 현상은 단순한 경제 및 실업 문제가 아니라 취업에 대한 포기 같은 의욕 상실로 인한 사회심리적인 병리 현상으로 비화될 가능성이 있어서, 중요한 새로운 사회적 위험의 하나로 부각되고 있다.

이와 같은 사실들을 볼 때 한국 사회에서의 사회경제적 안전성은 외환위기 이후 크게 훼손되었으며 이후 지속적으로 심화되고 있음을 알 수 있다. 과거의 안정적인 사회계층들도 노동시장이나 가계재정 등에서 사회적 위험에 노출되고 있음이 드러났다. 고용지위의 측면에서는 비정규직 노동자, 세대별로는 청년 및 노인층이 새로운 사회적 위험의 핵심층으로 부상하여 이들에 대한 사회정책적 고려가 매우 중요한 이슈가 되고 있다.

제3장

사회적 응집성 현실과 수준 제고를 위한 전략

정해식 한국보건사회연구원 부연구위원

안상훈 서울대학교 사회복지학과 교수

1. 서론

최근 한국 사회는 '사회통합'에 상당한 관심을 보이고 있다. 고도성장기에 산업화를 목적으로 억압되었던 사회갈등은 민주화 이후 분출되기 시작했다. 하지만 다양한 사회갈등이 폭발적으로 증가하고 있음에도 갈등의 체계적 관리를 위한 과정이나 도구가 부재한 상황이 계속되었다. 그러므로 사회통합은 만성화·제도화되는 사회갈등이 경제와 사회의 발전을 저해할 수 있다는 위기의식의 발로에 따른 시대적 과제이다.

그간 한국 사회는 성장 일변도 정책을 지향했다. 우리는 성장이 다양한 사회적 문제, 특히 빈곤 문제를 해결해줄 것이라는 믿음을 가지고 있었다. 하지만 2003년 이후 경제성장률은 눈에 띄게 낮아졌으며, 이제 성장을 통한 고용 증가, 빈곤 문제 해결이 가능할 것이라는 기대는 요원하다. 그뿐만 아니라 양극화와 불평등 또한 심화되고 있다. 2000년대 중반 한국은 경제협력개발기구(OECD) 24개국 중 빈곤율, 소득불평등, 근로빈곤율을 바탕으로 한 소득 영역에서는 18위의 성과수준을 보이고 있으며, 실업률, 비정규직 비율, 성별 임금 격차, 파업률을 바탕으로 한 고용 영역에서는 19위의 성과수준을 보이고 있다(노대명 외, 2009: 192).[1] 즉, 성장이 사회 문제를 해결해줄 것이라는 기대도 더 이상 힘들어졌지만, 동시에 문제 해결을 이루어내는 방향으로 성장이 이루어지지 않았다.

사회통합에 대해 많은 관심을 보이는 것은 비단 한국만의 현상은 아니다. 전 세계적으로 사회통합에 많은 관심을 보이고 있으며, 사회통합 수준의 국가 간 비교를 위해 활발히 사회지표를 구성하고 있는 중이다. 이는 신자유주의적 경제·사회 정책의 횡행에 따라 빈곤이 늘어나고, 사회 격차가 확대되고 있는 상황을 인식한 결과이다. 사회적·정치적 갈등이 표출되고 있으며, 공적 제도에 대한 신뢰가 저하되는 상황에서 사회통합에 대한 관심이 고조되고 있다(Jenson, 1998). 베르거슈미트(Berger-Schmitt, 2002: 404~405)는 사회통합이 정치적 관심을 받는 이유를 세 가지로 정리하고 있는데, 이는 우리의 상황과 유사하다. 첫째, 사회통합이 정치적 안정과 보장의 조건으로 인식되고 있다. 불평등과 분열이 만연한 사회는 정치적 붕괴와 정치 체계의 작동이 멈출 가능성이 높다. 둘째, 사회통합이 경제적 부와 성장의 근원으로 고려되고 있다. 셋째, 낮은 사회통합이 공공 지출을 증가시킨다. 노동시장에서 사회적 배제가 만연하고, 사적 네트워크 내에서의 사회적 유대와 연대감이 줄어들고, 자발적 공공 참여가 낮을 경우에는 이를 해결하기 위한 공공 지출이 증가하게 된다. 사회통합의 제고, 사회통합 정책의 필요성은 현재의 사회경제적 상황 하에서 전 세계적으로 공유된 인식이다.

국내에서는 사회통합에 대한 지속적 관심 증가의 결과로, 2009년 말 대통

---

1) 24개국은 스웨덴, 스위스, 프랑스, 뉴질랜드, 핀란드, 덴마크, 오스트리아, 벨기에, 네덜란드, 이탈리아, 노르웨이, 영국, 일본, 독일, 포르투갈, 캐나다, 스페인, 호주, 한국, 그리스, 아일랜드, 미국, 멕시코, 터키이다(국가명은 소득, 고용, 금융, 건강영역, 주거영역, 가족영역의 6개 영역을 바탕으로 한 사회통합지수의 순서이다).

령 소속 자문위원회의 형태로 사회통합위원회가 구성되어 활동한 바 있으며,[2] 사회통합의 개념에 대한 제안과 지수 개발 연구가 진행되고 있다. 그러나 사회통합에 대한 연구가 증가했음에도 사회통합을 어떻게 규정지을 것인가의 문제는 남는다. 국내에서는 이태진 등(2008)이 사회의 질 접근을 통한 사회정책 현황에 대한 묘사를, 노대명 등(2009)이 사회통합지수를, 노대명·강신욱·전지현(2010)이 사회통합지표를, 장용석 등(2010)이 통합사회지표를, 차미숙 등(2011)이 지역사회통합지수를 제시하고 있는데, 이들 각각은 사회통합에 대한 나름의 정의를 바탕으로 한국의 사회통합 수준을 제시하고 있다.

이에 따라 이 글에서는 앞선 연구에서 제시한 사회통합의 개념과 지표들을 먼저 살펴보고자 한다. 사회의 질 이론이 상정하는 사회적 응집성의 개념 파악은 우리 사회에서 통용하고 있는 사회통합의 개념과 연계할 때 더 용이하기 때문이다. 이어 사회의 질 이론에서 사회통합을 어떻게 이해하고 있는지를 소개한 후, 사회적 응집(social cohesion)에 주목하여 한국이 다른 국가와 비교하여 어떤 수준을 보이고 있는지를 개괄적으로 살펴보고자 한다. 마지막으로 사회적 응집성을 제고하기 위해 필요한 전략을 국내 연구 결과를 중심으로 재구성해보고자 한다.

2) 사회통합위원회는 '다양한 특성을 가진 구성원들이 공동체에 대한 소속감을 갖고 공동의 비전을 공유하며 긍정적인 관계를 유지하는 국민적 결집력'으로 사회통합을 규정하고, 이는 사회 질서에 대한 개인과 사회의 상호 공감, 사회적 배제 집단의 포용으로부터 출발한다고 하고 있다(사회통합위원회 홈페이지).

2. 사회통합과 사회적 응집성

1) 사회통합의 개념과 측정 지표

국내외에서 사회통합의 필요성에 대해서는 공유된 인식을 보이고 있지만, 연구자에 따라서 사회통합을 정의하는 방식은 매우 다양하다. 유럽평의회(Council of Europe, 2005: 23)는 사회통합을 "모든 시민의 장기적 안녕을 보장할 수 있는 사회의 능력으로, 이때 장기적 안녕은 가용한 자원에의 공평한 접근, 다양성을 존중함으로써 인간 존엄성의 존중, 개인적·집합적 자율성, 책임감 있는 참여를 의미"한다고 정의하고 있다. 국내에서 사회통합위원회의 설립 근간이 되는 노대명 등(2009: 66)의 연구에서는 사회통합을 "다양한 특성을 가진 구성원들이 공동체에 대한 소속감을 갖고 공동의 비전을 공유하며 긍정적인 관계를 유지하는 상태"로 규정했다. 또 다른 연구에서 노대명 등은 "한 사회 내에서 사람들이 서로 간에 얼마나 잘 결속(stick/cohere)되어 있는가 하는 상태를 나타내는 개념"으로 정의하고 있다(노대명·강신욱·전지현, 2010: 37).

사회통합의 개념 정의는 추상적이고 연구자마다 상이하여 그 특성을 파악하기 힘들다. 그러나 이들이 어떤 지표를 사용하는지를 통해서 그 개념의 구체성을 역으로 유추할 수 있다. 먼저 유럽평의회는 사회통합의 전반적 흐름을 기초진단하는 핵심 구성 인자를 4개의 구성 요소, 즉 권리를 누리는 것의 공평, 존엄성, 자율성, 참여로 구성했다. 그리고 요소수준을 측정하는 지표로 소득불평등도, 장기실업률, 기대수명, 홈리스의 비율, 여성·인종·종교적소수자·노인에 대한 보장수준, 과부담부채 가구 비율, 학업중단율, 투표참여율, 장애인고용률, 공공 기관에 대한 신뢰, 자살률, 범죄사망률의 20개 핵심 지표를 제시했다(Council of Europe, 2005: 110~111). 노대명 등(2009)은 빈곤율, 5분위 소득배율, 실업률, 임시일용직 비율, 가계대출 연체율, 교육비지출 비중,

〈표 3-1〉 노대명·강신욱·전지현(2010) 연구의 사회통합 상태지표

구분	주관적 의식	객관적 행위
개인 대 개인	타인에 대한 신뢰도 국민들의 준법정신	자원봉사자 비율 개인 기부금 총액
개인 대 집단	집단(시민사회단체)에 대한 신뢰도 집단에 대한 귀속감*	자원봉사 및 기부 시민단체 참여율*
개인 대 공공 기관	공공 기관에 대한 신뢰도 국가공동체에 대한 귀속감	청원, 탄원, 주민조례* 대선 및 총선 투표율

* 실제 분석에서는 제외된 지표를 의미한다.
자료: 노대명·강신욱·전지현(2010: 120).

의료비 과부담가구율, 주거비 과부담가구율의 지표를 이용하여 사회통합 핵심지수를 제시하고 있다.

이상의 두 연구가 주로 사회통합을 위한 조건에 주목하고 있는 반면, 노대명 등은 사회통합의 상태와 조건을 구분한다(노대명·강신욱·전지현, 2010). 〈표 3-1〉은 이 연구에서의 사회통합 상태지표를 보여주고 있다. 주로 신뢰수준, 준법정신, 귀속감과 같은 규범적 가치를 주관적 의식 차원으로 배치하고 있으며, 기부와 자원봉사 및 투표율과 같은 공동체 발전에의 참여를 객관적 행위의 차원으로 배치하고 있다.

사회통합에 대한 이상의 대표적인 연구 외에도 여러 연구자들의 사회통합 지수 구성 노력이 계속되었다. 장용석 등(2010: 14)은 사회통합은 국가발전을 위해 진행되고 있는 행동 및 노력이고, 통합사회는 국가 경제와 사회발전의 바람직한 모습, 목표, 방향, 이상향이라고 이 둘을 구분하고 있다. 이에 따른 통합사회의 모습은 '개인의 정치적·경제적 자유를 보호하고(개인 보호), 다양성을 인정하고 관용을 베풀며 신뢰와 참여가 활성화되며(공동체 건설), 국제사회에 기여(국제사회 기여)하는 것'이다. 이 중 공동체 건설과 관련한 지표로는 세계경제포럼의 성 격차 지수(Global Gender Gap), 장애인 관련 법령 개수, 세

계가치관조사(WVS)를 이용한 타인에 대한 관용 정도, 외국인 비율을 이용하고 있다.

차미숙 등(2011)의 '지역사회통합' 개념은 정책목표를 '지역 내 분열, 갈등 및 격차 최소화'와 '지역 내 사회적 자본 강화'로 설정하고, 측정영역을 지역사회 안전성, 지역사회 형평성, 지역사회 신뢰·참여, 지역사회 제도 역량으로 구분하고 있는데, 이는 '사회의 질' 접근과 가장 유사하다고 할 수 있다. 자살률, 독거노인 비율과 고소고발 건수를 안전성을 나타내는 지표로, 실업률, 최저주거기준미만가구 비율과 외국인거주 비율을 형평성을 나타내는 지표로, 투표율과 자원봉사자등록 비율을 신뢰·참여를 나타내는 지표로, 1만 명당 사회복지시설 수와 일반회계 중 복지예산 비중을 제도 역량을 나타내는 지표로 사용해 지역사회통합지수를 산출했다.

국외에서는 OECD가 주기적으로 발표하는 '한눈에 보는 사회' 보고서에서 네 가지 사회정책 목표 중 사회적 응집 수준을 제시하고 있다(OECD, 2005; 2007; 2009a).[3] OECD 보고서에서 사회적 응집은 부정적인 차원과 긍정적인 차원으로 구분되는데, 긍정적인 차원에서는 공동체 생활에 대한 참여와 타인에 대한 태도를 포함하고, 부정적 차원에서 사회적 응집의 부족은 자살, 위험행동, 범죄와 같은 다양한 병리적 행태로 나타난다고 본다(OECD, 2009a: 15). 2001년 이후 모두 여섯 차례 보고서가 발간되었지만, 각 보고서별로 포함되는 지표들은 차이가 있다. 삶의 만족수준, 범죄피해자 수, 일에 대한 만족수준, 학교에서의 왕따, 위험행동의 수준, 사회적 고독감의 정도, 단체참여율, 10대 출산, 약물 중독 및 이에 따른 사망자 수, 투표율, 신뢰, 산업재해, 수감

3) 네 가지 사회정책 목표는 자립, 평등, 건강상태, 사회적 응집이다. 여기서 사회적 응집(social cohesion)은 연구자에 따라 다르게 번역하고 있다. 예를 들어 김영미 외(2010)에서는 이를 '사회응집'으로, OECD(2009b)에서는 '사회통합'으로 번역하고 있다.

〈표 3-2〉 EU의 사회목표로서의 사회통합과 측정 내용

목표	측정 내용
1. 격차 및 사회적 배제 축소	지역적 격차, 동일 기회 및 불평등(성, 세대, 사회계층, 장애, 시민집단), 사회적 배제
2. 사회자본 강화	사회적 관계의 이용가능성, 사회·정치 활동과 개입, 사회관계의 질, 전체 사회제도의 질, 유럽 특수적인 내용 등

자료: Berger-Schmitt(2000: 21~22).

자 수 등을 제시하고 있다.

이상의 지표 연구들에서 확인할 수 있는 바는 사회통합의 조건으로서 경제적 사회적 불평등과 배제 등에 주목하고, 사회통합의 결과로서 신뢰, 참여, 공유된 규범과 가치라는 결속력의 측면을 모두 사회통합의 요소로 규정하고 있다는 것이다. 이와 같은 구분은 베르거슈미트의 EU의 사회통합(social cohesion) 측정에 대한 제안에서도 확인할 수 있다(Berger-Schmitt, 2000). 그는 두 차원의 사회적 목표와 이의 측정 내용을 제시했는데, 이를 구체적으로 살펴보면 〈표 3-2〉와 같다. '격차 및 사회적 배제 축소' 차원에서는 지역적 격차, 공평한 기회 및 불평등, 사회적 배제에 대한 내용을 다루고 있으며, 측정 지표로는 의회에서의 남녀 의석 비율, 남녀 실업률, 남녀 임금 격차, 남녀의 관리직 비율, 외국인 노동자의 비율, 장기실업률 등을 이용했다. '사회자본 강화' 차원에서는 사회적 관계의 이용 가능성, 사회 및 정치 활동 개입, 사회관계의 질 등에 대한 내용을 다루고 있으며, 측정 지표로는 사회적 지원의 가능성, 신뢰수준, 유럽에 대한 정체성, 작업장 또는 교우 관계에서의 질적 관계 등의 자료를 이용했다.

이 외에도 스티글리츠 위원회는 삶의 질을 측정하는 하위 영역으로 사회적 연계(social connectedness)를 제시하고 있는데(Stiglitz, Sen and Fitoussi, 2009), 이 하위 영역은 사회적 신뢰, 사회적 고립, 비공식적 지원, 직장 참여, 종교 참

여, 사회자본 연계를 포함하고 있다. OECD는 '삶의 질을 개선하기 위한 정책 개발'을 목적으로 사회발전을 정확하게 측정할 수 있는 지표개발 프로젝트를 진행하고 있는데, 그 결과물에서는 사회적 연계(Social Connection)를 '사회적 관계망 지원, 사회적 접촉의 빈도, 자원봉사 시간'으로 구성하고 있다(OECD, 2011).

2) 사회적 응집성

선행 연구들을 살펴보면, 사회통합, 사회응집과 사회적 연계 등의 다양한 용어를 사용하면서 지향하고자 하는 하나의 사회상을 제시하고 있다. 이 연구들에서 사회통합은 크게 두 차원으로 구분해볼 수 있다. 첫째는 조건으로서의 사회통합이다. 즉, 부정적 차원으로서 통합을 저해하는 원인에 주목하는 것이고, 이는 주로 불평등과 배제를 살펴보는 것이다. 둘째는 상태로서의 사회통합이다. 이는 긍정적 차원으로서 사회 현상을 나타내는 것으로, 주로 사회적 자본(social capital)으로서의 결속력, 결집력의 측면이라고 할 수 있다.

'사회의 질' 이론에서는 이와 같은 두 차원으로 구성되는 사회통합을 '사회적 응집성(Social Cohesion)'과 '사회적 포용성(Social Inclusion)'으로 구분하고 있다. 사회의 질 논의에서는 사회적 응집성을 공유된 정체성, 가치와 규범이 공유되는 상황하에서 사회적 관계를 유지하는 것으로 정의한다. 이때 사회적 응집성은 사회적 포용성과 연결하여 이해할 필요가 있다. 사회의 질 논의에서 사회적 응집성은 사회적 관계의 구조나 구축에 관한 것인 반면, 사회적 포용성은 이런 사회적 관계들에 접근할 수 있거나 통합되어 있는 수준을 의미한다(Walker and Wigfield, 2004: 9). 이를 그림으로 설명하면 〈그림 3-1〉과 같다. 사회적 응집성은 사회적 통합(social integration)과 관련되는데, 이는 각 개별 행위자들 간의 질서정연한 또는 갈등적 관계를 의미한다. 반면에 사회적

〈그림 3-1〉 사회적 응집성과 사회적 포용성의 이론적 위치

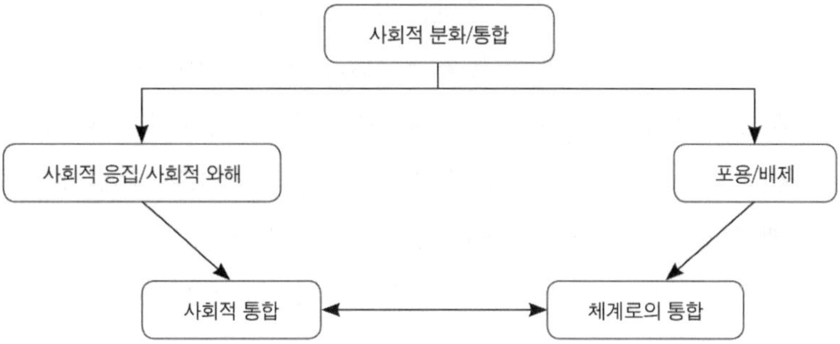

자료: Beck et al.(2001: 338).

포용성은 행위자와 체계, 또는 하위 체계 간의 관계에 관련된 것이다.

정리하자면, 현재 우리 사회에서 논의되고 있는 사회통합은 사회의 질 논의에서의 사회적 응집성과 사회적 포용성의 두 측면이 모두 반영된 것으로 이해할 수 있다. 물론 국내에서 일부 연구들은 사회통합의 조건에 격차와 배제뿐만 아니라 경제적 능력도 제시하고 있는데[예를 들어 노대명·강신욱·전지현(2010)의 빈곤율], 이들은 이를 '절대적 박탈'의 의미로 접근했다.

이제부터는 '사회의 질'의 네 분면 중 사회적 응집성에 보다 주목해보기로 한다. '사회의 질'이란 "시민들이 그들의 복지와 개인적 잠재력을 향상시킬 수 있는 조건 하에서, 그들이 속한 공동체의 사회적·경제적 삶에 참여할 수 있는 정도"를 의미한다(Beck et al., 1997: 3). 벡과 그의 동료들은 사회의 질을 구성하는 네 가지 조건 요인을 사회경제적 안전성, 사회적 응집성, 사회적 포용성, 사회적 역능성으로 규정했다. 사회의 질 이론이 상정하는 좋은 사회는 한 개인이 생애 기간 동안 충분한 자원을 가지도록 하고[(사회경제적 안전성(Socio-Economic Security)], 공유된 정체성, 가치와 규범이 공유되는 상황하에서 사회적 관계를 유지하며[사회적 응집성(Social Cohesion)], 일상을 구성하는 다양한 제도

와 사회적 관계에 통합되고 접근할 수 있게 하며[사회적 포용성(Social Inclusion)], 실현 능력(capabilities)과 사회적 관계를 향상하기 위한 능력을 갖추는[사회적 역능성(Social Empowerment)] 것이다(van der Maesen, Walker and Keizer, 2005: 45).

사회의 질 논의에서는 사회를, 사회적 존재로서 개인의 자기실현과 집합적 정체(collective identities)의 형성 간의 상호 작용과 상호 의존으로 현실화되는 것으로 본다(van der Maesen and Walker, 2005: 10). 여기서 상호 작용하는 사회적 존재, 집합적 정체는 사회의 핵심 영역이며, 이런 이유로 사회적 응집성이 존재하지 않는 사회의 질적인 수준이라는 것은 무의미하다.

사회의 질에 대한 일군의 유럽 학자들의 첫 번째 책에서는 사회적 응집성은 사회적 관계를 만들어내고 유지하며 파괴하는 거시수준의 과정과 이런 관계들을 지탱하는 사회적 하부 구조와 관련된다고 했다(Beck et al., 1997: 323). 이와 같은 이론적 논의의 흐름에 따라서 사회적 응집성의 측정은 사회적 관계의 수준을 나타내는 지표와 이를 가능하게 하는 하부 구조의 수준을 나타내는 지표로 구성된다.

먼저, 사회적 관계의 수준은 사회적 자본과 대단히 밀접한 개념적 관계를 가지고 있다. 따라서 사회적 자본의 두 측면-신뢰와 사회적 관계-에 주목하여 측정이 이루어진다. 다음으로 하부 구조에는 문화적 규범과 더불어 법·정치·사회적 보호 등의 입법 체계, 시민권, 문화적 다양성, 관용, 존중 등이 포함된다. 따라서 사회적 응집성을 고취하기 위한 과정에는 지역적 발전을 위한 정책, 공적·사적 영역에서의 동등한 기회 보장, 불평등한 경제적 부담을 공유하기 위한 경제적·재정적 공평이 확보되어야 한다. 이런 이유로 유럽 학자들은 공공 안전, 세대 간 연대, 사회적 지위의 응집, 경제적 응집, 이타주의를 통해 하부 구조의 측정이 가능하다고 주장했다(Beck et al., 2001: 356).

여러 논의를 거쳐서 연구자들은 사회적 응집성을 신뢰, 통합적 규범과 가치, 사회적 관계망, 정체성의 네 영역으로 크게 구분하여 측정할 것을 제안했다. 제3절에서는 이와 같은 정의와 기준에 따라서 한국 사회의 사회적 응집성의 수준을 다른 국가와 비교해볼 것이다. 하지만 비교국가 차원의 맥락에서 사회적 응집성을 살펴보고자 할 때에는 몇 가지 문제가 발생한다(Berman and Phillips, 2004: 3~4).

첫째, 응집성을 평균값으로 측정할 것인지, 아니면 특정한 수준 이하인 사람들의 비율로 측정할 것인지의 문제이다. 이 문제는 사회적 응집성의 지표들이 내용적으로는 거시수준의 지표지만, 실질적으로는 다양한 사회조사 자료를 통해 확보된다는 특성을 가지고 있기 때문에 나타난다. 예를 들어, '부유한 집안에서 태어나는 것'이 인생의 성공에 중요한 요인이라는 질문에 대해 '절대적으로 중요하다'고 응답한 사람의 비율을 살펴볼 것인지, 아니면 전체 집단의 응답 평균값을 이용할 것인지의 문제이다.

둘째, 최적화(optimization)와 최대화(maximization) 사이에서의 선택의 문제이다. 사회 성원들이 똑같은 가치와 의견을 갖는 것을 바람직한 것으로 보는 것이 아니라, 신뢰·호혜성·관용을 바탕으로 행위자들의 다양성 속에서 자발적이고도 조화로운 결집과 실천이 이뤄지는 집단적 행위로 볼 때(고형면, 2009), 최적화가 더 바람직한 상태라고 할 수 있다. 다른 한편으로는 각 사회가 가지고 있는 다양한 역사적·사회적 경험들을 고려할 때에도 이 문제는 대두된다. 예를 들어, 통합적 규범과 가치의 영역에서 '빈자들의 처우를 개선하기 위해 보다 많은 세금을 낼 의향'이라는 문항을 이용할 수 있는데, 이 문항을 해석할 경우에는 그 사회가 이미 어느 정도의 사회복지 지출을 하고 있는지를 고려해야 한다.

셋째, 사회적 응집성의 여러 지표들 중에서는 실질적으로 비교가 불가능한 수준의 자료들이 존재한다. 〈표 3-3〉은 유럽 학자들의 사회의 질 이론 논의에서 제시된 사회적 응집성의 지표를 나열한 것인데, 이 중에서 27. 유럽연방재판소로 이송되는 사건의 비율, 36. 소속된 커뮤니티 내에서 공동체적 활동

〈표 3-3〉 사회적 응집성 분면의 구성과 지표

하위 영역	세부 영역	지표번호와 지표
신뢰	일반적인 신뢰	25. 일반적인 신뢰 정도
	특별신뢰	26. 정부, 국회의원, 정당, 군대, 사법부, 언론, 노동조합, 종교 집단, 시민단체 등에 관한 신뢰 27. 유럽연방재판소로 이송되는 사건의 비율 28. 가족, 친구, 여가, 정치, 부모, 자녀의 중요도
통합적 규범 및 가치	이타성	29. 요일 평균 자원봉사 시간 30. 헌혈
	관용성	31. 이민, 다원주의, 다문화주의에 대한 태도 32. 타인의 삶의 방식에 관한 관용도
	사회계약	33. 가난에 대한 귀인: 개인적 요인과 구조적 요인 34. 빈자의 생활조건 개선을 위한 세금 증액에 대한 동의 여부 35. 노인의 생활조건 개선을 위한 세금 증액에 동의 여부 36. 소속된 커뮤니티 내에서 공동체적 활동을 수행할 의지의 정도 37. 남녀 간의 가사 분담에 대한 인식
사회적 관계망	사회적 관계망	38. 자발적인 사회참여(정치단체, 자선단체, 자원봉사, 스포츠) 39. 가족, 이웃, 친구로부터의 지원 40. 가까운 친구, 동료와의 연락 빈도
정체성	국적에 대한 정체성	41. 국가자긍심 42. 자긍심이자, 상징으로서 통합유럽에 대한 정체성
	지리적 단위별 소속감	43. 지리적 단위별 소속감
	관계	44. 가족 및 친족 소속감

주: 지표번호는 전체 95개 지표 중 해당되는 지표의 일련번호이다.
자료: Berman and Phillips(2004); van der Maesen, Walker and Keizer(2005: 54).

을 수행할 의지의 정도, 37. 남녀 간의 가사 분담에 대한 인식, 42. 자긍심이자, 상징으로서 통합유럽에 대한 정체성, 44. 가족 및 친족 소속감에 대한 지표 등은 유럽적 특성을 강하게 반영하고 있거나 비교 가능한 자료가 부재한 경우, 그리고 객관화된 지표로 비교가 힘든 경우이다.

이상의 문제가 있다는 것을 염두에 두고, 이제부터는 사회적 응집성의 분면에서 측정 가능한 자료를 확보할 수 있는 지표들을 중심으로 비교를 해보고자 한다. 이를 통해 한국의 사회적 응집성의 수준이 비교국가 차원에서 어떤 위치에 있는지를 확인하고자 한다.

3. 응집성의 신뢰 영역 비교

먼저 신뢰수준을 살펴보도록 하겠다.[4] 신뢰는 전체 사회구성원 일반에 대한 신뢰를 의미하는 '일반적인 신뢰'와 주요 사회제도와 인적 관계에 대한 '특별 신뢰'의 수준을 통해서 관찰 가능하다. '일반적인 신뢰'를 '사회적 신뢰'로, '특별 신뢰'를 '제도적 신뢰'로 구분하기도 하는데(이재혁, 2006), 이는 개인 간의 신뢰에서 일반적인 타자의 범위가 어디까지로 확대될 수 있는가의 문제를 반영하는 것이다. 많은 연구들에서 한국을 저신뢰 사회로 언급하고 있는데, 이는 신뢰할 수 있는 타자의 범위가 혈연 등의 일차 집단에 머물기 때문이다(Fukuyama, 1995).

먼저, 일반적인 신뢰수준에서 한국은 '대부분의 사람을 믿을 수 있다'에 대해서 28.26%만이 동의했다. 일반적인 신뢰수준과 관련하여 흥미로운 결과는 덴마크, 노르웨이, 스웨덴, 핀란드 등 스칸디나비안 국가들, 복지 체제로는 사회민주주의 복지국가 유형에서 상당히 높은 신뢰수준을 보이고 있다는 것이다. 그 뒤에는 뉴질랜드, 호주, 캐나다, 영국, 미국 등의 앵글로-색슨 국가들이 위치하고 있다. 대륙유럽의 국가들은 국가별로 조금씩 편차가 있지만

---

4) 이하에서는 특별한 언급이 없는 한, 유럽 국가들은 유럽가치관조사(European Value Study: EVS) 2008년 기준 자료(EVS, 2010)이며, 그 외 국가들은 세계가치관조사(World Value Survey: WVS) 2005년 기준 자료(WVS, 2009a)이다. 자료 분석 시 가중치를 반영했다.

〈그림 3-2〉 일반적인 신뢰수준

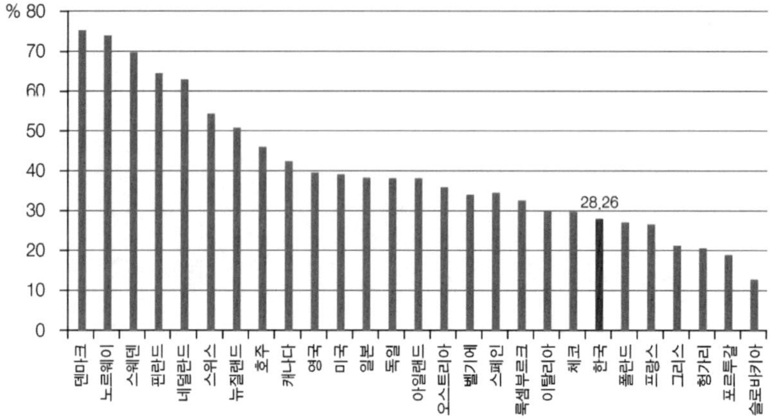

자료: EVS(2010); WVS(2009a).

〈그림 3-3〉 7개 제도 영역에 대한 신뢰의 평균값

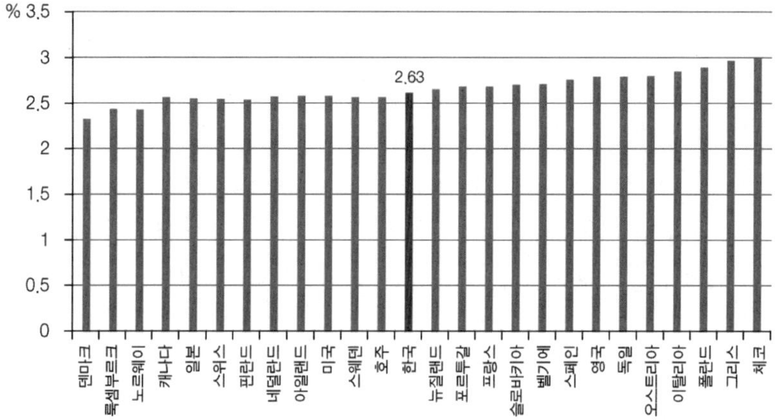

주: 정부, 의회, 정당, 군대, 사법 체계, 언론, 노조, 경찰에 대한 신뢰의 평균값이다. 응답지는 다음과 같이 구성되는데, 1='상당히 신뢰한다', 2='어느 정도 신뢰한다', 3='별로 신뢰하지 않는다', 4='전혀 신뢰하지 않는다'의 순서이다.
자료: EVS(2010); WVS(2009a).

그 뒤를 잇고 있다. 마지막으로 남유럽의 국가들, 체제전환 국가들이 그 뒤를 잇고 있다. 이 결과를 통해서 신뢰와 복지국가의 형태, 경제성장, 경제적 안전성의 관계를 거칠게나마 확인할 수 있다.

다음은 특별 신뢰의 하나로 사회제도 및 집단에 대한 신뢰수준을 확인해보았다. 여기서는 정부, 의회, 정당, 군대, 사법 체계, 언론, 노동조합, 경찰의 8개 제도 영역에 대한 신뢰의 평균값을 이용했다. 한국은 2.63점의 평균값을 보이는데, 이는 '어느 정도 신뢰한다'와 '별로 신뢰하지 않는다'의 중간에서 후자에 좀 더 가까운 값이다. 흥미로운 것은 비교 대상 국가 중에서 한국은 일반 신뢰에서는 상당히 낮은 값을 보였지만, 특별 신뢰 중 제도 신뢰 부분에서는 중간 정도의 값을 보였다는 것이다. 연구자에 따라서는 입법, 사법, 행정의 세 영역만을 중심으로 하여 '정부 신뢰'의 개념을 살펴보기도 하는데, 이 세 영역만을 중심으로 할 때에는 평균값이 2.71로 나타난다. 이는 정부 영역에서의 신뢰수준이 더 낮다는 것을 의미한다.

특별 신뢰의 또 다른 측면은 사적·공적 영역들이 삶에서 차지하는 중요도를 통해 살펴볼 수 있다. 분석 대상 국가 전체적으로는 가족, 친구, 일, 여가, 종교, 정치의 순으로 중요하다고 생각하고 있었다. 한국은 일과 가족에 대해서는 평균보다 더 중요하다고 생각하고 있었다. 하지만 친구와 여가는 평균보다 덜 중요하다고 보는 것으로 나타난다. 정치와 종교에 대해서는 대체로 평균보다 더 중요하다고 생각하고 있는 것으로 나타난다.

신뢰수준에 대한 국가 간 비교를 통해 한국의 위치를 확인하면 다음과 같다. 첫째, 한국은 일반적 신뢰수준은 낮은 편이다. 한편 타인에 대한 신뢰도를 묻는 세계가치관조사(WVS)의 5차례 조사에 따르면, 한국의 신뢰수준은 점차적으로 하락하고 있다.[5] 둘째, 제도적 신뢰의 측면은 평균적인 수준으로 나타난다. 마지막으로 사적 영역에 대해서는, 특히 일과 가족에 대해서는 다른 국가들보다 더 중요하다고 여기는 것으로 나타난다.

〈그림 3-4〉 사적·공적 영역들이 삶에서 차지하는 중요도

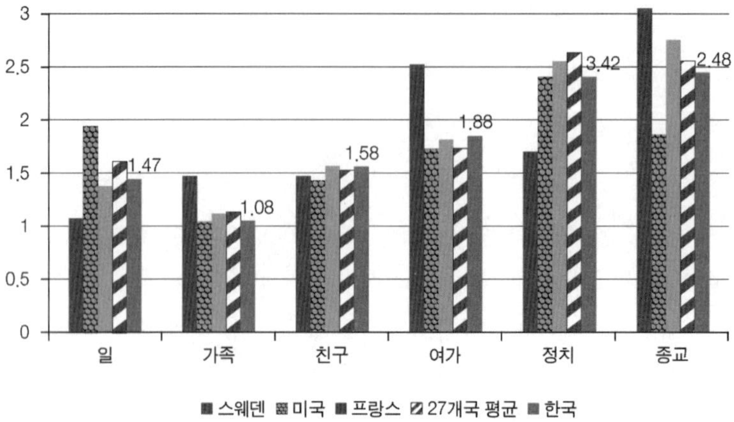

주: 27개국은 〈그림 3-3〉의 27개국과 동일하며, 응답지는 다음과 같이 구성된다. 1='대단히 중요하다', 2='대체로 중요하다', 3='거의 중요하지 않다', 4='전혀 중요하지 않다'의 순이다.
자료: EVS(2010); WVS(2009a).

그렇다면 한국의 사회적 자본 중 특히 신뢰의 수준 제고를 위해서는 어떤 노력이 필요한가? 한국의 사회적 자본에 대한 이재열(1998)의 연구에 따르면 한국은 높은 사적 신뢰와 낮은 공적 제도화의 문제를 가지고 있다. 사회적 협력과 합의를 가능하게 하는 제도적 기반을 찾는 데 실패하고 있다는 것이다. 이런 제도적 기반의 하나로 박병진(2007)은 고용, 직장에서의 승진, 과세에 있어서 공정성이 제고될 때 일반 신뢰와 사회 신뢰가 더 높아지는 것을 확인했다. 국가 간 비교에서도 (反)무임승차적 가치관과 공존공영적 가치관이 높은 나라에서 대인 신뢰가 높게 나타난다(박통희, 2010). 결국 국가 제도를 어떻게 구성하고 어떤 역할을 하게 할 것인지의 문제가 대두된다. 이런 관점은 국가

5) 조사대상자에서 '대부분의 사람은 믿을 수 있다'에 대한 응답률은 1982년 38%, 1990년 34.2%, 1996년 30.3%, 2001년 27.3%, 2005년 30.2%였다(WVS, 2009b).

제도의 역할이 시민사회보다 상대적으로 더 중요하다는 박종민·김왕식(2006)의 연구와도 그 맥락을 같이한다.

이상의 주로 사회학적 측면에서의 접근에서는 신뢰의 형성을 거시 제도적 측면에서 파악하고 있는데, 복지국가의 물적 기반이 어떻게 구성되는지에 따라서도 신뢰수준에 대한 설명이 가능할 것으로 보인다. 앞서 살펴본 바와 같이 사회통합의 조건 요인으로서 복지국가의 물적 기반 역시 중요한 설명 요인이 될 수 있다.

4. 응집성의 기타 영역 비교

1) 통합적 규범 및 가치

통합적 규범과 가치의 하위 영역은 이타성, 관용성, 사회계약의 세부 영역으로 구성된다. 이 중 첫째, 이타성에 대한 것은 자원봉사 수준과 헌혈경험 비율로 측정 가능하다.[6] 원칙적 수준에서 자원봉사는 '주당 자원봉사 시간'을 이용하는 것이 가장 바람직할 것으로 보인다. 이는 자원봉사의 참여율과 참여 강도를 동시에 고려할 수 있기 때문이다. 이와 관련하여 OECD(2011)에서는 시간사용 조사자료(Time Use Surveys database)를 이용하여 일평균 자원

6) 헌혈률은 이타주의를 측정하는 객관적 지표로 기능할 수 있다. Healy(2002)는 헌혈과 같은 행위를 이타주의의 한 지표로 이용하는 것이 타당하다고 주장했다. 한편 세계보건기구(WHO)의 혈액 안전에 대한 국제데이터(Global database on blood safety)는 인구 1000명당 헌혈자의 수에 대한 정보를 제공하고 있는데, 개별 국가에 대한 정보가 제공되지는 않고 있다.

〈그림 3-5〉 자원봉사를 한 경험이 있는 사람의 비율

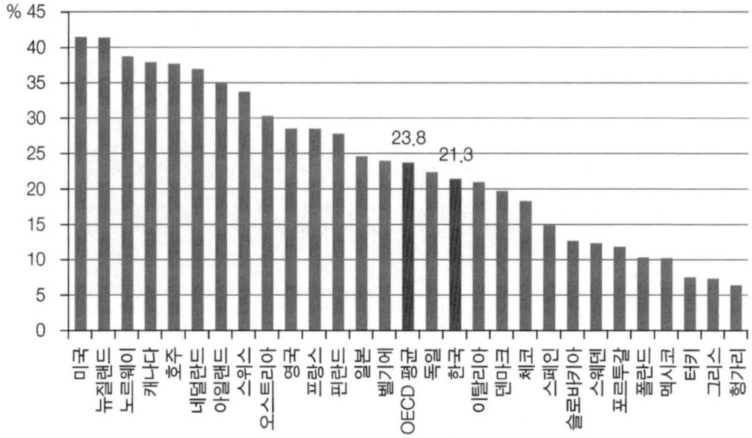

주: '최근 한 달 동안 조직에 자원봉사를 한 적이 있는가'에 대한 응답률로, 갤럽 월드폴을 통한 이 조사는 2006년에서 2008년 사이에 이루어졌다.
자료: OECD(2009c: 57).

봉사 시간을 분 단위로 측정하여 보고하고 있다. 이 자료에서 한국은 1일에 '1분'의 자원봉사를 하여, OECD 평균인 '4분'의 25% 수준인 것으로 나타난다. 한편 OECD에서는 자원봉사를 한 사람의 비율과 기부 행위를 한 사람의 비율에 대한 자료도 제공하고 있다(OECD, 2009c).[7] 지난 한 달 동안 자원봉사를 한 경험이 있는가라는 질문에 대한 응답 비율로, 한국은 21.3%의 응답자들이 자원봉사를 경험한 것으로 나타난다. 이 경우에는 OECD 평균인 23.8%에 근접하고 있다. 두 자료를 바탕으로 할 때, 한국은 자원봉사의 빈도는 다른 국가와 대체적으로 유사한 수준이지만 강도는 높지 않다는 해석이 가능하다.

한편 자원봉사의 경험과 달리 기부 행위의 경험에 있어서 한국은 30.9%의

7) 앞서 27개국에서 룩셈부르크가 제외되었고, 멕시코와 터키가 추가되었다.

〈그림 3-6〉 기부 행위를 한 경험이 있는 사람의 비율

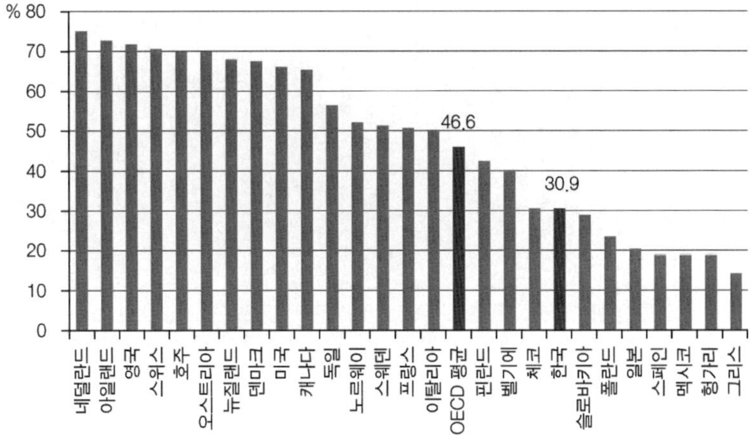

주: '최근 한 달 동안 조직에 돈을 기부한 적이 있는가'에 대한 응답 비율이다.
자료: OECD(2009c: 57).

응답을 보이고 있어, OECD 평균인 46.6%에 미치지 못하고 있다. 자원봉사와 기부 행위의 경험에 있어서는 앵글로-색슨 국가들에서 상당히 높은 값을 보인다는 특징을 확인할 수 있다. 자원봉사나 기부와 같은 사회적 참여에 있어서는 몇 가지 조건을 고려해야 할 필요가 있다. 첫째는 공식적 지원의 미발달에 따라 비공식적 연대에 대한 강조가 이뤄진 결과라 할 수 있다(Koster and Bruggeman, 2008). 둘째는 각국의 세제 지원의 조건과 내용이다. 이는 공적 지원 체계와 일정 부분 부적 상관관계를 가진다고 할 수 있다. 즉, 공적 지원보다는 민간 지원을 활성화하기 위한 정책 지원이 이루어질 경우에는 특히 기부 행위의 비율이 높게 나타날 수 있는 것이다. 셋째는 높은 소득수준의 영향일 수 있는데, 자원봉사와 같은 경우에는 각 개인이 가지고 있는 자원수준의 영향을 받기 때문이다(van Oorschot and Arts, 2005).

두 번째 영역은 관용에 대한 것으로, 이에 대한 측정은 이민, 다원주의, 다

〈그림 3-7〉 관용의 정도

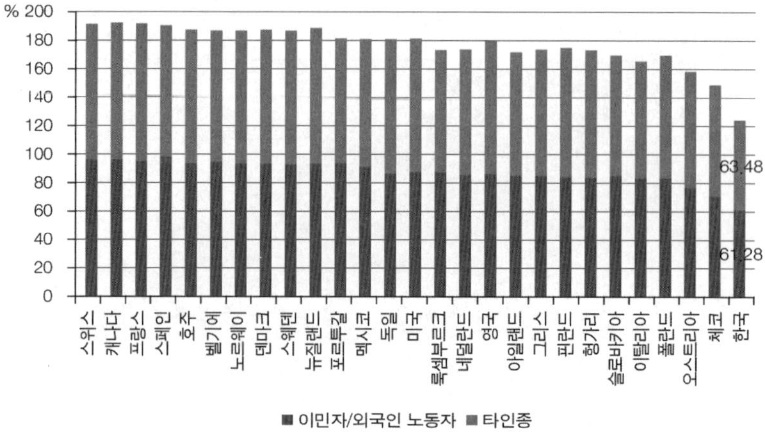

주: 해당 리스트에 속한 사람을 '이웃으로 삼고 싶다고 응답한 사람'의 비율이며, '이민자/외국인 노동자에 대한 관용'의 정도를 중심으로 정렬한 값이다.
자료: EVS(2010); WVS(2009a).

문화주의에 대한 관점을 묻는 것으로 이루어진다. 여기서는 두 국제조사(WVS, EVS)의 '여기에 다양한 그룹의 사람들이 나와 있습니다. 당신은 이 중 어떤 그룹의 사람들과 이웃으로 지내는 것을 꺼리십니까'라는 질문에서 두 범주(이민자/외국인 노동자, 타 인종)에 대해서 언급하지 않은 응답값을 이용했다. 한국은 비교 대상 국가 중에서 가장 낮은 관용수준을 보이고 있는데, 이민자/외국인 노동자에 대해서는 61.28%만이 이웃으로 삼고 싶다고 응답했고, 타 인종에 대해서는 63.48%만이 이웃으로 삼고 싶다고 응답했다. 외국의 설문지는 '언급함', '언급하지 않음'으로 구성되어 있는 반면에, 한국의 설문지는 '살고 싶지 않다', '살고 싶다'로 구성되어 있다는 차이가 있다. 같은 질문에 대해서 2001년의 조사는 53.17%와 65.33%가 이웃으로 삼고 싶다고 응답했음을 고려하면, 이민자/외국인 노동자에 대한 관용의 정도는 어느 정도 늘어난 것으로 보인다.

〈그림 3-8〉 인생의 성공 요인

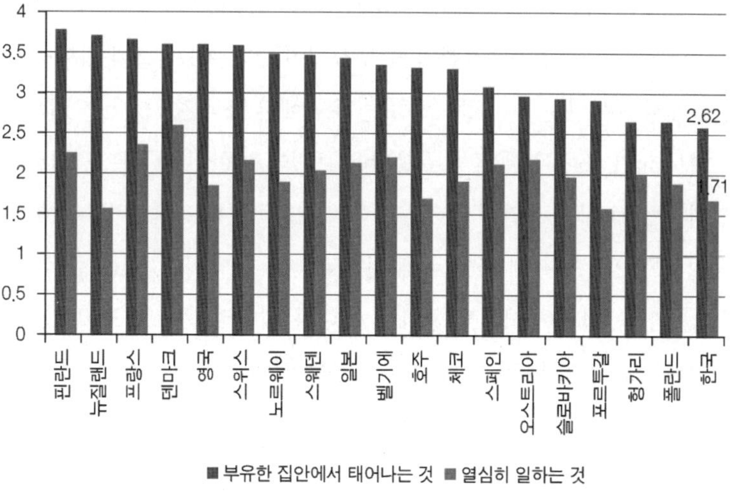

주: ISSP의 2009년 모듈(Social Inequality IV)을 이용했으며, 국가별 평균값을 제시했다. 선택지는 1='절대적으로 중요하다', 2='매우 중요하다', 3='대체로 중요하다', 4='별로 중요하지 않다', 5='전혀 중요하지 않다'로 구성되어 있다.
자료: ISSP Research Group(2012).

세 번째 영역은 사회계약과 관련한 부분이다. 사회계약의 소분류에서는 '가난에 대한 귀인 인식: 개인적 요인과 구조적 요인', '빈자의 생활조건 개선을 위한 세금 증액에 동의하는지 여부', '노인의 생활조건 개선을 위한 세금 증액에 동의하는지 여부', '소속된 커뮤니티 내에서 공동체적 활동을 수행할 의지의 정도', '남녀 간의 가사 분담에 대한 인식'을 바탕으로 구성한다. 여기서 대부분의 지표들은 분석 단계에서 현실적 한계를 가지고 있다고 보아야 하는데, 이는 가용한 측정 자료의 문제와 더불어 해석에서 그 국가의 역사적·사회적 특성을 고려해야 하기 때문이다. 이런 한계를 인지하고 간략한 비교를 실시해보도록 한다.

첫째, 가난에 대한 귀인 인식을 살펴보면 다음과 같다. 비교는 국제사회조사프로그램(International Social Survey Programme: ISSP)의 2009년 모듈(사회적 불평등)에 대한 자료를 이용했다. 설문은 '인생에서 앞으로 나아가기 위해서 다음의 내용들이 얼마나 중요한가'로 구성되어 있다. 이 질문에 대해서 '부유한 집안에서 태어나는 것이 중요하다'는 응답에서 한국은 2.62점을 기록하여, 비교 대상 국가 중에서 가장 높은 응답을 보였다.[8] 한편 한국은 '열심히 일하는 것이 중요하다'는 응답에서도 1.71점을 기록하는데, 이는 비교 대상 국가 중 뉴질랜드, 포르투갈에 이어서 세 번째로 높은 응답이다. 이는 한국인들이 가난의 원인을 여전히 사회적 문제가 아니라 개인적 문제로 보고 있으면서도, 동시에 다른 한편으로는 사회적 불평등이 재생산되는 메커니즘이 상당 수준 기능하고 있다고 인식함을 의미한다.

둘째, '빈자의 상황 개선을 위한 세금 증액', '노인의 생활 개선을 위한 세금 증액'에 대해서 살펴보면 다음과 같다. 자료는 ISSP의 2006년 모듈(정부의 역할)을 이용했으며, 설문은 '다음의 각 영역에 대한 정부 지출이 늘어야 하는가'로 구성되었다. 이때 지출 확대를 위해서는 세금 증액이 필요하다는 것을 염두에 두라고 했기 때문에 이 문항에 대한 응답을 추가적인 세금 납부에 대한 동의 여부로 해석할 여지가 어느 정도 있다고 하겠다.

한국은 노령연금에 대한 지출에 대해서 2.03의 값을 보였으며, 실업급여에 대해서는 2.51의 값을 보였다. 비교 대상 21개국 중에서 각각 일곱 번째, 다섯 번째로 해당 영역에 대한 정부의 지출이 늘어야 한다는 응답률이 높았다. 하지만 지출수준에 대한 인식에서는 앞서 논의한 바와 같이 현재의 상황을 고려하여 해석할 필요가 있다. 즉, 이미 해당 영역에 대한 정부지출이 많은

---

8) 국제사회조사 2009년 모듈은 33개국을 대상으로 적용했으며, 이 중 OECD 국가는 19개국이다. 전체 33개국 중에서 부유한 집안에서 태어나는 것이 중요하다고 응답한 평균값이 한국보다 높은 국가는 중국(2.17점)이 유일하다.

〈그림 3-9〉 정부지출 수준의 인식

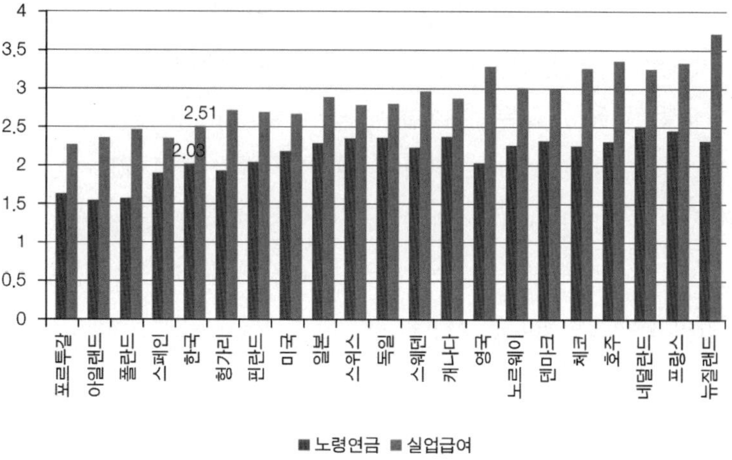

주 1: ISSP 2006년 모듈(Role of Government VI)을 이용했다. 선택지는 1='훨씬 더 많이 지출', 2='좀 더 지출', 3='현재 수준으로 지출', 4='조금 덜 지출', 5='훨씬 덜 지출'로 구성되어 있다.
주 2: 합계값을 기준으로 정렬했다.
자료: ISSP Research Group(2008).

경우에는 추가적인 정부지출이 불필요하다고 생각할 수 있고, 정부지출이 적은 경우에는 추가적인 정부지출이 필요하다고 생각할 수 있다. 한편으로는 실업의 원인을 어디에 두느냐에 따라서 정부 개입의 필요성에 대한 인식이 달라질 수 있다. 실업의 원인을 사회적 책임으로 인식할 경우에는 대체로 정부지출이 늘어야 한다고 응답할 것이지만, 실업의 원인을 개인적인 문제로 돌릴 경우에는 사회지출이 늘어나는 것에 대해 동의하기 어려울 것이기 때문이다.

이와 같이 지출의 수준을 고려해야 한다면, 다른 한편으로는 지출이 이루어지는 메커니즘에 대해서도 이해할 필요가 있다. 즉, 전체 사회 구성원을 대상으로 한 프로그램과 빈곤한 개인을 선별하여 이루어지는 프로그램이 존재할 때, 본인이 낸 만큼 받을 수 있는 사회에서는 지출수준이 늘어야 한다고 응답할 가능성이 높은 것이다. 이와 관련하여 안상훈(2011)은, 정부지출이 늘어야 한다고 응답한 사람 대비 줄어야 한다고 응답한 사람의 비율을 이용하여 조세저항의 수준을 살펴보았다. 그에 따르면 북유럽에서 조세저항이 가장 낮고, 대륙유럽에서 그다음, 흥미롭게도 국민 부담이 가장 낮은 영미 국가의 조세저항 수준이 가장 높다고 했다. 조세저항의 수준을 결정하는 것은 국민 부담의 수준만이 아니라 복지의 수준도 함께 영향을 미치는 것이라 짐작할 수 있는 것이다. 즉, 세금을 많이 내더라도 복지로 돌아오는 것이 있으면 조세저항이 줄어들 수 있다는 것이다.

2) 사회적 네트워크

사회적 응집성의 세 번째 하위 영역은 사회적 네트워크에 대한 것이다. 이는 단체 참여율, 주변으로부터의 지원 가능성, 주위 사람들과의 접촉 빈도를 중심으로 측정한다.

먼저 집단 활동에 참여하는 정도를 살펴보도록 한다. 2개의 국제조사(세계가치관조사, 유럽가치관조사)를 이용하여 개별 시민이 참여하는 사회활동단체 수의 평균을 비교했다. 사회활동 단체는 문화 활동, 정치정당, 체육 활동의 세 단체로 국한했다. 한국은 평균적으로 0.25개의 사회활동 단체에 참여하는 것으로 나타났으며, 참여율로 볼 때는 19.15%의 사람들이 적어도 한 개 이상의 사회단체에 참여하고 있는 것으로 나타났다(27개국 중 20위). 사회적 네트워크 중 집단 활동의 참여 정도는 비교 대상 국가 중 평균 이하 수준임을 확인할 수 있다.

다음으로 사적 지원의 가능성에 대해 살펴본다. '어려움에 처했을 때 도움을 받을 친척이나 친구가 있다'는 응답에 대해서 그렇다고 응답한 사람의 비율을 살펴보았다. 한국은 82.7%의 사람이 그렇다고 응답하여 OECD 평균인

〈그림 3-10〉 평균적인 사회활동 참여 개수

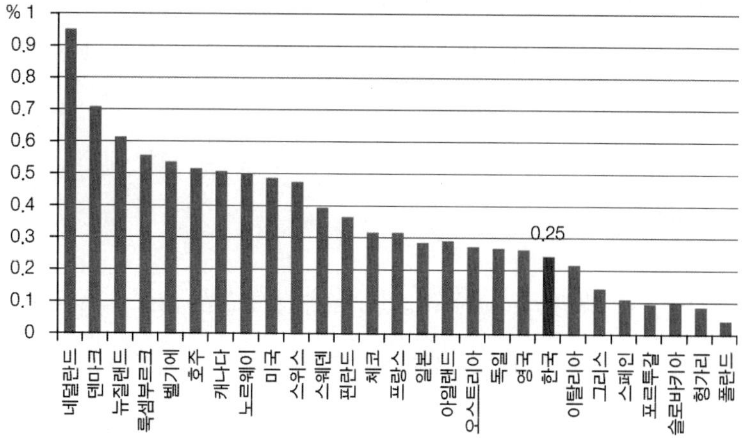

주: 국가별로 응답자당 가입한 사회활동단체 수의 평균값이다.
자료: EVS(2010); WVS(2009a).

〈그림 3-11〉 사적 지원을 받을 사람이 있다고 응답한 비율

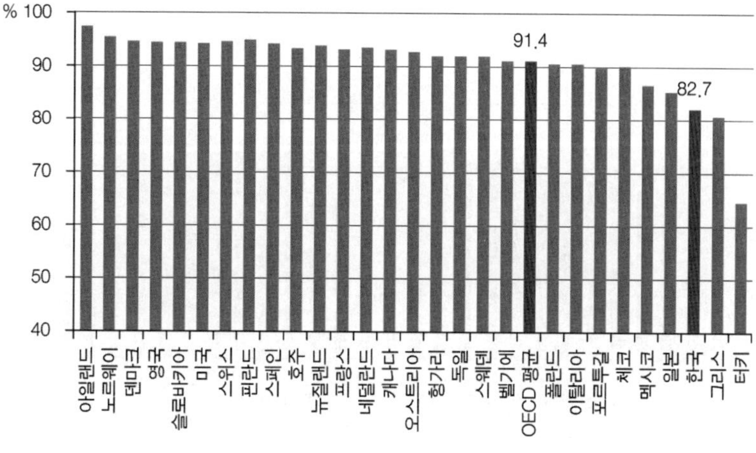

주: '어려움에 처했을 때 어느 때든 믿고 도움을 줄 수 있는 친척이나 친구가 있다'고 응답한 사람의 비율. 갤럽 월드폴을 이용한 것으로, 조사는 2006년에서 2008년 사이에 이루어졌다.
자료: OECD(2009c: 257).

91.4%에 비해 낮은 값을 보인다. 지금까지 많은 연구들에서 한국은 '연(椽)'을 중요시하는 사회임을 밝히고 있다. 그러나 '연'의 존재와는 무관하게 실제로 사적 지원을 받을 가능성은 다른 국가들과 비교해서 높은 편이 아님을 확인할 수 있다.

3) 정체성

사회적 응집성의 네 번째 하위 영역은 정체성에 대한 것이다. 여기에는 국적에 대한 자긍심과 지리적 단위별 소속감, 가족 및 친족에의 소속감이 지표로 위치한다. 이 중에서 국가자긍심에 대한 값을 확인하면 다음과 같다. 대부분의 국가들에서 '해당 국가의 시민이라는 사실이 자랑스럽다'고 응답하는 경향이 나타나고 있다. 그러나 한국은 독일, 일본과 더불어 국가자긍심이 낮은

〈그림 3-12〉 국가자긍심

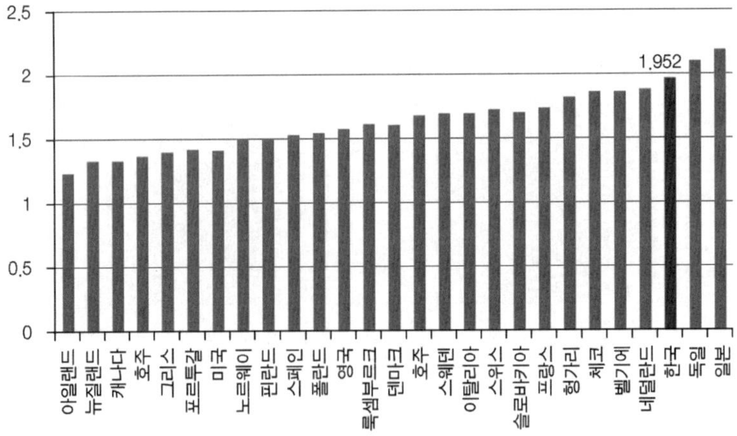

주: 1에 가까울수록 '매우 자랑스럽다', 4에 가까울수록 '전혀 자랑스럽지 않다'에 해당한다.
자료: EVS(2010); WVS(2009a).

편에 속한다.

5. 사회적 응집성의 제고 전략

'사회의 질'의 이론적 정의에 비추어 사회적 응집성 수준을 살펴볼 때, 한국의 사회적 응집의 수준은 다른 국가와 비교할 때 상당히 낮은 편임을 확인할 수 있다. 최근 우리 사회가 '사회통합'에 관심을 보이는 이유도 바로 이 지점에 있다.

사회통합의 관점에서 보면, 사회적 포용성이 낮은 상황에서는 사회적 응집성의 수준이 높게 나타나는 것을 상상하기 힘들다. 실제로 국가 간 비교에서 경제적 불평등은 신뢰수준을 예측할 수 있는 강력한 요인이다(Uslaner, 2002: 236).[9] 소득불평등도가 높은 사회에서는 부자와 빈자 간의 정치적 갈등을 예상할 수 있으며, 이런 사회에서 높은 신뢰수준을 기대하는 것은 힘들다. 그러나 사회적 응집성은 사회의 발전을 가능하게 하는 기본 동력이라는 점에서 사회적 응집성이 낮은 사회에서 전체 사회적 발전을 모색하는 것도 힘들다.

사회적 신뢰, 호혜성의 규범, 공공 참여의 네트워크와 성공적인 협력은 상호 간의 순환적 발전의 메커니즘을 가지고 있다(Putnam, 1993: 180). 즉, 신뢰수준은 그 자체로 사회의 통합수준을 나타내는 것이지만, 동시에 높은 신뢰수준을 바탕으로 할 때 빈곤과 불평등을 줄이기 위한 정부 능력이 효과적으

9) 우슬러너는 경제적 불평등이 신뢰수준에 영향을 주지만, 낮은 신뢰수준이 불평등이라는 결과를 가져오는 것은 아니라고 보았다. 한편 국가 간 비교에서 신뢰수준은 교육수준, 빈곤율, 영아사망률, 기대수명, 출산율, 인종적 다양성, 탈물질주의 가치관, 언론 노출, 공공 참여와 유의한 관계를 나타낸다(Uslaner, 2002: 238).

〈그림 3-13〉 빈곤감소적 성장과 사회통합의 개념적 구성틀

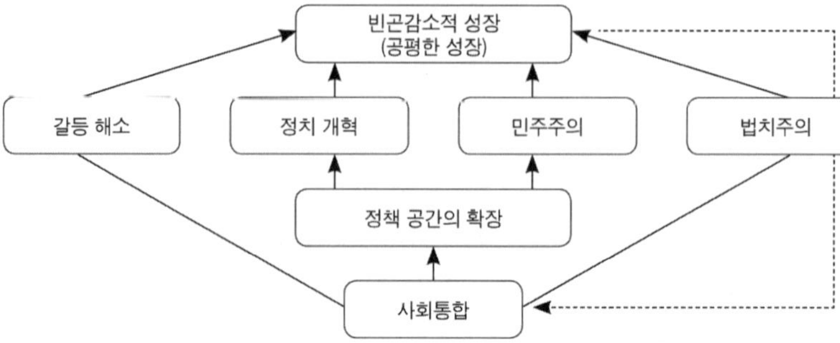

자료: Ritzen and Woolcock(2000: 11).

로 수행될 수 있다. 사회통합의 제 요소들은 서로 정합의 관계(positive sum)에 놓여 있는 것이다. 사회통합은 발전된 국가에서는 포용적인 사회를 지속하고, 세계화라는 외부적 충격을 견뎌낼 수 있는 힘을 제공하며, 개발도상국가에서는 성장을 가능하게 하는 힘이 된다(Ritzen and Woolcock, 2000). 〈그림 3-13〉에서와 같이 개발도상국가에서 사회통합은 사회갈등을 피하고, 효과적인 법치를 가능하게 하며, 보조적인 역할을 수행했던 비공식 제도를 정치 개혁을 통해 새로운 형태의 공식적 제도로 만들어내는 힘이 된다. 이를 통해 빈곤한 자를 위한 성장이 이루어지면 다시 사회통합의 정도가 강해진다.

국내에서 사회통합에 대한 연구들이 사회통합의 조건과 상태에 대해 포괄적으로 고려하는 것은 이 둘이 떼려야 뗄 수 없는 관계이기 때문일 것이다. 사회의 질 이론 역시 시스템으로서의 세계와 인간 행위의 세계 간에서 이와 같은 변증법적 발전의 관계를 상정한다(Beck et al., 2001: 319). 사회의 질의 네 하위 분면을 구성함에 있어 제도의 발전과 생활세계의 발전을 구분하지만, 이 둘의 발전은 영합(negative sum)의 관계가 아니라 정합(positive sum)의 관계에 있다고 본다. 즉, 제도의 발전과 생활세계의 상호 발전을 가정하며, 이의

전체적인 발전이 곧 사회의 질적 수준의 제고로 이어진다고 본다.

그렇다면 사회적 응집성의 제고는 어떻게 가능할 것인가? 국내의 많은 연구들이 사회적 자본으로서 신뢰수준에 주목하여 연구 결과를 제시하고 있다. 신뢰는 그 자체로 사회적 자본으로 기능하며, 한 사회의 물적·인적 자본과 더불어 사회발전을 추동하는 주요 기제이자 원천이 될 수 있기 때문이다.[10] 연구 결과는 크게 미시적 차원과 거시적 차원으로 구분할 수 있다. 첫째, 미시적 차원에서 신뢰수준에는 공동체와 정치에 대한 적극적 참여가 중요한 영향을 미친다. 예를 들어 한국인들은 정치 참여의 수준이 높을수록 규범을 준수하고, 이웃과 친지, 정부에 대한 신뢰가 높으며, 지역사회 내 협력의 수준이 높은 경향이 있다(박희봉, 2009: 134~139). 이와 같은 정치 참여는 소득불평등을 줄이는 정책의 시행으로 연결되며, 이를 통해 소득불평등을 줄일 수 있고, 다시 신뢰수준의 제고가 가능할 수 있다(Uslaner 2002: 238~239). 둘째, 거시적 차원으로 사회적 공정성의 확보가 중요하다. 사회적으로 민감한 영역들에서의 공정성 확보, 엘리트 범죄에 대한 엄격한 처벌은 사회 신뢰의 형성에 중요한 요인이 된다(박병진, 2007: 96~97). 법질서 국가기관의 공정성의 중요성을 강조하고, 공직사회의 부패, 정부정책의 편파성이 문제가 된다는 것은 박종민·김왕식(2006)의 연구에서도 확인된다.

선행 연구들에서 미시적 차원의 해결책은 정책적 개입이 용이하지 않고, 거시적 차원의 해결책은 당위적 과제로 제시된다. 이에 여기서는 추가적으로

---

10) 사회적 자본을 어떻게 정의하는지에 대해서는 연구자들마다 차이가 있다. Putnam(1993)과 Coleman(1988)이 대표적으로 언급되고 있으며, 박희봉(2009)에 따르면, 많은 연구들에서 개인·집단·조직의 사회적 네트워크, 상호 호혜성을 기본 속성으로 하는 공유하고 있는 규범, 사고를 공유하고 공통의 경험에 의미를 부여할 수 있게 하는 신념, 공식적 제도와 규칙, 신뢰, 참여를 사회 자본의 측정 지표로 보고 있다.

복지제도의 구성 형태에 주목하기로 한다. 소득불평등, 부패에 대한 인식, 그리고 사회 신뢰는 선순환적의 발전 관계에 놓여 있다. 소득불평등이 만연하고 신뢰수준이 낮은 사회에서는 소득불평등 수준을 낮추기 위한 정책적 노력의 시행이 한계에 봉착하게 된다. 즉, 보편주의적 정책의 시행에는 그것이 공평무사하게 이루어질 것이라는 사회적 신뢰가 뒷받침이 되어야 한다(Rothstein and Uslaner, 2005).

한국이 낮은 신뢰수준을 보이고 있음을 고려할 때, 발전의 경로에 있어서는 비관주의적 가정이 더 우세할 것이다. 그러나 다른 한편으로 한국의 복지, 복지제도가 현재 저발전의 상태에 있음을 고려할 필요가 있다. 즉, 복지제도의 발전의 경로를 어떻게 상정하는가의 문제는 단순히 복지제도에만 머무는 것이 아니라 사회의 발전수준에도 영향을 미친다. 교육에 대한 투자, 건강보호 수준의 증가 등의 정책은 경제적 성장과 더불어서 불평등의 수준을 줄일 수 있는 정책이 된다(Rothstein and Uslaner, 2005). 이처럼 제도적 장치들을 통해서 불평등을 줄이고, 신뢰수준을 제고할 수 있다. 실제로 쿰린(S. Kumlin)과 로스타인(B. Rothstein)은 보편적 복지국가제도에 대한 경험은 사회적 신뢰를 증가시키는 데 도움을 주고, 반면에 선별주의적 사회 프로그램을 경험한 경우에는 사회적 신뢰를 감소시킨다고 밝힌 바 있다(Kumlin and Rothstein, 2005).

이제부터는 물적이며 인식적인 측면에서의 사회경제적 안전성 영역과 사회적 응집성(신뢰수준) 영역의 관계를 살펴보도록 한다. 필자들(정해식·안상훈, 2011)은 복지수급자 지위와 복지납세자 지위에 따라 한국 사회의 사회경제적 안전성에 관한 개인들의 주관적 평가가 이루어지고, 사회경제적 안전성에 관한 인식에 따라 사회신뢰에 관한 인식이 달라질 것이라고 가정했다. 이때 복지수급자 지위는 사회복지를 받는 정도와 관련되며, 복지납세자 지위는 사회복지에 대한 부담 정도와 관련된다. 한국 사회에서 복지확대는 복지수급자와 복지납세자의 증가를 가져오게 된다.

분석 결과를 살펴보면 먼저 한국의 복지 현실을 확인할 수 있다. 교육수준이 높을수록 복지수급자의 지위가 낮고 복지납세자의 지위는 높다. 또한 연령이 높을수록 복지수급자 지위가 높고 복지납세자의 지위는 낮다. 이는 한국의 복지제도들이 선별적이고, 현금성 복지에서 노인을 대상으로 한 프로그램이 많다는 사실을 반영하는 것이다. 한편 교육수준이 높을수록 현 단계의 사회경제적 안전성에 대해 낮게 평가하고 있는데, 이는 교육수준이 높을수록 정부 정책에 대한 평가 기준이 높기 때문이다.

다음으로 복지 지위와 사회경제적 안전성 인식, 사회신뢰 인식의 관계는 다음과 같이 확인된다. 첫째, 복지수급자 지위가 높을수록 사회경제적 안전성 인식이 높은 것으로 나타났으며, 사회신뢰 인식의 수준도 높은 것으로 나타났다. 각 개인들이 가지고 있는 자원 중 국가복지를 통한 사회적 자원의 양이 많을수록 사회경제적 안전성이 높다고 여기고, 또한 우리 사회를 신뢰할 만하다고 여길 가능성이 높은 것이다. 둘째, 복지납세자 지위는 사회경제적 안전성 인식에 유의한 영향을 미치지 못하는 것으로 확인되었다. 셋째, 복지납세자 지위가 높을수록 사회신뢰 인식이 높은 것으로 나타났는데, 개인의 부의 수준이나 경제적인 넉넉함 혹은 안정감이 사회신뢰 인식에 긍정적 영향을 미치는 것으로 해석할 수 있다. 넷째, 사회경제적 안전성 인식이 높을수록 사회신뢰 인식은 높아지는 것으로 확인되었고, 이에 따라 사회경제적 안전성이 사회신뢰 인식으로 대표되는 사회적 응집성의 영역에 영향력을 가진다고 할 수 있다.

필자들의 핵심적인 결론은 사회경제적 안전성에 대한 인식이 사회신뢰 인식에 영향을 미친다는 것이었다(정해식·안상훈, 2011). 이 분석 결과를 사회의 질 하위 영역 간의 발달 관계에 대해 적용할 때, 한국 사회에서 사회신뢰 인식의 제고를 위해서는 사회경제적 안전성 영역의 발달이 강조되어야 한다는 것을 확인할 수 있다. 한국 사회에서 사회경제적 안전성 측면의 핵심이라고 할 수 있는 사회복지의 발달에 대한 요구가 어느 때보다 높아지고 있으며, 또 복지제도의 발전은 필연적이라는 사실을 고려할 때, 한국 사회의 질적 수준의 제고의 가능성은 열려 있다고 할 수 있다. 분석의 결과에 따르면 한국 사회의 복지수준은 복지수급자와 복지납세자 간의 분배갈등을 이끌어내는 수준은 아닌 것으로 나타나지만, 향후 복지 부담의 규모가 커질 때에는 이런 분배갈등이 사회신뢰 수준에도 영향을 미칠 것으로 예상할 수 있다.

6. 결론

이 글에서는 먼저 한국 사회에서 주로 논의되고 있는 사회통합과 사회의 질 하위 분면으로서 사회적 응집성을 구분하고, 사회적 응집성 수준을 나타내는 지표들을 중심으로 한국의 수준을 다른 국가와 비교해 살펴보았다. 마지막으로 사회적 응집성을 제고하기 위한 방안을 선행 연구들을 통해 살펴보았다.

사회통합은 크게 두 차원으로 구분할 수 있는데, 긍정적 차원에서는 주로 사회적 자본의 성격을, 부정적 차원에서는 사회적 배제와 불평등의 성격을 나타낸다. 이런 점에서 보자면 한국 사회에서 논의되고 있는 사회통합은 '사회의 질' 논의에서의 사회적 응집성과 사회적 포용성의 두 측면이 모두 반영된 것으로 이해할 수 있다. 사회의 질 논의에서의 사회적 응집성 하위 분면에 주목하여 비교 가능한 지표를 중심으로 한국 사회의 수준을 살펴본 결과, 한국 사회의 사회적 응집성 수준은 낙관적이지 않은 것이 사실이었다. 특히 관용의 정도, 인생의 성공 요인, 사회적 연계, 국가자긍심과 같은 사회적 응집의 하부 구조 부분은 다른 국가에 비해서 상당히 낮은 수준이었다.

한국 사회는 다양한 사회적 갈등, 저신뢰의 문제를 겪고 있다. 이를 극복하기 위해서는 사회적 응집성을 직접적으로 제고하기 위한 노력들이 진행되어야 할 것인데, 절차적·제도적 공정성의 확보가 그러한 것들이다. 다른 한편으로는 사회적 응집성의 발전의 조건이라고 할 수 있는 사회의 질의 다른 세 영역들-사회경제적 안전성, 사회적 포용성, 사회적 역능성의 발전이 필요할 것으로 보인다. 이들 세 영역 중 앞의 두 영역의 발전은 사회제도적 측면으로 현대 복지국가가 지향하고 있는 바이다. 국가복지를 통한 사회적 자원의 양이 많을수록 사회경제적 안전성이 높다고 여기고, 또한 우리 사회를 신뢰할 만하다고 여길 가능성이 높다는 필자들의 연구는 되새길 만하다. 한편으로 경제 정책이나 고용 정책을 이용하여 시장적 기제를 통해 사회경제적 자원을 확보할 수 있도록 하는 것도 중요한 기능을 수행할 것이다.

사회의 질 이론은 포괄적인 사회의 발전상을 제시하고 있다. 사회적 응집성의 제고는 다른 하위 영역과 상호 발전의 경로 위에 존재한다. 우리 사회는 경제성장을 목적으로 한 사회발전의 끝자락에 서 있으며, 새로운 사회적 목표로서 사회통합을 설정하고 있다. 사회통합을 가능하게 하는 다양한 조건들에 주목할 필요가 있는 시점이다.

제4장

사회적 포용과 배제

정병은 서울대학교 사회발전연구소 선임연구원

1. 사회의 질과 사회적 포용/배제

최근 유럽을 중심으로 활발하게 논의되고 있는 사회의 질이라는 개념은 '발전' 또는 '좋은 사회'를 설명하려는 일련의 시도로서, 포괄적으로 사회의 성격을 가늠하는 접근법이다(Yee and Chang, 2011; Walker, 2009; Wallace and Abbott, 2007). 사회의 질에 대한 관심은 신자유주의가 날로 확산되어가고 있던 1980년대에 들어서면서 고조되었다. 공적 복지 체계를 갖춘 서구 국가들에서 막대한 복지 비용 지출에 따른 재정 악화와 비효율적인 행정 체계로 인해 복지병의 문제에 직면했고, 이를 해결하기 위해서 레이거노믹스와 대처리즘이 잇달아 등장했다. 이후 복지예산의 지출이 삭감되었고, 정부의 개입보다 시장의 메커니즘을 강조하는 정책들이 도입되었다. 이런 상황에서 시장에서의 경쟁이 강조되고 효율성과 같은 경제적 가치가 우세해지면서 실업, 빈곤, 양극화, 소외 등이 심각해졌다. 이러한 현상에 직면하여 사회통합이 절실해진 유럽에서 1997년 지식인을 중심으로 한 암스테르담 선언, 즉 사회의 질 선언(Declaration for Social Quality)을 하게 되었다.

사회의 질이란 개인들이 자신의 복지나 개인적 잠재력을 향상시킬 수 있는 조건 하에서 사회적·경제적·문화적 공동체의 삶에 참여할 수 있는 정도를 말한다(Beck et al., 1997). 사회의 질을 높이는 핵심적인 영역은 안전성, 역능성, 응집성, 포용성으로 분류되는데, ① 사회적 관계 속에서 상호 작용하는 개인이 사회적·경제적 자원에 지속적으로 접근할 수 있는 정도, 더 많은 사람들에게 더 나은 물질적 복지가 확대되는 정도(안전성), ② 사람의 개인적·사회적 역량이 사회적 관계 속에서 강화되는 정도, 정치적으로 국민들이 실질적으로 의사를 대변하는 창구를 갖거나 직접 참여를 통해 자신의 운명을 결정하는 정도(역능성), ③ 정체성, 가치, 규범에 바탕을 둔 사회적 관계의 공유 정도, 사회적 갈등에 휩싸이거나 해체(disintegration)되지 않고 폭력의 가능성을 줄이고 공통의 정체성을 제고하여 사회적 조화와 협력의 잠재력을 증대시키는 정도(응집성), ④ 사회제도(기관)와 관계에 접근하고 포함될 수 있는 기회 평등의 정도, 이질적인 문화가 자연스럽게 공존하며 조화로운 상호 작용과 유대감을 증대시키는 정도(포용성)를 의미한다(정진성 외, 2010).

이러한 영역 중에서 포용성은 미시적인 개인들이 관료제, 테크놀로지, 상호 작용의 규칙성 같은 제도적·객관적 측면의 체계(system)에 얼마나 도달하고 접근할 수 있는지에 관한 것이다. 즉, 사회 구성원들이 사회적 지위나 자원에 접근할 수 있고 다양한 집단 간에 어울림의 정도가 높으면 포용사회, 그렇지 않고 상호 배제가 심각하면 배제(차별)사회로 이해될 수 있다(정진성 외, 2010). 따라서 포용성은 제도적으로, 정책적으로 제공되는 자원이나 혜택(예컨대 보건의료, 교육, 교통, 복지 서비스)들이 누구에게나 평등하게 제공되거나 접근가능해야 한다는 규범적 판단에 기반을 둔 개념이다. 특정 개인이나 집단의 구성원들을 적대적으로 대하거나 불리한 결과를 초래하는 행동을 보이며, 자의적이고 임의적인 기준에 의해서 불평등하게 대우할 경우 사회적 배제 현상이 일어난다. 구체적인 사회적 배제의 과정과 유형은 사회적 맥락에 따라서 다양하고 가변적으로 발생할 수 있으며, 특히 개인들이 차별을 경험하게 되는 상황은 여러 가지 사회구조적 요인들의 복합적인 영향에 따른 결과이다.

과거에는 사회적 배제의 문제가 소수의 일부 개인이나 집단에게만 해당되는 현상이었으나 1980년대 이후에는 사회 전반적으로 광범위한 영역에서 부딪히는 문제가 되었다. 전 지구적으로 진행되는 신자유주의, 그리고 구조적인 저성장 단계로 접어들게 되면서 과거와 같은 안정된 고용을 유지하고 생계에 충분한 소득을 벌어들일 수 있는 기회가 축소되었기 때문이다. 이에 더하여 실업, 질병, 은퇴 등에 대비할 수 있게 해주었던 복지지출이 감소되면서 사회적 보호가 약화된 것도 사회적 배제의 문제를 심화시켰다. 특히 유럽의 경우에는 실업이 증가할 뿐만 아니라 장기 실업이 만연해지는 한편, 일자리를 유지하고 있더라도 불안정하고 열악한 근로 조건에 놓이게 되었다.

이런 연유로 장기 실업이 늘고 빈곤층의 규모가 커질 뿐만 아니라 일을 하는 데도 빈곤 상태에서 벗어나지 못하는 근로빈곤층, 신빈곤층이 대두되었다. 완전고용에 가까운 일자리와 높은 수준의 임금, 든든한 복지 체계의 기반 위에서 생산과 소비에서 중요한 역할을 담당했던 근로자들이 구조조정과 실업으로 노동시장에서 주변부로 밀려나게 되었다. 즉, 사회적 배제는 더 이상 소수의 개인적 특성에서 비롯되거나 일부의 특정한 집단에 국한되는 것이 아니라 사회구조적인 변동의 결과로서 다수 사람들의 일상의 생활을 위협하는 현상으로 전환되었다(이정우, 2009). 따라서 이러한 사회적 배제 현상에 주목하여 그 명확한 의미를 규정하고 포용성을 높일 수 있는 조건과 맥락에 대한 체계적인 검토가 있어야 할 것이다.

2. 사회적 배제의 개념과 논의

1) 사회적 배제 개념의 등장 배경

베버(M. Weber)가 사회적 폐쇄(social closure)의 한 유형으로서 한 집단의 우월적 지위를 이용한 타 집단의 희생으로 사회적 배제를 논의한 이래, 사회적 배제가 다시 언급된 것은 프랑스에서 사회보험 체계의 보호를 받지 못하는 사람들을 지칭하면서부터이다. 즉, 공적 복지 시스템에 의한 사회적 보호의 안전망에 포용되지 못하고 밖에 놓여 있는 집단, 정책적·행정적으로 제외되는 집단을 '배제된 사람들(Les Exclus)'이라고 표현한 데서 비롯된다(심창학, 2001). 1974년 시라크 정부의 사회부 장관이었던 르네 르느와르(René Lenoir)는 경제성장의 성과를 제대로 향유하지 못하는 사람들, 이를테면 정신적·신체적 장애인, 노인, 학대받는 아동, 위기에 처한 가정, 마약중독자 등에 주목했다. 그는 프랑스 인구의 약 10%가 배제된 사람들이라고 주장했는데, 이들이 배제되는 과정보다는 배제됨으로써 처하게 되는 사회적 부적응의 상황을 묘사하는 데 중점을 두었다.

당시 프랑스는 경제성장에도 불구하고 그 혜택을 향유하지 못하는 집단이 존재했고, 이로 인해 빈곤 문제가 단순히 경제성장을 통해서 해결될 수 없다는 인식이 대두하게 되었다. 실업과 빈곤이 지속적으로 유지되는 사회 구조는 경제정책과 사회정책에 따른 결과로서 설명되지만 경제성장이 사회적 배제를 해소할 수 있는 유일한 방안은 아니었다. 가족제도의 불안, 1인 가구의 증가, 사회적 고립, 사회적 연대의 약화 등의 요인들로 인해 사회적 위험이 생산 및 재생산되고 있다는 것이다. 따라서 전통적인 빈곤이나 실업의 개념으로는 포착되지 않는 집단, 사회적으로 소외되고 제도의 혜택을 받지 못하는 집단이 존재하게 된다. 그러나 그 당시만 해도 사회에서 주변적이고 한계적인 현상을 지목하는 정도로 받아들여져서 별로 주목받지 못했다.

그런데 1980년대 이후 상황이 달라지기 시작했는데, 1970년대 이후 두 차례의 오일 쇼크, 세계적인 불황으로 각국의 재정적자 누적, 과도한 복지정책의 부정적 결과 등을 포함하여 자본주의 경제 위기에 봉착하게 되었다. 특히 1980년대 들어 세계화가 지속적으로 진행되었고, 미국의 레이거노믹스, 영국의 대처리즘으로 대표되는 새로운 경제정책, 즉 신자유주의로 시장 중심의 사상과 정책이 확산되기 시작했다. 경쟁, 효율성, 비용 등과 같은 시장 중심의 논리가 사회의 영역에 전반적으로 스며들었고, 공기업의 민영화, 공공 서비스의 축소, 복지 후퇴, 규제 완화가 이어졌고, 노동시장이 유연해지기 시작했다. 빈곤과 실업이 증가하면서 새로운 형태의 빈곤 또는 주변화의 문제가 중요한 사회적 쟁점으로 등장했고, 새로운 사회적 균열이 나타나면서 단순한 빈부 격차가 아니라 배제와 포섭의 문제로 이행되기에 이르렀다.

한편 초기의 경제적 통합을 넘어서 사회적 통합을 구축하기 위해서 노력하던 유럽연합은 통합의 걸림돌이 되던 빈곤 문제의 우선 해결을 위해서 사회적 배제라는 개념에 관심을 기울이게 되었다(강신욱 외, 2005). 유럽공동체 집행위원회 위원장을 역임한 들로르(Jacques Delors)는 유럽의 단일한 시장을 위해서는 사회의 통합이 기초가 되어야 한다고 인식하고 사회적 배제의 해소를 핵심적 정책으로 제시했다. 당시 유럽위원회는 사회적 배제가 경제성장에 위협이 되고 사회보장제도를 유지하기 위한 재정에 부정적인 영향을 미치기 때문에 경제성장을 위해서라도 적극적인 사회정책을 추구하고자 했다.

이에 유럽연합은 1997년 암스테르담 조약(Amsterdam Treaty)에서 사회적 배제를 정식 의제로 채택하여 관심을 높였으며, 2000년 리스본 유럽정상회담(European Summit)에서는 "사회적 배제에 관한 공동보고서(Joint Report on Social Exclusion)"를 채택했다. 이 보고서는 고용참여와 자원·권리·재화·서비스에 대한 접근 촉진, 배제의 위험 방지, 취약계층 지원, 관련 기관의 동원이라는 4

대 공동 목표를 제시하고, 6개의 우선 정책[1)]을 제시했다. 또한 니스 유럽연합이사회(Nice EU Council)는 회원 국가들에게 '빈곤 타파와 사회적 배제 극복을 위한 국가실천계획(National Action Plan)'을 실시하도록 결정했다. 이에 따라서 각국은 각 국가의 특수한 조건과 고유한 사회보장제도를 고려하면서 사회적 배제에 대응하는 다양한 정책과 제도를 입안하게 되었다.

이를테면 프랑스에서는 장기실업자의 사회적 배제가 심화되면서 사회구성원 간의 결속과 연대를 고양시키기 위한 사회통합 정책을 강조했다. 특히 1980년대 기존의 사회보장 체계에 한계가 있다는 것을 직시하고 새로운 형태의 대책을 마련하는 차원에서 최소 사회수당(minimum social allowance)과 도시주거개선 5개년 계획 등을 입안했다. 영국에서는 노동당 정부 출범 이후에 구성된 사회적배제기획단(Social Exclusion Unit)이 노동시장에서의 배제에 주목했으나 실제적으로는 정책결정자들을 중심으로 제한적으로 사회적 배제에 관심을 가졌고, 노동시장의 활성화를 강조했음에도 불구하고 소득불평등, 상대빈곤율, 소외 집단과 같은 현상들이 여전히 존재했다. 반면 스웨덴의 경우에는 빈곤이 극히 제한적이고 청년 또는 이민자 등과 같은 특정 인구 집단에

---

1) 6개의 우선 정책은 다음과 같다. ① 노동시장 진입에 가장 큰 어려움을 겪고 있는 사람들의 수요에 부합하는 투자 및 적극적 노동시장정책 등을 촉진함과 동시에 사회보장과 생애학습 및 노동시장정책 간의 연계 강화, ② 최저소득 보장을 포함한 사회보장제도의 개혁을 통해 모든 사람들이 존엄성을 가지고 살아가는 데 충분한 소득을 보장하고, 일할 수 있는 사람들에 대해서는 효율적인 근로유인 제공, ③ 양호한 주거조건, 양질의 건강, 정기요양 서비스, 생애학습 기회, 문화활동 기회 등에 대한 취약 계층의 접근성 강화, ④ 학교나 기타 정규교육 및 훈련제도로부터 조기 이탈하지 못하도록 하는 종합적인 예방 노력과 동시에 저학력 청소년들이 학교로부터 직장으로 이행과정에서의 애로사항 해결, ⑤ 빈곤 및 사회적 배제의 극복에 있어서 아동, 특히 빈곤 가족 및 아동을 선별하고 지원할 수 있는 국가의 조기 개입 및 초기 교육정책을 통한 빈곤의 대물림 방지, ⑥ 이민자와 소수 인종의 노동시장을 포함한 사회통합 촉진.

국한되는 현상으로 간주되었다. 따라서 사회적 배제에 대한 관심도 미약했고, 심지어는 불가피한 사회 현상으로 인식됨으로써 사회적 배제보다는 주변화(marginalization) 문제에 더 많은 관심을 가졌다. 이와 더불어 이민자, 사회부조 수급자 등이 많이 거주하는 지역을 위한 종합 대책을 개발함으로써 공간적 불평등에 관심을 보였다(심창학, 2003).

2) 빈곤과 사회적 배제

사회적 배제는 빈곤의 문제를 다루는 기존의 경제학적 개념이 갖고 있는 한계에 주목하여 보다 복합적이고 다차원적인 관점에서 빈곤을 재조명하려고 시도하고 빈곤 개념의 외연을 확장한 것이다. 전통적인 빈곤의 개념은 경제적 결핍이나 부족을 위주로 하여 정의를 내리는 반면, 사회적 배제는 경제적 결핍뿐만 아니라 교육, 문화, 건강 등과 같이 다양한 영역에서 발생하는 인간의 기본권 박탈에 주목했다. 왜냐하면 빈곤하다는 것이 단순히 경제적으로 부족하다거나 결핍의 상태에 놓이는 것으로 그치는 것이 아니라 그로부터 파생되는 다양한 삶의 기회의 박탈, 나아가 사회적으로 고립되는 문제에 이르기까지 개인의 삶의 영역에 전반적으로 부정적인 영향을 미치기 때문이다.

또한 그것은 최근 들어 중대한 사회 문제로 부상하고 있는 신빈곤, 일을 하는데도 불구하고 빈곤 상태에서 벗어나지 못하는 근로빈곤(working poor), 문화적·심리적 소외, 사회적 관계망의 결핍 등과 같이 복잡한 상황들과 밀접하게 관련되어 있다(신명호 외, 2003; 장지연·양수경, 2007). 따라서 빈곤의 현상에 초점을 맞추어서 경제적·물질적 지원을 제공하는 기존의 구호 프로그램으로는 빈곤의 문제를 해결하지 못한다. 더 나아가서 빈곤층을 계속해서 빈곤 상태에 머물게 하고 사회의 주류로부터 계속해서 거리를 두고 격리시키는 배제의 메커니즘에는 영향을 미치지 못한다. 빈곤층이 빈곤으로부터 벗어나고 사

〈표 4-1〉 빈곤과 사회적 배제의 개념상의 차이

구분	정태적 결과	동태적 과정
소득 차원(income)	빈곤(poverty)	궁핍화(impoverishment)
다차원(multidimension)	박탈(deprivation)	사회적 배제(exclusion)

자료: Berghman(1995).

회적 배제의 문제를 극복하기 위해서는 공동체를 기반으로 하여 일상의 수준에서 사회 참여를 할 수 있도록 지원함으로써 사회의 주류에 포용될 수 있다.

베르그만(Jos Berghman)은 빈곤과 관련된 개념들을, 한편으로는 그것이 정태적 결과를 가리키는가 아니면 동태적 과정을 가리키는가를 한 축으로 구분하고, 다른 한편으로는 소득 부족이라는 단일한 차원을 기준으로 삼는가 아니면 경제적 변수 이외의 다양한 차원을 기준으로 삼는가를 다른 축으로 구분하여, 〈표 4-1〉과 같은 네 가지 범주로 구분했다(Berghman, 1995). 여기서 실제로는 빈곤과 궁핍화, 박탈과 사회적 배제를 구분하기 힘들다는 반론(강신욱 외, 2005)에도 불구하고 사회적 배제의 개념이 빈곤과 달리 정치, 사회, 문화 등의 여러 영역에서 다양한 기회의 박탈을 포함하고 있다는 점은 분명하게 드러난다.

유럽연합은 빈곤과 사회적 배제를 구분하여 개념 규정을 했는데, "사회적 배제란 인간이 현대 사회의 정상적인 교환, 관행, 권리로부터 배제되는 결과를 초래하는 복합적이고 변화하는 요인을 말한다. 빈곤은 가장 명백한 요인의 하나이긴 하지만, 사회적 배제는 또한 주거, 교육, 건강 및 서비스에 대한 접근 등의 권리가 부적절하게 주어져 있는 상태를 의미하기도 한다. 이는 그대로 내버려두면 사회적 기본 구조의 취약성이 드러나고, 이중구조 사회가 나타날 위험성이 있음을 강조하고 있다"(문진영, 2004). 이렇게 볼 때 사회적 배제는 빈곤을 포함하는 폭넓은 개념이고, 동시에 빈곤은 사회적 배제의 가장 명백한 요인으로 간주된다. 이처럼 빈곤 개념에 비교하여 그것의 확장된 개념으로 사회적 배제를 이해하는 것이 유럽연합 차원의 논의에서 발견되는 특징이다(강신욱 외, 2005).

이런 측면을 고려하여 유럽연합은 사회적 배제의 문제를 실업, 낮은 수준의 숙련이나 기술력, 낮은 소득, 열악한 주거, 좋지 않은 건강 상태, 높은 범죄율, 가족의 붕괴 등이 결합되어 고통 받는 개인 또는 지역에서 나타나는 문제로 정의했다. 즉, 사회적 배제를 초래하는 원인은 개인의 특성에 있는 것이 아니라 여러 가지 구조적·환경적 요인들의 결합이라는 점을 제시하고 있다. 따라서 사회 구조 속에서 복합적으로 발생하는 배제의 영역들이 상호 연관, 연결되어 나타나는 일련의 과정을 파악하는 데 관심을 두고 있다. 한편 영국의 런던정치경제대학교의 '사회적배제분석센터(Centre for Analysis of Social Exclusion)'의 르 그랑(Julian Le Grand)은 ① 지리적으로 특정 사회 내에 거주하고, ② 자신이 통제할 수 없는 이유로 인해 그 사회에서 정상적인 사회활동에 참여할 수 없으며, ③ 참여하기를 원한다는 세 가지 조건을 충족할 경우 사회적 배제가 성립한다고 규정했다(Burchardt et al., 1999; 문진영, 2004 재인용). 이런 규정에 따르면 개인이 자신의 의지와 노력에 의해서 사회적 관계를 단절시키거나 자신이 사회적 고립을 좋아하는 경우에는 사회적 배제라고 할 수 없다.

사회적 배제의 개념적 특성에 관한 여러 논의들을 종합해보면 몇 가지 공통적인 사항들이 발견된다(강신욱, 2006; 김안나 외, 2008). 첫째로 사회적 배제를 결과보다는 '과정'으로 이해하는 것인데, 단순히 물질적 박탈이나 수입의 결핍/부족의 분포나 상태가 아니라 이러한 물질적 불이익을 초래하는 과정이나 동력에 초점을 맞춘다. 빈곤은 소득의 부족이나 자원의 결핍으로 초래된 상태를 의미하는 것이라면, 사회적 배제는 그러한 상태에 이르는 과정으로 이해될 수 있다. 즉, 사회적 배제는 사회적 고립이나 경제적 박탈을 통해 사회로부터 주변화(marginalization)되는 개인이 경험하는 과정을 의미할 뿐만 아니라 사회적 유대의 붕괴, 양극화의 발생, 사회적 관계의 파편화 등과 같이 사회에서 일어나는 상황이나 과정을 의미한다.

둘째는 다차원적 요인을 고려한다는 것인데, 물질적 박탈이나 소득의 결핍/부족을 넘어서서 다차원의 영역에서 발생하는 배제를 고려한다. 사회적 배제를 유발하는 요인들이 복합적일 뿐만 아니라 각 요인들 간에는 상호 작용을 하며, 또한 중층적이기도 하다. 따라서 사회적 배제는 빈곤 문제를 해결하고 삶을 위한 기본적인 욕구를 충족하는 데 필요한 재화 및 서비스의 부족, 사회보장제도, 사회정의, 대표성, 시민권 등에 대한 배제를 포함하게 된다. 이를테면 프랑스 무슬림의 사회적 배제를 다룬 연구는 그들이 어떻게 사회적·문화적·종교적·경제적·언어적·교육적·공간적·정치적 차원에서 배제에 직면하고 있는가를 상세하게 보여준다(이정욱, 2010). 또한 사회적 배제를 경험하는 가장 대표적인 집단으로 꼽히는 장애인의 경우에는 기존의 사회적 배제의 특성을 보임과 동시에 장애인으로서의 특수한 사회적 배제의 특성인 은폐성, 가산성(addictive effect)을 보이기도 한다(김동기·이웅, 2012). 즉, 장애인은 스스로 원해서, 아니면 국가나 사회, 가족 등에 의해 사회에서 의도적으로 은폐되어 사회적 역할을 거부당하고 사회적 참여를 제한당해왔으며, 아동기의 교육배제가 청년기의 노동시장 배제를 유발시키고 중장년기의 빈곤과 연결된다.

셋째는 배제가 일어나는 것도 사회적인 현상이며, 따라서 배제의 반대 개념인 포용도 사회적이라는 점이다. 이는 사회적 단위에서 배제가 발생하므로 배제의 문제를 해소하고 포용하기 위한 궁극적인 책임도 결국 사회에 놓여 있다는 것을 의미한다. 이는 사회적 관계성과도 관련되어 있는데, 사회의 주류에서 특정 집단이 배제된다는 것은 배제하는 세력 또는 주류 사회와 배제당하는 집단 간의 관계를 전제한다. 따라서 배제를 억제하기 위해서는 개인의 노력이나 인식의 전환에 의존할 것이 아니라 사회적 단위에서 집단 간의 관계에 대한 고려가 전제되어서, 그것을 변화시킬 수 있는 실질적인 제도와 정책, 그에 따른 구체적인 프로그램들이 요구된다.

3) 사회권과 사회적 배제

한편으로는 빈곤과 관련지어서 사회적 배제를 설명하는 관점도 있고, 다른 한편으로는 시민권과 사회권의 측면에서 기본적 권리의 박탈을 사회적 배제로 설명하는 관점도 있다. 이러한 관점에서 보는 사회적 배제란 어떤 대상으로의 진입 또는 대상과의 교류를 막는다는 것을 의미하는데, 소득, 주거, 교육, 이웃 등의 구체적인 영역뿐만 아니라 시민권, 법이 보호하는 평등, 국가, 사회 등의 추상적인 영역도 포함된다. 이를테면 발라(A. Bhalla)와 라페르(F. Lapeyre)는 마샬(T. M. Marshall)의 시민권 개념에 근거하여 경제적·사회적·정치적 영역에서 나타나는 권리의 박탈이나 기회의 제약을 사회적 배제의 각 측면으로 간주했다(Bhalla and Lapeyre, 1997). 이들은 사회적 배제를 개인의 시민권, 사회권의 관점에서 접근하면서 특히 세 가지 측면에서 사회적 배제에 주목하고 있다(Bhalla and Lapeyre, 1999). 첫째는 보건, 교육, 상수도, 위생 등과 같은 사회 서비스에 대한 접근의 문제이고, 둘째는 고용불안정성과 같은 노동시장에 대한 접근의 문제이며, 셋째는 사회적 참여의 저조, 특히 범죄, 청소년비행, 노숙자 등에서 보이는 사회적 유대의 이완의 문제이다.

또한 앨비(Simon Alvey)는 기초적인 생활수준을 유지할 권리, 사회활동이나 경제활동에 참여할 수 있는 권리 등과 같은 사회권이 부정되거나 실현되지 않는 상황을 사회적 배제라고 보았다(Alvey, 2000). 사회권은 인간다운 삶을 누릴 수 있도록 개인이 사회에 요청할 수 있는 권리인데, 이러한 권리가 제한되거나 상실, 또는 박탈된 상태가 바로 사회적 배제인 것이다. 피어슨(John Pierson)은 사회적 배제란 사회 내의 특정 집단이나 개인이 사회, 경제,

정치 활동 및 그 참여 과정에서 사회의 희소 자원에 접근할 수 없거나 그 분배가 공정하게 이루어지지 않는 경우를 사회적 배제로 규정했다(Pierson, 2001). 이는 사회 참여에 필요한 자원을 박탈하는 일련의 과정으로서 빈곤과 저소득의 결과이기는 하지만, 차별, 저학력, 열악한 생활환경 등과 같은 요인들이 동시에 작용한다고 강조했다. 그는 빈곤 문제와 관련된 사회적 배제의 구성요소로 ① 빈곤과 저소득, ② 노동시장 접근의 어려움, ③ 사회적 지원 및 관계망의 부족/결핍, ④ 지역사회/근린사회의 효과, ⑤ (공공) 서비스로부터의 배제 등을 들었다.

이처럼 사회적 배제를 논의하는 사람들마다 그들의 시각이나 입장에 따라서 다른 점을 드러내기는 하지만, 이들은 공통적으로 사회적 배제의 개념을 시민으로서 갖는 사회권의 미약, 박탈로 이해하여, 개인과 사회 구조와의 관계에서 당사자들의 참여 기회가 박탈되거나, 자원이 부족하거나, 불이익을 당하는 등을 인간의 기본권의 침해로 이해하고 있다.

빈곤을 사회적 배제, 기본권의 침해 및 박탈로 접근하는 국내 연구(신명호 외, 2003)는 사회적 배제의 구성 요소를 감안하여 "사회구조적으로 다양한 영역에서 박탈, 결핍, 불이익을 당해서 사회, 경제, 정치 활동에 제대로 참여할 수 없게 됨으로써 인간으로서의 최소한의 기본권마저 침해당하는 상황"이라고 규정했다. 이 연구에서는 협의의 개념과 광의의 개념을 구분했는데, 협의의 사회적 배제는 개인과 개인 간, 집단과 집단 간, 그리고 개인과 집단 간의 '관계'의 문제(relational issues)로 파악하는 시각이다. 사회적 배제의 주체와 대상의 설정 및 그 전개 과정이 사회구조적 차원에서 규정되지만, 실제로는 개인들 간의 관계에서 누가 누구를 어떻게 배제하는가를 밝히는 것이 관건이 된다. 광의의 사회적 배제는 개인과 사회 구조/제도와의 관계에서 나타나는 사회적 연대(Social Solidarity)의 해체로서 접근하는 시각이다. 개인의 사회 참여와 사회에 의한 개인의 편입(사회화)이라는 쌍방향적 관계가 단절되거나 일

방향적 관계로 왜곡 또는 편향되는 현상을 사회적 배제로 규정하고 있다.

또한 윤진호는 "사회적 배제란 빈곤과는 달리 일정한 기본적 권리를 부인당하는 것으로 특징지을 수 있다. 즉, 한 사회의 시민으로서 당연히 누려야 할 권리, 예컨대 사회보장권, 경제적 복지권, 인간으로서의 존엄을 가지고 살아갈 권리 등을 누리지 못하는 상태가 바로 사회적 배제라는 개념으로 총괄될 수 있다"고 규정했다(윤진호 외, 2004). 강신욱 등도 이와 비슷하게 사회적 배제를 "한 개인이 그가 속한 사회의 정상적인 경제, 사회 활동에 참여하지 못함으로써 권리를 제약당하고 있는 상태"로 정의했다(강신욱 외, 2005).

그런데 이렇게 사회적 배제를 시민권 및 사회권으로 이해할 경우 규범적인 측면을 내포하고 있기 때문에 해당 규범의 내용에 대한 공통된 인식을 요구하며, 개념을 정책적으로 적용하는 데 있어서 문제점을 갖게 된다(강신욱 2006: 17~18). 사회 참여에 필요한 자원의 박탈이라고 한다면 참여하는 내용에 따라서 필요한 자원의 크기는 달라질 수 있으며, 시민으로서 당연히 누려야 할 권리가 모든 사람에게 동일한 것은 아니기 때문이다. 나아가 그것이 하나의 권리로 인식되고 사회가 그것을 보호해야 할 의무가 있는 것으로 인식되는지도 불분명하다. 이러한 배경에는 사회란 무엇이고 사회는 개인에게 무엇을 해야 하는가에 관하여 개인마다, 사회마다 서로 다른 합의를 갖고 있다는 사실이 놓여 있다.

이와 관련하여 실버(Hilary Silver)는 개인을 시민으로서 사회적 권리를 소유한 존재로 간주하고, 이러한 권리에는 사회 참여와 기본적인 수준의 생활 보장을 포함한다고 규정했다. 그는 세 가지 패러다임으로 사회적 배제를 구분하여, 나라마다 각기 다른 의미로 사용되고 있다고 지적했다(Silver, 1994). 실버에 따르면 공화주의에 기반을 둔 연대(solidarity)의 패러다임(예컨대 프랑스)에서는 개인과 사회의 연계가 끊어졌을 때 사회적 배제가 발생한다고 본다. 집합의식, 사회에 대한 소속감 등과 같은 감성이 개인과 사회를 연계하고, 국가는 사회적으로 배제된 집단의 통합을 도와야 하며 사회적으로 배제된 구성원들은 사회의 일원으로서 관심을 받아야 한다. 자유주의에 기반을 둔 분화(specialization)의 패러다임(예컨대 영국)에서는 자유롭게 경쟁하는 사회에서 집단의 경계가 사회적 교환에 대한 개인의 자유로운 참여를 방해할 때 사회적 배제가 발생하는 것으로 이해한다. 시장에서 자원이 자유롭게 이동하고 경쟁할 수 있고 국가가 개인의 권리를 보호해줄 경우에는 배제가 나타나지 않게 된다. 사회민주주의에 기반을 둔 독점(monopoly)의 패러다임(예컨대 스웨덴)에서는 사회적 권력의 독점에 따른 희소 자원의 독점과 그로 인한 불평등을 사회적 배제라고 이해한다. 따라서 독점적 권력의 영역을 허물거나 불평등을 완화시켜서 사회적 배제를 해결할 수 있다고 본다.

4) 사회적 배제로서의 차별

사회의 질 선언에서 강조된 11개 항목[2)]을 검토해보면 사회적 배제는 모든 인간에게 보편적으로 동등하게 주어지는 기본적이고 보편적인 권리가 침해되는 차별의 문제와 관련되어 있다. 11개 항목의 주요한 내용으로는 기본적인 의식주, 충분한 소득, 사회보장, 사회 서비스, 교육훈련, 가족생활 영위 등

2) ① 폭력과 생태적 위협으로부터의 안전, ② 적절한 주거와 난방, 의복과 음식, ③ 적절한 의료와 사회 서비스, ④ 자신의 취향에 따라 출산하고 아이들을 양육하며 가족과 어울릴 수 있는 충분한 시간, ⑤ 모든 노동자들을 위한 사회생활을 하는 데 충분한 소득, ⑥ 연령이나 건강상 이유로 일하지 못하는 이들을 위한 적절한 소득, ⑦ 장애, 고령, 소수 인종, 이민자 등이 지역사회에 충분히 정착하여 생활할 기회, ⑧ 시민들이 유대감을 유지하고, 위기 상황에 생계를 유지하며, 사회적 위험을 방지할 수 있는 사회보장제도, ⑨ 생애에 걸친 교육과 훈련 기회 제공, ⑩ 공평한 과세제도 ⑪ 국적, 연령, 성, 인종, 종교, 정치적 신념, 결혼 지위, 성적 지향 등에 따른 차별 철폐(이재열, 2015).

에서 평등하고 차별을 금지한다는 원칙을 거듭해서 강조하고 있다. 즉, 인간으로서 존엄성 있는 삶을 영위해가기 위해서는 생존을 위한 기본적인 의식주가 해결되어야 하고, 이를 위해서는 여러 가지 필요한 경제적·사회적 자원에 접근할 수 있어야 할 것이다. 그런데 이러한 자원에 대한 접근을 지속적으로 가능하게 하는 제도화된 정책과 프로그램의 혜택은 누구에게나 열려 있어야 하며 성별, 연령, 인종 등의 이유로 차별하지 말아야 한다. 따라서 차별은 사회적 배제의 대표적이고 핵심적인 현상으로, 차별을 금지하는 것으로도 사회적 배제를 상당히 감소시킬 수 있으며, 특히 사회적 배제를 기회와 권리의 박탈로 보는 관점에서 보면 차별은 가장 먼저 해소되어야 할 현상일 것이다.

일반적으로 차별은 고정관념, 편견과 함께 다른 집단에 대한 부정적이고 적대적인 태도를 구성하는 중요한 요소이다. 고정관념은 다른 집단에 대한 적대감의 '인지적 요소'로서 어떤 집단에 속한 성원들이 공통적으로 지니고 있다고 믿는 성격이나 행동양식의 특징을 말하며, 편견은 '평가적 요소'로 어떤 집단의 성원들에 대한 부정적인 감정을 의미한다. 차별은 '행동적 요소'로서 어떤 집단의 성원들을 그 집단에 속한다는 이유로 불공정하게 대하거나 불이익을 주는 행위를 말한다.

차별은 특정 개인 또는 집단의 구성원들을 적대적으로 대하거나 불리한 결과를 초래하는 행동을 보이는 것이며, 특정 집단을 자의적인 기준에 의해서 불평등하게 대우함으로써 이들을 사회적으로 격리, 배제시키는 형태를 의미한다. 차별은 혐오, 천시, 배제 등의 기제가 작동하는 직접적인 차별이 있는가 하면, 외형상으로는 공평하고 평등한 기준을 적용하지만 그러한 기준이 궁극적으로, 결과적으로 특정 집단에게 불리한 결과를 초래하게 되는 간접적인 차별도 있다. 차별의 사례로는 성차별, 인종 차별, 소수민족 차별, 장애인 차별 등이 가장 일반적이고 빈번하게 발생하는 것으로 알려져 있으나, 실제로는 학력 차별, 외모 차별 등과 같이 사회와 문화적 특성에 따라서 다양한 모습의 차별을 보여준다. 또한 전반적인 사회의 발전과 변화에 따라서 성차별같이 점차 약화되는 차별이 있는 반면, 연령 차별이나 비정규직 차별같이 새롭게 등장하는 차별도 있다.

이와 같은 차별들은 다양한 유형의 사회적 배제를 초래하는데, 포강(S. Paugam)은 배제의 문제가 사회적 차원에서 단적으로 표현되고 있는 것을 '빈곤'으로 보고, 사회적 배제를 통합적 빈곤, 주변적 빈곤, 자격 박탈의 빈곤으로 유형화했다. 통합적 빈곤은 사회적 배제보다 전통적 의미의 빈곤에 관련되어 있는 것으로, 항구적인 빈곤 상태에 있는 지역에 주목하고 있다. 주변적 빈곤은 근대 사회에 적응하지 못하여 성장의 흐름을 따라가지 못하고 산업 발전이 요구하는 규범에 부응하지 못하는 자들을 의미한다. 자격 박탈의 빈곤은 빈곤 또는 배제된 사람들의 숫자가 급증하면서 생산 영역 밖으로 몰리면서 생존의 어려움을 겪는 가운데 복지제도에 의존하는 것을 말한다. 따라서 경기 침체에 의한 실업, 사고로 인한 장애 등에 의해서 배제될 수 있는 과정에 초점을 맞춘다(심창학, 2001: 186~188).

3. 사회적 배제의 측정과 지표 개발

1) 국외의 사회적 배제 지표

사회적 배제의 개념이 다차원적인 영역 간의 관계를 고려한다는 점에서는 기존의 빈곤의 개념보다는 진일보하지만, 빈곤의 개념의 지표가 소득, 소비, 부 등으로 비교적 명쾌한 반면에, 사회적 배제는 개인이 복합적인 사회 상황에서 다양한 차원의 결핍의 관계를 경험적으로 보여주기에는 정교함이 부족한 상황이다. 특히 개념에 대한 이론적 논의에서 구체적인 경험적 분석으로 관심이 옮겨지면서, 사회적 배제라는 개념을 실제로 어떻게 측정할 것인가에 대한 논의는 매우 중요하다.

사회적 배제의 측정을 위한 선행 연구들을 살펴보면, ① 개념의 속성을 반영하는 적절한 지표가 무엇인가를 다루고, ② 서베이를 통해 사회적 배제를 파악할 수 있도록 지표를 개발하고, ③ 사회적 배제의 각 차원별로 지표를 구성하고 기존의 통계 자료를 이용하여 사회적 배제를 경험하는 집단의 비율을 파악한 후 차원별로 상관관계를 분석하고, ④ 구성된 지표를 중심으로 사회적 배제 여부를 측정하고 그 영향 요인을 분석하는 등의 네 가지로 구분해볼 수 있다(김교성·노혜진, 2008: 135~138). 각각의 측정과 지표들은 한계점을 가지고 있지만, 이런 상황에서도 사회적 배제의 심각성과 측정의 필요성이 증대하면서, 지표를 개발하여 이에 기초하여 실태를 파악하고 영향을 미치는 요인을 분석하려는 시도는 증가하고 있는 실정이다.

그런데 사회적 배제의 개념을 측정하려면 여러 가지 차원을 어떻게 설정할 것인가가 중요한데, 구체적으로 배제되는 사례나 이슈를 중심으로 측정할 것인지, 아니면 전반적으로 영역별로 배제되는 수준을 측정할 것인지가 측정을 둘러싼 쟁점이다. 구체적 이슈에 기반을 두고 측정을 한다면 사회적으로 배제된 사람들의 규모와 특성을 다루는 것으로서, 이를 통해 정책적 대안을 수립하는 데 유용하게 된다. 대표적인 연구로는 영국의 사회적배제기획단(Social Exclusion Unit)이 시도하는 방식으로서, 구체적인 배제 현상, 이를테면 소수 인종, 아동청소년, 10대 임신, 재개발, 홈리스 등을 실증적으로 분석하고 이를 통해 대안을 제시하고 있다.

다른 한편 사회적 배제를 주요한 행위에 참여하지 못하는 현상으로 포괄적으로 해석하는 방식도 있는데, 사회적 배제의 사례나 이슈 중심의 접근 방식에 비해서 구체적이지 못하다는 한계를 가지고 있으나 비교의 관점에서 다양한 차원 중에서 사회적 배제 현상이 두드러지게 나타나는 부분을 확인할 수 있다는 장점이 있다. 이런 포괄적 접근에서는 개인이 자신이 살아가는 사회의 주요한 활동에 참여하지 않으면 사회적으로 배제되어 있다고 규정한다.

버샤르트(T. Burchardt) 등이 언급한 사회에서 참여해야 하는 주요 활동이란 소비활동(consumption activity), 저축활동(saving activity), 생산활동(produc-

〈표 4-2〉 버샤르트 등이 개발한 사회적 배제 지표

차원	배제의 형태	지표
소비활동	낮은 소득	전체 가구 평균 소득의 50% 이하
저축활동	적은 재산	무주택, 사회보험 제외, 평균 이하의 저축
생산활동	결여	취업, 자영업, 전업 주부, 연금 수혜자, 학생 이외
정치활동	불참	주요 선거 불참 및 정치 조직 미가입
사회활동	고립	사회적 지원의 결여

자료: Burchardt et al.(1999).

〈표 4-3〉 브래드쇼 등이 개발한 사회적 배제 지표

영역	세부 영역	지표
수입	수입 미달	중위소득 60% 이하
	필수품 부족	통념적인 필수품 중에서 2~3개 품목 결여
	주관적 빈곤	설문 조사의 응답 결과
노동시장	실직	실업률
공공 서비스	서비스 배제	전기, 수도 등 공공 서비스 배제
		금융 서비스 등 배제
사회적 관계	불참	2~3개의 활동 불참
	소외	일상에서 가족, 친구를 만나지 못함
	지원 결여	가사 지원 받지 못함
	이탈1(disengagement)	모든 행위에 불참
	이탈2	선거 외의 모든 행위에 불참
	제한1(confinement)	여건상 사회활동 불가능
	제한2	일몰 후 산책 불가능

자료: Bradshaw et al.(2000).

tion activity), 정치활동(political activity), 사회활동(social activity)의 다섯 가지 차원이며(Burchardt et al., 1999), 〈표 4-2〉와 같은 지표에 근거한 영국가구패널조사 자료를 이용하여 실제로 영국의 사회적 배제 현상을 측정했다. 이 지표에 따르면 사회적 배제 지표 중에서 저소득에 해당하는 가구의 비율이 약 25%로 가장 많이 나타나는 반면, 사회적 고립에 해당하는 가구의 비율은 약 10%로 가장 낮게 나타났다(김안나, 2007a).

이와 유사하게 포괄적 개념의 사회적 배제 개념을 사용하여 영국의 사회적 배제 집단의 규모를 측정한 연구(Bradshaw et al., 2000)에서는 사회적 배제의 영역을 네 가지로 구분했다. 즉, 적절한 수입 또는 자원, 노동시장, 공공 서비스, 사회적 관계로 구분하고, 〈표 4-3〉에서와 같이 각각에 대해서 세분화함으로써 다차원적인 접근을 시도했다. 이들은 사회적 배제의 가장 기본이 되는 소득/자원의 배제부터 일상생활에서의 친지와의 접촉 등의 사회적 관계의 배제, 정치활동 참여 여부를 측정함으로써 포괄적인 접근을 시도했다.

한편 리스본 유럽연합 정상회의와 니스 유럽연합이사회 및 유럽 집행위원회는 유럽 내 사회적 배제의 극복을 위해 유럽사회적보호위원회(European Social Protection Committee)로 하여금 18개 항목으로 구성된 '사회적 배제 및 빈곤 지표(Common Indicators of Social Exclusion and Poverty)'를 개발하도록 했다. 이 지표는 1차 지표와 2차 지표로 구분했으며, 1차 지표는 반드시 포함되어야 할 중요한 영역을 대표하는 소수의 핵심 지표로 구성된다. 2차 지표는 이러한 핵심 지표를 지원하는 보충적인 영역을 포괄하게 되는데, 이 지표는 각국의 국가행동계획에 포함되어 있다. 1차 지표에는 소득, 지역 결속, 실직, 교육, 수명, 건강의 6개 영역이 포함되어 있고, 2차 지표에는 빈곤, 소득 분배, 실직, 교육의 4개 영역이 포함되어 있다. 이 지표에서 핵심은 빈곤, 실업, 교육, 건강이며, 공통적인 지표체계의 정의와 적용을 통해서 유럽연합은 사회적 배제의 극복이라는 어젠다 설정에 중요한 합의를 이루면서 '사회적 포용

〈표 4-4〉 유럽연합의 사회적 배제 지표

구분	영역	지표		측정
1차 지표	1.1 소득	1.1.1 빈곤율	연령, 성별	중위소득 60% 이하의 비율
			경제활동 상태별	
			가구유형별	
			주거형태별	
			구매력 기준	
		1.1.2 소득 분포		소득 배율(1분위 소득과 5분위 소득의 점유율)
		1.1.3 빈곤지속성		최근 3년 동안 2년 이상 빈곤위험 집단에 속하는 비율
		1.1.4 상대적 빈곤 격차		빈곤선 대비 빈곤층의 중위소득 비율
	1.2 지역결속	1.2.1 NUTS 2 수준의 고용률[4]		고용률 변동계수
	1.3 실업	1.3.1 장기실업률		경제활동인구 중 12개월 이상 장기실업자 비율
		1.3.2 실업 가구의 가구원 수		전체 인구 중 실업 가구의 가구원 비율
	1.4 교육	1.4.1 학업 중퇴자 비율		18~24세 중 ISCED[5] 2 수준 이하의 교육수준 비율
	1.5 수명	1.5.1 평균 기대수명		평균 기대수명
	1.6 건강	1.6.1 소득수준별 주관적 건강상태		WHO 기준 건강이 나쁘다고 응답한 16세 이상의 인구 중 소득 5분위/1순위 인구 비율
2차 지표	2.1 빈곤	2.1.1 빈곤 산포		중위소득 60% 이하의 산포(dispersion)
		2.1.2 빈곤율 변화		3년 전 빈곤선을 기준으로 그 이하의 가처분 소득자 비율
		2.1.3 이전소득 이전의 빈곤율		현금급여 제외한 소득 기준 중위소득 60% 이하 소득자 비율
		2.1.4 지속빈곤율		최근 3년간 2년 이상 중위소득 50% 이하의 소득자 비율
	2.2 소득 분배	2.2.1 지니계수		로렌츠 곡선에 의한 소득불평등
	2.3 실업	2.3.1. 장기실업자 비율		전체 실업자 중 12개월 이상 실업자 비율
		2.3.2 초장기실업자 비율		전체 경제활동인구 중 24개월 이상 실업자 비율
	2.4 교육	2.4.1 저학력 비율		연령집단별로 ISCED 2 수준 이하의 인구 비율

을 위한 국가행동계획(National Action Plan for Social Inclusion)'을 수립하여 추진하고 있다. 여기에 각국의 상황에 따라서 필요한 특수 분야 또는 1차, 2차 지표를 보완하게 위한 3차 지표들이 추가적으로 포함되게 된다.[3]

〈표 4-5〉 로빈슨과 오펜하임의 사회적 배제 지표

영역	지표
소득	· 빈곤(평균 소득의 50% 이하의 가구) 추이 · 10분위 소득 점유 추이 · 인종집단별 5분위 소득 점유 추이 · 소득 지원(공공부조) 수혜 기간
실업	· 2년 이상 장기실업률 추이 · 실업, 비고용(non-employment), 비근로(workless) 가구 추이 · 비근로 가구(workless household)의 인적 구성 및 비율
교육	· 중등교육 수료 시험(General Certification Secondary Education) 평점 추이 · 성별, 인종별, GCSE 평점별 취득 비율 · 16세의 주요 소속별 GCSE 평점별 취득 비율 · 근로연령에 있는 사람의 최고교육 자격 취득률 추이
건강	· 사망률 · 신생아 평균 체중과 저체중 신생아 비율

자료: Robinson and Oppenheim(1998).

사회적 배제 지표 개발을 위한 또 다른 포괄적 접근 방법은 사회적 배제의 차원들 간의 관계에 중점을 두는 것으로, 로빈슨(Peter Robinson)과 오펜하임(Carey Oppenheim)의 연구에서 개발한 지표가 있다(Robinson and Oppenheim,

3) 이후에도 유럽의회 내에서 사회적 배제 지표의 수정·통합에 대한 연구가 지속적으로 진행되었고, 사회적배제지표소위원회(the Indicators Sub-Group)는 2003년에 수정된 사회적 배제 지표를 제안했다. 수정된 사회적 배제 지표에는 3개의 하위 지표가 추가되고 기존의 하위 지표의 일부가 재정의되었는데, 가장 핵심적인 부분은 사회적 배제에 연령과 성에 대한 관심이 강조된 것이다(김안나 외, 2008: 62~64).

4) NUTS(Nomenclature of Territorial Units for Statistics): 유럽연합의 지역통계 생산을 위해 전체 유럽을 면적과 인구에 따라서 세 가지 수준별로 나눈 유럽통계사무소(Eurostat)의 단위 구역.

5) ISCED(International Standard Classification Education): OECD가 개발한 국가 간 비교를 위한 표준화된 교육수준 지표.

1998). 이것은 사회적 배제의 지표 및 차원들 간의 관계성 분석을 통해서 빈곤에 빠질 수밖에 없는 배제의 메커니즘을 파악하려고 했다. 이들은 7개의 사회적 배제의 영역, 즉 실업, 저학력, 건강의 좋지 않음, 열악한 주거, 높은 범죄율, 가족 해체, 빈곤(낮은 소득)의 연관 관계를 분석하면서 다른 영역들이 어떻게 빈곤과 관련되는지를 설명했다(〈표 4-5〉).

2) 국내의 사회적 배제 지표

이러한 사회적 배제 지표를 토대로 하여 한국 사회의 사회적 배제를 측정할 수 있는 지표를 개발하려는 노력들도 있어왔는데, 대표적으로 사회적 배제 지표 개발을 주도한 강신욱 등은 〈표 4-6〉과 같은 지표 개발의 예를 제시했다(강신욱 외, 2005). 이들은 기본적으로 유럽연합의 사회적 배제 지표들을 기반으로 해서 한국의 배제 상황을 반영할 수 있도록 했는데, 고용을 실업과 근로로 구분하고, 사회적 참여는 사회적 관계망과 사회적 접근성으로 구분했다. 또한 열악한 주거환경의 문제가 한국의 사회적 배제에서 중요한 의미를 차지하기 때문에 별도의 영역으로 구분했다.

김안나는 유럽연합의 사회적 배제 지표와 강신욱 등의 지표(강신욱 외, 2005)를 기초로 하여 〈표 4-7〉과 같이 8개의 하위 영역, 즉 경제, 일자리, 근로, 주거, 건강, 사회적 관계망, 사회 서비스를 사회적 배제의 영역으로 제시했다(김안나, 2007a, 2007b).

한편 서울대학교 사회발전연구소는 한국 사회의 사회의 질을 경험적으로 측정하기 위해서 네 가지 핵심 영역들에서 나타나는 최근의 동향을 추적하여 분석한 바 있다(정진성 외, 2010; Berman and Phillips, 2000). 그중에서 사회적 배제/포용 지표는 시민권, 노동시장, 사회 서비스, 사회 관계망의 영역으로 측정되었으며, 세부적으로 14개 하위 영역에서 26개 지표에 의해 평가되었다.

〈표 4-6〉 강신욱 등의 한국의 사회적 배제 지표

구분		지표	
경제	경제	· 빈곤율 추이 · 노인 빈곤율 · 아동 빈곤율 · 가구특성별 빈곤율 · 종사지위별 빈곤율	· 교육수준별 빈곤율 · 주거상태별 빈곤율 · 소득 분배 · 공적 이전 전후 빈곤율 · 지니계수
	실업	· 실업률 · 경제활동인구 중 장기실업률 · 실업자 중 장기실업률	· 경제활동인구 중 초장기실업률 · 실직 가구의 가구원 수 · 고용률 · 청년실업률
	근로	· 근로빈곤가구율 · 빈곤지속 기간 · 상대적 저소득 격차	· 성별 임금 격차 · 저임근로자 조세부담률 · 산업재해율
교육		· 조기 교육훈련 탈락자 비율 · 연령구간별 중등학력자 비율 · 계층별 사교육비 비중	· 평생학습자 비율 · 무단결석 학생 수 · 소득수준별 학습성취도
건강		· 출생시 기대수명 · 정부지원 급식아동 비율 · 소득수준별 주관적 건강상태 5분위 배율	· 지역 간 의료 이용 형평도 · 계층 간 의료 이용 형평도
주거		· 최저주거기준 미달 가구 · 전기, 상하수도 미공급 가구 · 단칸방 거주 가구 · 1인당 주거 면적	· 공공 주택 임대료 연체가구 수 · 전세자금 연체율 · 강제 철거주택 수 · 취약환경 거주자 수
사회적 참여	사회적 관계망	· 노인단독가구 비율 · 소년소녀가장 비율 · 한부모 가구 비율	· 연령별 자살률 · 가족생활 만족도 · 사회적 연결망 정도
	사회적 접근	· 성, 연령, 소득별 인터넷 이용률 · 대중교통 접근 용이도 · 공원 접근 용이도	· 사회단체 참여도 · 자원봉사 참여율 · 지역 문화행사 참여율 · 지역별 범죄율

자료: 강신욱 외(2005).

네 가지 포용의 영역에서 핵심은 모든 사회 구성원들이 제도와 자원에 대해서 접근할 수 있고 제공받고 있는가 여부에 관한 것이다. 즉, ① 시민으로서의 자격과 연금, 차별 없는 동등한 대우 등이 모든 거주자에게 동등하게 제공

〈표 4-7〉 김안나의 사회적 배제 지표

차원	사회적 배제	지표
경제	빈곤	· OECD 가구균등화 지수를 적용한 중위소득 50% 이하인 가구
근로	근로빈곤	· 가구원 중 한 명이라도 일을 하고 있지만 가구소득이 중위소득 50% 이하인 가구
일자리	실업	· 가구주가 실업자인 경우
주거	주거환경 미비	· 살고 있는 집에 전용 화장실이 없는 경우 · 돈이 없어 두 달 이상 집세를 미뤘거나 집세를 낼 수 없어 집을 옮긴 경우 · 연료가 떨어져 추운 겨울에 난방을 하지 못한 경우
교육	교육기회 결여	· 중등교육 이하의 학력을 가진 경우 · 자녀가 원하는 데도 학원이나 과외를 시켜주지 못한 경우
건강	의료욕구 미충족	· 가족이 장기 질환을 앓지만 정기적 진료를 받지 못한 경우 · 몸이 아플 때 병원에 가서 치료를 받지 못한 경우 · 돈이 없어서 병원에 갈 수 없었던 경우
사회적 관계망	사회적 고립	· 어려울 때 이야기를 나누고 위로받을 수 있는 친척, 친구가 없는 경우 · 물질적 도움을 받을 수 있는 친척, 친구가 없는 경우
사회 서비스	정보/서비스 소외	· 인터넷 연결망을 보유하지 못한 경우 · 걸어서 10분 거리에 버스 정거장이나 전철역이 없는 경우

자료: 김안나(2007a, 2007b).

〈표 4-8〉 서울대학교 사회발전연구소의 사회적 포용 지표

대분류	소분류	지표
시민적 권리 (Citizenship Rights)*	헌법상의 정치적 권리	거주자 중 시민권자의 비율
		지방선거의 투표권 보유자 비율 및 투표율
	사회적 권리	공적 연금에 가입할 수 있는 사람의 비율
		성별 임금 격차
	시민적 권리 (Civil Rights)**	무료 법률상담을 제공받을 수 있는 사람의 비율
		차별을 경험한 사람의 비율
	경제적·정치적 관계망	의회 및 사기업과 재단의 이사회에 선출되거나 지명된 소수 인종의 비율
		의회 및 사기업과 재단의 이사회에 선출되거나 지명된 여성의 비율
노동시장	유급 일자리의 접근가능성	(12개월 이상) 장기실업률
		비자발적인 임시적 또는 비상근 근로자의 비율

사회 서비스	보건 서비스	공공 건강보험의 가입 자격을 가진 사람의 비율과 가입자의 비율
	주택공급	편안한 잠자리를 가지지 못한 무주택자의 비율
		공공 임대주택 입주를 위한 평균 대기기간
	교육	각급 학교의 취학률과 진학률
	사회적 돌봄 서비스	돌봄이 필요한 사람의 비율
		돌봄 서비스를 제공받기 위한 평균 대기기간
	금융 서비스	수입집단별 신용거부자의 비율
		금융기관의 대출과 금융 상담을 받을 수 있는 가능성
	교통	공공 교통수단에 접근가능한 사람의 비율
		공공 교통수단의 조밀도와 도로 혼잡도
	시민적·문화적 서비스	1만 명당 공공 체육시설 수
		1만 명당 문화예술시설 수
사회 관계망	이웃과의 접촉	이웃과 정기적으로 접촉하는 사람의 비율
	친구관계	친구들과 정기적으로 접촉하는 사람의 비율
	가족생활	외로움과 고립감을 느끼는 사람의 비율
		친인척과의 접촉 빈도
		가족 이외의 사람들로부터의 비공식적 지원

* 시민적 권리(Citizenship Rights)는 국가의 구성원으로서 관습이나 법률의 적용을 받는 사람이라고 인정받음으로써 갖게 되는 권리이다.
** 시민적 권리(Civil Rights)는 시민으로서 신체적·사상적 자유 등 정치적 측면의 권리이다.
자료: 정진성 외(2010).

되고 있는가, ② 유급 일자리에 대한 접근가능성이 모두에게 동등하게 제공되고 있는가, ③ 건강과 주거 등의 생존을 위한 기본적인 사회적 보호와 교육, 교통수단, 문화 및 체육시설 등에 대한 접근가능성이 모두에게 동등하게 제공되는가, ④ 가족, 친척, 이웃, 친구들과 자주 접촉하며 필요한 경우에 이들로부터 적절한 도움을 받고 있는가 등이 그것이다.

4. 한국의 사회적 배제와 차별

최근에 들어 한국 사회에서는 1997년 IMF 외환위기를 계기로 하여 급속도로 증가하는 여성 가구주와 그들의 빈곤화, 비정규직과 불안정 고용의 확대로 인한 근로빈곤층의 증가 등이 사회적 문제로 대두되었다. 이에 따라서 경제적 차원의 빈곤이 아니라 보다 다차원적이고 동태적인 사회적 배제의 개념을 적극적으로 사용하는 논의들이 증가하고 있다. 한국 사회에서 사회적 배제에 대한 관심은 사회적 배제를 경험하는 대표적인 집단들의 사례연구에 집중되어 있는 편이다. 즉, 장애인(김동기·이웅, 2012; 이웅·김동기, 2012; 유동철, 2011; 김안나 외, 2008), 북한이탈 주민(김광웅·이봉근, 2011; 류지웅, 2006), 빈민층(윤성호, 2005), 이주민(김태수, 2009), 비정규직(장지연·양수경, 2007; 이정우, 2009), 노인/아동(김안나 외, 2008) 등에 주목하여 이들이 사회적으로 배제되는 실태와 과정을 설명한다.

한국의 사회적 배제 집단은 몇 가지 유형으로 분류할 수 있는데, 김태수(2009)는 <표 4-9>와 같이 네 가지 유형으로 구분했다. '전통적인 사회경제적 배제층'은 저학력, 저기능 등의 이유로 낮은 소득에 의한 빈곤층을 형성하며, 고용의 불안정 심화와 저성장에 의한 장기실업자 및 비정규직 근로자는 '노동시장으로부터의 배제층'으로 점차 규모가 증가하고 있다. '특수 취약층'과 '한시적 취약층'은 개인 또는 집단이 갖고 있는 특수한 배경이나 상황으로 인해 사회적 차별을 받고 배제되는 특성을 보이는데, 한시적 취약층의 경우에는 법률, 정책의 입안으로 배제를 약화시킬 수 있다.

복지패널 자료를 분석해서 사회적 배제 집단의 유형을 도출하려 시도한 연구(이정은·조미형, 2009)에서는 '근로빈곤 집단', '건강배제 집단', '중복배제 집단'으로 분류되었다. 근로빈곤 집단이란 가구주가 경제활동을 하는데도 불구하고 저소득 상태에 놓여 있는 집단으로, 저소득 가구의 96.4%에 달한다. 건

〈표 4-9〉 한국의 사회적 배제 집단

기준	구분	특징
전통적인 사회경제적 배제층	저소득층	국민기초생활보장법의 자활 대상자
	학업 중단 청소년	교육제도에 의한 재통합 불가
	저학력 근로자	저숙련, 저임금으로서 실업과 취업의 반복
	여성 취업자	전통적·가부장적 문화에 의한 차별
노동시장 배제층	장기실업자	구직 실패의 낙인으로 빈곤층 전락 위험
	비정규직 근로자	노동보호 정책 시급
특수 취약층	학령기 장애인	특수교육 기회의 부족
	성인 장애인	직업능력 개발 및 고용 기회의 부족
	교도시설 수용자	전과 기록으로 특별한 배려 필요
한시적 취약층	북한이탈 주민	합법적 난민의 지위
	외국인 근로자	불법 체류의 문제

강배제 집단은 가구주의 건강과 소득 차원에서 주로 배제가 일어나는 집단으로, 가구주가 대부분 장애나 만성 질환 등의 건강 문제를 겪고 있어서 비경제활동인구에 속하거나 저소득 가구에 속한다. 중복배제 집단은 소득, 소비, 근로, 건강 등 대부분의 차원에서 배제되어 있는 집단으로, 대부분 저소득 상태에 놓여 있을 뿐만 아니라 가구주가 건강의 문제를 안고 있고 비경제활동인구에 속하는 비중이 높다. 또한 이러한 사회적 배제의 유형을 구분하는 데 영향을 미치는 주요한 요인은 가구주의 성별과 학력수준으로, 여성 가구주인 경우, 가구주의 학력수준이 낮은 경우 더욱 열악한 상황에 놓이게 된다고 설명한다.

한편 김안나(2007b)는 한국에서 사회적 배제가 실제로 어느 정도 규모인가에 대해 조사했는데, 전국 3만 가구에 대한 조사 자료를 분석하여 각 차원에서 배제가 얼마나 일어나고 있는가를 살펴보았다. 이에 따르면 빈곤 19.8%, 근로빈곤 10.3%, 실업 2.1%, 주거환경 미비 12.1%, 교육기회 결여 27.9%, 의료욕구 미충족 11.9%, 사회적 고립 35.2%, 정보/서비스 소외 15.0%의 가구가 주류로부터 배제되고 있다. 즉, 사회적 배제가 가장 큰 비중을 차지하는 것은 사회적 관계망의 결핍으로 인한 고립이며, 그다음으로는 교육 기회의 결여이다. 사회적 관계망을 사회 자본(social capital), 교육을 인적 자본(human capital)이라고 했을 때, 사회적 배제는 경제 자본의 결핍뿐만 아니라 인적 자본과 사회 자본에서도 불리한 상황에 처해 있는 것을 의미한다. 이러한 사회적 배제와 밀접하게 관련되어 있는 인구학적 특성으로는 가구주의 성별, 연령을 꼽을 수 있는데, 특히 여성 가구주, 고령 가구주가 심각한 배제 상태에 처해 있음을 보여준다. 또한 개인의 특성에 따라서 배제의 정도에서 가장 큰 차이를 보이는 것은 경제적 배제(빈곤)의 차원이며, 그다음으로 사회적 관계망의 배제(고립)의 차원도 가구주의 특성에 따라서 뚜렷한 차이를 보여주었다.

사회적 배제의 현황과 실태를 살펴보면 몇 가지 뚜렷한 동향을 발견할 수 있는데, 우선적으로 1990년대 이후부터 급속히 증가한 이주로 인한 이주 노동자와 결혼이주 여성의 규모이다. 이주 노동자들은 대부분 내국인이 기피하는 3D 업종에 취업해 있으면서 다양한 산업 부문에서 막대한 역할을 담당하고 있으나, 거주권 및 시민적 권리를 제대로 향유하지 못하고 있으며 불법체류자가 되기도 한다. 결혼이주 여성은 결혼중개업체의 문제점에 의한 불이익 이외에도 본국과는 다른 한국 사회의 문화적 차이로 인해 다양한 갈등 상황에 놓여 있는 실정이다(정진성 외, 2010; 김태수, 2009).

둘째는 노동시장의 유연화로 인한 고용 불안정, 이주의 세계화에 따른 노동시장의 배제층이 점차 확대되고 있는 실정이라는 것이다. 한국은 유럽과 같은 복지가 확립되어 있지 않기 때문에 사회적 배제가 훨씬 광범위하고 심각하게 발생하고 있다. 이는 한국 사회에서 차별을 일으키는 가장 중요한 요인으로 '경제적 지위'와 '학력/학벌'이 꼽힌 조사 결과에서도 찾아볼 수 있다. 즉, 전국의 만 15세 이상 남녀를 대상으로 차별 요인을 꼽도록 한 조사(정진성 외, 2011)에서, 〈표 4-10〉에서와 같이 직업, 소득 등의 '경제적 지위'가 34.8%

〈표 4-10〉 한국 사회의 차별 요인

(단위: %)

구분	1순위	2순위	종합	구분	1순위	2순위	종합
인종·피부색, 출신 국가	8.8	6.6	8.1	성적 지향성	2.5	3.5	2.9
성별	2.5	4.5	3.1	장애	5.1	10.2	6.8
경제적 지위	41.3	21.9	34.8	출신 지역	1.9	5.0	3.0
나이	5.7	5.2	5.6	혼인 상태	0.3	1.4	0.7
용모	5.1	9.5	6.5	병력	2.2	4.5	3.0
종교	1.9	1.1	1.6	사상적·정치적 입장	4.4	3.9	4.2
학력·학벌	18.3	22.9	19.7	기타	0.1	0.0	0.0

〈표 4-11〉 차별 경험의 시기별 비교

(단위: %)

차별 요인	2011년	2005년	차별 요인	2011년	2005년
성별	**15.5**	**5.1**	비정규직	**11.3**	**5.4**
임신/출산	5.7	0.9	출신 지역	5.3	2.0
종교	3.9	1.1	인종/피부색/출신 국가(민족)	1.9	0.3
사상/정치적 입장		0.6	외모	8.3	2.5
장애	3.5	2.1	혼인 상황(이혼 등)	3.7	1.6
나이	**18.4**	**7.1**	가족 상황(미혼모 등)	2.7	0.6
학력·학벌	**17.1**	**5.0**	성 정체성	1.0	0.2

로 나타나 가장 높았고, 그다음으로는 '학력/학벌'이 19.7%로 나타나 다른 요인들에 비해서 압도적으로 높은 비율로 지목되었다.

또한 실제의 차별 경험에서는 연령 차별(18.4%), 학력/학벌 차별(17.1%), 남녀 차별(15.5%), 비정규직 차별(11.3%) 등의 순으로 많이 발생하는 것으로 조사되었다. 주목할 만한 점은 연령 차별, 학력/학벌 차별, 남녀 차별, 비정규직 차별은 모두 노동시장에서의 배제에 관한 것으로, 〈표 4-11〉과 같이 시간이 지날수록 차별을 경험한 비율이 급격하게 증가했다는 점이다. 이는 한국 사

〈그림 4-1〉 한시적 및 시간제 노동자 국제 비교

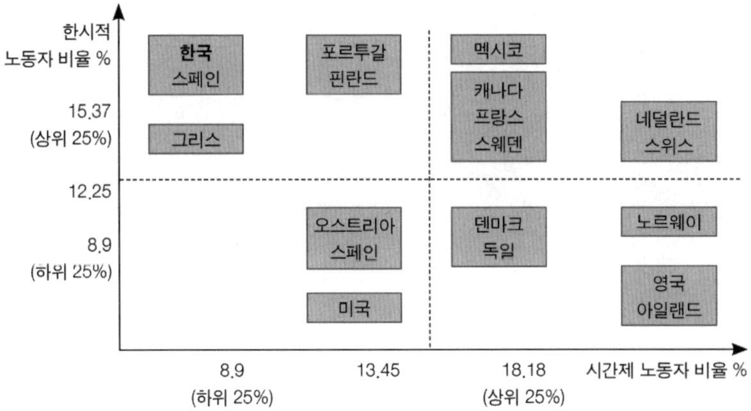

자료: 이정우(2009: 29) 재인용.

회가 1997년 외환위기 이후 신자유주의, 세계화의 흐름 속에서 노동시장의 유연성과 불안정 고용이 심화되고, 이에 따른 사회적 배제와 차별이 심화되고 있는 상황을 반영한다. 차별 경험의 국제 비교연구를 보아도 민족/인종적 차별이나 인구학적 특성에 따른 차별이 발생하는 외국(예컨대 독일, 터키 등)과 달리 한국은 노동시장에서의 차별이 가장 많은 특성을 보여준다(정병은, 2013). 노동시장에서의 배제와 차별은 실업, 비정규직 등의 불안정, 불완전 고용에 따른 근로빈곤의 문제를 야기하며, 노동/고용 보호, 적극적 노동시장 정책과 같은 복지 체계가 제대로 작동하지 않을 경우 더욱 심화된다.

셋째는 이처럼 한국에서 사회적 배제의 중심에는 노동시장으로부터의 배제와 차별의 문제가 있고, 이는 곧 비정규직 문제를 의미한다(장지연·양수경, 2007). 비정규직이 얼마나 사회적 배제의 기제로 작동하고 있는지는 노동시장에서 비정규직의 이동 가능성을 통해 파악할 수 있다. 즉, 한국의 노동시장에서 정규직과 비정규직 간에는 이동이 쉽지 않고, 일단 비정규직에 속하게 된 노동자는 정규직 진입이 매우 어렵다. 또한 비정규직 고용은 상대적으로 저임금에 열악한 근로 조건을 형성하고 있어서 그 가족이 모두 빈곤층에 속할 가능성이 상대적으로 높고, 사회보험의 수혜자도 되기 어렵다. 최근의 노동시장에서 가장 두드러진 변화는 비정규직이 급속하게 증가하고 있다는 점임을 감안한다면 이는 필연적인 결과라고 할 수 있다. 비정규직의 국제 비교를 보더라도 한국의 비정규직은 규모의 방대성, 저임금과 차별, 불리한 성격의 노동이라는 특성을 보인다(이정우, 2009).

5. 결론

한국은 유럽에 비해 복지제도의 발전수준이 낮을 뿐만 아니라 전 세계적으로 확산되는 신자유주의와 전반적인 복지 퇴조의 흐름 속에서 복지제도를 확대하고 지출을 늘려야 하는 상황에 놓여 있다. 복지를 확대하고 사각 지대를 해소해야 한다는 지적이 여전히 유효하면서도 기존의 제도적 틀로 보호받지 못하는 사회 구성원들이 계속 생겨나고 있다. 사회적 배제는 결핍된 자원의 다양성, 자원들 간의 관계성, 그리고 이에 대한 동태적 접근가능성과 같은 개념적 장점으로 인해서 이론적 논의가 발전될 수 있었다. 이런 상황에서 사회적 배제의 실질적 내용을 규정하는 것은 사회 구성원들이 갖고 있는 권리에 대한 인식이다. 앞에서 논의했듯이 사회적 배제는 규범적이고 가치지향적인 요소를 포함하기 때문에 삶에 필수적인 자원과 기회구조(opportunity structure)에 대한 인식에 기반을 둔 합의가 요구된다. 사회적 배제의 반대 개념으로서 사회적 포용이 높은 사회가 되려면 사회적 배제를 초래하는 요인들을 해결하기 위한 정책, 개인의 생애 주기를 고려한 정책, 다양한 사회 집단의 특성을 고려한 정책을 개발해야 한다.

사회적 배제의 개념과 담론은 빈곤에 대한 분석의 지평을 확장하고, 평등에 관한 논의를 시민권 개념과 연관시켰으며, 국가 간 비교를 용이하게 했다는 측면에서 이론적인 기여가 큰 것으로 평가되고 있다(강신욱, 2006). 또한 그 개념은 사회 구성원으로서 인간의 다차원적인 삶의 영역에서 발생하는 배제의 과정에 주목한다. 개인은 경제적 빈곤에만 놓이게 되는 것이 아니라 건강, 교육, 사회적 참여, 사회적 관계망 등 다양한 차원에서 배제를 경험할 수 있다. 또한 각 영역에서 벌어시는 사회적 배제는 상호 관련되어 있을 뿐만 아니라 중첩적이기도 하다. 따라서 다양한 차원에서 발생하는 사회적 배제에 대해 좀 더 다각적이고 복합적으로 접근하고 실증적인 분석을 시도할 필요가 있다.

제5장

사회적 역능성

김주현 충남대학교 사회학과 교수

이 장에서는 사회의 질의 핵심적 영역으로 부각되고 있는 사회적 역능성(Social empowerment)에 대한 기본적인 이해를 위하여, 역능(empowerment)에 대한 개념적 논의와 연구 과정에서 검토되어야 할 분석틀, 사회적 역능성으로의 개념적 확대, 더 나아가 구체적 지표 구성에 대한 내용을 설명한다.

1. 역능성의 개념과 사회적 역능성

역능성의 기본 개념은 '개인이나 집단이 상대적으로 무기력한 상태에서 힘을 가진 상태로 이동하는 것'으로 정리할 수 있다. 조금 더 구체적으로 보면 구티에레즈(L. M. Gutierrez)는 "성공적으로 임파워되었다(successfully empowered)"라고 표현하기 위해서 필요한 네 가지 필수적인 변화를 추가해 역능성의 개념을 명확하게 하려고 했다(Gutierrez, 1990). 네 가지 필수적인 변화는 '증가한 자족', '발전된 집단의식', '문제 직면 시 감소된 자책', '변화에 대한 개인적 책임을 수용하는 능력'을 지칭한다. 이는 타인에게 의존하는 것이 아니라 스스로 문제를 받아들이고 더 좋은 변화를 추구하는 것을 의미한다. 역능성의 개념이 가장 활발하게 활용되고 있는 분야는 간호학과 사회복지학으로, 지금까지 역능성에 관한 연구들은 주로 개인의 차원에 초점을 맞추어왔다.

그런데 최근에는 역능성의 차원이 확대되고 있다. 점차 변화할 수 있는 힘을 내재화하여 외부 환경에 적극적으로 대처할 수 있게 하며, 개인적 수준에서 시작되어 집단, 조직, 사회수준과 상호 작용하여 발전하는 개념으로 이해되고 있는 상황이다. 개인이나 집단이 능력을 발휘할 수 있도록 사회적 구조가 짜여 있는가를 보여주는 요소로서 사회적 역능성으로 확대되었다고 할 수 있다. 즉, 역능성은 사회적 개인이 자신의 삶에 영향을 미치는 과정과 결정에 참여하고 개입하는 데 어떠한 능력이 필요한지, 그러한 능력을 가지고 있는지, 그러한 능력을 고양하기 위해 사회에서 체계적 지원을 받는지에 대한 평가 개념이다(조권중, 2011).

개인들은 조직에서 권력의 동학을 인지하고, 자신의 삶을 통제하는 기술과 능력을 발전시키고, 타인의 권리를 침해하지 않고 통제하며, 공동체 내 타인들의 역능성을 지원할 수 있다. 요약하자면 역능성은 네 가지 목표를 가지며 사회적 역능성으로 확대된다. ① 스스로를 변화의 주체로 본다. ② 타인들이 스스로의 이해를 발전시키는 와중에 그들의 지식과 기술을 이용할 수 있다. ③ 전문가들과 협력 관계 하에서 일할 수 있다. ④ 문제를 다루기 위한 문제해결 기술을 개발시키는 데 개방되어 있다. 실제로 여러 연구에서 역능성 정도는 개인적 자원, 가족 자원, 지역 사회 및 사회적 요인에 의해 영향을 받는 것으로 나타났다(Markstrom et al., 2000; Ortiz-Torres, 1994; 김수정, 2008 재인용). 이러한 맥락에서 사회의 질 연구는 개인의 역능성과 능력 발휘가 사회적으로 얼마나 북돋워지는가에 대한 관심에서 사회적 역능성 개념에 주목해왔다. 구체적으로 사회적 역능성은 시민 개개인이 가족, 집단, 공동체의 관계와 적응 과정에서 자신의 역능성을 계발하고 창의성을 발휘할 수 있는 사회적 수준과 조건에 달려 있는 문제이므로, 시민의 지식과 능력 수준, 노동시장의 참여와 결사, 사적 관계의 형성 및 사회의 개방성과 제도의 지원 등 기회구조에서 그 영역이 설정된다고 할 수 있다(조권중, 2011).

1) 역능성 해석의 다양성

역능성에 대한 정의는 em'power'ment에서 파워(power)에 대한 해석에 따라서 달라진다고 할 수 있다. '파워'를 능력, 권한, 원동력, 에너지 등 다양하게 해석함에 따라 역능성에 대한 해석도 다양해진다. 또한 역능성의 실천수준을 어디에 두느냐에 따라서도 다양한 시각이 나타난다. 개인의 사고수준에서 논의하느냐, 제도 및 구조의 변화의 수준에서 논의하느냐에 따라 다양한 차원이 존재한다. 또한 그러한 논의가 어떤 이념적 배경과 접근 방식을 중심으로 진행되는가에 따라서도 큰 차이를 드러낼 수 있다. 이를테면 신자유주의적 배경에서는 역능성의 문제가 능력 고취의 문제로 드러날 수 있고, 급진사회주의에서는 세력화의 문제로 초점이 맞춰질 수 있으며, 생태학적 체계이론에서는 권한 부여의 문제로 논의될 수 있다(양옥경·최명민, 2005).

이렇듯 '파워'에 대한 해석에 따라 역능성의 해석은 달라지며, 개인적 파워 획득과 소유, 역능성의 개입과 성과, 기술, 과정, 책임 있는 삶의 힘, 가능성(능력)의 성장, 자기와 타자의 해방 과정(Browne, 1995) 등 다양하게 논의될 수 있다.

2) 역능성 개념의 활용

앞에서 역능성의 다양한 해석 가능성을 이야기했는데, 이로 인해 역능성에 대한 논의는 각 학문 분야에서 다양하게 나타났다. 그것은 주로 미국으로 시작되었으며, 1950년대에는 동기 부여, 1960~1970년대에는 인간 잠재력과 개인의 성장을 강조하는 개념으로 활용되었다(보그트·머렐, 1995). 이후 간호학 분야에서는 환자 자신의 회복하려는 의지와 힘을 격려하여 치료 효과를 높이기 위해 역능성 개념이 도입되었으며(변영순, 1992), 경영학에서는 조직 운영의 효율성을 높이기 위해 활용되었다(박원우, 1997). 사회학에서는 사회운동을 중심으로 여성운동, 흑인 민권운동 등 소수 집단의 고무를 위한, 또는 지역사회의 개발을 위한 기본 틀로 적용되었다. 1960년대 '블랙 임파워먼트(Black empowerment)' 운동으로부터 시작되어 현재 활발하게 활용되고 있는 여성권한척도(Gender Empowerment Measure: GEM), 그리고 세계은행 중심의 빈곤정책에서 쓰고 있는 빈곤 지역의 역능화 지표 등이 그 예다(World Bank, 2002; 안정옥, 2009). 한편 사회복지학에서는 사회복지 대상자(client)의 역능성 강화에 주로 활용되는 개념으로, 파워의 투입과 결과에 대한 관심이 많았다. 이에 따라 구체적으로 역능성 프로그램의 효과성에 대한 연구들이 많이 진행되었다(양옥경·최명민, 2005; 양난주, 2007).

2. 역능성의 분석틀[1)]

역능성의 개념을 연구에 활용하기 위해서는 먼저 측정 가능한 요소를 나누어보는 것이 매우 유용할 수 있다. 즉, 연구의 분석틀을 구성해보고 분석 단위들을 하나씩 고려해보는 작업이 필요하다. 이러한 과정을 통해 각 연구자는 자신의 주제에 따라 역능성의 개념을 적용하고 측정해볼 수 있다. 본 장에서는 역능성의 개념 이해와 측정을 위한 일련의 틀을 제시하고, 그것을 구성

1) 세계은행 2005년 보고서의 내용을 참조했다.

〈그림 5-1〉 역능성 분석틀

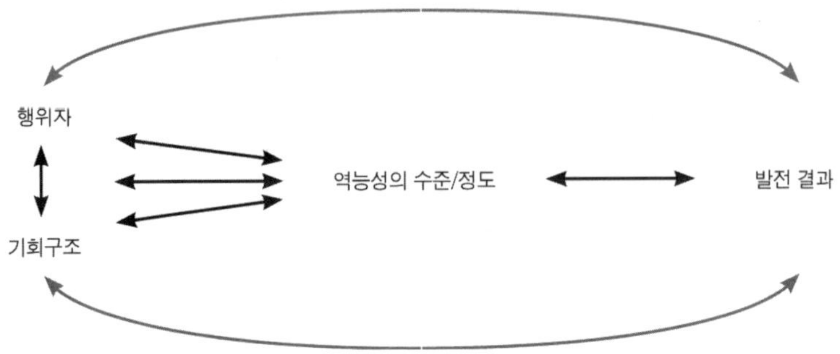

자료: Alsop and Heinsohn(2005).

하는 분석 단위들을 살펴본다.

〈그림 5-1〉에서 보면, 효과적인 선택을 할 수 있는 역능성은 1차적으로 두 가지 요소의 영향을 받는다. 하나는 행위자(agency)이고, 다른 하나는 기회구조(opportunity structure)이다. 행위자는 의미 있는 선택을 할 수 있는 행위자의 능력으로 정의된다. 다시 말해 행위자는 다양한 선택권들을 예상하며 선택을 할 수 있다. 기회구조는 행위자가 움직이는 공식적·비공식적인 상황 맥락으로 정의된다. 행위자와 기회구조는 함께 작용하여 역능성의 정도를 각각 다르게 상향 조정한다.[2)]

---

2) 예를 들어, 인도의 한 농부는 양수 관개 시스템의 자금을 대기 위해 은행 대출을 선택했다. 그러나 대출을 받기 위한 과정은 그가 20여 가지의 서류를 충족하고, 담보물로 그의 땅을 제공하고, 또한 그가 그 땅의 소유주임을 증명할 수 있는 변호사를 선임하는 등의 사항들을 필요로 했다. 농부가 개인적으로 선택을 하는 데 있어서 필요한 정보가 잘 제공되었고 또한 경제적으로도 가능했었지만(행위자), 한편으로는 조달에 관련된 규제들(기회 구조)이 그가 효과적인 선택을 하는 데 있어서 그의 능력에 방해물로 작용했다. 또 다른 예로, 방글라데시의 한 여성은 그녀의 딸들을 학교에 보내기로 선택했지

그리고 역능성의 수준/정도(DOE)는 다음의 사항을 평가함으로써 측정될 수 있다. ① 한 개인이 선택을 할 수 있는 기회를 가지고 있는가, ② 한 개인이 실제적으로 선택하기 위해 그 기회를 사용할 수 있는가, 그리고 ③ 일단 선택이 이루어지고 나면 그 선택이 원했던 결과로 나타나는가 등을 통해서이다.

나아가 역능성과 발전 결과(development outcomes) 간의 관계를 제시한다. 그런데 역능성과 발전 결과 간의 확고한 연관성을 설명하기 위해서는, 다양한 역능성 지표와 발전 결과 간의 연관성과 관련하여 사용 가능한 많은 양의 데이터들을 개발하고 확보해야 한다. 현재 세계은행의 저개발국가를 대상으로 한 다양한 시도들은 역능화(empowering)에 대한 많은 일화들과 사례를 제시하고 있으나, 아직은 역능성의 직접적인 지표들에 대한 데이터가 부족하기 때문에 역능성과 발전 결과 간의 관계는 사실상 여전히 가설로만 남아 있다(Alsop and Heinsohn, 2005).

1) 행위자(Agency)

역능성의 주체로서 이들이 소유하고 있는 자원, 즉 심리적·정보적·조직적·물질적·사회적·경제적·인적 등의 자원에 따라 이들이 합리적이고 의미 있는 선택을 할 수 있는가를 파악한다. '주체가 이들 자원들을 가지고 합리적 선택

만(행위자), 그녀는 곧 딸들을 학교에 보내는 것을 좋지 않은 투자(poor investment)로 본 남편의 반대에 직면했다. 그녀는 또한 여성들의 역할은 아내와 어머니로서 부여된 역할에 충실한 것이기 때문에 소녀들을 교육시키는 것은 결국 시간 낭비라는 지배적인 사회적 격언을 고수하는 학교 관계자들로 인해서도 좌절을 겪었다. 효과적인 선택을 하기 위한 이 여성의 역량은 소녀들을 학교에 보내는 것을 금지하는 법이나 규칙(공식적인 기회 구조) 자체에 의해서 제한되지는 않았다. 그 대신 기회 구조의 비공식적이고 사회적인 요소들에 맞닥뜨린 것이다(Alsop and Heinsohn, 2005).

을 하는가' 여부가 주체의 능력으로 측정된다. 예를 들어 교육은 주체의 인적 자원을 향상시키며, 심리적 자원을 고양시키기도 하고, 보다 많은 정보적 자원에 접근할 수 있는 기회를 만들어주기도 한다는 측면에서 역능성의 매우 중요한 요소로 주목받고 있다. 이때 인적 자원은 기술이나 문해력(literacy) 등으로 지표화하여 측정할 수 있다.

2) 기회구조(Opportunity Structure)

행위자(주체)가 가진 기회구조는 공식적·비공식적 제도 또는 규칙의 존재와 작용으로 나타난다. 법, 규정, 규범, 관습 등이 이에 해당된다. 개인이든 집단이든 '자신이 원하는 결과를 성취하기 위해 다양한 자원들을 얼마나 활용할 수 있는가'의 문제는 이러한 공식적·비공식적 제도 또는 규칙의 존재와 작용에 달려 있다. 예를 들어 인도의 경우, 여성 대표자들을 위해 좌석을 지정하는 1992년 헌법 개정에도 불구하고 많은 곳에서 여성의 정치적 리더로서의 공적 활동이 성공에 못 미치는 수준에 머물렀는데, 이는 여전히 가부장적인 사회적 규범 때문이었다. 이와 같이 실제적인 변화보다 법, 제도의 변화가 먼저 진행되기도 했다. 여성들이 실제 정치 영역에 진입하고 효과적으로 활동하기까지 매우 길고 어려운 투쟁의 과정을 겪어야만 했다.

3) 역능의 정도(Degrees of Empowerment)

행위자(주체)가 자원을 가지고 제도 속에서 자신의 능력을 발휘하는 정도는 몇 가지 수준으로 나누어 측정해볼 필요가 있다. 먼저 ① 선택할 수 있는 기회가 존재하는가(선택의 존재), ② 선택의 기회가 존재한다면 선택의 기회를 사용할 수 있는가(선택의 사용), 그리고 ③ 그러한 선택의 기회를 사용했을 때 선택이 바람직한 결과로 나타나는가(선택의 성취) 등의 수준에서 측정함으로써 역능성에 대한 보다 깊은 분석적 접근이 가능하다. 예를 들어 여성의 정치적 역능성의 수준을 평가하고자 한다면 일단 다음의 사항들에 대한 정보를 모으는 것이 필요하다. ① 정치적 참여를 위한 기회들이 존재하는가, 혹은 선거 같은 것이 실시되는가, 만일 그렇다면 ② 여성들이 투표하고자 시도하는가, 그리고 ③ 그들이 실제로 투표를 하는가를 파악해야 한다.

각주 3에서 언급했던, 딸들을 학교에 보내려고 한 방글라데시의 한 여성의 사례로 돌아가보자. 첫째, 그녀가 '실행 가능한 선택권을 가지고 있었는가'의 여부를 결정하는 예로, 접근가능한 학교가 존재하는가 그렇지 않은가를 포함할 수 있을 것이다. 만일 접근가능한 학교가 존재했다면 선택권 또한 존재했을 것이고, 반대로 접근가능한 학교가 존재하지 않았다면 선택권 또한 존재하지 않았을 것이다.

둘째, 한 개인 혹은 집단이 선택 기회를 이용할 수 있는지 여부를 측정하는 '선택의 사용'의 문제에서 본다면, 주변에 접근가능한 학교가 있었을 때 여인은 과연 그녀의 딸을 그 학교에 보내기로 선택했을까? 이 사례는 행위자(그녀)와 기회구조(제도의 존재 및 운용에 의하여 측정되는)를 분석함으로써 살펴볼 수 있다.

셋째, '선택의 성과'는 한 개인 혹은 집단에게 있어서 자신이 원하는 결과를 얻는 것이 얼마나 가능한지를 측정하는 것이다. 따라서 만일 여인이 그녀의 딸을 학교로 보낸다는 선택권을 가지고 있었다면, 그리고 만일 그녀가 딸을 학교에 보내기로 선택했다면, 그 선택의 성과는 '그녀의 딸이 실제로 학교에 다닐 수 있는가'의 문제로 설명될 수 있다.

4) 영역과 단계(Domains and Levels)

한편 이러한 역능성의 작용이 어떤 영역과 차원에서 발생하는가의 문제도 중요하게 살펴보아야 한다. 먼저 영역의 구분을 해보면, 행위자(주체)가 시민적 행위자로서 역능성을 발휘할 때는 국가적 영역이라고 할 수 있고, 경제적 행위자로서는 시장 영역, 사회적 행위자로서는 사회적 영역으로 구분하여 볼 수 있다. 그리고 이들 영역은 좀 더 세부적인 하위 구분을 할 수 있다. 국가적 영역(State)에서는 정당성/공정성의 문제로서 정의(Justice)의 문제, 정치 참여, 사회 서비스 접근 등의 하위 영역을 나누어볼 수 있다. 반면 시장 영역(Market)은 신용, 노동, 상품(소비, 구매)으로, 사회적 영역(Society)은 가족(성차, 가부장제), 공동체(계층, 계급)의 영역으로 각각 나누어볼 수 있다.

시장의 영역에서 한 개인 혹은 집단은, 신용을 평가하는 것은 가능하지만 반면 노동 기회(labor opportunities)나 구매 능력(purchasing power)은 갖고 있지 않을 수도 있다. 예를 들어 누군가는 높은 수준의 자산 기부를 할 수도 있지만 그 사회의 기회구조에 의해 시장 영역에서의 참여가 제한되기도 한다. 이것은 여성들의 사회 참여를 가로막거나 농사일을 계속할 것을 종용하는 부유한 시골 가정에 속한, 잘 교육받은 높은 카스트의 여성들에게서 자주 나타난다.

또한 역능성이 발휘되는 차원을 세 가지로 구분해볼 수 있다. 먼저 근거지(local, 지역)를 중심으로 일어나는 생활세계의 일상의 문제의 차원이 있고, 근거지에서 국가 사이의 문제가 있을 수 있으며, 개인적 차원에서 멀리 떨어진 국가 차원의 문제도 있을 수 있다. 사람들은 거시적(macro)이거나 중간적(intermediary)이거나 혹은 지역적(local)인 여러 다른 단계의 영역들과 하위 영역들을 경험한다. 단계(level)는 분석의 편의를 위해 일반적으로 '행정적인 경계(administrative boundary)'로 정의하는데, 이는 대부분의 국가들에 적용되는 방식이다. 예를 들어 네팔에서 거시적 수준은 국가적인(national) 것에 상응할 수 있으며, 중간적 수준은 각 지구(구역, district)의 행정적인 경계에, 그리고 지역적인 수준은 마을 발전 위원회의 관할권(혹은 사법권, jurisdiction)에 해당된다(Alsop and Heinsohn, 2005). 그런데 주의할 점은 한 단계에서의 명확한 역능성의 정도가 반드시 다른 단계에서도 동일한 정도의 역능성을 반영하지는 않는다는 사실이다. 즉, 역능성의 정도는 단계들에 따라 각각 다르다. 개인 혹은 공동체가 설령 지역적인 단계에서 역능화(empowered)된다 할지라도, 그것이 중간적 혹은 거시적 단계에서의 역능화를 의미하지는 않는다.

지금까지의 역능성 분석틀의 내용은 역능성 개념을 연구에 구체적으로 활용한다는 측면에서 제시된 것이다. 이러한 분석틀의 활용을 통해 역능성의 광범위한 내용을 포괄할 수 있으며, 다양한 개념들의 관계와 역동성을 파악할 수 있다. 또한 역능성 개념의 과정적·단계적 측면을 좀 더 분석적으로 살펴볼 수 있으며, 이러한 분석이 적용되는 사례에 따라 맥락 특수적 측면을 고려할 수 있다는 장점이 있다. 그러나 한편으로 분석틀의 주요한 목적은 역능성 현상에 대한 측정에 있기 때문에, 분석의 궁극적인 목표는 지표화 및 국가 비교의 문제로 귀결된다는 것을 염두에 둘 필요가 있다.

또한 이와 같은 분석틀을 활용한 역능성의 정책 전략들은 세계은행의 발전 이론과 반(反)빈곤정책, 신자유주의정책 개혁의 충격을 완화하는 기제로서 사용되는 전략이라는 비판도 받고 있다(안정옥, 2009). 즉, 세계은행을 중심으로 한 빈곤 국가들에 대한 정책들이 역능성에 대한 분석틀을 통한 연구 결과들을 바탕으로 수행되었는데, 세계은행의 사업수행 과정에서 나타난 빈곤 지역의 역능성화는 미시적 신자유주의 복지정책에 종속되는 것이며, 글로벌리즘 대 로컬리즘(세계화 대 지역화)의 문제뿐만 아니라 국가와 사회 간의 대립 문제를 내포한다는 것이다. 또한 빈곤 문제가 해결되더라도 국가의 공공정책이 갖는 중요성이 간과될 수 있고, 국가와 지역사회의 관계 또한 간과되기도 한다는 것이 비판의 핵심적인 내용이다(Bebbington et al., 2004; Moore, 2001).

3. 역능성 개념의 확대

역능성 개념의 확대는, 지금까지의 역능성 연구가 주로 미시적 분석에 의존하여 역능성을 개인적 차원에서의 주관적 심리 상태, 통제감의 획득 등으로 이해하는 것에 반해, 개인적 역능성 강화에 있어서 역능성의 역동성과 다차원적 측면에 대한 연구가 필요하다는 인식에서 비롯되었다(Gutierrez, 1990).

역능성의 거시적 차원의 연구는 개인의 역능성이 발휘되는 사회 환경으로서 사회정치적 제도, 이데올로기, 참여의 허용 등의 문제를 분석하고, 거시적 차원의 역능성의 획득은 시민권, 사회적 자원이나 기회에 얼마나 잘 접근하느냐에 따라 결정된다고 보고 있다. 한편 사회의 질과 관련하여 사회정치적 역능성에 대한 거시적 연구에 앞서, 중범위 차원의 역능성 연구의 일환으로 관계적 차원의 역능성과 그것의 획득에 중요한 영향 요소로 작용하는 사회적 지지에 주목해볼 필요가 있다. 역능성의 관계적 차원에서 포착되는 사회적 지지 개념은 개인의 환경 적합성을 향상시키고 효과적인 환경 개입을 가능하게 한다는 점에서 깊은 관심을 가져야 하는 부분이다.

〈표 5-1〉 역능성 연구의 차원

구분	미시적	중범위	거시적
차원	개인적 차원	관계적 차원	사회정치적 차원
분석 대상	개인의 심리, 능력	관계의 유형 및 양상, 조직 체계, 문화	사회정치적 제도, 이데올로기, 참여 허용
획득 수단	개인적 자원, 자존감 등	상호 의존, 사회적 지지, 파트너십	시민권·사회적 자원/기회에의 접근

헤르만(P. Herrmann)의 역능성 논의에 의하면, 역능성은 사회적 관계에 의해 향상된 개인의 역량과 능력의 범위를 말한다(Herrmann, 2005). 이에 따르면 사회적 역능성은 역능성 주체의 행위/행동의 조건에 관한 객관적 요인과 이들을 둘러싼 중범위 환경의 영향을 받는다.

중범위의 역능성은 곧 관계적 차원에서 이루어지는 역능성을 의미하며, 여기에는 지지(support), 돌봄(caring), 제도적 시스템(institutional system), 그리고 문화(culture)가 포함된다. 사회적 관계에 있어서 사회적 지지는 개인의 건강이나 정서적 안녕에 영향을 미친다는 연구 결과도 이러한 점에 관련되어 있다. 이와 같이 사회적 관계망은 개인에게 지지와 도움을 제공함으로써 역능성을 향상시킬 수 있는 요인으로 그동안 많은 관심을 받아왔다(장성희, 2008).

1) 개인주의적 접근과 통합적 접근

지금까지 진행된 역능성에 대한 논의들은 개인주의적 접근과 통합적 접근으로 나눌 수 있다. 개인주의적 접근은 개인의 행위/행동의 조건에 관한 객관적 요인에 초점을 맞춘다. 사회의 질 연구가 처음 진행될 당시의 유럽의 정책들은 주로 역능성의 개인주의적 접근에 가까웠다. 개인주의적 접근에 의하면 역능성의 측정은 주로 경쟁과 자기실현의 문제로 국한되었다. 그래서 개인들의 지식 습득과 능력의 실현이 역능성의 측정에서 중요하게 고려되었고, 점차 타인에 대한 개인의 행동 문제로 확대되어 관계적 차원의 문제로 관심이 확장되었다. 이에 개인의 조건과 개인 행위를 통한 형성 사이의 연결을 제공하는 문제까지 역능성의 논의에 포함되었다. 따라서 노동시장에서의 지위, 개인과 제도의 관계, 공공 부문 형성과의 관련, 지원적 네트워크의 존재 등이 역능성의 문제와 연결되어 논의될 수 있었다. 개인주의적 접근은 개인적 계약 체계를 중시하고 자유의지에 기반을 둔 동의나 상호 의무, 혜택, 계약에 명시된 의무의 수행으로 특징지어진다. 체계 통합적 접근은 개인에 외재적인 체계에 개인을 어떻게 통합하는지를 중요하게 여기는 태도로, 현재 유럽연합의 지향점이라고 할 수 있다.3)

이러한 개인주의적 접근에서의 역능성 개념은 타자에게 자신의 의지를 관철시키는 능력으로, 베버식의 권력 개념에 가깝다고 볼 수 있다. 유럽연합의 사례에서 볼 수 있듯이 개인주의적 접근에서의 역능성이 경제성장의 직접적 효과로 받아들여진 반면, 통합적 접근의 역능성 개념은 '우리'를 타자와 구별하는 동일성에 기반을 두기 때문에 사회의 질 접근에서는 사회적 관계 자체의 변화라는 관점에서 사회적 역능성 역시 관계적 행위로 받아들여진다.

헤르만 또한 베버식의 권력 개념이 아니라 '상호 작용의 상황 속에서의 반응성'이라는 관점에서 파워를 정의했다(Herrmann, 2005). 이 관점에 따르면 역능성의 문제는 단순히 구조와 행위를 조율하는 차원이 아니라 자기 존중과 능력의 문제의 차원에서 받아들여져야 한다. 자연스럽게 사회의 변화 과정에 있어서 개인의 접근권과 참여의 보장이 강조된다.

헤르만에 따르면 역능성이 발현되는 사회적 조건(social condition) 현상에는 상이한 차원이 존재하는데, 이는 곧 개인 행동의 상호 작용이 일어나는 차원(community dimensions)과 제도와 사회 시스템에의 영향(institutional and societal dimension)을 지칭한다. 이 같은 상이한 차원들 속에서 개인의 인성(personality)이 발달하는데, 이것이 바로 사회적 의식이며 책임에 대해서 사회적으로 행동하는 것이다. 따라서 헤르만은 역능성의 발현은 인간 특성 중 사회적 존재로서의 기본을 획득한다는 점에서 사회의 질의 핵심 측면이라고 강조

3) 현재 유럽연합의 정책 지향에서 핵심으로 지적되는 것이 유연안전성(flexicurity)에 기반을 둔 경제정책이라고 할 수 있다. 이를 통해 고용을 확충하고 국제 경쟁력을 확보하는 것이 유럽 시민을 역능화하는 주요 수단이다(안정옥, 2009).

했다(Herrmann, 2005).

2) 제도적 개혁과 역능성

제도적 맥락에서 역능성은 불평등한 제도적 관계들을 바꾸는 것과 연관된다. 제도들은 조직적 형태를 취하거나 취하지 않는 규칙, 규범, 양식화된(patterned) 행동이다. 빈민들의 삶에 영향을 미치는 제도들은 공식적이기도 하고 비공식적이기도 하다. 공식적 제도들은 지방, 국가(nation), 세계적·국제적 조직들 수준에서 배태된 국가(state), 사적 영역, 시민사회 조직, 법과 규칙이다. 반면 비공식적 제도들은 뇌물에 대한 기대, 친족, 친구, 이웃의 네트워크, 여성에 대한 비공식적 제한 또는 과부의 처우를 둘러싼 실천들을 포함한다(World Bank, 2002). 국가 정책들과 국가 제도의 문화는 모든 행위자들의 행위를 형성한다. 빈민들은 그들의 삶에 영향을 미치는 자원들을 관리·결정하는 국가 제도들의 참여로부터 일반적으로 배제되어 있다. 체계적 개혁은 이런 불평등한 제도적 관계들을 바꾸는 것을 요구한다. 불평등한 제도적 관계들을 바꾸는 것은 부분적으로는 하향식 접근(top-down) 방식의 조치들 – 공공 영역과 사적 영역의 행위를 이끄는 법, 절차, 규제, 가치, 윤리, 인센티브에서의 변화들 – 에 의존한다. 규칙, 법, 투자 등에서의 변화는 사회적 약자들이 주체성을 갖출 수 있는 조건을 만들 수 있다. 중개적인 시민사회 그룹들은 그들의 능력을 지원하고, 그들에게 정보를 해석해주고, 국가와 사적 영역으로 연결될 수 있도록 하는 데 중요한 역할을 가지고 있다. 이러한 그룹들은 진정으로 약자들의 이해를 대표하고 그들에 대해 책임을 갖는 것을 확실히 하도록 조금도 방심하지 않는 상태를 유지해야 한다. 그리고 사회적이고 문화적인 맥락은 역능성의 접근에서 특히 중요하다. 국가 개혁과 정책적 노력들은 반드시 지역적 규범, 가치, 행위들을 반영하는 형태를 취해야 한다.

4. 사회적 역능성 지표[4])들과 활용

1) 기존 연구에서 제안된 사회적 역능성 지표들

유럽사회의질재단(European Foundation on Social Quality: EFSQ)을 중심으로 진행된 사회의 질 연구에서는 2003년 중반 사회의 질의 네 가지 구성 영역의 세부적 항목을 설정했다. 하위의 세부 항목과 그 아래 95개 지표 항목을 제시했는데, 개발한 지표 중 사회적 역능성에 대한 내용을 살펴보면 다음과 같다. 우선 역능성의 하부 영역으로 5개의 분야가 있는데, 지식 기반 영역(Knowledge base), 노동시장 영역(Labour market), 개방성과 제도적 지원 영역(Openness and Supportiveness of Institutions), 공공 영역(Public space), 사적 관계 영역(Personal relations)이 그것이다.

한편 서울대학교 사회발전연구소는 2007년부터 한국연구재단의 지원을 받아 사회의 질 지표 개발과 사회발전의 특성을 국제 비교하는 연구를 진행하고 있었다. 유럽-아시아 10여 개 국가들과 연구 협력을 수행하며 2009년에는 사회의 질에 관한 90개의 지표를 구성했고, 이를 바탕으로 다양한 조사와 연구를 통해 이들 지표를 정교화하고 적용하는 작업을 했다. 서울대학교 사회발전연구소의 사회의 질 지표는 이 연구를 먼저 시작한 유럽 연구팀이 제안한 95개 지표를 기초로 하여, 지표 측정의 가용성, 개념의 명확성, 유관성 등을 고려하여 한국 상황에 유관한 지표를 수집했다(정진성 외, 2010). 서울대학교 사회발전연구소의 사회적 역능성 지표는 몇 가지 핵심적 질문을 바탕으로 구성되었다. 기본적으로 사회적 역능성 지표는 '사회적 관계 속에서 살아

4) 다음에 소개되는 구체적 지표의 항목들은 부록 표(184~189쪽)에 제시된다.

가는 개인이나 집단이 자신의 삶을 통제할 수 있는 능력과 자율성을 높이기 위해 사회적인 관계, 구조와 제도들을 어떻게 바꾸어가는 것이 좋은가'라는 질문에 답하는 것에 있다고 한다(정진성 외, 2010). 이것을 측정하기 위해서 시민들의 존엄성과 자율성을 높일 수 있는 사회 조건을 지식, 노동시장, 제도, 공적 영역, 개인적 관계에서 세분하여 측정했다. 지식에서는 사람들은 어떤 종류의 지식을 가지고 있고, 그 지식을 어떻게 습득하며, 그 지식을 통해 자기계발을 이룰 수 있는가? 노동시장에서는 사람들이 자신의 노동시장 지위를 어느 정도 통제하고 있는가? 제도와 공적 영역에서는 사람들이 어떻게 자기의 결정권을 행사하는가? 공적인 공간은 어떻게 구조화되어 있는가? 개인의 사회적 상호 작용을 지원하는 체계가 존재하는가? 등이 주요한 내용이다(정진성 외, 2010; Herrmann, 2003; 안정옥, 2009).

사회적 역능성에 대한 사회적 관심은 공적 연구기관에서의 지표 개발로 이어졌다. 서울시정개발원의 시민역능성지표 연구에서는 사회적 역능성을, 시민 개개인이 가족, 집단, 공동체의 관계와 적응 과정에서 자신의 역능성을 계발하고 창의성을 발휘할 수 있는 사회적 수준을 의미한다고 정의한다. 그리고 이것은 시민의 지식과 능력 수준, 노동시장의 참여와 결사, 사적 관계의 형성 및 사회의 개방성과 제도의 지원 등 기회구조에서 그 영역이 설정된다고 보았다. 구체적으로 역능성의 지표 분석을 위해 역능성을 행위자 차원과 사회적 차원으로 구분했는데, 행위자 차원으로는 역능성으로 개념화했고, 사회적 차원으로는 사회적 역능성으로 정의했다. 역능성의 구성 요소를 정보·지식, 소통, 참여의 영역에서 설정했고, 사회에서 개인이 정보와 지식을 얻고, 사회 관계 속에서 의사소통하며, 사회적 관계의 변화를 초래하는 참여의 과정을 통해 역능성화한다는 설정이다.

한편, 한국의 효과적인 사회정책 수립을 위해 현재 한국 상황을 진단하고 파악하기 위한 지표를 개발하는 과정에서 한국보건사회연구원이 개발한 사회정책지표 중 '사회적 역량 강화 측면의 지표들' 또한 사회적 역능성(social empowerment) 지표의 사례로 볼 수 있다. 이 연구에서는 '사회복지와 개인적 잠재력을 강화하는 조건 하에서 지역사회의 사회적·경제적 삶에 참여할 수 있는 시민의 확대'로 사회의 질을 정의했는데, 이 정의에는 사회적 역능성(Social Empowerment)의 개념이 대폭 포함되어 있다. 사회적 역량 강화는 사회 구성원이 자신의 능력과 잠재력을 발휘할 수 있는 사회적 토대 및 지원의 정도로 보았다. 즉, 사회적 구조가 개인의 역량이나 능력을 발휘할 수 있는지를 평가하는 기준이 된다는 것이다. 이를 측정하는 지표들은 사회 구성원이 자신들의 운명을 결정하는 공적인 사안에 참여할 수 있는 능력을 발전시킬 수 있도록 다양한 기량을 익히는 데 도움이 되는 요소들, 즉 인적 자원 개발, 정보력, 직업 능력 등을 포괄하며, 학업 성취도, 근로직무 관련 훈련참여율, 자살률, 정보화 지수 등의 수준을 고려하여 판단할 수 있다고 제안하고 있다. 사회적 역능성의 지표 구성의 하위 영역에는 문화 역능성, 정보 역능성, 인적 자원 개발, 노동 역능성, 사회심리적 역능성이 있다.

마지막으로 역능성과 관련하여 국제적으로 통용되는 지표로는 여성권한척도(Gender Empowerment Measure: GEM)가 있다. 이는 정치·경제 분야의 중요한 정책 결정 행사에서 여성의 참여 정도를 지표화한 것으로, 여성과 남성이 동등하게 참여하고 있는지를 측정하기 위한 지수이다. 여성권한척도는 경제력과 정치력에서의 여성의 대표성을 측정하는 것으로, 정치적 대표성, 전문 관리직, 경제력, 그리고 소득에서의 성 격차가 고려되며, 성 격차에 관한 국제적 비교를 통해 우리의 여성 권한 위치를 파악하는 중요한 도구로 활용되고 있다. 지표별 점수가 1에 가까울수록 여성권한척도가 높다는 의미이다.

2) 사회적 역능성 지표를 활용한 비교연구

국가 간 사회의 질을 평가하고 비교하기 위해 지금까지 소개된 많은 지표들이 활용되어왔다. 국가 비교연구의 수행 과정에서 역능성 지표 또한 중요한 영역으로 활용되었다. 지금부터는 서울대학교 사회발전연구소에서 진행한 국가 비교연구[5]에서 사회적 역능성 지표들의 분석 결과를 몇 가지 소개함으로써 사회적 역능성 지표의 활용성을 살펴본다.

먼저 역능성 지표 중 지식 기반 영역에 대한 평가에서, 미디어의 활용이나 인터넷 접근 등에 대한 자료를 통한 국가 간 차이를 보면 다음과 같다. 한국과 독일이 다른 비교 국가들에 비해서 인터넷 이용이 보다 활발한 것으로 나타난다. 그런데 이와 관련하여 흥미로운 점이 있는데, 단순히 인터넷을 이용하는 것에서 나아가 인터넷을 활용하여 정치 참여를 하고 의견을 제시하는 정치 역능성에 대한 자료를 보면 조금 다른 결과를 볼 수 있다. 한국은 인터넷 보급률 1위의 인터넷 강국으로 알려져 있음에도 불구하고, 인터넷을 통해 정치적 의견을 게시한다고 응답한 수가 '이따금씩 한다'를 포함하더라도 비교 국가들 중 최저수준을 보였다.

5) 제시된 내용은 서울대학교 사회발전연구소의 한국연구재단 중점연구 사업의 일환으로 진행된 SBS와의 공동 프로젝트 "사회발전과 사회모델 비교연구: 한국, 독일, 그리스, 이탈리아, 터키 연구"의 결과를 바탕으로 한다. 연구는 5개 국가를 대상으로 다음과 같이 설문 조사를 실시하여, 비교 대상 국가의 일반 시민들의 인식과 태도, 행위 등에 대한 미시적이고 심층적인 분석을 수행했다. ① 조사 지역: 한국, 독일, 그리스, 이탈리아, 터키, ② 조사 대상: 18세 이상 성인 남녀(한국의 경우 19세 이상), ③ 조사 방법: 구조화된 질문지를 이용한 면대면 조사, ④ 조사 시기: 2012년 5월, ⑤ 표본 크기: 각 국가별 1000명(독일 1200명), ⑥ 표본 추출 방법: 성과 연령 기준 할당 표본 추출, ⑦ 실사 기관: 한국갤럽연구소.

〈표 5-2〉 하루 평균 인터넷 이용 시간

(단위: %)

구분	전혀 사용하지 않음	1시간 이하	1~3시간	3~5시간	5시간 초과	합계
한국	28.9	31.8	28.0	7.3	4.0	100.0
독일	29.1	28.5	32.5	7.0	2.9	100.0
이탈리아	44.7	23.4	23.1	5.4	3.4	100.0
그리스	51.0	16.6	24.1	5.7	2.6	100.0
터키	56.2	12.1	20.2	8.3	3.1	100.0

〈표 5-3〉 정치 참여: 인터넷에 의견 게시 빈도

(단위: %)

구분	매우 자주 (1점)	자주 (2점)	이따금 (3점)	거의 안 함 (4점)	전혀 안 함 (5점)	합계
한국	1.0	5.4	15.6	20.3	57.7	100
독일	3.7	12.8	17.6	18.8	47.2	100
이탈리아	2.1	11.3	10.0	8.8	67.7	100
그리스	1.9	8.2	11.5	9.3	69.1	100
터키	3.6	9.6	10.7	5.0	71.1	100

〈그림 5-2〉 국가 간 사회적 역능성 비교

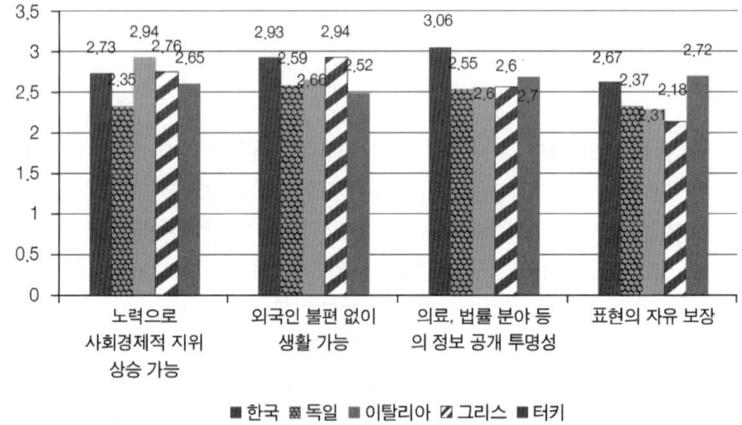

주: 매우 동의(1점), 다소 동의(2점), 동의도 반대도 아님(3점), 다소 반대(4점), 매우 반대(5점)의 평균.

보다 종합적인 사회적 역능성을 지표화하여 실증한 결과를 보자면, 비교 국가들을 대상으로 '노력으로 사회경제적 지위 상승이 가능한가', '외국인이 불편 없이 일상생활이 가능한가', '의료/법률 분야 등의 정보 공개가 투명한가', '표현의 자유가 보장되는가' 등에 동의하는 정도를 통해서 개인이나 집단이 능력을 발휘할 수 있도록 사회적 구조가 형성되어 있는지, 그리고 개인의 능력을 고양하기 위한 사회의 체계적 지원이 존재하는지를 살펴보았다. 〈그림 5-2〉를 보면 사회 역능성에 대한 인식 가운데 '노력으로 사회경제적 지위 상승이 가능하다'는 문항에 대해 독일(2.35%)의 동의 비율이 높았다. '외국인이 불편 없이 생활할 수 있다'는 문항에 대해서는 터키(2.52%)에서 동의한 응답자들이 많았다. 의료 및 법률 분야 정보 공개 투명성에 대해서는 독일(2.55%), 표현의 자유 보장 여부에 대해서는 그리스(2.18%)의 동의 비율이 높았다. 한국의 경우는 전문 분야의 정보 공개 투명성은 비교 국가 중 가장 낮은 수준으로 인식되었으며, 외국인이 불편 없이 생활 가능한지에 대한 동의도 낮은 수준을 나타내어 전반적으로 사회적 역능성이 비교 국가들 중에서는 낮은 편이었다.

5. 생활세계 통제 문제로서의 사회적 역능성에 대한 비판적 리뷰[6]

사회의 질 구성 요소 중 역능성은 자유주의적 감각에서의 능력에 관한 개념을 바탕으로 한다. 능력이 주요한 참조점인 한, 정치적·사회적 역능성의 개

---

6) 이 절은 2004년 유럽사회의질재단에서 헤르만(Herrmann)을 중심으로 논의되었던 역능성에 대한 내용의 마지막 부분(IV. A critical review empowerment as a matter of control over living conditions and life)에서 저자가 동의하는 맥락을 정리한 것이다.

념화가 필수적인 결정에 직면하게 되는 중요한 지점은 역능성의 사회적 차원과의 연결이다. 고립된 개인에 관한 이해의 문제를 넘어 사회적 총체이자 개인과 사회적 발전의 변증법에 초점을 맞춰 역능성을 보아야 한다는 것이다. 역능성 개념의 확대는 사회의 질의 관점에서 개인의 발전과 직접적인 사회적·물적 환경과의 협력과 함께 사람들의 참여를 향상시키는 것으로 규정하여, 사회적 역능성을 개인적·공동체적·사회적 환경을 통제하는 것을 가능하게 하는 수단으로 이해하는 것이다. 이러한 통제는 사회적-개인적 삶을 풍족하게 하는 환경에의 접근만큼이나 환경에 대한 영향력을 가지는 것으로 구성된다.

역능성에 관한 논의는 더 넓은 권리의 관점에 놓는 것이 중요한데, 이는 '개인의 능력을 향상시키는' 관념에 기반을 두고 접근가능한 사회적 조건을 보장하고 개인과 그룹들의 참여를 보장하기보다는, 개인에 대한 교육적 지원을 요구하는 역능성의 개인적 관점을 피하는 것에 기여한다(Herrmann, 2005). 권리에 기반을 둔 관점은 마샬의 시민적·정치적·사회적 권리의 관점에 연결될 수 있다. 사회의 질은 세 가지 권리(시민적·정치적·사회적 권리)를 시민 참여의 한 가지 권리로 통합하는 문제로 볼 필요가 있다. 이는 사람들이 능동적으로 사회적 관계에 참여하고, 간접적이고 더 먼 사회적·물리적 환경에 영향을 주는 수단과 과정과 결과를 고려하면서, 사회적인 발전의 문제를 합치는 것으로 보일 수 있다. 역능성은 주체와 구조의 호혜를 위한 관리와, 관여된 사람들의 필요로부터 출발하는 진정으로 열린 구조를 요구한다. 주요한 문제는 행동할 수 있는 권리와 능력으로서의 자율성이다. 이때 필요한 자원은 바로 지식과 권리이다. 이를 위해 개인의 행동에 대한 참조로서의 사회경제적 안전성, 사회적 포섭과 사회적 결합을 실제로 실현하고 다른 부문들을 활용하는 관계를 정착시키는 것이 필요하다.

6. 결론

이 장에서는 사회의 질 논의 중 한 영역인 역능성에 대한 내용을 정리했다. 특히 지금까지 개인의 차원에서 논의되던 데서 확대되어 사회적 차원이 강조된 사회적 역능성에 집중하여 살펴보았다. 사회의 질에 대한 연구가 정치적·사회적·문화적 현황 평가에 새로운 접근을 제시하고 있는 가운데, 최근 들어 '드디어' 역능성에 대한 관심이 너욱 증가하고 있으며,[7] 사회적 역능성은 그 사회가 얼마나 개개인에게 능력을 부여하고 그 능력이 발휘될 수 있는지를 평가하는 것이다. 이는 사회적 역능성이 시민의 민주적인 참여와 통제를 통해 자율성, 그리고 접근의 가능성을 높이는 문제이며(안정옥, 2009), 개인이 외부로부터의 도움을 통해 스스로를 조정하는 것이 아니라 스스로 주체적으로 자신을 향상시킬 수 있는 정치사회적 환경을 만드는 것(Moore, 2001)으로 그 의미가 확대되고 있기 때문이다.

사회적 역능성 접근은 엘리아스(N. Elias)가 말한 '사회적 관계 형성으로서의 사회화'와 사회발전에 대한 시민적 접근의 분석을 목표로 한다(안정옥, 2009). 다시 말해 사회적 역능성은 '사회 형성으로서의 "사회화" 과정에 대한 시민의 민주적 참여와 통제를 통해 자율성, 그리고 권리의 접근가능성을 높이는 문제'라는 것이다.

사회 형성으로서 사회화는 '사회적 과정들로 점점 긴밀하게 통합되는 개인들의 상호 의존성과 복합성의 증대 과정'이다. 헤르만의 논의를 빌려 사회의

---

7) 무어(Mick Moore)는 "Empowerment at Last?"라는 제목의 논문에서 역능성을 조명하며 향후 사회적 역능성의 필요성과 중요성을 강조했으며(Moore, 2001), 헤르만(P. Herrmann)도 사회의 질의 다양한 영역 역능성을 핵심으로 지적했다["Empowerment: the Core of Social Quality"(Herrmann, 2005)].

질 연구의 역능성을 설명하면, 파워는 타자의 파워 증가를 허용하는 조건 속에서만 증가한다(안정옥, 2009).[8] 일견 역설적으로 보이는 '타인의 파워 증가를 허용하는 조건' 속에서 역능성은 결국 사회적 관계를 기초로 한 사회적 참여를 의미한다. 헤르만은 사회의 질이 사회적 관계론에 바탕을 두고 있으며, 따라서 전통적인 복지정책이 개인의 삶의 질에 관심을 두어온 것과 달리, 사회의 질은 다양한 개인들이 결합된 양태로서의 '사회'에 집중한다고 말한다.

지금까지 사회의 질 연구의 네 가지 영역은 시간적 차이를 두고 발전했다. 제일 먼저 사회경제적 안전성이 삶의 질 논의와 함께 1960년대에 주목받았고, 다음으로 응집성과 포용성 논의는 1980년대부터 1990년대 사이에 발전했다. 복지국가 위기 담론이 퍼지던 1980년대 후반부터 응집성과 포용성의 논의가 시작된 것은 의미 있는 일인데, 이러한 평가는 기존의 복지국가론이 더 이상 감당할 수 없는 문제들을 사회의 질 논의의 응집성과 포용성의 논의로 해결해나가고자 했기 때문이라는 해석에 근거한다(안정옥, 2009). 네 영역 중 역능성 지표는 개념적으로 가장 늦게 발전했는데(1990년대 후반~2000년대), 기존의 개인주의적 접근이나 체계 통합적 접근에서 더 나아가 사회의 질 접근에서의 사회적 역능성은 관계적 행위의 의미를 좀 더 강조하고 있다. 즉, 지금까지의 개인적 역능성의 평가가 주로 개인의 삶의 질의 문제에 집중했다면, 이제 사회적 역능성은 삶의 질이 실현되는 환경에 보다 적극적으로 개입하여 사회적 관계의 전환과 체계의 변화를 제기하는 방향으로 나아가야 한다. 이를 위해서는 개인적 수준의 역능성에서 중범위 수준의 사회적 관계와 지역성과 관련된 역능성의 논의, 나아가 거시적인 수준에서의 사회정책 및 시민성에 관련된 논의가 이루어져야 할 것이다.

---

8) 개인주의적 접근은 타자를 대상화하고, 체계 통합적 접근은 타자와의 구별을 역능성의 원천으로 삼는다는 점에서 차이가 있다.

앞으로 사회적 역능성은 지식 기반, 노동시장, 개방성과 제도적 지원, 공적 공간과 사적 관계에서 개인의 자율성과 선택가능성의 문제와 관련하여 더욱 중요한 개념으로 자리 잡게 될 것이다. 따라서 사회적 역능성에 대한 지표들은 이러한 내용들을 포괄하여 평가할 수 있도록 더욱 다듬어져야 할 것이다.

〈부록 표 5-4〉 유럽사회의질재단(EFSQ)의 역능성 지표

Domains	Sub-domains	Indicators
Knowledge base	Application of knowledge Availability of information	· Extent to which social mobility is knowledge-based(formal qualifications) · Per cent of population literate and numerate · Availability of free media · Access to the Internet
	User friendliness of information	· Provision of information in multiple languages on social services · Availability of free advocacy, advice and guidance centres
Labour market	Control over employment contract	· Percent of labour force that is member of a trades union(differentiated to public and private employees) · Percent of labour force covered by a collective agreement(differentiated by public and private employees)
	Prospects of job mobility	· Percent of employed labour force receiving work-based training · Percent of labour force availing of publicly provided training(not only skills based).(Please outline costs of such training if any) · Percent of labour force participating in any 'back to work scheme'
	Reconciliation of work family life (work/life balance)	· Percent of organisations operating work life balance and policies · Percent of employed labour force actually making use of work/life balance measures(see indicator above)
Openness and supportiveness institutions	Openness and supportiveness of political of system	· Existence of processes of consultation and direct democracy(e.g., referenda)
	Openness of economic system	· Number of instances of public involvement in major economic decision making(e.g., public hearings about company relocation, inward investment and plant closure)
	Openness of organisations	· Percent of organisations / institutions with work councils
Public space	Support for collective action	· Percent of the national and local public budget that is reserved for voluntary, not-for-profit citi-

		zenship initiatives · Marches and demonstrations banned in the past 12months as proportion of total marched and demonstrations(held and banned)
	Cultural enrichment	· Proportion of local and national budget allocated to all cultural activities · Number of self-organised cultural groups and events · Proportion of people experiencing different forms of personal enrichment on a regular basis
Personal relationships	Provision of services supporting physical and social independence	· Percentage of national and local budgets devoted to disabled people(physically and mentally)
	Personal support services	· Level of pre-and-post-school child care
	Support for social interaction	· Extent of inclusiveness of housing and environmental design(e.g., meeting places, lighting, layout)

〈부록 표 5-5〉 서울대학교 사회발전연구소의 사회적 역능성 지표

대분류	소분류	지표
지식 기반	지식의 응용	지식에 기반을 둔 사회이동의 정도[공식적 자격(학력) 기준)]
	정보의 이용가능성	비문해율, 미디어의 자유로운 이용가능성 인터넷 접근성
노동시장	고용계약에 대한 통제	노동조합원의 비율, 단체협약 적용 범위(공공 부문과 민간 부문 구별)
	직업 이동의 가능성	재직 직업훈련자 비율, 공공 직업훈련을 이용하고 있는 노동력 비율, 재취업 프로그램에 참여하고 있는 노동력 비율
	일과 가족생활의 조화	일과 삶의 균형정책을 실시하고 있는 조직들의 비율, 일과 삶의 균형제도를 실제 사용하는 취업자의 비율
제도의 개방도 및 지원 정도	정치제도의 개방성과 지원 체계	심의와 직접민주주의 과정들의 존재(예: 국민투표)
	경제제도의 개방성	주요한 경제적 의사결정에 대한 주민참여 사례 숫자(예: 기업 이전, 역내 투자, 공장 폐쇄에 대한 공청회)
	조직의 개방성	직장위원회(work councils)가 있는 조직/기관의 비율
공적인 공간	집합행동에 대한 지원 체계	자발적인 비영리 시민발의를 위해 배정된 전국 및 지방 수준 공공 예산의 비율, 지난 12개월간 일어난 전체 시위, 행진(개최+금지) 가운데 금지된 것의 비율
	문화적 고양	모든 문화활동을 위해 배정된 지방 및 전국 수준의 예산 비율, 자발적으로 조직된 문화단체와 활동 숫자, 다양한 형태의 사적인 문화고양 활동을 정기적으로 체험하는 사람들의 비율
사적 관계	신체적·사회적 자립을 지원하는 서비스의 제공	전국 및 지방 수준에서 (신체적·정신적) 장애인들에게 배정된 예산의 비율
	개인 지원 서비스	취학 전, 취학 후 아동보육 수준
	사회적 상호 작용에 관한 지원	주거 및 환경 설계의 포용성(예: 만남을 위한 공간, 조명, 설계)

〈부록 표 5-6〉 서울시정개발원의 시민 역능성 지표

영역	구분	개인적 측면	사회적 측면
지식 역능성	지식 기반	· 교육 참여 · 학업성취도(문해율, 산술능력 수준) · 고등교육 참여 현황	· 교육환경 · 교원 1인당 학생 수 · 교육관련 예산 배분 현황 · 평생교육 체계 현황 · 지식 기반의 사회 이동 정도
	정보유용성	· 정보 활용 · 정보통신 인프라 수준 · 인터넷 활용 정도 · 정보 격차 현황	· 정보화정책 · 국가정보화 정책 · 정보역능성 관련 예신 · 다중언어 정보제공 서비스 · 언론의 자유
소통 역능성	노동시장 소통	· 직장과 가족생활의 균형 · 가족친화지수 · 출산 및 육아 휴직	· 노동시장 내 참여와 결사 · 노동조합 조직 · 직업능력개발 훈련 현황
	사적 관계 형성		· 물질적·사회적 독립 지원과 서비스 · 장애인 및 취약계층 지원 체계 · 사적 지원 서비스 · 보육 서비스
	사회심리적 역능성	· 스트레스 인식	· 자살률
참여 역능성	개방성과 제도적 지원	· 직접민주주의 · 국민투표율	· 정부의 정보 개방
	집단행동 지원	· 시민사회활동 참여 · 사회적 네트워크: 단체활동 참여율 · 자원봉사 참여율	· 시민활동 지원 · 비영리 민간단체 지원 현황 · 자원봉사 지원 현황 · 집회 및 시위에 대한 정책 현황
	도시공간 정책 참여		· 시민참여형 도시계획
	문화적 풍요	· 문화향유 실태 · 문화예술행사 경험률	· 문화시설 기반과 환경 · 문화시설 수 · 문화활동에 할당된 예산

자료: 조권중(2011).

〈부록 표 5-7〉 한국보건사회연구원의 사회정책 지표

영역	사회현황 지표	사회정책 지표
인적 자원 개발	· 학업성취도 · 학교 형태의 학력인정 평생교육 시설학교 · 평생교육기관	· 교원 1인당 학생 수 · GDP 대비 공부담 공교육비 비율 · 아동발달지원계좌(CDA) 예산
노동 역능성	· 직업능력개발 훈련 현황 · 근로자 직무관련 훈련 참여율 · 가족친화지수(FFI) · 육아휴직급여 수급 비율	· GDP 대비 노동시장 공공 지출 비중 · 보육사업 예산
사회심리적 역능성	· 자살률 · 정신질환 평생유병률 · 범죄피해율	
정보 역능성	· 국가정보화 지수 · 이동전화 가입자 수 · 컴퓨터 보유가구 비율 · 인터넷 가입가구 비율 · 인터넷 이용률 · 인터넷 이용 목적	· 정보 역능성 관련 예산
문화 역능성	· 도서관 1관당 인구 수 · 박물관 1관당 인구 수 · 1인당 생활체육시설 면적 · 생활체육 참여율 · 예술행사 관람률 · 문화시설 이용률	· 국민 문화비 지출 비중 · 공공 문화비 지출 비중 · 문화적 역능성 관련 예산

자료: 이태진 외(2009).

〈부록 표 5-8〉 여성권한척도(GEM)

지표	내용
여성 국회의원 비율	여성의 정치적 참여도와 의사결정 능력을 측정하기 위해 여성 국회의원 비율을 지표로 하고 있다
입법, 고위 임직원 및 관리·전문·기술직 여성 비율	여성의 경제적 참여도와 의사결정 능력을 측정하기 위한 지표로서 입법, 고위 임직원 및 관리직, 전문직 및 기술직 여성 비율을 평가하고 있다
남성 소득에 대한 여성의 추정 소득 비율	여성의 경제적 자원에 대한 권력을 파악하기 위해서 남성 소득에 대한 여성의 추정 소득 비율을 활용하고 있다. 추정 소득 비율을 측정하는 변수로는 1인당 GDP, 전체 인구(성별 인구비), 비농업 부문 성별 임금 비율, 성별 경제활동인구 비율 등이 이용된다

자료: 여성가족부(2005).

제 2 부

사회의 질과 한국 사회: 경험적 적용

제6장

지역사회 역량

정민수 동덕여자대학교 보건관리학과 교수

1. 서론

'지역사회 발전(community development)'이라는 개념은 19세기 말에 처음 등장했고, 약 50년 전부터는 지역사회 프로그램, 과정, 방법, 운동 같은 개념으로 재구성되었다(Sanders, 1958; Rubin and Rubin, 2008). 그리고 1990년대부터는 시민사회의 확대와 더불어 건강증진 담론과 만나 새롭게 조명되고 있다(Poole, 1997). 그런데 오늘날 지역사회 발전이라 함은 지역의 경제력 지수를 높이고 직간접적인 사회 기반 시설과 자원들을 확충하는 것이라기보다 지역사회 주민과 함께 사회의 질(social quality, 이하 SQ)을 증진하기 위해 집합적인 노력을 경주하는 과정에 가깝다(Israel et al., 1994). 지역사회 발전을 위한 SQ의 구성 요소는 크게 세 가지이다. 첫째, 물질적인 여유뿐 아니라 건강과 교육 같은 삶의 비경제적 영역을 모두 포함하는 지역사회 구성원의 웰빙(well-being), 둘째, 높은 생산성과 효율성을 통한 복지, 셋째, 주민들이 주도하여 사회 및 경제 구조를 활성화하는 조직적인 발전이 그것이다(Baker, 1989: 48; Chaskin et al., 2001).

SQ는 각 개인에게 주어진 삶의 기회(life chance)가 얼마나 충분하며, 이러한 기회를 펼치는 데 있어서 제약이 얼마나 작은지로 평가할 수 있다(Gittell and Vidal, 1998). 즉, 개인의 능력이 충분히 발휘되지 못하는 사회는 SQ의 수준이 낮다고 볼 수 있다. 제1부에서 살펴본 것처럼 SQ에는 사회경제적 안전성(socio-economic security), 사회적 응집성(social cohesion), 사회적 포용성(social inclusion), 사회적 역능성(social empowerment)이라는 네 가지 구성 요소가 있으나(Beck et al., 2001) 이러한 구분은 분석적 차원에서의 구분에 가깝다. 지역사회 주민의 측면에서 본다면 SQ라는 것은 지역사회가 갖고 있는 역동성과 활력, 그리고 주민들의 상호 작용과 협력에 따른 조직화에 가까우며, 그것이 개별적인 사회 행위의 결과를 극대화하는 역량으로 나타난다고 볼 수 있다. 지역사회 역량(community capacity)이라고 불리는 개념은 이러한 측면에서 SQ와 긴밀하게 연관된다(Jung and Viswanath, 2013). 따라서 이 장에서는 지역사회 역량 개념을 바탕으로 우리가 SQ를 어떻게 높이고 증진할 수 있는지 알아본다.

2. 지역사회 발전

지역사회의 SQ에 영향을 미칠 수 있는 요소들은 매우 다양하다(〈표 6-1〉). 지역사회 발전은 사회, 경제, 문화 그리고 환경을 포함하여 지역사회 생활의 많은 측면에서 변화를 이끄는 과정이다. 이것은 변화를 이끄는 사람들로부터 지역주민에게 확산되어 결국 SQ를 높이는 실천들로 나아가게 된다. 따라서 지역사회 발전 과정은 사람들의 참여에 우선 초점이 맞춰진다.[1] 실제로 지역

1) 커뮤니티(community)를 지역사회라고 부르는 이유가 여기에 있다. 지역사회란 자연스럽게 형성된 하나의 하부 지역이면서 완전히 닫힌 체계는 아니지만 적절하게 경계를

〈표 6-1〉 SQ에 영향을 미칠 수 있는 요소들

차원		구성
변수	개인수준	연령, 젠더, 건강, 교육수준, 고용, 주거
	가족수준	가족관계, 혼인상의 지위, 자녀, 부양가족
	지역사회 수준	도시/농촌, 사회경제적 지위, 사회 응집성, 리더십, 지역사회 정체성, 공적 질서/안전
	제도수준	지방자치, 규제, 거버넌스, 사회 시스템
구성	구조적 수준 (사회연결망)	유형, 크기, 포용성, 밀도, 지역사회에 기반을 둔 단체들의 다양성
	문화적 수준	사회 유대와 상호 부조, 일반화된 사회적 신뢰, 사회 시스템에 대한 신뢰
결과	개인/가족 수준	사회 유대, 친밀성, 역능, 자기효능감, 정치적 이해
	지역사회 수준	자원 봉사, 협동, 협력, 상호부조, 낮은 범죄율, 다양성, 관용
	국가수준	정치적 참여, 물질적 번영, 사회 형평성

자료: Jung(2012) 수정·보완.

사회 구성원들은 공동의 문제를 해결하기 위해 함께 행동하곤 한다. 루빈(J. Rubin)과 루빈(S. Rubin)에 따르면 지역사회 발전은 사람들이 그들의 이웃과 근린공간 내에서 강하게 결속하여 사회적 연결망을 만들고 문제 해결을 위한 장기적인 역량을 배양하고 고유한 조직을 형성했을 때 이루어진다(Rubin and Rubin, 2008). 다시 말해 질 높은 사회라는 것은 사회의 구성원들이 그들의 사회적 공간을 스스로 가꾸기 위해 생각하고 계획하고 결정하고 행동할 때 도

유지하는 내적 상호 관계의 집합이기 때문이다. 동시에 이것은 공동체 의식과 정체성을 가진 지역주민들로 구성되는데, 그들 간의 다양하고 지속적인 유대를 통해 지역사회 역량이 형성된다. 이런 이유로 인해 이 글에서 말하는 지역사회란 물리적으로 같은 생활공간 내에 있다는 의미에 더하여 같은 공동체라는 정체성을 갖고 있다는 의미까지 포함한다. 그것이 완벽한 소속감은 아니더라도 이런 '지역사회 정체성(a sense of community)'은 하나의 지역사회를 구분하는 중요한 잣대이다(McMillan and Chavis, 1986).

래할 수 있다. 사람들은 이를 위해 조직화를 꾀하는데, 지역사회 조직화는 주민의 삶에 영향을 미치는 것들을 만들고 결정할 때 공동체 안에서 민주적 수단을 발전시키는 과정이다(Gittell and Vidal, 1998; Minkler, 2005). 보통 지역사회 조직화의 가시적 결과는 공식적이거나 비공식적인 단체와 모임들이다(Jung and Viswanath, 2013). 단체는 공식적 리더십을 가졌을 수도 있고 아닐 수도 있다. 그러나 시간이 흐르면서 이들은 신뢰, 능력, 기술, 지식, 경험 등을 자연스럽게 축적한다(Smith et al., 2005). 지역사회 발전은 지역사회 구성원들이 더 많은 책임과 능력을 갖고 자신들의 삶의 환경에 대해 인식하고 거기에 관심을 갖게 되는 과정이며, 지역사회 참여를 통한 풀뿌리 민주주의를 실현하는 과정이다. 그러므로 지역사회라는 경제, 정치, 사회 환경은 지역 구성원들이 그들의 가능성과 역량을 증진하고 실현하는 '공간'이자 '기회'이다(Walter, 2005).

지역사회의 발전 과정이나 역량 증진 과정이 물론 단선적인 진화의 과정은 아니다. 그 과정은 의미 있는 결과들을 달성하기 위해 자발적으로 계획되며, 부단한 노력과 시행착오를 필요로 한다. 따라서 지역사회 발전 과정은 비단 행위 주체의 역량뿐 아니라 문제를 인식하고 공유하며 해결 방법을 궁리하고, 지역주민의 요구에 부합하는 조건을 만들고, 서비스를 제공할 수 있는 지역의 총체적인 역량을 필요로 한다.

3. 지역사회 역량[2)]

역량이라는 것은 무엇을 발생시킬 수 있도록 하는 힘을 말한다(Jung and Viswanath, 2013). 지역사회 발전에 영향을 미치는 역량에는 물리적 역량(사회 하부 구조), 경제적 역량(기금, 융자, 보조금 등의 재정 자원), 지지 역량(정부 정책과 제도), 그리고 지역사회 역량이 있다(Goodman et al., 1998). 그런데 앞의 세 가지 역량은 대개 지역사회의 통제 바깥에 있다. 다만 지역사회 역량은 주민들을 통해 증진될 수 있는 무형의 자원이다.

지역사회 역량은 사회 문제들을 확인하고 문제 해결을 위해 인적·물적 자원을 동원하며 궁극적으로 이러한 문제를 해결하는 데 영향을 미치는 지역사회의 특성이며(Goodman et al., 1998), 다양한 요소로 구성된다(〈표 6-2〉). 모든 개인은 일정 정도의 능력을 갖고 있다. 그러므로 지역사회 안에 거주하고 있는 개인들의 역량은 지역사회 역량의 잠재적인 형태이며, 이 안에 인적 자본과 사회 자본 같은 지역사회의 자산(assets)을 배태하고 있다. 인적 자본은 문제해결 능력 및 집단을 촉진시키는 경험과 학습, 업적, 기술 같은 것을 포함한다. 반면 사회 자본은 사람들 간의 신뢰와 사회 연결망이다(Putnam, 1993). 특히 사회 자본은 지역사회의 상호 이익을 위해 개인들 간의 협력과 협동을 활성화하고 촉진한다. 여기서 상호 이익은 지역사회 구성원의 웰빙을 증진하는 바람직한 결과들을 의미한다(Putnam, 1993). 한편 지역사회 역량의 증진은 건강한 도시를 만드는 것과 긴밀하게 연관된다. 건강한 공동체는 자립적이고

---

2) 지역사회 역량의 증진을 위한 다양한 정책 사례는 미국을 중심으로 방대하게 전개되어 왔다. 지역사회 경제개발 정책, 지역사회 이니셔티브를 위한 포괄적 접근 정책, 기업공동체 정책, 지역사회조직화 정책 등이 여기에 해당한다(Gittell and Vidal, 1998). 그러나 이 절에서 구체적인 정책 사례는 다루지 않겠다.

〈표 6-2〉 지역사회 역량의 구성 요소들

수준	구성	정의
개인 수준	사회적 지지	개인적 걱정거리를 나누고 돈을 빌리거나 가사를 요청하는 것 등
	사회적 접촉	가족, 친구, 이웃, 동료와의 평상시 교류 및 접촉
	사회적 참여	동호회, 종교, 봉사활동, 직장모임, 시민사회단체의 참여 여부
	지역사회 참여	지역사회를 위해 돈이나 시간을 할애할 의향이나 봉사활동 여부
	제도적 신뢰	중앙과 지방정부에 대한 신뢰 및 기타 공적 제도에 대한 신뢰 등
	개인적 신뢰	일반인이나 지역사회 주민에 대한 신뢰 등
	지역사회 정체성	지역사회의 역사와 가치를 공유하고 애착을 가지는 것 등
조직 수준	이웃관계 정도	CBO*의 파트너십 정도
	포괄성	CBO의 전체 네트워크에서 고립된 단체의 비율
	사이성	CBO 네트워크 간의 연결 정도
	응집성	CBO 네트워크의 클러스터링 정도
	활동성	CBO의 프로젝트에 주민이 참여하는 정도

* CBO: community-based organization.
자료: 정민수·조병희(2012) 수정·보완.

진취적이고 반응적이며 또한 역동적인 지역사회이다(Barett et al., 2005). 건강한 공동체는 매 순간 지식과 기술을 고양하려고 노력하며 집합적인 행동을 취함으로써 변화를 이룩할 수 있다고 믿는 사람들로 구성된다. 따라서 건강한 지역사회는 인적 자본을 바탕으로 그들의 가능성과 잠재력을 발휘할 능력을 가지고 있다. 그러한 능력들의 조직화가 지역사회 역량을 만들며 궁극적으로 SQ를 높이는 토대가 된다.

지역사회 역량 증진에 놓여 있는 철학은 지역사회 구성원이 자신의 삶을 스스로 가꾸어나갈 수 있는 능력을 지녔거나 지닐 수 있다는 것이다. 그리고 지역사회 역량이 점진적으로 증진될 수 있다고 간주한다. 따라서 지역사회 역량은 일회성의 기획이거나 어떤 이슈를 통해 만들어지는 하나의 사건이 아니다. 오히려 개인, 단체 또는 그 이상의 수준에서 지역사회 역량은 고양될 수 있다(Minkler et al., 2008). 그렇다면 지역사회 역량을 증진시키는 방법은 무엇인가? 두 가지 전략이 가능한데, 하나는 임파워먼트된 개인을 육성하는 것이고, 다른 하나는 지역사회의 조직을 활성화하는 것이다.

4. 임파워먼트와 풀뿌리 단체들

지역사회 구성원들은 여러 이유에서 지역사회 활동에 참여하는 것에 관심을 보인다(Smith et al., 2005; Minkler et al., 2008). 그것은 물론 개인적인 목적에서 기인하는 것일 수도 있고, 실제 지역사회의 현안을 해결하기 위한 것일 수도 있다. 따라서 지역사회 역량은 확대되고 조직화될 수 있으며 더 개발될 수 있다. 지역사회 수준의 역량이 증진된다는 것은 개인이 임파워먼트된다는 의미이기도 하다. 임파워먼트는 개인들의 고유한 가능성을 스스로 발현하는 능력이다(Israel et al., 1994). 지역사회의 변화 주체들이 이끄는 활동에 참가함으로써 잠재적인 것에 머물렀던 개인의 능력은 증폭된다. 따라서 임파워먼트는 지역사회에 변화를 일으키는 개인들의 능력 발휘이며 집단의 상호 작용을 통해서 공유되거나 발전되는 힘이다(Chaskin et al., 2001; Rahim and Asnarulkhadi, 2010). 이것은 외부의 권력이 아니라 지역사회와 우리 안의 권력이라는 점에서 지역사회 구성원들이 그들의 삶과 밀착된 이슈에 참여하도록 하며, 성숙사회를 위한 웰빙과 SQ를 지향한다.

높은 SQ라는 우리의 궁극적인 지향점이 있다고 했을 때 여기에 도달하기 위한 지역사회 역량에는 몇 가지 요소가 필요하다. 개인수준의 역량은 앞서 기술한 것처럼 기본적으로 인적 자본에 바탕하며, 지역사회 수준의 역량은 사회 자본에 기초한다. 인적 자본은 지식, 태도, 실천으로 구성된다. 우선 '지식'은 실질적인 지식과 경험인 노하우를 말한다. 지역사회 구성원들이 이런 노하우를 많이 가지고 있을 경우 지역사회는 정보적으로 민감해진다(informed-community). 즉, 문제를 이해하는 데 어려움을 겪지 않을 뿐 아니라 그것을 수용하는 데도 적극적이 된다. 이와 연관되는 것이 지역사회를 바라보는 '태도'이다. 태도는 제기된 지역사회 문제에 반응하고 관심을 보이며 적극적으로 참여하고 책임감을 공유하는 것을 말한다. 이러한 긍정적 태도가 형성되면 지역주민들 사이에는 문제 해결을 주도하는 몇몇의 변화 주체가 등장하게 된다. 마지막으로 '실천'이다. 실천은 지식과 태도를 바탕으로 실질적인 변화 행위를 하는 것을 말한다. 이것은 문제 해결에 대한 표지가 되며 더 큰 조직화를 위한 씨앗이 된다. 이들의 조직화를 통해 개인수준의 역량은 표출되며 증진될 수 있다.

그런데 이것만으로는 지역사회 변화를 기대하는 것이 어려우며, 실패와 좌절도 종종 목격되는 것이 사실이다. 지역사회 발전은 주민들의 사회경제적 변수와 지역사회의 조건에 많은 제약을 받기 때문이다. 개인수준의 지역사회 역량만을 이야기한다면 이것은 임파워먼트에 가까우며, 지역사회 역량을 별도로 논의할 필요가 없다. 따라서 개인수준이 아닌 지역사회 수준의 역량을 살펴보는 것이 중요하다. 지역사회 수준의 역량은 기본적으로 두 가지로 구성되는데, 하나는 이미 지역사회에 있던 것이고 다른 하나는 개인들이 지역사회 역량을 축적하면서 생성하는 것이다. 전자는 좁은 의미에서 지역사회 수준의 지역사회 역량으로, 소위 말하는 풀뿌리 단체들(community-based organizations: CBOs)의 네트워크와 지역사회의 고유한 자원들이다. 우선 CBOs는 지역사회의 비영리, 민간, 풀뿌리 단체들로, 개인수준의 지역사회 역량이 형성될 수 있는 중요한 단초가 되며, 지역의 변화 주체들이나 오피니언 리더들이 주로 속해 있는 곳이다(Jung and Viswanath, 2013). 사실 개인의 인적 자본이 우수하다고 해서 지역사회에 어떠한 변화를 꾀하기에는 불가능한 경우가 많다. 그 경우 개인은 CBOs를 매개로 하여 다양한 상호 작용을 하면서 변화

〈그림 6-1〉 풀뿌리 단체들 간의 연결망 사례

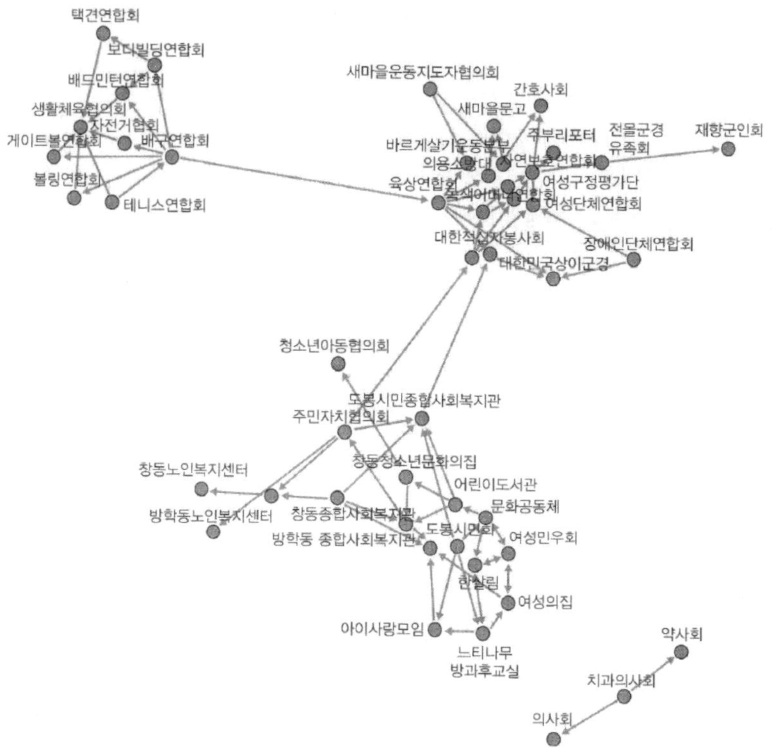

자료: 정민수·조병희(2012).

의 계기를 마련할 수 있다. CBOs는 이뿐만 아니라 지역사회의 숨어 있는 잠재 자원들을 발굴하는 데 도움을 준다. 밍클러(M. Minkler)는 아무리 빈곤한 지역이라 하더라도 지역사회의 고유한 자원이 존재하며(Minkler, 2005), 라버랙(G. Laverack)과 월러스틴(N. Wallerstein)은 그래서 풀뿌리 단체들을 통해 이러한 역량 자원을 확인하고 발굴하는 것이 필요하다고 주장했다(Laverack and Wallerstein, 2001).[3] 이러한 배경하에서 서구에서는 다양한 연구들이 수행되었고, 한국에서도 CBOs를 조사하고 풀뿌리 단체들 간의 네트워크를 분석하는 연구들이 등장했다(〈그림 6-1〉).

지역사회 역량의 조직화 과정은 CBOs를 통해 임파워먼트된 개인이 지역사회 자원을 활용해 지역사회 역량을 구축하는 과정이다. 이것은 여러 가지 활동과 실천으로 나타날 수 있는데, 비판적 인식, 자원 구축, 파트너십과 리더십 형성, 문제해결 역량 증진 등의 형태로 지역사회에 드러난다. 물론 지역사회 수준의 역량도 구조적이고 생태적인 조건들에 영향을 받는다. 인구집단의 특성, 인구의 유동성, 관련 정책과 제도 등이 그러하다. 그러나 전진과 후퇴의 과정 속에서 지역사회 역량은 상호적으로 SQ를 높이는 방향으로 나아가려는 속성을 가지며, 이를 스스로 달성하고자 한다. 여기서 상호적이라 함은 개인수준과 지역사회 수준의 역량이 서로 영향을 미친다는 의미이며, 동시에 점진적으로 진행된다는 의미이다(Minkler, 2005). 중요한 것은 지역사회 역량 증진에 대한 계기를 만드는 것이며, 변화에 대해 미온적이고 거부감마저 있는 정적인 분위기를 깨뜨리는 것이다.

---

3) 지역사회 역량의 측정 도구와 구체적인 종류들에 대해서는 Goodman et al.,(1998), Chipuer and Pretty(1999), Narayan and Cassidy(2001), Laverack(2005), Jung and Viswanath(2013)를 참조.

5. 지역사회 역량 증진을 위한 전략

지역사회 역량을 증진하기 위한 전략은 개인과 지역사회 수준에서 모두 필요한데, 여기서 소개하고자 하는 여섯 가지 전략은 다음과 같다.

1) 리더십 개발 전략

리더십 개발 전략(leadership development)은 지역사회의 변화 주체들을 중심으로 사명감, 비전, 기술, 자원활용 능력, 관계구축 기법 등을 개발하는 전략이다(Goodman et al., 1998; Chaskin et al., 2001). 이들은 정적이고 변화가 없었던 지역사회에 새로운 움직임을 만들어내는 사람들이며, 자발적으로 소모임을 만들고 이끌어가는 리더들이다. 예를 들어 지역사회의 문제를 발굴하고 알리는 풀뿌리 조직이나 시민 모임이 그런 것들이다(정민수·조병희·이성천, 2007, 정민수·길진표·조병희, 2009; Provan et al., 2003). 이들의 리더십은 변화에 대한 비전을 가지고 지역사회 역량 구축을 위해 주민들에게 긍정적 태도를 전파한다. 물론 이러한 리더십은 개인에서 조직 수준으로 발전될 수 있으며, 궁극적으로는 지역사회 전체가 리더십을 갖도록 전략적 접근을 한다(Barett et al., 2005). 이때 지역사회는 변화를 주도하는 주체가 된다.

2) 평생학습 전략

전통적으로 교육의 확대를 통해 공동체를 변화시키려 하는 것은 농촌을 개발할 때 주로 활용되었다. 그런데 오늘날에는 이러한 전략이 예방의학, 환경보호, 가족계획, 소비자교육 영역 등으로 확장·응용되었다(Rahim and Asnarulkhadi, 2010). 일반적으로 확장된 학습 전략(expanded learning), 즉 평생학습 전략은 개인의 고유한 사회경제적 맥락에서 학습 참여자가 직면하고 있는 요구와 문제에 효과적으로 대처할 수 있는 지식, 기술 습득에 도움을 주는 교육과정을 활용한다. 그리고 관련된 자문을 제공하고, 형식에 얽매이지 않은 교육 시스템을 적극 도입한다. 이러한 학습 방식은 개인의 문제 해결을 위해 고안된 중재 프로그램의 기획, 실행, 평가를 참여자가 스스로 주도함으로써 자발적 행동 변화를 유도한다. 특히 자문을 제공하는 과정에서 확장된 학습 전략은 참여자가 원하는 새로운 지식, 기술, 해법을 찾아내도록 상호 협력함으로써 참여자 자신의 시각에서 문제를 바라보고 이를 해결할 수 있도록 하는 자기주도 학습을 꾀한다. 이 과정은 곧 임파워먼트된 개인을 육성하는 과정이라는 점에서 앞서 논의한 것의 연장선상에 있으며, 널리 알려진 개념인 자기효능감(self-efficacy)과도 맞닿아 있다(Boone, 1989: 2). 결국 평생학습 전략은 문제를 풀어주는 것이 아니라 그것을 스스로 해결하는 법을 찾도록 해주는 것이다. 즉, 자신이 현재 처한 상황을 인식하고, 이에 대응하고 상황을 변화시키는 개인의 역량을 기르도록 하여 본인의 잠재성을 극대화하는 전략이다. 중요한 것은 이 경우 임파워먼트된 개인이 다양한 상호 작용 속에서 이러한 학습을 전파하고 확산하여 개인의 임파워먼트를 집단수준으로 고양시키도록 기능해야 한다는 점이다.

혹자는 이런 전략에 대해 1970년대에 세계보건기구(World Health Organization)가 1차 보건의료의 토대를 놓고자 수행한 사업을 떠올릴 것이다. 이 사업은 지역사회 주민을 일반 보건의료 활동가(lay health worker)로 육성하여 1차 보건의료를 강화하려던 것이었으나 지역사회 전반의 참여를 끌어내지 못하여 실패했다. 그런데 지금 소개한 확장된 학습 모형에서 학습 참가자에게 새로운 지식과 기술을 전파하고 그들에게 동기를 부여하는 사람은 외부인이 아니라 지역사회 내에 있는 각 분야의 전문가들이다. 이들은 학습 참가자들과 같은 사회적 맥락에 있음으로써 그들과 쉽게 소통할 수 있다. 그리고 그들이 필요로 하는 지식과 기술을 전파한다. 여기서 중요한 것은 이러한 지식과 기술을 지역사회의 주민들이 모여서 서로 논의하고 적용한 다음에 새로운 발견과 결과를 가지고 전문가들과 다시 소통하는 데 있다. 세미나 또는 워크숍을 통해 쌍방향의 소통이 일어나며, 그 과정 속에서 지식과 기술이 점점 더 발전된다는 데에 확장된 평생학습 모형의 강점이 있다. 인적 자본을 만드는 동시에 지역사회 내에서 상호 관계를 높이는 이 전략은, 지역사회에 대한 정체감을 키우면서 주인의식을 갖게 만드는 고도의 계획된 학습 전략인 것이다. 이를 통해 개인은 지역사회에 훨씬 밀착되며, 자신의 삶의 기회를 제약하는 조건들을 지역사회의 측면에서 바라보는 안목을 갖게 된다.

3) 강점과 자원 기반 전략

강점과 자원 기반 전략(strength-and asset-based)은 지역사회 역량 증진이 갈등보다는 합의와 협동에 근거한다는 맥락에서 등장했다(Minkler, 2005: 32). 빈곤한 지역사회의 경우, 기존에는 무엇이 필요하다고 중앙정부나 다른 기관에 요청하는 방식을 취했고, 그것이 얻어지지 않았을 경우 이를 얻기 위한 시위를 했다. 사회운동 부문에서 알린스키 모형(Alinsky model)으로 불리는 이런 갈등 전략은 시민사회의 성장과 제도 마련, 그리고 정치적 성숙 등으로 인해 쇠퇴했고, 이에 따라 이제는 강점 기반 전략이 등장했다. 이것은 지역사회가 가진 문제를 해결하기 위해 필요한 것을 외부가 아닌 내부의 강점에서 찾아야 한다는 패러다임에 바탕을 두며, 지역사회 내의 자원을 파악하는 기법과 함께 발전했다(Kretzmann and McKnight, 1990). 예컨대 자원지도 그리기(asset mapping) 방법이 있다(Kretzmann and McKnight, 1993).

자원지도 그리기는 지역사회 개발과 건강한 지역사회의 건설을 위해 유용하고 가용한 자원들을 발견하는 과정이라 할 수 있으며, 주민 스스로 이 과정

〈그림 6-2〉 지역사회 자원지도의 사례

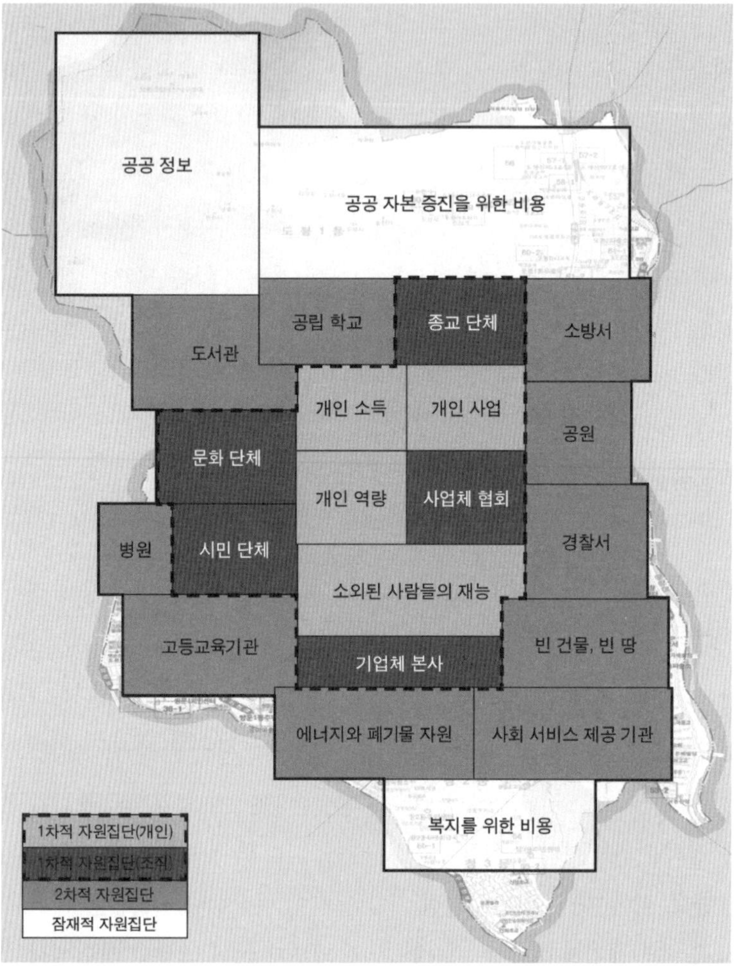

주: 1차적 자원은 지역 안에 위치해 있고 법적으로 주민들이 운영하는 자원이다. 2차적 자원은 지역 안에 위치해 있지만 주민이 아닌 다른 주체를 통해 운영되는 자원이다. 잠재적 자원은 지역 외부에 있으며 지역 밖의 제3자에 의해 운영되는 자원이지만, 지역의 노력에 따라 지역 개발에 활용될 수도 있는 자원이다.

에 참여함으로써 자기 지역사회의 역량을 확인하고 지역사회 개발에 능동적으로 개입할 수 있는 기회를 얻는다. 지역사회 자원의 지도를 그리기 위해서는 우선 지역사회 자원들과 자원들의 역량에 대한 정보를 수집하고, 이 정보를 조합하여 자원의 목록(inventory) 지도를 만들고 지역사회에 알리는 일련의 절차를 따르게 된다. 맥나이트(J. L. McKnight)와 크레츠만(J. P. Kretzmann)은 지역사회의 자원을 접근성과 운영 주체에 따라 분류했다(McKnight and Kretzmann, 1993). 1차적 자원은 지역사회에 존재하고 주민이 통제하는 개인과 조직의 역량이다. 풀뿌리 단체, 주민의 지식과 기술 수준, 지역사회 토착 기업 등이 해당된다. 2차적 자원은 지역에 존재하지만 외부에서 통제하는 자원으로, 중앙과 연계된 민간 조직, 비영리 조직, 공공 제도 및 물질적 자산으로, 학교, 은행, 병원 등이 해당된다. 잠재적 자원은 외부에 존재하고 외부에서 통제하는 자원으로, 복지 예산, 공적 자산, 공적 정보 등을 말한다.[4] 지역사회의 자원지도를 그리는 것은 주민들이 스스로 지역사회의 강점을 찾으며 SQ를 증진시킬 수 있는 가능성을 열어놓는다는 점에서 중요하다.

필요를 중시했던 기존의 지역사회 사업은 지역사회와 주민의 문제들, 예를 들어 범죄, 폭력, 질병 등과 같은 결핍된 욕구를 파악하고 그것을 외부 자원으로 해결하려고 했다. 그러나 역량을 중요시하는 접근은, 지역사회에 존재했으나 기존에는 주목받지 못한 인적·물리적·조직적 자원과 역량을 동원하고 이를 조직화하여 내부적으로 문제 해결을 시도한다. 기존의 접근은 문제

---

4) 다른 방식의 구분도 있다. 미국 캘리포니아의 콘트라코스타(Contra Costa) 지역에서 추진되었던 지역사회 역량 강화 보건사업(2006)에서는 지역사회 자산을 개인의 지식과 기술 등의 개인 자산, 문화적 가치, 상호 부조 규범 등의 문화 자산, 자발적 조직, 지역 기업 등의 집단 자산, 지역의 정치, 경제, 교육, 종교의 활동과 운영 등의 제도 자산, 공원, 마을회관 등의 물리적 자산, 그리고 정부의 의료 서비스 등의 서비스 자산으로 구분했다.

해결을 외부에 의존하기 때문에 늘 지역사회는 불확실성에 놓이게 되고 의존적이 된다는 결정적 단점을 가졌다. 그러나 지역사회 강점과 자원 기반 접근은 이런 본질적 문제에서 해방된 새로운 패러다임이다. 이것은 지역사회 기반의 연구 방법론과 결합해 CBPR(community-based participatory research), PAR (participatory action research) 등으로 불리며 서구에서 지역사회 역량 증진을 주도하고 있다(Minkler and Wallerstein, 2003; Israel et al., 2005; 정민수 외, 2008).

4) 지역사회 조직화와 연계 전략

지역사회 조직화(community organizing)는 리더십을 가진 행위자들과 지역사회의 토착 조직들을 묶는 것이다(Walter, 2005). 인적 자본이 풍부한 것만으로는 지역사회 역량이 만들어지지 않기 때문에 지역사회 구성원들은 CBOs에 참여함으로써 의미 있고 유효한 활동을 하게 되는데, 그 결과 개인과 조직의 역량이 모두 강화된다. 따라서 지역사회 조직화란 역량을 개발할 수 있도록 지역사회의 주체들이 서로 참여하고 관계 맺는 것을 의미한다(Rubin and Rubin, 2008).

지역사회 조직화를 주도하는 토착 조직은 두 종류가 있다. 하나는 지역사회에서 이미 중추적 기능을 하는 다목적 조직(multi-issue community organization)이다. 이런 기관의 대표들은 이미 지역주민의 역량 강화와 웰빙에 지역사회 조직화가 중요한 것을 인식하고 있다. 다른 하나는 잠재적인 역량을 갖고 있는 지역사회의 기업들(corporations)이다. 지역사회의 경제 자본을 늘리기 위해 헌신해온 기업들은 지역사회의 강점과 약점을 잘 알고 있으며, 지역의 구매와 고용을 활성화하는 역할을 담당한다. 그뿐 아니라 지역사회 개발과 SQ 증진을 위해 필요한 서비스를 제공하거나 이를 지원하는 데도 중요한 역할을 한다.

〈그림 6-3〉 지역사회 역량의 조직화 효과에 대한 실증적 사례

주: 서울의 404개 자치동(洞)의 지역사회 역량을 지리정보시스템(GIS)으로 도해한 그림이다. 색이 진할수록 지역사회 역량의 잠재성이 더 높다.
자료: Jung and Viswanath(2013).

지역사회 조직화가 지역 내의 다양한 인적·물적 자원을 활용하고 상호 결합하는 것이라면, 연계 전략은 지역 바깥에 있는 자원과 지역사회를 연결하는 전략이다. 지역사회의 자원 조사와 동원이 끝나면 광범위한 의견 수렴을 통해 지역의 의사결정자들을 모으게 된다. 참가자들은 지역사회 개발을 추진하는 데 필요한 많은 추가적인 자원들을 동원하는 역할을 맡는다. 여기에서는 지역 외부의 사람이나 기관과의 연계 형성이 핵심이 된다. 의료 기관, 은행, 공공 단체, 조합, 교회, 정치·사회단체 등 우리 주변에는 이러한 연계망을 가진 다양한 토착 조직들이 있다. 이들은 지역사회 조직화를 위해 자원을 모으고 역량을 결집하는 중요한 이해관계자들이다.

지역사회 역량의 조직화가 미치는 효과에 대한 경험적 연구는 최근에 시도되고 있는데, 정민수와 비스와나스(K. Viswanath)는 서울시의 404개 동(洞)을 대상으로 주민들의 지역사회 참여수준과 지역사회 풀뿌리 단체의 개수 및 봉사활동 정도를 변수로 활용해 지역사회 역량의 조직화 정도를 측정했다(Jung and Viswanath, 2013). 다수준 분석 결과, 연구진은 사회인구학적 변수들을 통제한 상태에서 조직화 역량이 우수한 지역사회는 그렇지 못한 지역사회에 비해 주민들의 건강수준이 8% 더 건강하다는 사실을 발견했다. 〈그림 6-3〉에서 색깔이 진한 지역은 지역사회 역량과 지역주민의 건강수준 간에 연관성이 더 강했는데, 이러한 지역들은 익히 알려진 경제적으로 부유한 동네가 아니었다. 따라서 지역사회 역량의 조직화와 증진 전략은 빈곤하거나 경제적인 자원이 부족한 지역사회에서도 지역사회 발전을 꾀하는 전략으로 활용될 수 있다.

5) 조직적 파트너십 형성 전략

지역사회 역량 증진을 위한 파트너십 형성(organizational partnership)은 둘 이상의 조직이 공동의 목적을 달성하기 위해 관계를 맺는 것이며, 역할이나 목표가 명확히 규명된 관계를 뜻한다(Mattesich et al., 2005). 이런 파트너십은 그 성격과 의미에 따라 네트워크(network), 협력(cooperation), 조화(coordination), 공동작업(collaboration)으로·나눌 수 있다(Butterfoss, 2007). 네트워크가 독립된 두 조직이 서로 연관된 목표를 위해 정보를 교환하는 것이라면, 협력은 이 관계를 비공식적이지만 하나의 공동 목표로 정하여 서로 돕는 것이다. 반면에 조화는 협력 관계를 더 발전시켜 공식화된 파트너십으로 나아가는 것이고, 공동작업은 공식적이고 강한 유대 관계로 하나의 사업을 함께 추진하는 것이다. 그리고 관계가 더 긴밀해질 경우 개별 조직을 묶는 하나의 상위

조직을 신설할 수도 있다. 이러한 발전 과정은 보통 양해각서, 합의문, 공동 예산 등으로 나타나게 되는데(Winer and Ray, 1994), 일련의 단계를 통해 파트너십이 성숙된다. 다시 말해 역량의 형성 과정에서 임시적이고 비공식적인 관계가 점차 안정화되고 유지·발전되면서 제도화되는 것이다. 상호 참여가 활발해지면서 지역사회는 점차 하나의 정체감을 갖게 되는데, 다양한 파트너십 과정은 이것을 지탱시키는 견고한 하부 구조가 된다.

6) 기획과 평가 전략

지역사회 발전을 위한 기획과 평가 전략(planning and assessment)은 SQ를 높이는 다양한 방법들을 관리하는 전략이다. 여기서 특히 활동들에 대한 평가가 중요한데, 지역사회 단체 모니터링은 풀뿌리 단체나 시민 조직들의 파트너십을 기록(book-keeping)하는 것이다.[5] 즉, 지역사회 단체들이 그들의 파트너[6]와 상호 작용하는 패턴과 그것의 사회적 영향을 살펴보는 것이다. 조직 간의 파트너십 활동과 그 결과에 대한 정보를 규칙적으로 수집하는 이 활동은, 수집된 질적·양적 기록을 통해 활동의 효과성을 평가하고, 이를 매년 보고서로 발간한다. 이러한 활동에는 다양한 단체들의 이해관계자들이 관여하는데, 예를 들어 지역사회 건강증진 조직이라고 할 경우 이곳에 기금을 제공

---

5) 모니터링은 좁게는 기록을 의미하지만, 넓게 보면 기획(planning)과 평가(assessment)를 모두 함의하고 있다. 따라서 평가 및 기획 전략이라고 부를 수도 있다.

6) 이때 파트너는 매우 다양한데, 이해관계자가 될 수도 있고 다른 조직이나 개인, 또는 지역사회 공공 기관일 수도 있다. 현실에서 발생하는 문제 중의 하나는 이러한 파트너십이 특정 조직에 집중될 경우에 의사결정의 민주화와 일정한 대립이 생길 수 있고, 협력은 이해관계의 문제로 변질되어 갈등과 분쟁이 야기될 수 있다(Jewkes and Murcott, 1998). 따라서 이를 조정하는 과정에도 모니터링이 중요하다.

한 조직이나 인력을 파견한 단체뿐 아니라 간접적으로 정보를 제공하고 후원을 한 단체들과 건강증진 사업 과정에서 파트너십을 맺은 유관 기관, 그리고 프로그램에 참여한 지역주민들이 모두 이 범주에 들어간다. 이들은 해당 단체의 활동에 영향을 미칠 수 있는 잠재적 능력을 갖고 있기 때문이다. 피어스(J. Pearce) 등은 이러한 모니터링 전략을 여덟 가지 단계로 정리했다(Pearce et al., 1996). 첫 단계는 조직에 모니터링이 필요한 이유를 밝히며, 두 번째 단계는 조직의 목표와 그것을 성취하는 방법을 분명히 한다. 세 번째 단계는 이해관계자들을 제시하고, 네 번째 단계는 목표 달성과 관련된 행위를 측정할 지표들을 확정한다. 다섯 번째 단계는 정보를 기록하고 모니터링할 시스템을 확립하며, 여섯 번째 단계는 이 시스템을 통해 연말에 수집된 정보와 기록을 분석하고 해석한다. 일곱 번째 단계는 결과를 종합적으로 평가하여 각 조직이 수행한 결과를 지역사회 역량의 관점에서, 내부적으로 논의하는 것이다. 마지막으로 여덟 번째 단계에서는 보고서를 발간하여 그 결과에 대해 지역주민들과 의사소통하고 수행과 파트너십의 강점과 약점을 평가하여 발전 방안을 모색한다.

지역사회 조직 모니터링은 단순하지만 지역사회 역량 증진을 위해 CBOs가 하나의 구심점을 만들 수 있는 좋은 실천 전략이다. 이 과정 속에서 이해관계자들을 포함한 모든 지역 구성원이 참여할 수 있기 때문에 누구나 의사를 표명할 수 있고, 그만큼 더 지역사회 발전에 대한 주인의식과 책임감을 공유하게 된다(Chaskin et al., 2001; Crisp et al., 2000). 물론 각 단체는 고유한 조직 목표를 갖는다. 예를 들어 지역사회의 비영리 병원이라고 할 경우, 그들은 환자의 건강 회복을 목표로 한다. 그리고 이를 효율적이고 효과적으로 달성하기 위해 제반 사항을 수행하고 실천하게 되며, 그 과정에서 지식, 능력, 태도 등을 전파하고 이를 더 개발하게 된다. 앞서 살펴본 확장된 학습 전략도 조직 내의 개인수준에서 동시에 일어날 수 있다. 그리고 그 과정 속에서 해당

분야의 전문가들은 변화의 주체로서 참여자들을 보호하기도 한다. 이것은 어렵거나 복잡한 것이 아니며, 서로를 이해하는 과정 속에서 공동체의 발전이라는 하나의 목표를 향해 서로 엮이는 것일 뿐이다. 때로는 우선순위를 설정하는 것에서 이해관계자들 간에 불일치나 다툼이 있을 수도 있다. 그러나 이것은 외부에서 제어되는 것이 아니라 내부에서 자체적으로 해결될 때까지 시간을 필요로 한다. 그 시간과 과정 역시 지역사회 역량을 성숙하게 만드는 하나의 단계이기 때문이다.

결국 지역사회 조직 모니터링은 좁게 보면 CBOs가 효과적으로 파트너십할 수 있도록 관찰하고 평가하는 것이지만, 넓게 보면 지역사회에서 일어나는 일들에 귀를 기울이고 거기에 대해 관여하게 되는 과정이다. 알고 이해할 때에 관심과 애정을 갖게 되며, 거기서부터 지역사회 역량이 지역주민들에게 의미 있게 나타나기 때문이다. 지역의 전문가들은 보수나 대우를 기대하며 수단적으로 참여하지 않으며, 주민들도 자발적인 헌신을 통해 새로운 변화를 갈망하는 경우가 많다. 그것이 자신에게 분명한 혜택을 줄 것으로 예견되는지는 고려하지 않는다. 결과에 의한 동기화가 아니라 과정에 의한 동기화이기 때문이다.

6. 지역사회 역량 증진의 함의

지역사회 역량 형성은 주민들이 스스로 자신들의 지역사회 문제를 발견하고 필요에 대응할 수 있는 능력이 있다고 가정한다. 즉, 위로부터의 접근(top-down)이 아닌 아래로부터의 접근(bottom-up)이며, 경제적·사회적·환경적 측면에서 지역사회를 통합하는 장기간의 과정으로 SQ 증진을 목표로 한다. 물론 실제로 지역사회 역량이 SQ를 증진하느냐의 물음에 대해서는 아직 제한된 연구만이 존재한다. 그러나 지역사회 역량이 주민들의 건강 증진을 비롯하여(Jung and Rhee, 2013) 다양한 방면에서 지역사회 발전의 효과를 낸다는 점에서 볼 때 지역사회 역량의 효과에 대한 경험적 증명은 계속 보고될 것으로 기대된다. 지역사회 역량 형성의 함의는 무엇인가?

개인 차원에서 볼 때 역량 형성은 지역사회 내의 자신의 존재에 대한 비판적 의식이 형성되는 과정이다. 프레이리(P. Freire)는 기존의 교육이 일방적이고 권위주의적인 지식 전수의 수단이었으며, 따라서 피교육자를 해방시키기보다는 무기력을 재생산했다고 비판한다(Freire, 1970). 그는 교육자와 피교육자가 상호 평등하고 존경하는 가운데 주고받는 대화의 방식으로 자신들의 문제를 드러내는 것이 필요하다고 주장했다. 문제를 드러내고 인식하는 과정에서 그 해결책도 모색할 수 있기 때문이다. 대화법에 의하여 문제를 인식해가는 과정에서 자신의 존재의 의미를 비판적으로 사고하게 되고, 문제를 인지하면 해결책에 대한 모색도 자연스럽게 추구하게 된다. 앞서 살펴본 것처럼 확장된 학습 전략은 이런 논의에 바탕하고 있으며, 궁극적으로 자기효능감의 증진을 꾀한다. 성숙한 개인은 이러한 고민을 지역사회로 가져온다.

살기 좋은 사회란 무엇이며, 우리는 어떠한 삶의 공간을 추구하려고 하는가? 이러한 질문을 누군가가 하게 된다면, 당장 돌아오는 답변이 당신이 왜 그런 고민을 하느냐는 응답일 것이다. 우리는 지금까지 이런 고민을 우리의 몫이나 책임으로 생각하지 않았다. 그만큼 개인과 지역사회를 분리시켰고, 따라서 지역사회 역량에 대해 고민할 이유도 없었다. 그러나 오늘날의 사회는 얼마나 더 성장할 것인가를 고민하기보다는 앞으로 어떻게 성장해야 할 것인가를 고민하는 사회이다. 이 물음은 필연적으로 성장 이후에 우리가 가야 할 길은 무엇인지를 묻는다. 여기에 대한 대답은 사회 구성원마다 모두 다를 것이다. 그리고 이에 대한 생각을 논의한 적도 없고 그것을 구현하는 행위를 해본 적은 더더욱 없었다. 이것은 바로 SQ가 무엇이며 그것을 달성하는

〈그림 6-4〉 지역사회 역량 증진을 위한 여섯 가지 전략의 조화

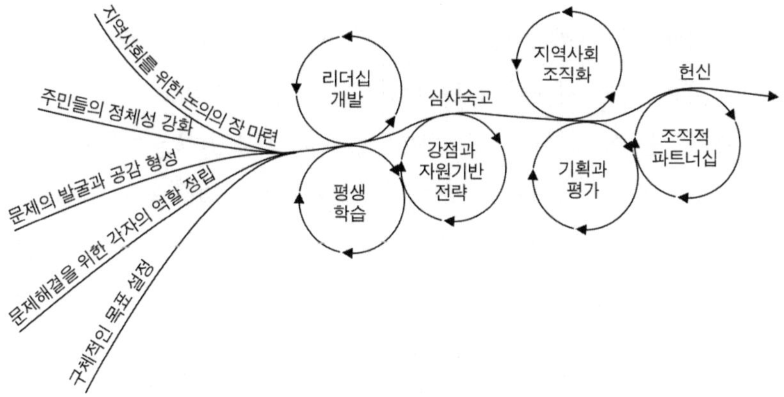

것이 우리가 행복해지는 길이 아닐까 하는 고민과 다르지 않다. 지역사회 역량은 그러한 고민을 내어놓는 과정이고, 이를 실현해가는 전략이다. 쉽게 말하기에는 용기가 필요하고 엄숙해 보이기까지 하는 그런 질문들에 다 같이 이야기해볼 수 있는 토대를 만드는 작업이 오늘날 지역사회 역량 증진이 갖는 함의이다. 지금까지 살펴본 여섯 가지 전략은 이를 위한 방법이자 도구였다(〈그림 6-4〉).

7. 지역사회 역량 증진의 적용

지역사회 역량 증진의 가능성과 필요성에 대해서 한국에서도 보건학과 사회복지학 분야를 중심으로 점차 그 논의가 확대되고 있다(정민수·조병희, 2007; 정민수 외, 2008; 유승현, 2009). 그러나 아직 구체적인 사업의 시도가 있었거나 그 효과에 대한 검토가 이루어진 것은 아니다. 역량증진 사업은 지역사회에

순환적인 프로세스가 만들어질 수 있도록 지지 기반을 만들고 그것의 지속가능성을 담보해주는 활동이 되어야 한다. 그 활동을 통해 지역사회 내의 CBOs 같은 결사체들의 탄생과 발전을 지원하고 응집성의 강화를 꾀해야 한다. 지역사회 역량 증진의 한국적 실천에 대한 제언은 다음과 같다.

첫째, 지역사회 협력체를 구성하여 상승효과를 조성하는 것이다. 한국은 시민사회의 자원이 풍부하고 풀뿌리 단체나 자발적 결사체도 많다(정민수, 2008). 이는 지역사회의 협업을 위한 훌륭한 자산이다. 다양한 지역사회 단체에 참여함으로써 개인들은 리더십을 기르거나 상호 학습의 기회를 가질 수 있다(Israel et al., 2006). 그뿐 아니라 협력체를 통해 지역사회 안팎의 권력 자원과 연계할 수 있다. 지역사회 역량을 통해 지역사회 내부의 연계가 강화되면 외부의 연계나 중앙정부와의 결속도 활발해진다(Woolcock, 1998). 미국의 경우 '전미 흑인여성 건강 프로젝트(Natioanl Black Women's Health Project)'는 지역사회의 강점에 기반을 두고 지역사회 외부와 연계를 통해 역량 조직화를 보여준 대표적인 사례이다(Smith et al., 2005). 지역사회 건강 증진을 예로 들 경우, 한국의 보건사업은 대개 보건 당국이 주도하여 지역사회의 결핍된 보건 자원을 충족해주는 종적인 작동 구조였기 때문에 여기서 얻을 수 있는 교훈은 많다. 따라서 실질적인 지방자치제와 분권적 민주주의가 아직 충분히 작동하지 않는 한국에서 지역사회의 역량 증진을 위해서는 지역사회 내부의 파트너십에 집중하고, 이를 통해 다른 지역사회와의 횡적 결집을 통해 중앙정부 중심의 종적 구조를 넘어서는 시도가 효과적일 수 있다.

둘째, 한국의 고유한 지역공동체를 발굴·육성하는 것이다. 2000년을 전후해 한국에서도 도시공동체 회복과 역량 증진에 대한 다양한 논의가 전개되었고, 자체적으로 사업이 꾸려졌다. 경제적 효율성과 공동체 규범이 조화된 울산시 주전동의 어촌계(최종렬·황보명화·정병은, 2006), 시민의 결사체 참여를 통해 사회적 연대가 이루어졌던 경기도 성남시(이수철, 2010), 일본의 마치즈쿠

리(まちづくり)와 유사한 마을만들기 운동(이명순, 2008: 141~145), 그리고 이외에 작은 공동체 단위에서 이루어진 소규모의 주민자치 사례들은 우리의 공동체에 대한 가능성을 보여주는 것들이다. 이제 지역공동체 회복 사업에서 결사체의 역할이 중요하다는 인식은 상식이 되었다(Israel et al., 1994; Provan et al., 2003). 특히 주민 참여는 사회적 네트워크를 강화하고, 응집력과 유대감을 높이며, 문제해결 능력과 더불어 주민 주도의 지역사회 변화 경험을 축적하게 만든다. 따라서 지역사회의 자원 조직화를 통해 주민 주도의 지역사회 발전과 SQ 증진 방안을 기획하는 것도 좋은 방안이 될 것이다.

8. 결론

지역사회 역량은 공동체의 진화를 다루는 것이 아니라 지역사회 발전이라는 목표를 효과적으로 달성하기 위해 준비되는 계획적인 활동이자 실천이다. 역량의 증진이라는 것은 개인과 조직, 다시 말해 지역사회 내에 있는 모든 구성원들의 삶의 기회가 증진되며 SQ가 높아지는 것을 의미한다. 이것은 기본적으로 이타적 협력과 참여 속에서 촉진되는데 지식과 기술을 포함하여 다양한 무형물들을 주고받는 가운데서 분비되는 점액 같은 것으로 비유할 수 있다. 그것은 지역사회를 하나의 공동체로 끈끈하게 만들며, 책임감과 주인의식을 공유하게 한다. 지역사회 정체감이라고 불려왔던 이것은 개인수준에서는 현실적으로 더 이상 해결되지 않는 많은 문제들에 거의 유일한 해법을 제시한다. 물론 주민들이 외부 자원을 끌어온다면 지역사회의 정체감이 없이도 지역사회는 작동할 수 있다. 이것은 기계적 연대에 가까운 것일 수 있는데, 집단의 이해를 표출하고 이를 관철하려고 하는 집합행동이 그러하다. 그러나 이 글에서 이야기하는 것은 유기적 연대이다. 이것은 사회적으로 불이익을 받는 지역에서 거주자들의 소속감과 협력이 더 크다는 사실로 확인할 수 있다(Chaskin et al., 2001).[7] 이들은 문제를 해결하고 삶의 공간을 바꾸기 위해 이타적으로 헌신한다. 이를 통해 책임감을 공유하고 문제 해결을 함께 한다. 우리가 가끔씩 목격해왔던 그 특별한 경험이 바로 지역사회 역량이다.

지역사회 역량 증진은 대체로 다양한 긍정적 결과들을 낳는다는 것이 지금까지 연구된 결과이지만, 고려해야 할 사항들도 있다. 우선 사회통합(social integration)은 사회적 갈등의 기회가 그만큼 많아질 수 있다는 것을 의미하기도 하며(Fagg et al., 2008), 잦은 접촉으로 인해 폭력과 범죄, 감염병의 증가로 이어질 수 있다(Cohen et al., 1997; Fleishman et al., 2000). 그뿐 아니라 하나의 공동체 안에서 다양한 내부 집단이 존재하거나 사회적 관계에 긴장감이 심할 경우 구성원들의 신체적 건강이 더 악화될 수도 있다(Burg and Seeman, 1994; Antonucci et al., 1998). 따라서 지역사회의 조건과 맥락에 따라 역량에 대한 이해와 목표, 전략을 구체화할 필요가 있다.

SQ 증진은 방대하고 도전적인 목표이기 때문에 추상적으로 비칠 수도 있으나 실제로는 주민들의 매우 구체적이고 조직화된 실천으로 이룩된다. 물론 지역사회의 제도 역량은 중앙정부 같은 지역사회 바깥의 권력과 통제에 영향을 받지만 시민 역량은 지역주민들에게서 창출되는 것이며, 이것은 제도 역량과 지역사회 건전성에 상당한 영향을 미친다. 따라서 SQ를 증진하고 함양하기 위한 실천의 주체는 지역사회 공동체이며 그들의 역량이 얼마나 조직적으로 유대하며 강화되느냐에 따라서 SQ는 개선될 여지를 갖는다. 여기에는 많은 난관과 장벽, 그리고 이해관계자들 간의 갈등이 존재하기 마련이다. 그러므로 지역사회 발전을 위한 진지한 고민과 문제 인식이 선행되어야 하며,

---

7) 예를 들어 지역에 범죄율이 높고 치안이 부실한 경우 거주자들이 안전을 위해 자율방범대를 운영하는 것이 그러하다.

지역사회의 고질적이고 오래된 현안들에 대한 주민들의 비판적 인식도 요구된다. 동시에 문제 해결을 위한 장기적인 비전의 공유와 구체적인 목표의 수립을 통해 유대감과 응집성을 회복하는 것도 필요하다. 그뿐 아니라 실제로 문제 해결을 주도하는 조직화된 노력이 다양한 시민 단체들과 지자체 간의 파트너십을 통해 발현되어야 할 것이다.

제7장

건강과 의료

조병희 서울대학교 보건대학원 교수

1. 사회의 질과 보건의료

보건의료제도는 국민의 건강 문제를 체계적으로 해결하기 위해 만들어진 사회적 장치이다. 의료제도는 의사와 간호사 같은 의료 인력을 양성하거나 병원과 보건소 같은 의료 시설을 건축하는 일, 약품이나 의료 장비를 생산·공급하는 일, 의료 이용이 가능하도록 건강보험이나 보건세 같은 재원을 조달하는 일, 그리고 보건의료 시스템을 관리하는 일 등으로 구성된다. 보건의료제도는 의식주에 버금갈 만큼 중요한 건강욕구(health needs)를 해결하기 위해 의료 서비스를 공급하고 관리하는 장치이다. 사회의 질(Social Quality)의 개념에서 생각할 때 보건의료는 '사회경제적 안전성' 차원에 속하는 것으로 볼 수 있다.

그런데 좀 더 깊이 살펴보면 의료는 사회의 질의 다른 측면과도 긴밀한 관계 속에 놓여 있음을 알 수 있다. 우선 의료는 건강불평등을 매개로 '사회적 포섭' 차원과 연결된다. 사회보험으로서 건강보험제도가 운영되면서 국민들의 의료 이용이 일상화되고, 결과적으로 건강 상태가 좋지 않은 중하위층이 더 많은 의료 서비스를 받을 수 있게 되었다. 그럼에도 불구하고 계층별 건강

〈그림 7-1〉 의료 분야에 적용된 사회의 질 사분면

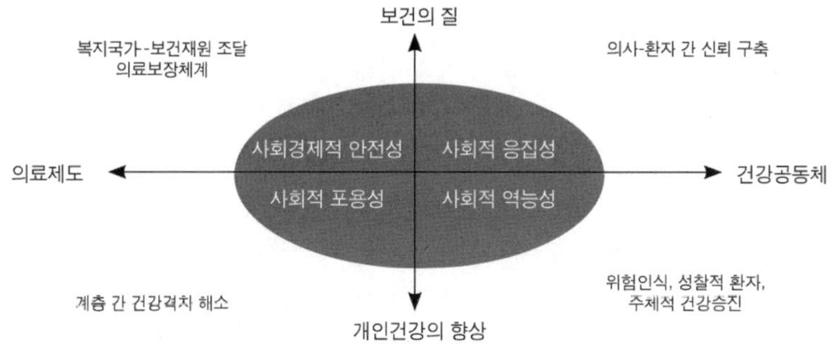

불평등은 지속되고 있다. 이것은 건강할 수 있는 자원에 접근할 수 있는 기회의 정도가 계층별로 차이가 있기 때문이다.

의료는 또한 의료 제공자와 환자 간의 신뢰관계에 의하여 구성된다는 측면에서 볼 때 '사회적 응집성' 차원과도 연결된다. 의사와 환자가 서로 신뢰하는 관계로 맺어져 있다면 그만큼 거래 비용을 줄여줄 것이다. 만일 이들 간에 불신이 크다면 의사들은 의료 행위에서 면책받기 위해 불필요할 수도 있는 사전 검사를 방어적으로 실시하게 되고, 이것은 결과적으로 의료비를 증가시킴으로써 사회경제적 안전성을 약화시킨다.

끝으로 현대의 의료는 단순히 질병 치료보다는 건강위험의 사전 예방과 함께 건강 증진을 지향한다. 질병 예방이나 건강 증진에서 중요한 요소는 당사자의 성찰적 사유와 실천, 그리고 건강증진 활동에의 참여이다. 흔히 우리는 건강위험을 극소화하여 '안전불감증' 속에서 살거나 또는 지나치게 건강위험을 걱정하는 '건강염려증'을 겪기도 한다. 우리에게는 일상적으로 건강위험을 사유하고 그 위험에 주체적으로 대응하거나 건강행동을 실천하는 것이 필요하다. 특히 건강실천은 순전히 개인의 노력만으로 이루어지기보다는 집단적 참여에 의하여 진행될 때 보다 효과적이다. 따라서 현대 의료의 건강증진 추구는 사회적 역능성의 실현이라고 할 수 있다.

2. 건강수준

사회의 질의 궁극적인 결과는 삶의 질의 향상이다. 보건의료가 사회의 질 4차원에서 질적 발전을 이룩하게 되면 건강수준의 향상으로 귀결될 것으로 추론할 수 있다. 이 절에서는 먼저 한국 국민의 건강 상태를 살펴보겠다.

한국이 경제개발을 하기 이전인 1960년에 평균 수명은 52.4세였다. 당시 독일, 프랑스, 영국, 미국 등의 평균 수명은 약 70세였다. 2013년에 한국인의 평균 수명은 81.8세로 OECD 평균 80.5세를 상회한다. 이러한 통계치를 고려할 때 한국은 지난 50년 사이에 건강의 이득을 가장 많이 얻은 나라이다. 그리고 그것은 경제발전 및 삶의 질의 향상 덕분으로 이루어진 것으로 보인다. 이제 영아사망률이 획기적으로 낮아졌고, 아동기나 청년기에는 사고를 겪지 않는 한 죽지 않게 되었고, 장년기와 노년기의 건강 역량도 높아져서 수명 자체가 상당히 연장되었다.

그런데 새로운 건강위험도 동시에 발생하고 있다. 예를 들어 한국의 2013년 인구 10만 명당 자살률이 29.1명으로 세계 최고수준이다. 다른 OECD 국가들에서는 자살률이 지속적으로 감소하는 추세를 보이는데, 한국은 계속 상승하는 추세이다. 자살은 암, 뇌혈관 질환, 심장 질환 다음으로 네 번째 사망원인이 될 정도로 심각한 보건 문제이다.

사회적으로 자살만큼 주목받지 못하지만 상당히 심각한 문제로 꼽을 수 있는 것이 건강불안감이 크다는 점이다. 평균 수명은 객관적 건강 상태를 나타낸다. 이것은 주관적으로 인식하는 건강과는 차이가 있을 수 있다. OECD 보건 통계를 보면 2013년에 주관적으로 건강하다고 생각하는 사람의 비율은 뉴질랜드가 89.7%로 가장 높았고, OECD 평균은 66.3%였다. 한국은 31.5%로 일본의 33.8%, 포르투갈의 41.4%와 함께 최하위 수준이었다. 평균 수명이 OECD 평균치보다 높은 점을 고려할 때, 한국인의 객관적 건강 상태와 주관적 건강 인식 사이에 큰 격차가 있음을 알 수 있다.

장지연 등의 연구에서 고령화연구패널 자료를 사용하여 독일, 스웨덴, 이탈리아의 데이터와 비교했는데, 한국 중고령자들은 만성질환 유병률이나 신체활동 역량 등으로 측정한 객관적 건강 상태가 유럽의 노인들과 별다른 차이가 없었지만 주관적 건강 인식은 매우 부정적으로 이루어지고 있음이 나타났다(장지연·부가청, 2007). 이것은 한국인의 건강불안감이 크다는 것을 의미한다. 그 원인이 체계적으로 밝혀지지는 않았지만 사회의 질과 일정한 관련이 있을 것으로 추론된다. 예를 들어 건강보험제도가 불비하여 치료비 부담이 크면 건강불안도 커질 수밖에 없다. 즉, 사회경제적 안전성의 불충분함으로 현재나 미래의 삶이 불안정할 경우, 작은 건강 문제라도 그에 대한 불안감은 커지게 된다. 역으로 한국 사회에 건강불안감이 크다는 것은 그만큼 사회경제적 안전성이 낙후되어 있음을 반증하는 것으로 볼 수 있다.

객관적 건강과 주관적 건강의 격차는 마치 GDP 수준이 매우 높음에도 불구하고 삶은 힘들게 느껴지는 모습과도 유사하다. 양적인 경제성장이 질적인 만족감을 담보해주지 못하는 것이 현재 한국 사회의 모습이라고 할 수 있다.

3. 의료와 사회경제적 안전성

모든 국민에게 질병 치료의 기회를 제공하고 의료 이용 과정에서 발생할 수 있는 장벽을 제거하는 것을 목적으로 하는 의료보장정책은, 복지국가의 핵심 과제의 하나이고 동시에 사회의 질의 사회경제적 안전성 제고에도 긴요한 과제이다. 의료보장은 영국처럼 조세를 거두어 보건 재원을 충당하고 의료 서비스 공급은 공공 병원이 담당하는 '국가보건제(National Health Service)' 방식과 독일이나 프랑스처럼 사회보험에 의하여 보건 재원을 만들고 공공 또는 민간 병원에서 의료 서비스를 공급하는 '사회보험제' 방식이 있다. 한국은 사회보험 방식을 취하고 있다.

사회보험으로서의 의료보험제도는 독일에서 19세기 말에 처음 도입되었고, 이후 20세기 초에 유럽 여러 나라로 전파되었다. 한국은 1977년에 500인 이상 기업 종사자를 대상으로 건강보험제도(당시에는 의료보험제도)를 실시했다. 이후 건강보험의 대상 적용 인구를 지속적으로 확대하여, 1990년에 전 국민에게 적용되었다. 즉, 한국의 의료보험은 서구에 비해서 매우 늦게 시작되었다. 그리고 서구의 의료보험이 주로 근로자 본인의 건강문제 해결에 목적을 두고 시작된 데 반해 한국에서는 근로자는 물론 그 가족, 그리고 도시 자영업자와 농민까지 전 국민을 포괄하는 의료보험제도를 12년이라는 매우 짧은 기간에 구축했다.

의료보험제도의 도입에는 여러 요인이 작용했다. 한국에서 국가는 경제성장에 관심을 집중하면서 복지에 대한 투자는 최소화하는 소위 '잔여적 복지' 정책을 고수해왔다. 그런데 1980~1990년대에 국민의 민주주의 요구와 함께 권위주의 정권이 정치적 위기에 직면하면서 의료보험제도의 조기 확대나 연금제도의 도입과 같은 복지정책을 실시하게 되었다. 경제성장에 의하여 분배를 위한 재원이 만들어진 점, 사회의 민주화, 정치적 위기 극복을 위한 복지 공약, 사회통합의 필요성 증대 등 여러 요인이 작용하면서 '전 국민 의료보험 적용' 시대가 만들어졌다.

의료보험제도가 확립되면서 초래된 가장 큰 변화는 의료 이용의 일상화이다. 1980년대 초반까지도 전국 농촌의 과반수가 무의촌이었고, 의료비를 부담하기 어려워 국민들의 의료이용도는 매우 낮았다. 의료보험은 경제적 이유로 인한 의료 이용의 장벽을 낮추어 국민들이 수월하게 병원을 찾을 수 있도록 의료 수요를 창출했다. 전 국민 의료보험 적용이 달성되었던 1990년에 국민 1인당 연간 입원 및 외래 이용을 포함한 의료 기관 방문 횟수(일명 '수진 횟수')는 8.23회였다. 이후 계속 증가하여 2000년에는 13.59회, 2013년에는 19.4회가 되었다. 이처럼 의료 이용이 급속한 증가 추세를 보여주는데, 다른 나라의 경우와 비교해보면 '의료 이용의 과다함'을 우려할 수도 있다. OECD의 보건 통계에 근거하여 의료 이용 중에서 치과 진료나 입원 치료를 제외한 외래 방문(doctor consultation) 횟수만을 비교해보면, 네덜란드 6.2회, 프랑스 6.4회, 영국 5.0회 등 대개의 OECD 국가들은 1년에 6~8회의 의료 이용을 보여주는 데 반하여 한국은 14.6회를 기록했다. 이는 일본과 비슷한 수준으로, OECD 국가 중 가장 높은 의료 이용 빈도를 보여준다. 적어도 외형적으로 질병 치료의 기회는 충분히 주어지고 있는 것으로 볼 수 있다.

그러나 제공되는 의료 서비스에 대한 만족도는 높다고 하기 어렵다. 통계청 사회조사 자료에 근거해서 보면, 1999년 조사에서 종합병원 만족도('매우 만족'과 '약간 만족')가 24.5%, 병의원 만족도가 25.4%였다. 2010년 조사에서 종합병원 만족도는 52.7%, 병의원 만족도는 47.5%로 증가했다. 지난 10여 년 사이에 의료 기관 만족도가 상당히 높아졌음을 알 수 있다. 그동안 병원 간의 경쟁이 치열해지면서 고객 서비스가 개선되는 등의 효과가 있었을 것으로 추측되지만, 의료 이용자의 절반 정도만이 만족한다는 데서 아직 의료 기관의 의료 서비스 개선이 더 필요함을 알 수 있다. 불만족의 이유는 비싼 의료비, 긴 대기시간, 미흡한 치료 결과, 불친절 등이었다.

이러한 의료불만족 응답은 의료제도의 모순과 한계를 내포하고 있다. 우선 진료비에 대한 불만은 건강보험의 기본 구조의 모순에서 비롯된다. 보험은 그 원리상 재난에 대한 대비에서 출발한다. 질병 치료비는 흔히 개인이 1회적으로 부담하기에는 고액일 경우가 많기 때문에 그에 대비하여 사회보험제

〈표 7-1〉 국민의료비 지출의 재원 비중(1986~2014년)

(단위: %)

연도	공공 부담	본인 부담
1986	30.2	64.9
1990	38.4	57.0
1994	35.0	53.4
1998	49.0	41.4
2002	53.7	37.4
2006	55.3	35.7
2010	58.3	32.2
2014	55.9	37.7

자료: OECD(2015).

도가 만들어졌고, 보험가입자는 보험료 납부 의무를 지지만 치료비에 대해서는 거의 명목적인 수준의 본인 부담분만 지불하고 나머지 대부분은 보험자가 지불하는 것이 원칙이다. 그런데 2014년 현재 한국 국민의 본인 부담 비중은 37.7%에 달한다. 1990년에 57.0%이던 것에 비하면 그동안 본인 부담 비중이 크게 감소했다. 그러나 독일 13.5%, 프랑스 6.7% 등 선진국들의 본인 부담이 10~15% 수준인 것과는 크게 대비된다.

이것은 근본적으로는 가입자나 고용자가 납부하는 보험료의 수준이 낮기 때문이다. 보험료 수입이 낮다 보니 의료 서비스의 보험가격도 낮게 설정된다. 그에 대응하여 의료공급자들은 보험급여에 적용되지 않는 '비급여' 서비스를 만들어냈다. 주로 최신 기술에 의한 고급 검사장비 이용 등이 여기에 해당하는데, 환자들이 이러한 서비스 이용을 거부하기는 사실상 어렵기 때문에 전액 본인 부담을 하면서 이용하게 된다. 감기와 같은 비교적 경증의 질환을 주로 치료하는 동네 개인의원에서는 이러한 비급여 서비스가 없기 때문에 '매우 싸게' 진료를 받지만, 보다 중한 질환을 치료하는 종합병원에서는 비급여 서비스 때문에 본인 부담 비중이 매우 높다. 따라서 큰 수술을 하거나 장

〈표 7-2〉 주요국의 의료 인력, 병상, 장비의 분포(2013년)

(단위: 명, 개)

구분	인구 1000명당 의사 수	인구 1000명당 간호사 수	인구 1000명당 급성 병상 수	인구 100만 명당 MRI 수	인구 100만 명당 CT 스캐너 수
한국	2.2	5.2	11.0	24.5	37.7
일본	2.3	10.5	13.3	46.9	101.3
영국	2.8	8.2	2.8	6.1	7.9
미국	2.6	11.1	2.9	35.5	43.5
프랑스	3.3	9.4	6.3	9.4	14.5
독일	4.1	13.9	8.3	11.6	18.7
OECD	3.3	9.1	4.8	14.3	24.6

자료: OECD(2015).

기간 입원 치료가 필요할 경우에는 의료비 부담으로 인한 파산을 걱정할 수도 있다. 즉, 현재의 건강보험은 사회경제적 안전성을 충실하게 담보하지 못하고 있는 것이다.

대기 시간이 길고 치료 결과가 미흡하다거나 불친절하다는 불만은 의료공급 구조의 모순에서 비롯된다. 가장 큰 요인은 의사와 간호사 등 의료 인력이 부족하고 의료 체계 내의 역할 배분이 적절하지 않은 점이다. 〈표 7-2〉에 의하면 한국의 인구 1000명당 의사 수는 선진 주요 국가 의사 수의 1/2에서 2/3 수준이다. 즉, 인구수에 비해 의사 수가 많이 부족한 편이다. 인구당 의사 수는 적은 데도 불구하고 의사방문 횟수는 더 많다. 결국 의사들은 매일 더 많은 환자를 진료해야 하기 때문에 진료의 질적 수준은 떨어지게 된다. 흔히 '세 시간 대기, 3분 진료'라는 표현이 있는데, 그만큼 의사의 노동 강도가 높고 환자는 의사와 제대로 된 대화를 하기 어렵다. 간호사의 경우에는 상황이 더 심각하다. 한국의 인구 대비 간호사 수는 선진국의 1/3에서 1/2 수준이다. 간호 서비스가 열악하기 때문에 환자 본인이나 가족이 스스로 감당하든지, 아니면 본인 부담으로 간병인을 두어야 한다. 인력이 부족한 것과는 달리 병상과 장비는 선진국 수준을 상회한다. 선진국들은 최근 20년간 지속적으로 병상 수가 감축되어온 반면 한국은 지속적으로 증가되어왔다. 치료 기술의 발전으로 장시간 입원할 필요가 감소했고, 또 의료비 절감정책의 영향 때문이기도 하다. 반면 한국은 의료 기관의 대부분이 민간 소유이고, 의료 기관 사이의 환자유치 경쟁이 치열하며, 정부의 의료 산업화 정책 등의 영향으로 병상의 절대 수가 증가하고 있다. 이와 함께 MRI 같은 고급 의료장비를 각 의료기관들이 경쟁적으로 도입했기 때문에 장비 보유는 일본, 미국과 함께 세계 최고수준에 도달하고 있다.

병상과 장비의 확충은 한편으로는 국민의 의료 서비스 접근 기회를 높이고 의료의 질 향상을 제고하는 효과도 있지만, 동시에 필요 이상의 의료 수요를 유발하고 의료 서비스의 고급화를 초래하게 된다. 건강보험의 급여가 제대로 뒷받침되지 못하는 상황에서 필요 이상의 의료 수요가 발생하고 의료 고급화가 이루어지게 되면 결국 그 부담은 환자 개인에게 돌아가게 되고, 이를 부담할 수 없는 사람들의 의료 서비스 접근도는 상대적으로 하락하게 된다. 건강보험의 가입자이면서도 큰 병이 나면 의료비 부담을 걱정하지 않을 수 없고, 따라서 중산층 가계에서는 '암보험' 같은 민간 의료보험을 거의 필수적으로 구입하는 경향이 있다. 이는 다시 계층 간 의료 이용의 격차를 유발한다.

결론적으로 현재의 의료제도는 외형적으로는 크게 성장·발전했고, 사람들은 의료 기관을 이용하는 데 1차적으로는 큰 어려움을 겪지 않게 되었다. 그러나 질적 측면에서 고찰해보면 의료비에 대한 개인 부담이 크고, 서비스의 질적 수준이 낙후되어 있음을 알 수 있다. 이것은 국민들의 의료 서비스에 대한 만족도를 낮추고 있고, 나아가 건강불안감에도 일정하게 관련되는 것으로 추론할 수 있다.

4. 건강불평등과 사회적 배제[1)]

보건 부문에서 복지사회의 이상은 후천적으로 발생하는 개인이나 집단의 건강 상태의 차이를 없애거나 최소화하는 것이다. 건강은 단순히 오래 살고 싶은 오래된 소망을 실현하는 차원에서 비롯되는 것이 아니다. 건강은 노동과 삶의 기회가 되며, 사회 참여의 토대가 된다. 건강하지 못하면 단순히 일을 못하는 데서 끝나지 않고, 노동시장에서 체계적으로 배세될 수도 있고 지역사회와 친구 관계망에서도 단절되고 사회적으로 배제될 수 있다. 역으로 사회 자본이 풍부한 지역에서는 주민들의 건강 상태가 상대적으로 높은 경향이 있다.

그런데 일반적으로 사회 구성원의 사회적 지위에 따라 삶의 기회가 차별적으로 주어지듯이, 건강 상태 또한 차별화되는 경향이 있다. 예를 들어 교육기간이 짧고 소득이 적을수록 암에 더 많이 걸리고, 또 사망률도 높다. 사회적 지위가 낮아짐에 따라 불건강할 가능성이 높아지는 것은 단순한 우연이 아니라 구조적인 문제이다. 이를 건강불평등이라 한다.

1) 사망의 불평등

사망은 '완전한' 불건강 상태이기 때문에 건강불평등의 결정적 요소로 볼 수 있다. 사망의 사회적 구조는 통계청이 매년 작성하는 '사망원인통계'에서 그 단면을 살펴볼 수 있다. 이 통계는 연령과 성별을 기준으로 사망 원인을 분석하여 제시한다. 남녀 간 사망 구조를 살펴보면, 전 연령층에서 남성의 사

1) 이 절은 조병희(2010b)의 연구를 재구성한 것이다.

〈표 7-3〉 연령별 사망자 성비

연도	0세	1~9세	10~19세	20~29세	30~39세	40~49세	50~59세	60~69세	70~79세	80세 이상
2000	1.14	1.46	2.01	2.36	2.44	3.07	2.81	1.92	1.02	0.49
2013	1.15	1.45	2.09	1.98	1.86	2.44	2.87	2.44	1.50	0.57

자료: 통계청(2014).

〈표 7-4〉 연령집단별 학력수준 간 사망비(1998년)

학력수준	30세 미만	30~64세	65세 이상
대학 이상	1.00	1.00	1.00
고등학교	1.30	1.57	0.91
중학교	1.42	1.85	0.89
초등학교	1.71	2.36	1.03
무학	2.21	4.49	1.16

자료: 강영호·김혜련(2006).

망률이 높다. 특히 경제활동기에 들어가면서 사망률 격차가 커지다가 은퇴 이후 격차가 감소하는 추세를 보인다. 여기서 성비는 여성을 기준으로 작성되기 때문에 사망 성비가 높다는 것은 남자가 그만큼 초과 사망함을 의미한다. 남녀의 사망 격차가 가장 크게 벌어지는 시기가 2000년에는 40대였는데, 2013년에는 50대로 변화했고, 50대의 사망 성비가 무려 2.87에 이른다. 60세 이후에는 격차가 급속하게 완화된다.

남녀 간 사망 격차가 크게 벌어지는 시기는 경제활동을 하는 시기와 거의 일치한다. 이것은 경제활동에서 과도한 경쟁으로 인한 스트레스나 만성적 긴장 또는 작업 현장의 물리적인 위험 등으로 인한 건강위험이 크게 작용하고 있음을 암시한다. 그동안 남성들이 주로 노동시장에 참여했기 때문에 남성들의 건강위험이 상대적으로 컸지만, 여성들의 노동시장 진입이 증가하면서 남녀 간 건강 격차는 축소되는 경향을 보인다.

통계청의 사망 통계는 가장 기본적인 통계이지만 성과 연령에 따른 사망률 차이만을 확인할 수 있다. 따라서 사망불평등의 구체적인 모습을 파악하기 위해서는 개인의 사회적 지위를 확인할 수 있는 자료와 연결하여 분석할 필요가 있다. 1998년 '국민건강영양조사' 자료와 사망 통계를 연결하여 2003년까지의 사망 현황을 추적·분석한 강영호·김혜련의 연구에 의하면, 각 연령 집단별로 대학 이상 학력자의 사망률을 1로 했을 때 30세 미만 집단에서 고교 졸업자는 사망위험이 1.30배 높았고, 중학교 졸업자는 1.42배, 초등학교 졸업자는 1.71배, 무학자는 2.21배 높았다(강영호·김혜련, 2006). 즉, 대학 졸업자에 비해 무학자는 2배 이상의 사망위험에 노출되어 있는 것이다. 학력 간 사망위험의 격차는 경제활동 인구인 30~64세 인구 집단에서 가장 컸다. 대학 졸업자와 무학자 간의 사망위험은 4.49배에 달했다. 앞서 살펴본 동일 시기의 남녀 간 사망 격차보다 더 큰 격차를 보여준다. 반면 65세 이상이 되면 학력 간 격차는 거의 사라진다. 즉, 경제활동 단계까지는 성별이나 학력에 의한 건강위험의 차이가 크게 작용하여 사망불평등이 극심하지만, 은퇴 이후에는 성별이나 학력에 의한 효과가 더 이상 건강 상태에 영향을 주지 않게 됨을 의미한다.

같은 방식으로 가구 소득수준에 따른 사망불평등의 양상을 살펴보기 위해 가구소득을 기준으로 이 연구대상 집단을 5등분하여 최고 소득을 갖는 1분위 집단의 사망위험을 1로 할 때, 30세 미만 집단에서 2분위와 3분위 집단의 사망위험은 1.64로 커지고, 4분위 집단은 2.3, 최저 소득을 갖는 5분위 집단은 2.29의 사망위험을 보였다. 즉, 최고소득 집단에 비해 최저소득 집단은 약 2.3배 초과 사망위험을 갖고 있는 것이다. 최고소득 집단 대 최저소득 집단의 사망위험의 격차는, 30~64세 집단에서는 3.23으로 커졌다가 65세 이상 집단에서는 1.98로 약간 축소된다. 65세 이후에 성별이나 학력에 따른 건강위험

〈표 7-5〉 연령집단별 소득수준 간 사망비(1998년)

소득수준	30세 미만	30~64세	65세 이상
1분위(최상)	1.00	1.00	1.00
2분위	1.64	0.96	2.72
3분위	1.64	1.89	1.33
4분위	2.30	2.31	2.36
5분위(최하)	2.29	3.23	1.98

자료: 강영호·김혜련(2006).

〈표 7-6〉 연령집단별 직업계층 간 사망비(1998년)

직업계층	30세 미만	30~64세	65세 이상
상층 및 중간 계층	1.00	1.00	1.00
노동 계층	1.67	2.29	-
농어업 계층	1.69	2.58	0.57
하류층	3.06	4.45	1.06
기타	2.76	3.19	1.10

자료: 강영호·김혜련(2006).

의 차이가 거의 없었던 것에 비해 소득수준에 따른 차이는 크게 존재함을 알 수 있다. 연금제도 등 사회보장이 빈약한 상황에서 저소득 노인들의 사망위험이 크게 존재하고 있음을 알 수 있다.

같은 방식으로 직업별 사망위험의 차이를 살펴보면, 30세 미만 집단에서 상층 및 중간 계층의 사망위험을 1.00으로 했을 때 노동자나 농어민의 사망위험은 1.67/1.69였고, 일용직 같은 하류층은 3.06이었다. 30~64세 집단에서는 사망위험 격차가 더 벌어져서, 상층 및 중간 계층에 비해 하류층의 사망위험은 4.45로 커졌다. 65세 이상이 되면 은퇴로 인해 직업적 지위에 의한 건강위험의 차이는 거의 사라지게 된다.

2) 질병 이환의 불평등

현재의 건강 상태를 나타내는 대표적 지표는 '주관적 건강 인식'이다. 교육수준에 따른 주관적 건강 인식의 차이를 보면 교육수준이 높아질수록 자신의 건강 상태를 양호하게 평가하는 사람들이 급격하게 증가하는 현상이 일관되게 발견된다. 2008년의 경우 초등학교 졸업자 중에서 건강상태 양호자는 31.3%이지만, 중학교 졸업자는 35.8%, 고교 졸업자는 44.8%, 대학 졸업자는 49.3%로 증가한다. 소득수준에 따른 건강 인식의 차이도 이와 유사한 경향을 보인다. 2008년의 경우 최하소득 계층에서 건강상태 양호자는 34.1%였으나, 중하층 41.9%, 중상층 45.4%, 상층 48.7%로 학력이 높아질수록 증가한다.

그런데 건강불평등은 흔히 사회경제적 지위가 가장 높은 집단 대비 가장 낮은 집단의 건강 격차가 어느 정도 큰가를 살펴보면 파악하기가 쉽다. 2005년 '국민건강영양조사' 자료를 바탕으로 살펴보면, 교육수준의 측면에서는 대학 이상 학력 집단을 기준으로 할 때 초등학교 졸업 이하 집단의 불건강 인식은 남자 3.73배, 여자 3.06배였다. 직업에서는 비육체노동자(화이트칼라)를 기준으로 할 때 육체노동자가 불건강을 인식할 확률은 약 2배 내외였다. 무직자 등의 경우에는 3배 이상의 격차가 있었다. 소득수준 측면에서는 최상위소득 집단을 기준으로 할 때 최하위소득 집단의 불건강 인식 확률은 약 3.5배였다(한국보건사회연구원, 2007). 사회경제적 지위를 나타내는 지표의 성격에 따라 차이가 있기는 하지만 대체로 사회경제적으로 최상위 집단에 비해 최하위 집단은 약 3~3.5배 더 불건강한 것으로 인식하고 있음을 알 수 있다.

고혈압 유병률의 경우 남자가 29.4%로 여자의 23.9%보다 약간 높은 상태였는데, 교육수준에 따른 차이는 초등학교 졸업자의 고혈압 유병률이 46.1%나 되지만 학력이 높아지면서 유병률이 급격하게 감소하여, 대졸 이상 집단은 16.6%에 불과했다. 반면 소득별 차이는 크지 않았다. 당뇨병의 경우에는

〈표 7-7〉 사회경제적 지위별 주관적 건강 인식(2008년)

(단위: %)

구분		건강 인식률
성	남자	46.9
	여자	38.0
교육수준	초졸 이하	31.3
	중졸	35.8
	고졸	44.8
	대졸 이상	49.3
월 가구소득	하(100만 원 이하)	34.1
	중하(101만~200만 원)	41.9
	중상(201만~300만 원)	45.4
	상(300만 원 이상)	48.7

자료: 질병관리본부(2010).

〈표 7-8〉 사회경제적 지위별 고혈압 및 당뇨병 유병률(2008년)

(단위: %)

구분		고혈압 유병률	당뇨병 유병률
성	남자	29.4	10.6
	여자	23.9	8.5
교육수준	초졸 이하	46.1	17.8
	중졸	34.1	11.3
	고졸	20.9	6.8
	대졸 이상	16.6	6.4
월 가구소득	하	28.6	12.7
	중하	27.8	10.2
	중상	27.8	7.9
	상	26.1	8.7

자료: 질병관리본부(2010).

사회경제적 지위에 따른 차이가 상대적으로 작았다. 초등학교 졸업자의 당뇨병 유병률이 17.8%이고, 반면 대졸 이상인 경우에는 6.4%였다. 월 소득수준의 경우 최하 집단은 12.7%, 최상 집단은 8.7%였다(질병관리본부, 2010). 계층별 차이는 다른 질환에서도 나타난다. 한국인의 사망 원인 1순위인 암의 경우에도 전체 암을 모두 고려할 때 암 발생 위험은 1계층에 비해 의료급여 계층이 1.52(여자)~1.67배(남자)나 높았다(국민건강보험공단, 2005).

3) 의료 이용의 불평등

건강불평등의 여러 지표들은 사회경제적 지위가 낮은 사람들이 더 나쁜 건강 상태를 보여주는 것이 일반적인 현상임을 보여준다. 그런데 의료 이용의 경우에는, 질환이 많은 사람들의 의료 이용이 더 많기 때문에 사회경제적 지위가 낮은 사람이 더 많이 이용하는 결과를 보여주게 된다. 물론 국민건강보험이 적용되지 않거나 본인 부담 비중이 큰 일부 고급 의료 서비스의 경우에는 사회경제적 지위가 높은 사람이 더 많은 서비스를 이용한 것이다.

주로 일상적인 질환의 치료를 담당하는 의료 기관 외래 서비스의 이용률을 살펴보면 남성보다 여성의 비중이 더 높았고, 소득수준에 따른 차이는 크지

〈표 7-9〉 사회경제적 지위별 외래 이용률과 연간 입원율(2013년)

(단위: %)

구분		외래 이용률*	연간 입원율
전체		31.6	11.5
성	남자	27.9	10.6
	여자	35.3	12.2
소득수준	하	31.9	13.0
	중하	32.2	11.9
	중상	31.3	10.5
	상	31.2	10.5

* 전체 응답자 중 최근 2주 동안 외래를 이용한 적이 있는 사람의 백분율.
자료: 질병관리본부(2010).

않음을 알 수 있었다. 병원 입원율에서는 저소득자의 비중이 높았다.

그런데 의료 이용에서의 형평성은 실제 의료 서비스가 치료욕구(needs) 수준에 부합되게 제공되었는지 여부로 가늠해볼 수 있다. 빈곤층이 더 많은 의료 이용을 하고 있다는 점만으로는 형평성이 있다고 말하기 어렵다. 빈곤층이 상류층에 비해 상대적으로 더 많은 의료 이용을 하고 있을 경우에도 질병이 더 많은 빈곤층의 의료욕구 수준에는 절대적으로 부족한 것일 수도 있기 때문이다. 판도르슬라어르(E. van Doorslaer)와 와그스타프(A. Wagstaff) 등이 개발한 의료형평성지수(van Doorslaer and Wagstaff et al., 2000)를 계산해보면, 의료 이용의 양적인 측면에서는 빈곤층이 더 많이 이용하는 것으로 나타나지만, 개인의 부담이 크게 작용하는 고급 의료 서비스로 갈수록 상류층이 더 많이 이용하는 것으로 나타났다(한국보건사회연구원, 2007). 이것은 의료의 질과 강도를 고려했을 때에도 빈곤층에게 유리한 결과가 나오는 서구의 경우와는 크게 대비되는 결과이다.

5. 의사, 환자, 신뢰[2)]

의료제도를 사회관계적 측면에서 규정하면 공급자인 의사와 소비자인 환자 사이의 신뢰에 기초한 사회적 관계로 볼 수 있다. 의료와 같이 '불확실성'을 다루는 영역에서는, 고객과의 원만한 관계 유지 및 치료효과 제고를 위해서는 신뢰관계가 불가결하기 때문이다. 즉, 신뢰관계란 양자 간에 내재된 근본적인 불확실성에 대처하기 위한 방편으로 생각할 수 있다. 우리가 어떤 전

---

2) 이 절은 조병희(2011)의 연구를 재구성한 것이다.

문가의 상담을 받을 때, 상담과 관련된 어떤 불확실성도 존재하지 않고 상담과 관련된 어떤 피해도 발생하지 않는다면 굳이 신뢰관계를 조성해야 할 필요는 없다. 반면 질병과 질병 치료는 예후를 속단하기 어려운 불확실성을 갖는다. 우리가 의사에게 치료를 맡길 때는 치료의 완전한 성공을 기대하지 못하고, 때로는 사망의 가능성까지 감수하게 된다. 즉, 의사-환자의 신뢰관계란 불확실성에 대응하는 일종의 '위험투자'로 볼 수 있다(Luhmann, 1979; Luzio, 2006). 의사-환자 관계에 내재된 본래적 위험을 안선과 선의 및 이득에 대한 기대로 바꾸는 것이 신뢰라고 할 수 있다. 신뢰는 의사와 환자 간에 도덕적 정서적 가치 합의에 의하여 형성되는 구조적인 현상이기 때문에, 일부 의사들이 걱정하는 것처럼 단순히 의료 이용의 불편이나 불만에 의해서 좌우되는 현상은 아니다. 환자의 의사에 대한 신뢰가 높으면 의료 서비스 만족도도 높아지지만, 의료 서비스에 어떤 불만이 있다고 하더라도 그것이 곧바로 신뢰의 하락으로 이어지는 것은 아니다. 의사에 대한 신뢰는 환자의 치료 순응도를 높이고, 그 의사를 계속 찾게 만들어 치료의 지속성을 유지하게 하고, 예방적 검사를 동기화시키며, 치료 결과에 불만이 있어도 의사-환자 관계를 유지시켜주고, 의료비에 대한 효율적 사용을 가능하게 한다.

종래에 사회학자들은 위험관계를 신뢰관계로 바꾸는 의사 집단의 뛰어난 역량에 주목했다. 의사 집단은 의료시장에서 독점적 시술권을 확보하고 이를 유지하고 재생산하기 위한 여러 기전들, 예를 들어 교육수준의 향상, 윤리강령 채택, 이데올로기의 정립 등을 통해 안정된 신뢰 기반을 구축했다. 의사들은 의료를 '신뢰할 만한 것'으로 만들었고, 환자들은 의사의 기술적 능력과 선의를 믿게 되었다.

그런데 최근에 의료비 급증 문제에 직면한 서구의 각국 정부들이 경쟁을 통한 효율성 제고 정책을 실시하게 되었고, 이런 정책들이 의료제도에 대한 불신을 초래하는 것으로 의심받게 되었다. 머캐닉(D. Mechanic)은 의료조직

체계의 변화가 불신을 초래하고 있다고 주장한다. 의료비 문제를 해결하기 위해 미국 정부는 '관리 의료(managed care)'라는 형태의 경쟁 체제를 유도했고, 이윤지향적 의료 기관들이 증가하고 의사 선택권이 제한되거나 관료제적 통제가 증가하면서, 이것이 의사-환자 관계의 신뢰 기반을 허물게 되었다는 것이다(Mechanic, 1996). 의료에 대한 신뢰 하락이 시스템의 문제인지 아니면 의사의 문제인지를 밝히기 위해 캘넌(M. W. Calnan)과 샌퍼드(E. Sanford)는 영국 시민 1180명을 대상으로 실증적 조사를 실시했다. 응답자들의 가장 큰 불만은 의료제도가 운영되고 의료 재원이 조달되는 방식이나 진료대기 시간과 같이 제도 운영에 직접 관련되는 요인들에 있는 것으로 나타났다. 반면 의사들은 상대적으로 높은 신뢰를 받고 있는 것으로 나타났다(Calnan and Sanford, 2004).

그러나 의사에 대한 높은 신뢰가 장기간 유지되어온 '친한 관계'의 영향을 많이 받고 있는 것도 사실이다. 루만(Niklas Luhmann)의 지적처럼 신뢰(trust)는 친숙성(familiarity) 위에서 만들어지는 것이다(Luhmann, 2000). 그렇지만 변화하는 환자의 기대에 의사들이 제대로 부응하지 못할 경우에 신뢰의 하락은 불가피하다. 최근에, 의사의 태도나 행동에 주목하되 미시적 수준에서 의사에 대한 신뢰의 구성 요인을 찾는 연구들이 등장했다. 예를 들어 의사가 환자에게 충분한 관심을 보이는지, 솔직하게 진료 결과를 말하는지, 이윤 동기에 영향을 받는지, 최선을 다하는지 등 진료실에서 경험하는 의사의 태도와 행동을 척도화하여 신뢰의 구성 요인과 신뢰의 수준을 가늠하고 있다(Hall et al., 2002).

그런데 최근 일부 사회학자들은 의사의 능력이 아닌, 신뢰가 조성될 수 있는 지역사회의 조건에 주목하고 있다. 여기서 사회 자본의 개념이 중요한 역할을 하고 있다. 즉, 사회 자본이 높은 지역이 의료나 의사에 대한 신뢰가 높다는 것이다. 어헌(M. Ahern)과 헨드릭스(M. Hendryx)가 미국의 24개 도시지

〈그림 7-2〉 한국인의 사회제도 신뢰도

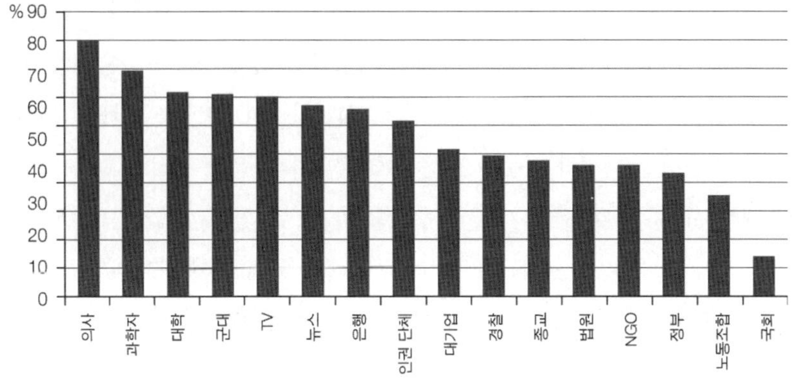

자료: 서울대학교 사회발전연구소(2009).

역별로 보험자 의료 기관(HMO)의 분포 정도와 사회 자본의 크기, 의사에 대한 신뢰수준을 회귀분석한 결과, 사회 자본의 수준이 낮은 지역이 의사에 대한 신뢰의 수준도 유의하게 낮은 것으로 나타났다(Ahern and Hendryx, 2003). 사회 자본과 의사에 대한 신뢰의 관계는 스웨덴의 연구에서도 마찬가지로 유의하게 나타났다(Lindstrom, 2004).

그런데 한국의 의료 체계에서 신뢰 문제는 좀 특별한 측면이 있다. 한국 사회에서도 의사들은 다른 직업 집단에 비해 상당히 높은 신뢰수준을 보여준다. '한국종합사회조사 2008'의 결과를 보면 의사 신뢰도('매우 신뢰'와 '다소 신뢰' 합산값)는 80.0%로 16개 비교집단 중에서 가장 신뢰받는 집단이었다. 더욱이 '한국종합사회조사'의 이전 조사 결과에서도 이러한 경향은 일관성 있게 발견되고 있다. 2009년 서울대학교 사회발전연구소의 '안전한 생활환경에 대한 인식조사' 결과에서도 의사의 신뢰도는 78.5%로, 다른 16개 집단보다 월등하게 높은 수준이었다. 그런데 특이한 점은 의사들은 오히려 자신들이 국민의 신뢰를 받지 못하고 있다고 생각한다는 점이다. 서울시 의사회가 2005

년에 수도권 지역 의사 1007명을 대상으로 설문 조사한 결과를 보면, 응답한 의사의 67.2%가 의사에 대한 국민의 신뢰수준이 '낮다'고 응답했다.

국민은 의사를 신뢰하는데 의사들 자신은 불신을 걱정하는 이 현상을 어떻게 이해할 수 있을까? '신뢰'를 둘러싼 국민과 의사의 상반된 평가는 '신뢰'라는 용어에 담긴 의미가 이중적 또는 복합적일 수 있음을 암시한다. 즉, 의사에 대한 신뢰에는 아플 때 의료 서비스를 이용할 수 있다는 의료 시스템 또는 의료 체계에 대한 접근성이라는 제도적 문제와 함께 특정 의사에 의한 진료 경험이나 의사-환자 관계라는 미시적 수준에서의 인간적 신뢰의 문제가 모두 포함되는 개념으로 생각된다. 즉, 시스템 차원에서 국민들은 의료보장을 받게 되어 의료 이용을 원활하게 할 수 있게 되면서 의료 시스템과 그것의 대표 또는 상징인 의사를 신뢰하는 것으로 보인다. 그러나 환자들은 의사와 오랜 시간 인간적 교류를 하면서 신뢰를 쌓아오지 않았기 때문에 사회관계적 차원에서의 신뢰는 굳건하게 형성된 것으로 보기는 어렵다. 서양에서의 의료는 '봉사'의 실천이라는 역사적 전통을 지켜왔지만, 한국에서의 의료는 비즈니스로서 출발했고 현재도 그러하기 때문에, 환자들은 교환관계에는 익숙하고 신뢰관계에는 낯선 모습을 보인다. 이에 대응하여 의사들도 의료전문직으로서 직업적 자부심은 높지만, 과거와는 달리 존경을 표하지 않는 환자들의 태도나 수시로 보도되는 의료계의 부정비리 보도에 민감하게 반응하면서 '환자들의 불신'을 토로하는 것으로 생각된다(조병희, 1994). 즉, 신뢰라는 용어에는 의료 시스템에 대한 신뢰와 의사 개인에 대한 신뢰가 혼재되어 있고, 의사와 국민의 서로 다른 평가를 담고 있는 것으로 보인다.

그런데 의료 부문에서의 신뢰 형성은 건강보험제도나 의사-환자 관계와 같은 의료제도의 내부적 요인들의 영향을 1차적으로 받겠지만, 그 외부에 있는 사회구조적 요인의 영향도 고려할 필요가 있을 것이다. 특히 사회 자본과 소통이 의사에 대한 신뢰에 미치는 영향이 클 것으로 생각되며, 두 변수의 상관

〈표 7-10〉 주요 변수 간 상관관계

변수	1	2	3	4	5	6	7	8
진료대기 시간	1							
의료비 부담	0.461***	1						
의사에 대한 기대	0.016	0.02	1					
일반적 신뢰	−0.023	−0.066	−0.027	1				
개인적 접촉	−0.081*	−0.114**	0.03	−0.013	1			
사회적 고립	0.167***	0.233***	−0.064*	−0.001	−0.077*	1		
의사소통의 자유	−0.073*	−0.1**	0.080*	0.106**	0.039	−0.086**	1	
의사에 대한 신뢰 (스피어먼 서열상관계수)	−0.099**	−0.141***	0.154**	0.145**	0.107**	−0.128**	.199**	1

* p〈0.05, ** p〈0.01, *** p〈0.001)
자료: 조병희(2011).

성은 매우 낮은 것으로 나타났다(조병희, 2011). 즉, 사회 자본이 큰 사람과 소통을 중시하는 사람이 서로 특성을 달리하는 다른 집단일 가능성이 크다. 변수들 간의 상관관계를 분석해보면, 사회 자본이 큰 집단은 남자이고, 고학력이며, 고수입이고, 건강하고, 의료 이용에 문제가 없고, 사회적 고립감을 느끼지 않는 사람들이다. 반면 소통을 중시하는 집단은 여자이고, 저학력이고, 의료 이용에 문제가 없고, 의사에 대한 기대가 크고, 일반인을 신뢰하며, 사회적 고립감을 느끼지 않는 사람들이었다. 즉, 소통을 중시하는 사람은 사회경제적 지위가 낮고 사회 자본이 크지 않은 집단으로 볼 수 있다. 이 두 집단은 서로 사회인구학적 속성은 다르지만 의사를 신뢰한다는 공통점이 있다. 이 두 집단에 공통적으로 관련되는 변수는 의료 이용에 불편이 없다는 것과 사회적으로 고립되지 않았다는 점이다. 한편 의사에 대한 신뢰가 낮은 집단은 수입이 낮고, 건강하지 못하며, 의료 이용에 불편을 경험했고, 사회 자본이 작고, 생활사건을 경험했고, 사회적으로 고립된 사람들이었다.

이러한 결과에서 알 수 있는 것은, 사회 자본이 크면 의사에 대한 신뢰도 높지만 사회 자본이 작을 경우 곧바로 의사에 대한 신뢰가 낮아지는 것은 아니라는 점이다. 사회 자본이 작아도 소통하고 있고 사회적으로 고립되어 있지 않다면 의사에 대한 신뢰는 높게 유지된다. 그러나 사회 자본도 작고 소통하지도 못하며 고립되어 있는 경우에는 의사에 대한 신뢰가 낮아진다.

일반적으로 의사-환자 관계에서 환자가 의사에게 기대하는 것은 자신의 건강 문제를 해결할 수 있는 기술적 능력과 자신에 대한 관심, 친절 또는 자신의 의견에 대한 경청과 소통과 같은 대인관계 능력으로 요약될 수 있다 (Rosenthal, 2006). 역으로 말하자면 의사는 기술적 능력과 대인관계 능력을 갖추었을 때 의사답고 믿을 만한 것이다. 이 연구에서는 이 두 능력이 '의사에 대한 기대'로 포괄되고 있고, 이 척도의 점수가 높을수록 의사에 대한 신뢰의 수준이 높아짐을 알 수 있다. 그런데 주목할 점은 이 두 능력이 요인분석 결과 통계적으로 하나의 차원으로 묶이고 있다는 점이다. 일반적으로 환자 또는 일반인은 의사의 임상적 능력을 평가할 만한 전문성을 갖추고 있지 못하다. 따라서 의사에 대한 기술적 능력에 대한 기대란 사실상 '친절'이나 '관심' 같은 대인관계 능력에 대한 기대와 구분하기 어려운 것으로 생각된다.

이론적으로 생각할 때에도 신뢰는 대인관계적 요소와 관계가 더 깊다. 루만에 의하면, 신뢰(trust)란 잠재적 위험(risk)에 대응하는 개념이다(Luhmann, 2000). 반면 현재화된 위험(danger)에 대응하는 개념은 확신(confidence)이다. 현재화된 위험에 대응하기 위해서는 기술적 능력이 필요하게 된다. 반면 잠재적 위험에 대응하는 신뢰는 도덕적이거나 정서적 능력에 기초하게 된다. 최근에 의사나 의료에 대한 대중의 불만이 점증되는 경향이 있는데, 이것이 의사가 환자의 건강 문제에 대응하는 과정에서 기술적으로 실패했기 때문에 발생하는 것이라면 크게 우려할 문제가 아닐 수도 있다. 만일 의사들이 도덕적·정서적인 능력을 갖추고 환자와 교감하고 있을 경우에는 기술적 실패가 곧바로 신뢰의 하락으로 귀결되지는 않을 것이다.

현재의 의료제도 또는 의료정책은, 경쟁지향적인 관리의료 체계나 영리 병원을 도입하거나 증거 기반 의학이란 명목하에 기술적인 혁신을 강조하고 관료제적 통제를 강화하는 등의 방식으로 의료에서 기술능력을 강조함으로써 결과적으로 의료에 대한 신뢰의 기반을 약화시키고 있다. 그러면서 동시에 의료에 대한 대중적 신뢰의 하락을 염려하고 신뢰의 회복을 주문하고 있다 (Kulmann, 2006). 그런데 이러한 기술적·관료제석 통제의 증가에도 불구하고 의사 개인 또는 자신의 주치의에 대한 신뢰가 비교적 높은 수준을 유지하고 있는 것은, 신뢰가 단순히 기술능력에 대한 기대의 충족으로 이루어지는 것이 아니라 의사와 환자 간의 도덕적 공감이나 정서적 교감의 기반이 유지되고 있기 때문인 것으로 해석할 수 있다.

서구의 경우에는 의료 개혁을 통해 의료 이용을 억제하는 방향으로 정책이 추진되면서 제도에 대한 신뢰의 하락이 초래되었다. 반면 한국에서는 의료 이용에서의 불편이 부분적으로 존재하지만 의료 이용 자체를 억제하는 방향의 정책은 추진되고 있지 않다. 한국에서 국민들의 연간 의료 이용 빈도는 약 16회로, 거의 세계 최고수준이다. 의사에 대한 높은 신뢰는 제도적으로 의료 이용이 자유롭게 이루어지고 있는 것과 깊은 관계가 있는 것으로 보인다.

반면 이렇게 높은 의사에 대한 신뢰가 과연 이론적으로 부합되는 신뢰인가에 대해서는 의문의 여지가 있다. 서구사회에서는 주치의 제도가 확립되어 의사와 환자가 오랫동안 개인적 신뢰(interpersonal trust)를 쌓아왔기 때문에 의료제도에 대한 불신이 증대하는 상황에서도 의사 개인에 대한 신뢰를 유지한다고 볼 수 있지만, 한국에서는 주치의 제도가 존재하지 않고, 또 환자들의 대형 종합병원 집중 현상에서 알 수 있듯이 병원 선택에서 의사 개인에 대한 인지 여부가 중요하게 작용하지 않기 때문에, 의사에 대한 높은 신뢰수준을 서구와 동일한 맥락의 현상으로 이해하는 데는 개념적 어려움이 존재한다.

또 '소통의 자유'를 중시하는 사람일수록, 그리고 '의사에 대한 기대'를 강하게 하는 사람일수록 의사를 신뢰하는 것으로 나타난 연구 결과를 어떻게 이해할 수 있을까? 병원 내에서 환자는 의사와 장시간의 의사소통을 하거나 교감을 나누는 것이 현실적으로 상당히 어려움에도 불구하고 왜 사람들은 의사를 신뢰하는 것일까?

한국 사회에서의 높은 수준의 의사에 대한 신뢰가 의사와 환자가 장기간에 걸쳐 도덕적 정서적으로 합의를 이루고 그에 근거하여 친숙성을 쌓아온 결과로 보기는 어렵다. 이 점은 의사들 스스로 국민의 신뢰를 얻지 못하고 있다고 고백하는 데서도 알 수 있다. 그렇다면 의사에 대한 신뢰는 '신뢰(trust)'라기보다는 '확신(confidence)'에 가까운 것으로 볼 수 있다. 환자들은 아플 때 치료받을 수 있다는 믿음 때문에 의사를 신뢰하는 것이다. 그리고 한국 의료제도의 특성상 의료 기관과 의사 집단의 이해관계가 구분되지 못하고, 병원이 곧 의사로 간주되는 미분화된 인식 구조 때문에(조병희, 1994) 의료제도와 기관에 대한 '확신'이 곧 의사에 대한 신뢰로 나타나는 것으로 해석할 수 있다. 즉, 우리에게 서구식의 의사-환자 관계에 기초한 '의사 신뢰'란 존재하지 않는 것처럼 생각된다. 다른 측면에서 생각해보면, 서구에서의 제도 신뢰의 하락은 의학 지식의 순수성에 대한 회의, '의료화(medicalization)'의 대상으로 전락된 몸에 대한 성찰, 생활세계를 압도하는 의학 지식에 대한 불안감 같은 성찰적 인식론에 기초하고 있다(Crawford, 2004). 그렇지만 한국 사회에서 의료 지식이나 기술에 대한 비판적 성찰은 거의 존재하지 않는다. 의사와 환자 사이의 신뢰는 의료 체계나 정책에 정당성을 부여하는 기초적 요건이 되는데(Gilson, 2003), 한국에서는 의사와 환자가 '의료 이용의 보장'과 같은 매우 고전적인 복지 이슈에 대해 합의하고 있을 뿐, 서구처럼 의료 기술에 대한 회의나 소통의 부족 같은 이슈는 한국적 신뢰의 기반에서 크게 중요한 것으로 인식되지 못하고 있는 것이다. 이러한 상황에서 소통에 대한 기대는 환자들의 '일방적인 기대'에 가까운 것으로 생각된다. 의료인들의 노동 강도가 매우 높은 한국 병원의 현실에서, 그리고 소통 기술을 제대로 갖추고 있지 못한 의사들의 부족한 역량이 두드러지는 현실에서, 환자들은 소통에 대한 기대가 충족되지 못하더라도 건강 문제에 대한 의료적 해결을 추구하게 되고, 그것에 '상황적으로 만족하는(satisficing)' 것이다. 역으로 대중은 소통에 대한 기대를 갖고 있지만, 병원에서 소통의 실현을 다른 어떤 것보다 우선적으로 생각할 만큼 '도전적인 환자'로 성숙되어 있는 것으로 보기는 어렵다.

결론적으로 건강보험제도의 도입 운영으로 의료에 대한 신뢰를 만들어냈지만, 사회관계적 측면에서 이를 뒷받침하여 사회의 질의 수준을 높이는 것이 필요한데, 의사-환자 간의 신뢰관계가 굳건하게 형성되어 있지 못하기 때문에 사회의 질 수준을 제고하는 데는 한계가 있는 것으로 생각된다.

6. 건강위험 인식과 성찰성[3)]

2000년대 들어서면서 전염병이 지속적으로 발생하고 있다. 역사 속에서 전염병은 중세의 흑사병의 사례처럼 매우 치명적이었지만 항생제 개발 이후 의학적으로 통제되기 시작했고, 전염병에 대한 공포도 희미해졌다. 그런데 최근 조류독감이나 중증호흡기증후군, 즉 사스(SARS) 같은 새로운 전염병이 발생하면서 전염병 공포가 다시 생겨났다. 광우병 사태 때는 쇠고기수입 정책에 대한 항의 집회가 몇 달에 걸쳐 전국적으로 이어졌고, 신종 플루가 유행했을 때는 마스크 착용이나 손 씻기 열풍이 불었다. 물론 외국에서도 사스가

3) 이 절은 조병희(2010a)를 재구성한 것이다.

발생했을 때 홍콩, 토론토, 뉴욕 등지에서 공포가 확산되었고, 애꿎게 중국인들이 '숙주'로 간주되어 집단 따돌림과 폭력에 노출되었던 적이 있다. 그렇지만 사스는 치사율이 약 10%로 매우 높았기 때문에 그 자체로 공포를 유발하는 것이 자연스럽다. 그런데 한국에서는 조류독감이나 광우병은 감염 자체가 거의 되지 않았고, 신종 플루는 독성이 약한 질병이었다. 그럼에도 불구하고 사회적으로 공포 반응이 크게 나타난 것은 질병 자체의 문제라기보다는 질병 인식과 함께 질병관리 제도에 대한 불신 문제가 깊게 개재되어 있는 것으로 생각된다.

구조적 차원에서 보면 근대 사회는 위험을 과학적·제도적으로 통제하는 사회이다. 그런데 광우병의 경우처럼 과학적 통제를 어렵게 하는 새로운 위험들이 발생하면서 대중의 과학과 제도(정부)에 대한 신뢰가 낮아지는 현상이 전 세계적으로 나타나고 있다. 즉, 정부나 의료계 또는 언론이 신종 전염병이라는 새로운 위험에 어떻게 대처하는가에 따라 공포가 확산될 수도 있고 아닐 수도 있다. 국민들이 질병관리 제도를 신뢰하면 공포는 낮아질 것이고, 불신하면 공포는 커질 것이다. 물론 개인 차원에서 개인이 처한 현실적 조건이나 위험의 특성에 따라 위험이 더 크게, 또는 작게 느껴질 수도 있다. 개인적 불운이나 위기에 처한 상황이면 작은 위험도 크게 인식될 수 있다. 제도적 신뢰(불신)와 개인적 인식은 상호 작용하게 된다.

질병공포가 생성되는 데에는 1차적으로 정부와 언론 같은 제도권의 대응이 중요하게 작용한다. 정부의 대응이 미덥지 않았던 쇠고기-광우병 사태 때는 공포 반응이 크게 나타난 반면, 정부가 조기에 적극적으로 대응했던 '멜라민 과자'나 '기생충 김치' 사태에서는 공포 반응이 미미했다. 그런데 신종 플루와 관련한 정부 정책의 신뢰도는 높지 않았다. 한국언론재단이 2009년에 실시한 신종 플루 인식조사 결과를 보면, '정부가 신종 플루로부터 사회를 보호해줄 것인가', '정부가 신종 플루에 적절하게 대응할 능력이 있는가', '정부가 신종 플루에 관한 정보를 국민과 공유하고 있는가' 등에 대해 응답자들은 5점 만점에 2.6~2.7점('보통' 이하 수준)을 주었을 뿐이다(황치성, 2009).

보건 당국은 전염병 발생 초기에는 감염원을 소독하고, 감염자를 격리하며, 접촉자를 파악하여 감염 여부를 확인하는 등 확산 방지에 초점을 맞춘 방역 활동을 하게 된다. 공항에서 승객들의 발열을 검사하거나 집단 감염되었던 외국인 영어강사들의 숙소였던 오피스텔 빌딩 전체를 봉쇄하고, 모든 거주자를 일일이 검사하는 것이 여기에 해당된다. 동시에 신종 플루의 역학적 특성을 파악하고 치료제와 백신을 개발하여 접종함으로써 근본적인 대응을 하게 된다. 이에 따라 감염 위험이 가장 높았던 초중등 학생들부터 백신 접종을 했다. 따라서 정부의 신종 플루 대책은 대체로 원칙대로 진행되었다. 그럼에도 불구하고 국민들의 정부에 대한 신뢰가 낮은 것은 그 대책이 충분하지 못했음을 암시한다.

정부 대응의 문제점은 우선 위험소통(risk communication)의 원칙이나 방법들이 제대로 담겨 있지 않았다는 점이다. 시민들의 공포 반응은 신종 플루의 발생과 동시에 생긴 것은 아니다. 신종 플루는 4월 하순에 첫 감염자가 나왔지만, 8월 중순에 사망자가 발생할 때까지 일반 국민들이 특별히 동요하지는 않았다. 물론 학교를 중심으로 감염자가 발생하면 휴교조치 하거나 축제를 취소하는 등의 '방역조치'들이 실시되었지만, 국민들은 비교적 관망하는 편이었다. 그러다 사망자가 발생하자 상황이 일시에 바뀌어 보건소에 문의 전화가 폭주하고, 손 세정제가 품귀 현상을 빚는 등 공포 반응이 나타났다. 사실 감염자가 1000명을 넘으면서 첫 사망자가 발생했다는 것은 치사율이 0.1% 또는 그 이하임을 의미하고, 따라서 신종 플루가 계절 독감과 크게 다르지 않음을 보여주는 것이다. 따라서 사망자 발생의 의미를 제대로 전달했어야 하는데, 여기에 부족함이 있었다. 즉, 0.1%의 사망자가 아니라 99.9%의 감염자가 별 문제 없이 치료되었다는 점을 체계적으로 강조하지 않은 것이다. 또한 정부는 한편으로는 신종 플루의 독성이 생각보다 낮기 때문에 큰 걱정을 하지 않아도 된다고 하면서도 동시에 감염자의 수와 사망자 수의 증가를 중계방송 하듯이 계속 발표했다. 이에 따라 대중적 반응은 사망에만 관심이 집중되어, 결과적으로 공포감이 표출되는 데 일조했다.

조류독감이나 광우병, 그리고 신종 플루 모두 과거에는 없던 새로운 전염병이라는 사실 자체가 불안 공포를 조장하게 된다. 이런 측면에서 생각하면 '신종 플루'라는 이름을 잘못 붙인 것 같다. 원래 이 병은 그 원인 바이러스가 돼지에서 유래된 관계로 '돼지 인플루엔자(swine influenza: SI)'로 불렸다. 그런데 돼지고기 취식 거부를 우려한 양돈업자들의 사정을 고려하여 세계보건기구가 '인플루엔자 A'라고 바꿔 불렀고, 한국 정부는 신종 플루라고 정했다. 과거에는 스페인 독감이나 홍콩 독감처럼 최초 발생국가 이름을 붙이기도 했는데, 지금은 세계화로 인해 전 세계적으로 동시 발생하는 형국이기 때문에 국가 명을 붙이기도 쉽지 않아 보인다. 그런데 'A형 독감'이 아닌 '신종'이라는 수식어를 붙이면서, 사람들에게는 낯선 질병의 이미지가 강하게 전달된 것으로 보인다. 대상의 새로움은 통제의 어려움과 연관이 깊다. 새롭고 낯선 질병은 사람들에게 자신의 힘으로 통제할 수 있을지 의문을 갖게 만들고, 더 불안해하는 심리가 작동하게 만든다.

그런데 위험소통 못지않게 중요한 것은, 신종 플루 감염자와 사망자가 대규모로 발생할 때 감염 검사나 치료를 제대로 받을 수 있도록 만드는 정부의 역량 문제이다. 8월 하순부터 전 국민적인 공포감이 나타나게 된 것은, 한편으로는 신종 플루로 인한 사망자가 연속하여 발생했기 때문이기도 하지만, 다른 한편 신종 플루를 검사하고 치료할 수 있는 시설이나 약품이 부족한 것으로 밝혀졌기 때문이다. 제도적 대응 역량의 부족은 정부에 대한 국민의 신뢰를 낮추는 데 크게 영향을 미친다.

그런데 이 문제는 단순히 방역 당국의 인력이나 예산 부족만의 문제가 아니라 의료제도의 구조적 모순과 연결되어 있다는 점에서 심각한 문제로 생각된다. 우리는 몸이 아플 때 보통 동네 병원이나 약국에 가게 되고, 좀 더 심하게 아프면 큰 병원에 가면 된다. 즉, 질병에 대한 제도적 대응 장치가 마련되어 있는 것이고, 이것은 질병으로 인한 불안감을 낮추는 데 기본 요건이 된다. 그런데 신종 플루의 경우에는 이러한 일상적 대응 체계가 제대로 작동하지 않았다. 신종 플루를 보통의 독감이 아닌 특별한 독감으로 규정하면서, 이를 진료할 수 있는 병원을 별도로 지정했다. 그런데 지정 병원들도 통상의 환자가 아닌 신종 플루 환자를 진료할 수 있는 여건이 마련되어 있지 않았기 때문에 병원 건물 밖에 가건물을 짓고 환자 진료에 임하게 되었다. 적은 수로 제한된 병원에 환자가 몰려들면서 진료소는 시장 바닥처럼 북적였고, 환자들은 매우 오랜 시간 대기해야 했다. 검사비도 약 10만 원에 달하여, 저소득층은 검사받을 엄두를 내기 어려웠고, 치료약도 제한된 약국에서만 판매했다. 계절 독감이나 다른 일반 전염병의 경우에는 일반적으로 어느 의료 기관에서나 진료하고 있다. 정부의 지시로 별도의 시설을 운영하게 된 병원들도 불만스러워했다. 정부가 별다른 지원도 하지 않으면서 추가적인 시설과 인력을 배치해야 했고, 담당 의료진의 과로나 소진(burn-out)의 어려움도 겹쳤다. 치료제가 충분하다고 주장하다가 방역 책임자가 치료제 구매를 위해 외국 제약회사와 접촉하러 긴급 출장을 간다거나 백신 생산 능력이 부족함에도 불구하고 별다른 대책이 없었던 점 등은 정부의 역량 부족을 그대로 노출시킨 사례였다.

이러한 문제는 우리의 의료 체계에서 공공 의료가 취약함을 극명하게 보여주었다. 전염병 관리는 전형적인 공공 의료의 영역이다. 일선 보건소와 공립병원들은 의당 전염병 발생에 대비한 시설이나 비상동원 체계를 갖추고 있어야 한다. 그런데 한국 공공 병원이 워낙 규모가 작은 데다(전체 병상의 약 10% 수준), 더욱이 공공 병원조차 경영성과 평가에 내몰리면서 수익 창출에 관심을 써왔다. 그러다 보니 신종 전염병과 같은 공공적 과제에 대한 대응책은 제대로 갖출 수 없는 여건에 처해 있는 것이다. 일반 국민의 입장에서 보면 본인이나 가족이 신종 플루 감염이 의심될 때 어느 병원에 가야할지, 비용은 얼마나 소요될지에 대해 제대로 알 수 없었기 때문에 제도에 대한 불신을 갖지 않을 수 없었고, 이것은 다시 신종 플루에 대한 공포심을 부추기는 역할을 하게 되는 것이다. 더욱이 보건소는 집단감염 업무에 종사한다는 이유로 정작 지역주민들의 플루 검사 요청은 외면했는데, 이것은 공중보건 업무의 핵심 기관인 보건소의 역할에 의문을 제기하게 만드는 것이었다.

제도적 불신의 다른 측면은 학교에서의 대응에서 찾아볼 수 있다. 감염자의 약 2/3가 초중등 학교 학생들이었기 때문에 이들 사이의 감염 확산을 방지하는 것이 중요했고, 정부는 등교 학생들에 대해 교문에서 발열 검사를 실시하도록 조치했다. 불특정 다수가 모여 있는 공항과 일정한 학생들이 지속적으로 상호 작용하는 학교는 애당초 성격이 다른 곳이었다. 학생들은 의사소통이 가능했기 때문에 아픈 사람은 학부모나 담임교사에 의하여 손쉽게 가려낼 수 있는 사안이었다. 학교나 지역사회 방역에서 중요한 것은 학생, 학부모, 교사 등 구성원 각자가 질병의 위험을 정확하게 이해하고 능동적으로 예방 활동에 참여하는 것이다. 그런데 교문 앞 검사는 학교 구성원의 능동적 역할을 부정하고 중앙에서 정해준 기준 – 예를 들어 체온 37.8도 – 대로 수행할 것을 강요하는 것과 다르지 않았다. 그러다 보니 집에서 잰 체온과 학교에서의 체온이 달라 혼란을 조성하기도 했고, 발열을 이유로 무조건 집으로 돌려보내는 것이 과연 교육적으로 타당한지의 문제도 있고, 매일 수천 명 학생들의 체온을 재느라 교사들이 과중한 업무에 시달리기도 했다.

가장 큰 문제는 학생들의 특성을 별로 고려하지 않았다는 점이다. 과거 '아폴로 눈병'이 돌았을 때 학생들 사이에는 서로 눈을 접촉하여 병을 옮겨주는 일이 많았다고 한다(보건교육포럼, 2009). 이번에도 일부 학생들은 신종 플루에 걸려 집에서 쉬었으면 좋겠다는 반응을 보였다. 학생들은 어른처럼 질병공포에 노출되지도 않았고, 대체로 신체 건강하기 때문에 건강 문제가 주요 관심사도 아니다. 학교는 학업의 성취만을 강조하기 때문에 이들에게 학교는 '재미없는 곳'이고, 이런 상황에서 플루에 감염되어 1주일간 쉬게 되면 부러움의 대상이 된다. 따라서 발열 검사 이전에 신종 플루에 대한 교육을 통해 이해를 구하고, 방역 활동에 능동적으로 참여하는 것이 얼마나 중요한 일인지 설득하는 것이 필요했다. 이러한 과정이 생략되거나 형식적으로 진행되고 체온검사만이 두드러지게 되면서, 학생들 사이에는 신종 플루를 악용하여 휴식을 취하려 하거나 아니면 신종 플루 예방접종에 대해 의구심을 표하면서 접종을 거부하자는 의견이 나오기도 했다. 더욱이 전국 학교의 35%는 보건교사가 배치되어 있지도 않았던 점도 방역 체계의 구조적 취약성을 드러낸다.

정부의 대응 다음으로 중요한 것이 언론의 역할이다. 언론 보도에 따라 조류독감이나 사스가 무서운 병이라는 이미지가 만들어졌다고 보고된 바 있다 (Wallis and Nerlich, 2005). 신종 플루의 경우에도 세계보건기구(WHO)가 신종 플루 발생 초기부터 그 위험성을 강조했고, 국내 언론은 곧바로 기사나 사설을 통해 'SI 비상', '방역대책 만전', 'SI 철저히 차단' 등을 정부에 촉구했다. 그런데 이미 여러 차례 신종 전염병 문제를 경험한 대중의 반응은, '불안한 마음으로 상황을 지켜보지만 자기 주변에서 생의 위협으로 느끼는 계기가 올 때까지 관망하는' 태도를 보였다. 첫 사망자가 발생하자 폭발적인 공포감이 표출되었지만, 사망자가 증가하면서 주춤하다가 유명 인사가 관련된 사망이 보도되면 다시 공포감이 부각되었다.

신종 플루에 대한 공포 반응의 대표적 유형은 타인과의 접촉을 기피하는 것이었다. 각종 동네 축제나 문화예술 공연이 줄줄이 취소되었고, 여행을 기피하고, 송년회나 돌잔치도 축소했고, 밖에 나가 쇼핑을 하지 않게 되면서 '홈쇼핑' 업체 매출이 크게 증가했다고 한다. 타인과의 접촉이 불가피할 경우에는 마스크 착용이나 손 씻기, 술잔 안 돌리기 등을 통해 접촉으로 인한 감염을 최대한 감소시키려고 했다. 이러한 반응은 상대적으로 온건한 행동들이다. 물론 일부 유치원이나 초등학교 저학년 학생과 학부모들 사이에서 감염된 아이를 '더러운 아이'로 간주하면서 같이 놀지도 않고 말도 하지 않는 등 따돌림이 발생하기도 했다. 집단 따돌림은 결국에는 감염 사실을 감추게 만들기 때문에 오히려 신종 플루를 확산시키는 요인이 된다. 집단 따돌림이 극심하지 않았던 것은 워낙 많은 사람들이 감염되었고, 또 대부분 며칠 사이에 회복되는 것을 목격하면서 비롯된 것으로 보인다. 학원의 경우에는 학부모들의 영향력이 강한데, 감염을 우려한 학부모들이 휴원을 요구하는 경우들이 많았지만 대개는 1회적 요구로 종료되었다. 감염이 '일상화'되면서 휴업이 해결책이 아님을 체험적으로 알게 된 것으로 보인다.

국민의 신종 플루에 대한 반응이 비록 따돌림이나 타자화 현상이 드물었던 온건한 형태이기는 했지만, 공포감이 전 국민적 현상이었던 점도 사실이다. 계절 독감이나 다를 바 없었던 신종 플루에 과잉 반응을 하게 된 것은, 우리가 과학적 사실에 대한 믿음이 약하고 질병 감염 위험에 대한 불안감이 크다는 것을 말해준다. 위험소통의 관점에서 보면 신종 플루에 대한 불안공포는 '미지의 것'에 대한 두려움으로 해석할 수 있다. 우리에게 익숙한 것은 상대적으로 두렵지 않게 느껴지지만 새로운 것은 두렵게 느껴진다. 이 점은 결핵과 에이즈에 대한 반응을 살펴보면 뚜렷하게 드러난다. 결핵은 우리에게 매우 낯익은 질병이다. 결핵은 매년 약 3만 5000명이 새로 감염되고, 치료가 잘 안 되어 약 3000명씩 죽는다. 반면 에이즈는 최근에는 한 해에 약 800명이 신규 감염되고, 100여 명이 죽는다. 따라서 결핵과 비교할 때 에이즈는 비교할 수 없을 만큼 감염 확률이 낮다. 더욱이 결핵은 언제 어디서 감염될지 알 수 없고 사전에 예방하기도 쉽지 않지만, 에이즈는 거의 대부분 성 접촉으로 감염되기 때문에 콘돔 착용과 같은 약간의 대비책으로 거의 완벽하게 예방할 수 있다. 이렇게 감염의 확률이나 예방가능성 측면에서 에이즈는 위험성이 아주 낮은 질병이지만 우리는 결핵보다 에이즈를 매우 두려워한다(조병희, 2008). 2009년 봄에 중부 지역 한 도시에서 '에이즈 택시기사' 사건이 보도되었다. 이후 그 도시에는 수많은 남성들이 줄지어서 병원과 보건소에서 에이즈 검사를 받는 진풍경이 만들어졌다. 이와 비슷한 에이즈 괴담들은 지금도 계속 반복하여 만들어지고 있다.

그러면 이처럼 왜곡된 질병 인식은 어떻게 만들어지는 것일까? 정부의 대응 방식이나 언론의 선정적 보도 경향은 대개의 나라가 비슷하다. 그럼에도 불구하고 우리 사회에 유독 신종 플루에 대한 공포감이 강했던 것은 다른 사회와는 다른 한국 특유의 상황 조건들이 작용했을 가능성을 암시한다. 광우병과 조류독감에 대한 공포감이 어떻게 사회적으로 구성되는지를 분석한 연구(조병희, 2009)를 살펴보면, 첫째로 에이즈에 대한 공포감이 크면 조류독감과 광우병에 대한 공포감도 컸다. 에이즈에 대한 효과적인 치료 수단이 만들어져 있음에도 불구하고 그 공포감은 지속되고 있다는 점을 볼 때, 한국인들에게는 일정 수준 이상의 질병공포가 항시 잠재되어 있는 것처럼 해석된다. 둘째, 광우병과 조류독감 공포감에는 삶의 불안정성과 제도에 대한 불신이 중요하게 영향을 미치고 있었다. 즉, 개인적으로 직업 상실이나 소득 감소 또는 중질환이나 범죄 피해 등을 경험했던 사람일수록 공포감이 컸다. 또한 정부와 언론을 불신하는 사람일수록 공포감이 컸다. 셋째, 광우병의 경우에는 정권에 대한 지지 여부 같은 정치적 요인도 작용했다. 반면 조류독감에는 이런 정치적 요인이 관련이 없었다.

신종 플루의 경우에도 삶의 안정성과 제도 불신이 부정적으로 작용하여 공포감을 부추겼을 가능성이 있다. 사람들은 삶이 불안정할 때에는 작은 위험도 크게 인식하는 경향이 있다. 외환위기 이후 삶의 안정성이 크게 위협받는 상황이 지속되면서 신종 플루와 같은 '작은 위험'도 큰 위험으로 인식되었을 수 있다. 경제 위기가 보다 극심했던 일본에서는 감염 의심자들에게 승차 거부나 진료 거부까지 발생하는 등 신종 플루에 대한 공포감이 우리보다 더 크게 나타났던 점은 주목할 만하다. 경제적 어려움에다가 정부 대책에 대한 불신이 더해지면 작은 위험이 큰 공포로 발전할 수 있는 기반이 된다.

질병 인식 요인을 사회의 질의 다른 차원과 연관시켜보면 다음과 같은 추론이 가능하다. 사회경제적 안전성이 취약할수록 국민들은 질병에 대한 공포 반응이 커지는 경향이 있다. 질병공포감이 클수록 국민들은 의료 이용을 많이 함으로써 즉자적으로 그 위험에서 벗어나려 한다. 자신의 몸과 마음을 튼튼히 하는 건강 증진은 부차적이게 된다. 즉, 현재의 과도한 의료 이용은 구조적 현상으로 볼 수 있다.

한편으로는 소비자 측에서 의료에 대한 도구적 이용을 강조하게 되면서, 그리고 다른 한편으로 공급자 측에서 의료를 비즈니스로 다루게 되면서, 의사-환자의 신뢰 기반 조성은 약화될 수밖에 없다. 여기서 발생하는 신뢰의 위기를 의료 공급자들은 고급 의료 장비에 대한 의존도를 높여 정서적 소통의 필요를 최소화함으로써 벗어나고자 한다. 환자의 입장에서 보면 건강위험에 대한 성찰적 대응의 의지나 역량이 약하기 때문에 의사와의 정서적 교감에 대한 요구를 강력하게 제기하기 어렵고, 그럴수록 불친절을 느끼게 되지만, 건강불안감 자체가 크기 때문에 의료에 대한 양적인 소비에 의하여 그 불만을 상쇄시키게 된다.

제8장

인권과 사회발전

정진성 서울대학교 사회학과 교수

1. 서론

1990년대 말 서유럽 국가들이 사회통합 문제에 주목하면서 시작된 사회의 질(social quality) 연구의 분석틀은 사회과학의 여러 측면에서 다양한 접근을 용이하게 만든다. 이는 사회복지정책의 맥락에서 고찰되기도 하고, 사회적 위험과 사회통합에 관한 중요한 설명틀로서도 활용된다. 또한 개별적인 지표로서 '개인'의 행복을 측정하는 삶의 질(quality of life)과 달리, 사회구조적이고 이론적인 모델로서 논의되기도 한다.

이 글에서 주목하는 것은 이 같은 사회발전론에 대한 사회의 질 연구의 접근이다. 삶의 질, 사회적 위험과 통합, 이들 모두를 아우르는 사회의 질 연구는 보다 발전된 사회가 무엇인지를 측정하고자 하는 시도로서, 단지 경제적 성장만으로는 사회발전을 이루기 힘들다는 문제의식으로부터 출발한다. 사회의 질은 진정한 의미의 선진국이란, 경제성장을 넘어서서 사회구성원이 역능감을 느끼고 소외되지 않는 통합된 사회라고 본다. 이런 점에서 사회의 질 연구는 고전 사회학의 사회변동론과 근대화론의 사회발전에 대한 분석의 연속 선상에 놓을 수 있다.

콩트(Auguste Comte), 뒤르켐(Émile Durkheim) 등 고전 사회학자들의 사회발전에 대한 문제의식은, 제2차 세계대전과 1960년대 식민지들의 대거 독립 이후 서구의 경험에 기초한 근대화론으로 다시 부활했으며, 이에 대항하여 성립된 종속이론은 서구와 '분리된' 저개발국의 발전에 집중한 것이었다. 그러나 결국 이러한 이론들은 현실적합성이라는 측면에서 큰 설명력을 얻지 못했으며, 다소의 새로운 이론적 시도들도 근대화론과 종속이론 틀의 한계를 벗어나지 못하는 모습을 보였다.

사회의 질 논의는 저개발국의 발전이라는 근대화론과 종속이론의 문제의식과는 전혀 다른 맥락에서 이루어졌다. 이민자들이 증가하고 이질적인 국가들이 통합된 EU가 출범함으로써 새로운 사회통합의 문제에 봉착한 유럽은, 사회발전에 대한 새로운 이론틀을 필요로 했고, 이에 대응한 처방으로 등장한 것이 사회의 질 개념이라고 볼 수 있다. 즉, 사회의 질은 어느 정도의 경제성장을 이룬 나라들에서 안전이나 통합, 행복 등을 성취하고자 하는, 보다 선진적인 사회로의 발전을 논의한 개념틀이라고 할 수 있다.

이때 경제는 별도의 변수로서, 사회의 질 측정의 내적 요소가 아닌 외적 조건으로만 다루어진다. 따라서 경제발전이 절실히 요청되는 저개발국에 이 이론틀을 즉각적으로 적용할 수 없다는 점은 사회발전론으로서 사회의 질의 가장 큰 단점이라고 할 수 있다.[1] 그럼에도 불구하고 경제와 정치 발전을 넘어서서 사회적 통합과 포용의 측면을 강조한 사회의 질의 시도는 고전 사회학의 문제의식이었던 사회적인 것(the social)의 복원이라는 점과, 객관성을 존중하는 기존의 사회과학에서 주저했던 사회정의(social justice)의 가치를 이론틀 안에 포함시키고 있다는 점(Phillips and Berman, 2001: 136)에서 주목할 만하다.

---

1) 사회의 질에 관한 서울대학교 사회학과의 대학원 수업에서 한 중국인 유학생은 경제 개념이 없는 이 이론을 중국 사회발전에 어떻게 적용할 것인지를 지적하기도 했다.

사회정의와 인권 존중의 가치에 기초하여 빈곤과 질병을 극복하고자 하는 사회발전의 방안을 강구하는 다각적인 인권 논의들 역시 사회의 질과 함께 새로운 사회발전론의 가능성을 공유하고 있는 것으로 보인다. 인권의 개념은 사회학 성립기에 사회발전에 대한 고민과 함께 싹텄다. 사회의 발전이 인간의 합리성에 기반을 두는 것처럼, 인간의 권리 역시 인간의 존엄성에서 비롯된 것이기 때문이다. 사회의 발전에 대한 믿음과 인간(개인)의 발전에 대한 믿음은 근대 사회의 형성 과정에서 탄생한 쌍생아와 같은 것이었다. 근대 국가에서 정부로부터의 과도한 억압과 간섭에서 개인을 지켜내려는 시민적·정치적 권리에 집중한 인권 개념은, 이후 국민의 삶을 위해 정부의 적극적 책임을 요구하는 경제적·사회적·문화적 권리 개념으로 확대되었다. 이것은 경제·사회적 조건의 향상 없이 인권 증진이 힘들다는 제3세계 국가들의 현실에 대한 인식과 무관하지 않다.

이제 크고 작은 분쟁들 속에서 세계는 위 두 차원의 인권에 안보를 함께 고려해야 한다는 인식에까지 도달하고 있다. 안보, 발전, 인권의 세 축을 중심으로 이루어지고 있는 유엔의 논의들이 서로 융합하는 경향을 보이고 있다는 점이 이를 반증한다. 인권과 발전[2]을 결합한 인간개발(human development), 인권과 안보(security)를 결합한 인간안보(human security) 논의 등이 그것이다. 보다 적극적으로 자유, 참여 등의 인권 개념을 발전과 결합시킨 아마르티아 센(Amartya Sen)의 역량강화론(capability approach)도 많은 지지를 받고 있다. 개인 중심, 법 중심이던 기존의 인권 논의에서 벗어나 개인과 사회를 연결 짓

---

2) 인권 논의에서 'development'를 '발전'이 아니라 '개발'로 번역하고, 'human development'를 '인간개발'로 번역하는 경향이 있다. 이 글에서는 '발전'을 적합한 번역으로 보고, 이미 다소 정착되어 있는 듯한 '인간개발'을 제외한 모든 곳에서 'development'를 '발전'으로 지칭했다.

고, 평등·정의와 같은 가치를 사회발전의 기반으로 포함시키는, 인권에 기초한 사회발전론(human rights based approach to development)이 시도되고 있기도 하다. 이러한 여러 논의들을 이 글에서는 포괄적으로 인권사회발전론이라 명명하고자 한다.

인권사회발전론은 근대화론이나 사회의 질과 같이 발전에 대한 믿음과 사회 전체의 균형적인 발전을 지향하면서도, 사회의 질에서 제기한 사회정의의 가치를 보다 적극적으로 다루어, 인권을 그 중심에 놓음과 동시에 사회발전의 핵심적 요소로 다루고 있다. 무엇보다도 인권사회발전론은 근대화론과 사회의 질 연구가 제대로 포괄하지 못한 저개발국의 빈곤, 질병, 부패, 교육 등의 문제를 다시금 대두시키고 있다.

이 글은 사회의 질과 인권론을 사회발전론의 맥락에 위치시키고, 그 논의들에서 일관된 흐름을 포착하고자 한다. 이 글은 치밀한 이론적 틀을 고찰하기보다는 앞으로는 근대화론, 뒤로는 인권론의 사이에 사회의 질을 놓고 사회발전의 시각에서 그 장단점을 살펴보고자 한다. 또한 국제법 중심의 논의에서 차츰 사회과학적 분석의 중심으로 들어오기 시작한 인권론을 사회발전론의 초기적 형태로 이해하면서, 사회발전이라는 거시적 관점에서 인권론 논의의 필요성을 제시하는 것을 목적으로 삼고자 한다.

2. 사회발전론의 전개

1) 고전 사회학

사회학은 근대 사회의 발전과 함께 시작되었다. 자본주의의 진전과 민족국가의 형성이라는 두 축으로 발전된 근대 사회의 새로운 모습을 정치학, 경제학, 법학 등의 기존의 학문이 설명하기 힘든 상황에서 사회학은 탄생했다. 사회학을 창립한 콩트는 사회학을 사회 정학과 동학으로 나누어 사회 구조와 변동의 메커니즘을 설명하고자 했는데, 이러한 설명은 기본적으로 사회는 발전한다는 믿음에 기초했으므로, 사회 동학은 사회발전론 논의로 이어지게 되었다. 뒤르켐과 베버(Max Weber), 마르크스(Karl Marx)와 같은 창립기 사회학자들도 이와 유사하게 사회발전을 설명하는 데 힘을 기울였다.[3)]

2) 근대화론

사회발전론은 제2차 세계대전 전후와 1960년대 구 식민지 국가들이 서방 제국주의 국가로부터 대거 해방되어 새롭게 국가를 수립(state-building)하게 되는 시기에 다시 크게 부활했다. 이때 사회학의 주류 사회발전론을 대표하는 근대화론(modernization theory)은, 서구 국가들의 근대화라는 특정 시기, 특정 지역의 변화를 일반화하여 사회의 여러 부분들이 유기적으로 긴밀하게 관계를 확대하면서 한 사회가 점진적으로 진보한다는 것을 핵심으로 하고 있다. 근대화론은 사회학뿐 아니라 정치학, 경제학 등 여러 사회과학 분야로 확대되어 발전을 설명하는 틀로 각광을 받으며 획기적으로 발전했다. 사회학 분야에서만도 스멜서(Neil Smelser)의 구조적 분화, 매클리랜드(David McClelland)의 성취동기, 인켈스(Alex Inkeles)와 스미스(David Smith)의 근대적 인간, 벨라(R. N. Bellah)의 일본 종교에 대한 해석 등 근대화를 둘러싼 각양의 이론

3) 콩트의 신학적·형이상학적·실증적 사회로의 단계적 변화에 관한 설명, 뒤르켐의 기계적 연대에 바탕을 둔 사회에서 유기적 연대에 바탕을 둔 사회로의 변화에 관한 설명, 마르크스의 아시아적 생산 양식에서 고대적·봉건적·근대 자본주의적 생산 양식으로의 변화에 관한 분석, 베버의 합리화 개념에 대한 논의 등이 그것이다.

들이 발전했다(So, 1990: 23~52).

그러나 이러한 논의들은 경제-정치-사회-문화 등 각 영역들이 균형과 조화를 이룬 가운데 발전한다는 사회통합적 또는 체제유지적 시각으로 인해, 발전 과정에서 각 사회 영역들 간의 엄청난 갈등을 겪고 있는 저발전국의 상황을 제대로 설명하지 못했다. 또한 결국 세계 모든 나라들이 서구의 경험과 유사한 과정을 겪으면서 비슷한 형태의 사회로 변화한다는 수렴이론의 관점은 비서구 지역의 전통과 다양성을 무시한 서구 중심주의라는 비판을 피하기 힘들었다. 무엇보다도 근대화론의 매뉴얼에 따른 후진국들의 발전 시도의 좌절은 근대화론에 대한 거센 비난으로 이어졌다.[4)]

이러한 비판에 직면하여, 근대화에 여러 갈래의 길이 존재한다거나, 사회 여러 요소들이 기본적으로 균형을 이루는 가운데서도 외부의 영향에 의해 일시적으로 문화와 기술의 속도 차에 의한 문화지체 현상이 일어난다든가 하는 여러 종류의 수정근대화론이 형성되었다. 그중 뒤늦게 발전을 시작한 국가들이 학습 효과로 인해 발전의 기간을 축소하거나 정부의 주도적 역할이 사회발전에 긍정적 효과를 가져올 수 있다고 하는 선두 주자의 벌금(베블런), 또는 후발산업효과론(거센크론)이 독일, 일본 등 후발 주자의 사회발전에 있어 큰 설명력을 획득했으며, 후에 한국, 싱가포르 등의 '후후발국(後後發國)'의 발전을 설명하는 데도 활용되었다.

---

4) 이론적 논쟁은 종종 이데올로기적 논쟁으로 비화되기도 했는데, 근대화론과 이에 대한 비판으로 설립된 종속이론의 대립은 이데올로기적 양극화를 뚜렷이 나타냈다(So, 1990: 11~12).

3) 마르크스주의의 영향

마르크스주의는 이후 서구 자본주의를 발전의 준거로 삼는 것에 대한 비판적 사고들로 이어졌다. 계급 관계에 초점을 둔 비교역사연구, 국가 간 불평등 관계와 역학에 주목한 세계체제론과 종속이론 등이 그것이다. 비교역사연구가 선진국 내부의 차이를 보여준 것인 데 비해, 세계체제론은 한 국가 내부의 발전 과정에 영향을 미치는 세계 전체의 변동 메커니즘을 규명하려는 시도이다. 종속이론은 세계체제론의 관점을 일부 이어받으면서 근대화론이 설명에 실패한 후진국의 사회 상황에 대한 설명을 시도했다.

(1) 비교역사연구

마르크스주의에 영향을 받은 첫 번째 시도는 서구 자본주의가 모두 하나의 길을 따른 것은 아니었으며, 시장과 계급 관계의 유형에 따라 다른 형태의 국가가 출현했다는 결론을 도출한 비교역사연구이다. 무어(B. Moore), 스코치폴(Theda Skocpol), 앤더슨(Perry Anderson) 등은 현대 여러 국가의 발전 양상을 설명하기 위해 봉건 사회의 생산력과 계급 구조를 분석했다. 1970년대 초 발표되기 시작한 이 연구들은 폭발적인 반향을 불러일으키면서 근대화론의 균형론적 관점을 비판하며 계급갈등의 측면을 부각시켰으며, 근대화론의 수렴론적 관점을 비판하고, 사회발전에 하나의 길은 없다는 것을 보여주는 중범위 이론의 전형을 세웠다. 또한 비교역사연구는 공허한 거대 이론의 틀보다는 구체적이고 경험적인 역사적 자료 속에서 발전의 길을 찾아내는 실증적인 방법론을 보여주었다는 면에서도 근대화론과 거리를 두었다. 그러나 이러한 연구는 여전히 후진국 발전의 이론적 틀로서는 난해하고 정책적 실용성의 면에서도 부족했으며, 한 국가의 내적 조건들과 이 국가들을 둘러싼 외적 조건의 어떠한 결합이 이들 국가 간의 극명하게 다른 발전 과정 및 양상을 만들어냈는가를 설명하지 못하는 한계를 보였다.

(2) 세계체제론

세계체제론은 하나의 국가 사례에 국한된 설명의 한계에 주목하여, 세계가 하나의 유기적 관계를 가진 체계로 변화한다는 주장을 편다. 월러스틴(Immanuel Wallerstein)은 세계가 세계제국(world empire)에서 세계자본주의로 변동했다고 보고, 마르크스가 한 국가사회 내에서 자본가와 노동자 계급이 형성되고 그 같은 계급 구조가 한 국가 내에서 고착된다고 한 것처럼 세계 차원에서 중심국(core)과 주변국(periphery)이 분화되어, 주변국은 좀처럼 중심국으로 발전하기 힘들다고 주장했다. 이것은 왜 제3세계가 근대화론의 주장과 달리 발전하지 못하는가에 대한 하나의 답이 될 수 있었고, 또한 비슷한 시기에 발전의 길을 달리한 일본과 터키, 또는 일본과 중국 등의 비교연구에서 이들 국가들과 선진국, 혹은 세계자본주의 체제와의 연결이라는 새로운 변수를 제공하기도 했다.

이후 세계체제론은 중심-주변국의 단순 구도를 수정하여 중심-반주변(semi periphery)-주변의 진전된 틀을 고안하기도 했으나, 발전의 단위를 세계로 본 다소 무리한 시각 때문에 치밀한 이론으로 받아들여지기는 힘들었다. 그럼에도 불구하고 이들 논의는 사회발전에서 내적 조건에 초점을 맞추는 이전 이론들의 한계를 분명히 드러내주었으며, 근대화론의 대척점에 선 종속이론의 인식적 기초가 되기도 했다. 비교역사연구의 대표적인 학자인 스코치폴은 세계체제론의 전체 틀은 다소 무리가 있다고 보았지만 국가 외적 조건의 중요성을 높게 평가하고, 각 국가들의 발전 과정에 영향을 미치는 세계자본주의의 단계에 주목하여 세계시간(world time)의 중요성을 제안하기도 했다(Skocpol, 1978).

(3) 종속이론

1960년대 들어서 남미 국가들을 중심으로 일군의 학자들은 서구 중심의 근대화론이 가진 한계에 주목하며, 이들 국가의 발전 실패의 요인이 선진 산업국과의 불균등한 관계 때문이라는 설명을 제시했다. 이 이론은 마르크스주의 영향을 받고 세계체제론의 시각을 공유한 것으로서, 곧바로 아프리카, 아시아 저개발국의 경제적 정체를 설명하는 이론으로 각광을 받게 되었다. 종속이론은 근대화론에서 제시한 발전의 길이 왜 제3세계에서 불가능한가를 보여주는 역사적 설명틀로서 획기적인 지평을 열었지만, 보편적인 발전 이론으로서는 명백한 한계를 가졌다. 또한 해결책으로 제시한 제3세계의 선진국과의 절연, 제3세계 간의 동맹은 현실성이 떨어진 것이어서 종속이론의 설득력을 약화시켰다. 이후 정치적·문화적 종속에 유의하면서 선진 산업국과의 적절한 연관 속에서 경제발전을 추구할 수 있다고 하는 종속적 발전론, 정치적 저발전에 주목한 관료적 권위주의 이론 등 새로운 종속이론들이 종속이론의 명맥을 이어나가게 되었다.

4) 1990년대 새로운 발전론의 시도들

근대화론과 마르크스주의 영향을 받은 이론들이 모두 길을 잃은 후 새로운 이론이 제시되지 못하는 상태가 상당 기간 지속되었고, 1980년대 초에 이르러 사회발전에 대한 연구와 이론화는 교착 상태에 빠졌다는 인상을 주었다. 이러한 현상은 1990년대 중반에 이르도록 크게 나아지지 않았다(Booth, 1994: 3). 신제도주의, 탈근대이론, 신성장이론, 능력접근 방법 등의 새로운 이론적 시도가 이루어졌으나(임현진, 2006: 4) 그다지 성공적이지는 않아 보인다.

앤서니 기든스(Anthony Giddens), 울리히 벡(Ulrich Beck) 등이 발전시킨 성찰적 근대화론, 김경동 등의 신근대화론 등 근대화론에 기초하면서도 새로운 발전의 방향을 제시한 이론들이 다각적으로 발전하고 있기도 하다.

세계화론은 신자유주의적 발전에 대한 우려와 기대를 분석하는 중요한 사회변동론으로 여러 학문 분야에서 논의가 확대되고 있다. 1990년대 동구 사회주의권의 몰락으로 세계가 예기치 못한 엄청난 변동의 소용돌이에 휩싸이면서 가장 큰 이슈가 된 것이 바로 세계화(globalization)였다. 지구 한 곳의 변화가 엄청난 속도로 세계 모든 곳으로 그 영향력을 확대한다는 세계화론의 설명에서, 세계화가 나타나는 주요 축은 국민국가를 넘어가는 자본과 사람의 이동이 된다. 그리고 이 2개의 흐름이 상호 동일한 과정의 파생물이라는 것이 주요한 점으로 논의된다(Sassen, 1998: XII). 즉, 세계는 하나가 되어 자본과 노동이 동일한 메커니즘에 따라 움직이므로, 선진국과 후진국의 사회변동은 유기적인 일체가 된다는 것이다. 이러한 세계화가 가져오는 변화를 어떻게 평가하고 예측할 것인가, 국가의 역할은 축소되는가, 세계 시민사회의 역할은 무엇인가 등등의 여러 논의들이 우후죽순처럼 올라오고 있다. 이러한 변동을 설명하지 못하고 국민국가의 틀을 벗어나지 않고 있던 근대화론은, 이제 사회변동론으로서 세계화론으로 대치되는 듯한 인상도 준다. 세계화론이 어떻게 제3세계에게 발전의 길을 보여줄 수 있을지는 또 다른 과제인 것으로 보인다.

3. 새로운 발전론으로서의 사회의 질 접근: 개인 중시, 사회정의의 가치

사회학에서 발전 이론은 균형 있는 발전의 모델을 추구하는 방향으로 변화해왔고, 발전에 대한 성찰 역시 결국은 근대성의 재정립, 또는 발전의 잘못된 결과, 예컨대 위험이나 환경 파괴 등에 대한 반성과 같은 것이었다. 세계화의 충격에 따른 사회통합의 절실함에서 비롯된 사회의 질 접근은, 사회발전이란 개인의 발전과 맞물려서 평등과 같은 사회정의가 성취되는 가운데 이루어진다는 것에 주목한다는 점에서 근대화론과 같은 이전의 발전 이론과 결을 달리한다. 그러나 경제발전과 정치적 민주화가 어느 정도 이루어진 유럽의 맥락을 중심으로 사회발전이 논의된다는 점에서 보편적인 사회발전론으로서 한계를 지닌다.

1) 사회의 질 접근의 사회적 배경과 분석틀

1990년대 이후 가속화된 세계화의 중요한 한 현상은 국제 이주이다. 특히 서유럽은 동유럽, 중동 등 주변 지역으로부터 밀려드는 사람들로 인해 사회통합이라는 심각한 사회적 과제와 맞닥뜨렸다. 사회통합을 비롯하여 균형 있는 사회발전을 주장했던 근대화론이 빈곤과 저개발국의 사회발전을 제대로 설명하지 못하고 밀려나 있는 동안, 1990년 후반 이미 경제발전과 정치적 민주화를 달성한 서구 지역의 학자들이 사회적 포용과 안전, 통합의 중요성을 다시금 제기하는 사회의 질의 이론화를 주창한 것이다.

불평등이 증대하고 인터넷 사용이 증가하는 가운데 새로운 소통 방식이 생겨나고, 이것이 생산 관계와 사회적 통합의 성격, 일상생활에 대한 해석, 문화적 상징, 의식(ritual) 등에 대한 전면적인 변화를 일으키고 있는 유럽 국가들은 시민들을 통합할 명확한 비전을 찾지 못하고 있었다. 자유 시장과 경제성장은 극빈자에게 도움이 된다는 입장과 지구적 차원의 자유 시장은 공동체의 뿌리를 파괴할 것이라는 세계화에 관한 두 시각이 맞서고 있었지만, 이 화해하기 힘든 2개의 시각 모두 세계화가 불평등을 심화시킨다는 데에는 동의하는 것 같았다. 어떻게 해야 하는가? 사회의 질 접근에 뜻을 모은 학자들은 어떤 외적 조건보다도 사회적 규범과 정책이 필요하다고 보고 다음의 정책적 중요성을 강조했다. 첫째, 고용정책, 사회적 보호의 근대화가 경제정책과 함

〈그림 8-1〉 사회의 질 사분면 구성도

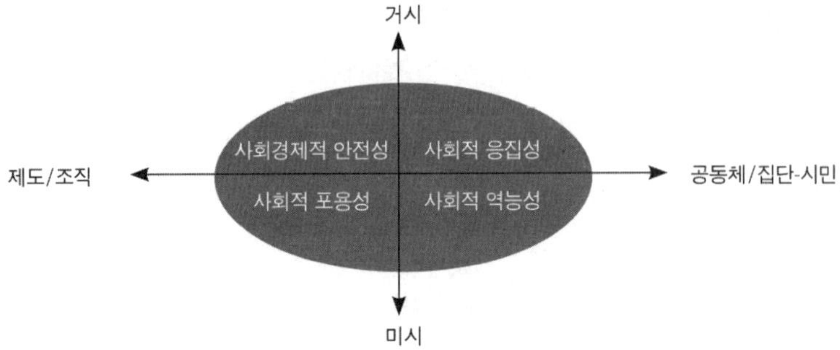

께 추구되어야 한다. 둘째, 지속가능한 경제성장과 함께 사회적 통합이 중요하다. 셋째, 사회적 포용성(배제를 막는)을 위한 정치가 필요하다. 마지막으로 시민들의 참여의 길을 제공해야만 한다.

사회의 질의 접근은 이러한 논의들을 사회경제적 안전성(socio-economic security), 사회적 응집성(social cohesion), 사회적 포용성(social inclusion), 사회적 역능성/자율성(social empowerment/autonomy)의 개념으로 진화시켰다. 이 네 가지 개념은 세로축으로는 거시와 미시, 가로축으로는 제도/조직과 공동체/집단-시민으로 제시된 〈그림 8-1〉의 사회의 질 분석틀에서 각기 하나의 사분면에 해당한다(Beck et al., 2001). 이 개념틀을 가지고 사회발전의 정도를 측정하는 것이다.

2) 개인과 사회를 연결하는 시도: 정의의 가치에 기반을 둔 사회발전

앞서 언급한 대로 개인-사회의 연결과 사회정의를 이론에 접목시킨 것은 사회발전론으로서의 사회의 질 접근에서 가장 중요한 지점으로 보인다. 사회의 질 접근이 생성된 토양은 유럽의 사회민주주의 모델로서, 단순히 빈곤, 불평등, 위험 등의 해소로 묘사되는 복지국가가 아니라, 모든 개인이 그들의 잠재성을 발휘할 기회를 가질 수 있는 사회가 기본적 모델이다(Diamond, 2006: 172~173). 이상의 사회의 질 개념틀의 두 축도 결국 개인과 사회의 연결을 지향하고 있다.

또한 사회의 질 접근의 기반인 유럽의 사회민주주의는 평등한 근대화(egalitarian modernization)의 전략을 택한다. 이들에게 있어서 평등주의적 사회정의를 회복시키는 것은 사회발전의 핵심이다. 독일 총리 메르켈(Angela Merkel)이 사회정의를 가난 극복, 교육과 훈련, 고용, 안전과 존엄, 그리고 불평등 극복의 다섯 가지로 정의한 것도 이런 평등주의적 경향을 보여준다. 이들은 이러한 사회정의를 실현하는 데 있어 고령화와 가족 해체, 비정규직화를 주요 장애 요인으로 꼽는다. 이때 개인의 능력 및 자유의 발현을 억압하는 사회적 조건으로서 가난과 불평등에 주목한다는 점이 중요하다. 가난과 불평등은 그 자체로서 사회 문제로 다루어지기보다, 사회 문제를 야기하는 조건으로 다루어진다(Diamond, 2006: 177~181). 사회정의가 개인의 발전으로 해석되어야 하는 이유가 여기 있다.

3) 선진국 중심의 한계

사회학에 국한되지 않은 많은 사회과학 분과의 학자들이 학제적으로 만든 사회의 질 접근은, 사회 발전에 대한 고전 사회학과 근대화론의 문제의식을 공유하면서도, 사회적 소외를 극복하고 사람들의 역능감을 높이는 사회정의라는 가치를 보다 명확히 지향한다는 점에서 사회발전론을 넘어선 것이라 평가할 수 있다. 그러나 사회의 질 접근은 여전히 세계를 이끌어가고 있는 서구 중심의 시각을 벗어나지 못하고 있으며, 따라서 빈곤과 외부 영향에 허약하게 노출되어 있는 저개발국의 사회발전을 설명하기에는 부족함이 있다.

4. 새로운 사회발전론으로서 인권사회론의 가능성

경제성장만으로 사회의 발전을 이룰 수 없다는 것은 사실이다. 그러나 빈곤 자체를 극복하지 못한 저개발국에서 경제성장은 사회발전의 모든 요소와 연결될 수밖에 없다. 세계화가 가속화된 현재의 자본주의 세계에서 경제성장은 세계적 차원에서 양극화를 만들고 있으므로, 저개발국의 빈곤 극복은 국제적인 협력 없이는 성취하기 힘들다. 이렇게 국내적·국제적 차원의 경제성장을 포함한 사회발전을 설명하기 위해서 인권 개념이 새롭게 주목되고 있다. 개인-사회의 연결, 국내-국제적 차원의 연결, 평등과 자유의 가치의 강조 등을 통해 저개발국과 선진국의 사회발전을 동시에 설명할 수 있는 이론의 가능성을 획기적으로 보여주고 있는 것이다.

1) 인권 개념의 진화: 권리로서의 발전

인권은 '인간이기 때문에 갖는 양도할 수 없는 권리'라고 하는 다분히 철학적인 믿음이 진보한 결과이지만, 이것이 사회에서 실현될 수 있도록 하는 노력으로서 인권법의 발전[5]은 단순한 철학적 믿음이 아닌 믿음의 사회적 반영물이자 제도라고 볼 수 있다. 따라서 국제인권법이 인권에 대한 연구를 주도해왔으나, 1970년대 이후 정치학을 비롯하여 여러 사회과학의 학문 분야에서 인권이라는 키워드를 학문적으로 발전시키기 시작했다. 이것은 인권을 개인적 권리로 보고 법을 통해 그 구체적인 실현을 추구하고자 하는 입장과는 달

5) 1215년 영국의 마그나 카르타를 비롯하여 1945년 이후 보편적 인권선언 및 시민적·정치적 권리규약과 경제적·사회적·문화적 권리규약 등 유엔의 여러 국제 규약들이 그것이다.

리, 인권을 보다 포괄적인 사회의 틀에서 이해하고, 인권의 효과적 실현이 이러한 인권의 사회적 구성에 대한 이해로부터 가능하다는 문제의식에 따른 것이기도 하다. 여기서 사회적 구성이란 개인의 권리로부터 개인과 사회의 관계, 국제적 협력으로 그 대상이 확대되어왔다.

인권 개념은 여러 사회적 맥락 속에서 꾸준히 진화해왔다. 첫째 단계에서 인권은 인간의 보편적 권리로서 인간이면 누구나 평등하게 갖고 있는 권리를 지칭한다. 이것은 귀속적 신분사회로부터 업적 중심의 평등사회로의 진보와 함께 형성된 것으로, 대체로 시민적·정치적 권리에 집중되었다. 둘째 단계는 사회(정부)의 책임을 강조하는 경제적·사회적·문화적 권리이다. 이는 개인적 권리에서 출발한 인권 개념에 사회적 시각이 포함된 것으로, 사회의 모든 성원이 최소한의 경제적·사회적·문화적 권리를 향유할 수 있도록 하는 책임이 정부에게 있다고 본다. 셋째 단계는 인권을 정부를 넘어서 국제사회의 책임을 촉구하는 권리 개념으로 보는 것으로서, 이에 따르면 인권은 한 사회의 모든 성원뿐 아니라 전 세계의 모든 사람들이 함께 누려야 하는 것이다. 개인 → 국가 → 세계로 확산되어온 인권 개념은 인권이 존중되는 사회를 발전된 사회로 보고, 한 사회의 발전을 어떻게 볼 것인가에 대한 시각의 발전을 보여주는 것이기도 하다. 즉, 이제 인권 개념은 세계의 모든 지역(사람)은 서로 밀접한 영향을 미치며 함께 발전한다는 믿음과, 사회발전에서 국제 협력을 강조하는 사회발전론의 한 시각이라고 해석될 수 있는 것이다.

다른 한편 1세대, 2세대, 3세대라고 명명된 인권의 개념은 그러한 개념이 제기된 시기를 지칭하지만, 각 개념이 이전 세대의 개념을 대체하는 것이라든가, 선진국 또는 후진국에 더욱 중요한 권리의 성격을 의미하는 것은 아니다. 예컨대 시민적·정치적 권리는 여전히 선·후진국 모두에서 매우 중요한 문제이며, 경제적·사회적·문화적 권리 역시 제3세계의 문제일 뿐만 아니라 선진국에서도 차별과 배제 문제와 맞물려 새롭게 다양한 문제를 제기하고 있다. 발전권, 환경권, 평화권 등의 제3세대 인권은 세계화 과정에 있는 세계 모든 지역에 적용되는 문제이다.

(1) 시민적·정치적 권리: 1세대 인권

인권은 자본주의 형성 과정에서 이루어진 봉건적 신분관계의 근본적인 변화와, 변화한 신분관계가 다른 한편에서 성립된 절대국가와 새로운 관계를 맺는 가운데 출현한 개념이다. 인간이기 때문에 갖는 양도할 수 없는 권리는 새롭게 형성된 시민 계급이 국가의 통치권으로부터 자신들의 권리를 보호하고자 한 데에서 출발했다. 사상·양심·종교·언론의 자유 등 시민적 권리와 국가 업무에 대한 참여와 통제를 보장하기 위한 정치적 권리는 바로 그러한 개인의 국가에 대한 소극적 또는 방어적 권리인 것이다. 그중에서도 사법 외 살인, 고문 및 의학적·과학적 실험, 그리고 강제노동·구금·강제실종 등을 금지하는 '인간의 완전성에 대한 권리(personal integrity rights)'는 가장 기초적인 권리로 여겨진다. 법 앞의 평등이나 인종·성·종교 등에 따른 차별 금지와 같은 평등권도 매우 중요한 권리로 여겨진다. 신체활동의 자유, 거주이전의 자유, 재산권 등도 이 고전적 인권 개념에서 마찬가지로 중요한 부분이다.[6] 세계사회는 이러한 시민적·정치적 권리를 1세대 권리라고 부르고 있다.

(2) 경제적·사회적·문화적 권리: 2세대 인권

이러한 고립된 개인의 인권 개념은 차츰 사회 공동체에 참여하는 구성원의 권리로서 외연을 넓혀나가기 시작했다. 노동기본권, 사회보장과 보험에 관한 권리, 적절한 생활수준을 영위할 권리, 가능한 최상의 신체와 정신 건강을 영

6) 시민적·정치적 권리의 자세한 내용은 International Covenant on Civil and Political Rights(ICCPR)를 참조할 것.

위할 권리, 교육권 등으로 대표되는 경제적·사회적·문화적 권리[7]는 방어의 대상이었던 국가에 대해 적극적인 역할을 요구하는 권리이다. 이 권리 개념은 시민적·정치적 권리에 비해 뒤늦게 바이마르헌법에서 처음으로 규정되었고, 이들 권리의 발전에 국제노동기구(ILO)가 중요한 기여를 했다. 주거권, 식량권(right to food), 식수권(right to drinking water) 등 경제적·사회적·문화적 권리에 관한 논의가 국제사회에서 확대되고 있으며, 이러한 권리가 2세대 권리라 명명되고 있다.

시민적·정치적 권리와 경제적·사회적·문화적 권리는 사실상 긴밀하게 연관되어 있어서 이 둘을 명확하게 분리하기는 힘들다. 예컨대 여성의 권리에서는 교육권, 노동권 등의 경제적·사회적·문화적 권리가 중요한 부분을 점하고 있지만, 이 권리들이 성 평등의 원칙에 서 있어야 한다는 점에서는 두 차원의 권리가 서로 얽혀 하나의 실체를 구성한다. 그럼에도 불구하고 두 권리는 앞서 언급한 대로 다소 다른 성격을 가진다. 특히 시민적·정치적 권리는 침해되었을 경우 즉각적으로 시정되어야 하는 내용인데 비해, 경제적·사회적·문화적 권리는 점진적인 실현이 현실적으로 가능한 것들이다. 예컨대 경제적 조건(경제수준과 평등수준)이 충족되었을 때에 비로소 국민들의 노동권이나 교육권, 생활권 등이 보장될 수 있는 것이 그것이다. 서구 선진국들이 시민적·정치적 권리의 중심성을 주장하는 데 비해, 제3세계나 사회주의 국가들은 경제적·사회적·문화적 권리를 더욱 강조하는 경향이 있다. 유엔에서 1948년에 보편적 인권선언(Universal Declaration of Human Rights)을 설립한 후, 1960년대에 그보다 더욱 실질적이고 구체적인 효과를 갖는 규약을 만들고자 했을 때, 서구 선진국들과 제3세계 및 사회주의 국가들이 대립하게 되었고,

---

7) 경제적·사회적·문화적 권리의 자세한 내용은 International Covenant on Economic, Social and Cultural Rights(ICESCR)를 참조할 것.

그로 인해 시민적·정치적 권리규약과 경제적·사회적·문화적 권리규약이 별개의 조약으로 설립되게 되었다.

이런 초기의 경향은 여전히 계속되는 듯이 보이지만, 경제적·사회적·문화적 권리의 중요성에 대한 세계 모든 나라들의 인식은 점차 증대되고 있는 것이 확실하다. 유엔 인권위원회(Commission on Human Rights)로부터 2006년에 새롭게 확대 개편된 유엔 인권이사회(Human Rights Council)를 통해 논의된 결의(resolution)를 보면,[8] 주거권, 교육권, 노동권 등의 주요 권리뿐만 아니라 식량권, 식수권, 선주민의 언어사용권, 다국적 기업 문제, 빈곤 및 최빈곤(extreme poverty)의 문제, 한센병 환자의 권리, 에이즈 문제, 문화적 다양성의 존중 등 보다 세분화된 권리 사안들이 의제로 확대되고 있다. 시민적·정치적 권리도 종교의 자유나 표현의 자유 등의 전통적인 사안, 테러리즘과 전쟁으로 인한 권리의 침해 문제로부터 과거 청산(transitional justice), 평화, 인신매매(trafficking) 등 사회 전체와 관련된 문제들로 논의의 범위가 확대되고 있다.

이 밖에 차별과 소수 집단의 문제, 여성, 장애인, 선주민, 난민, 이주자들의 문제들이 광범위하게 논의되고 있다. 이 인권 문제들은 사회적 차원의 문제가 개인에게 영향을 미친다는 점에 대한 인식의 결과이다. 국제인권법이 개인의 권리에 대한 집단의 권리(collective rights)라는 개념을 받아들이기 시작한 것은 이러한 소수 집단에 속한 개인들의 권리를 집단의 일원으로 파악할 때 더욱 명확해진다는 사실에 착목한 것이었다. 이를 통해 인권이 단지 개인에 집중한 논의라는 관점은 이제 더 이상 유효하지 않다는 것을 볼 수 있다.

---

8) www.ohchr.org의 documents and resolutions을 참조할 것.

(3) 발전권: 3세대 인권

인권 개념의 확대는 여기서 그치지 않는다. 국제적 차원의 협력과 소통을 개인의 인권 증진의 중요한 기제로 보기 시작하여, 발전권, 환경권, 평화권 등 새로운 권리 개념들이 떠오르기 시작했으며, 이것들은 한 국가 내의 권리 침해와 그에 대한 조처로서 끝날 수 없는 국가 간의 관계 속에서 형성되는 권리 개념이다.

발전권(right to development)[9]은 "양도할 수 없는 인권으로서 모든 인권과 기본적인 자유가 온전히, 그리고 점진적으로 실현될 수 있는 발전 과정에 관한 권리"라고 정의된다(센굽타, 2010: 56). 이것은 1970년대 초 처음으로 거론되기 시작하여 1970년대 말에 본격적으로 유엔 인권위원회에서 논의되었고, 1986년 유엔 총회에서 발전권 선언(Declaration on the Right to Development)이 채택되기에 이르렀다. 이 발전권은 1960년대 여러 식민지 국가들이 대거 독립하면서 이들 나라들의 경제적 발전이 세계사회의 중대한 과제로 받아들여지게 된 것을 배경으로 하고 있다. 빈곤 속에서는 다른 인권의 향유도 힘들다는 인식이 폭넓게 자리 잡기 시작한 것이다. 서구 선진국들이 개인의 경제적·사회적 권리로서 인권 문제를 풀어가려는 데 반해, 제3세계 국가들은 선진국을 비롯한 국제사회의 협력이 필요함을 주장하고, 그것을 인권의 국제적 의무로 규정짓고자 한다. 발전권의 개념은 아직도 선·후진국 간의 완전한 동의에 기초하고 있다고 보기는 힘들지만, 개인의 발전을 사회의 발전과 연결시키고, 특히 후진국의 발전이 선진국의 협력을 통해 달성될 수 있다는 큰 틀에서 합의되고 있다는 점에서 경제적·사회적·문화적 권리에서 한 단계 나아갔다고 볼 수 있다(박찬운, 1999: 291~295). 1993년 비엔나에서 개최된 유엔인권

---

9) 개발권으로 번역되기도 한다.

회의(World Conference on Human Rights)는 개발에의 권리를 기본적 권리라고 선언했으며, 1998년 세계인권선언 50주년을 맞아 유엔 총회에서 행해진 발전권 선언에서는 세계인권선언과 동등한 지위를 부여하자는 제안도 제기되었다(마크스·안드레아센, 2010: 18).

발전권을 양도할 수 없는 인권으로 인정해야 한다는 것은 발전권에 국가적·국제적 자원에 대한 청구권을 부여하는 것이며, 국가와 개인을 포함한 사회 행위자에게 발전권의 이행에 기여해야 한다는 의무를 지우는 것으로서, 이제 국가의 의무는 발전권을 구성하는 각 권리를 이행하기 위해 필요한 정책을 구성하는 것으로부터 시작되어야 하며, 다자 간, 양자 간 국제 협력이 이를 보완하는 것(센굽타, 2010: 78)으로 이해된다.

세계적으로 관심이 커지고 있는 발전권을 둘러싸고 몇 가지 쟁점이 논의되고 있다. 발전권이 종종 집단적 권리[10]로 해석되어 이것이 개인적 권리에 더 중심이 가 있다는 점이 경시될 위험이 있다는 점이다. 이와 관련하여 또 다른 쟁점은 개인의 권리와 국가의 의무가 명확한 다른 대부분의 인권과 달리, 발전권에서는 권리와 의무의 주체가 애매하다는 점이다. 이 밖에 시민적·정치적 권리와 경제적·사회적·문화적 권리에서 많은 부분이 중첩된다는 지적이 있기도 하다(박찬운, 1999: 300~303).

이 밖에 환경권, 평화권 등도 새롭게 권리 개념으로 규정해야 하며, 이 권리에 대한 국제 협력이 필요하다는 점도 강조되고 있다. 이 새로운 차원의 권리 개념을 세계사회는 3세대 인권이라고 부른다.

---

10) 집단적 권리는 개인보다도 집단적으로 주장되었을 때 보다 효과적인 권리를 의미하는 것으로서, 소수 집단, 선주민의 권리 등을 중심으로 차츰 인정되기 시작하고 있으나 아직도 논쟁적이다.

2) 인권사회발전론의 시도

발전을 권리로서 정의한 발전권의 개념적 진화가 이루어지는 동안, 보다 구체적으로 인권과 발전을 결합하여 이론화하는 시도도 이루어지고 있다. 1990년대 후반 들어 속도를 낸 유엔개혁 논의 과정에서 코피 아난(Kofi Annan) 사무총장은 1997년 유엔 활동의 전 영역에 인권을 접목할 것을 요청했고, 2005년 「더 큰 자유를 위하여(In larger freedom)」라는 보고서를 통해서는 "인권과 발전, 안전의 과제들은 매우 긴밀하게 얽혀 있다"고 강조했다.[11] 인권과 발전을 결합한 인간개발(human development)과 인권과 안전을 결합한 인간안보(human security) 개념[12]이 그러한 문제의식의 표현이다.

인권을 핵심 요소로 하는 사회발전의 목표와 방안에 대한 논의들은 이제 수많은 갈래로 발전하고 있는데, 그것을 사회의 질의 개념틀을 유의하면서 다음의 몇 개의 그룹으로 나누어보았다. 첫째, 자유와 역량의 증대, 둘째, 빈곤의 타파, 셋째, 소수자의 포용과 기업의 책임, 넷째, 인간안보와 사회보장에 대한 인권적 접근이 그것이다. 여기서 사회의 질의 사분면의 요소와 함께 빈곤 타파가 추가된 것을 볼 수 있다.

---

11) UN Secretary General, Renewing the UN: A Programme for Reform(A/51/1950), http://www.un.org/largerfreedom/contents.htm 참조.

12) 1945년 제2차 세계대전 후 유엔이 만들어질 때 세계사회는 인권, 안보, 개발을 주요 목표로 내세웠다. 현재 유엔 기구는 총회 산하에 안전보장이사회(Security Council), 경제사회이사회(Economic and Social Council), 인권이사회(Human Rights Council)의 세 이사회를 두어, 이 세 가지 목표를 추구하고 있다. 세계사회는 점차 이 세 가지 목표가 서로 긴밀하게 상호 연관되어 있다는 인식에 도달하고 있으며, 그에 따라 인권과 개발, 인권과 안보를 결합하여 인간개발, 인간안보 모델이라는 새로운 접근을 발전시키고 있다.

(1) 자유와 역량의 증대

가. 능력접근

센의 능력접근(capability approach)은 사회의 질 접근에도 큰 영향을 주었으나 특히 인간개발에 미친 영향을 여기서 강조하는 것은, 그가 개인-사회의 연결 및 사회정의의 주장에 더해서 발전 및 발전 과정 그 자체에 중점을 두었기 때문이다. 이것은 확실히 사회의 질 접근과는 차별화되는 지점이다. 첫째, 사회발전 이론으로서 센의 능력접근의 중요성은 사회발전과 개인의 발전을 보다 명확하게 연결했다는 점에 있다. 그는 개인의 능력이 사회적으로 결정되는 지점을 "사회에 의존하는 개인의 능력(socially dependent individual capabilities)"이라고 표현한 바 있다(Sen, 2002: 85). 둘째, 센은 "사회변동은 그 결과로 사람들의 삶이 얼마나 풍요해졌는가에 따라 평가해야 한다"는 데서 능력접근이 출발한다고 말한다. 그는 삶의 풍요를 여러 가능성들, 예를 들면 행복해지는 것, 자기존중하기, 공동체 생활에 참여하기 등 가운데서 선택할 자유(freedom)로 일컫는다. 센은 발전을 보다 자유롭고 가치 있는 삶을 영위할 수 있는 인간 능력의 확장이라고 정의하고 있는 것이다. 센에 의하면 자유는 정치적 참여와 민주주의 자체의 목적이자 발전의 조건이다. 능력의 구체적이고 치밀한 리스트를 제시하고 있지는 않지만 그럼으로써 오히려 자유의 가치를 강조하는 센의 능력접근은 비판적 발전이론(critical development theory)의 통찰과 유사하다는 평가도 있다. 이 능력접근은 인간의 행위와 국가의 발전에 대한 폭넓고 깊이 있는 통찰로서, 인간성(humanity) 전체에 매우 큰 적합성을 가졌다고 보는 것이다(Phillips, 2008: 43~46). 로베인스(Ingrid Robeyns)는 센이 경제학에 사회학적 사고를 도입했고, 거기에 철학적 기초를 강조했으며, 이론과 실천을 통합했다고 평가했다(Robeyns, 2006: 371).

셋째, 센의 능력접근은 발전의 과정에 대한 통찰이다. 사회발전이 사회의 질 접근과 같이 이미 경제적·정치적 단계가 어느 정도에 이른 선진국에서의 개인의 행복이나 사회통합을 추구하는 문제가 아니라, 경제적·정치적 발전 그 자체를 총체적으로 포괄하기 때문이다. 발전은 개인이 향유하는 실질적 자유를 확장하는 과정인데, 여기서 그 과정이란 GNP 증가나 개인소득 증가, 사회적·경제적 제도의 확충, 정치적 권리 및 시민권의 확대로 설명된다. 그는 실질적 자유의 결핍이 경제적 빈곤과 직접적인 관련이 있다는 점과 권위주의적인 정권에 의해 침해된다는 점에서부터 출발한다. 물론 그것으로부터 훨씬 더 나아가 분배를 위한 제도까지 논의하지만 말이다(센, 1999, 2001).

빈곤과 민주주의 결핍이 개인의 자유를 침해한다는 것은 인권 담론의 주요 의제이므로, 센의 능력접근은 인권과 발전을 연결시킨 인간개발의 중요한 기반이 될 수 있었고, 센 자신이 인간개발 보고서 활동에 참가하기도 했다. 그러나 세계은행 수석위원이기도 했던 센이 발전의 국제비교적 관점에 그치고, 국제 협력을 발전의 주요 방안으로서 적극 분석하지 않은 점은 중요한 단점이라고 볼 수 있다. 그럼에도 불구하고 능력접근은 유엔개발계획(UNDP)을 중심으로 제3세계 발전을 설명하는 데 이론적 기초가 될 뿐만 아니라, 경제와 정치 발전을 넘어서는 인간의 역능화에 주목한다는 점에서 선진국 사회발전론으로도 유용하다. 이는 앞서 언급한 바와 같이 사회의 질 접근에 중요한 참고가 되는 지점이라 하겠다.

나. 인간개발접근

인간의 역량을 강화하는 과정으로 정의되는 인간개발은 사회와 개인의 발전이 동시에 성취될 때 비로소 진정한 발전이라고 할 수 있다는 의식에서 출발한다. 인간개발 개념은 1989년 초 UNDP라는 유엔의 한 기구에서, 이전까지 서로 다른 발전 경로를 밟아오며 별개의 개념으로 다루어져왔던 인권과 개발을 연결하여 만든 개념이다. 1986년 발전권 선언도 같은 전제에서 만들어진 것으로, 이는 인간개발 개념에 영향을 미친 것으로 보인다.

이것은 한 국가의 경제성장이 인간의 개인적 선택의 확대를 이끈다고 하는, 그때까지의 발전에 대해 갖고 있던 믿음을 비판하는 것에서 출발했다. 사람들이야말로 한 나라의 진정한 부(富)의 원천이며, 따라서 사람들이 그들의 욕구와 이해에 따라 창의적이고 생산적인 삶을 살아갈 기회와 능력을 확대시키는 것이 인간개발의 주요 내용이라 본다. 발전이란 사람들이 가치 있다고 생각하는 삶을 만들어갈 선택들을 넓혀가는 데 초점이 주어져야 하며, 오래도록 지속가능한 인간개발을 위한 능력을 세우는 것이 발전에 가장 중요한 핵심이기 때문이다.[13)]

UNDP는 인간개발을 위한 핵심 능력을 오래 건강하게 사는 것, 교육, 존엄을 유지할 수 있는 물적 기반, 자신이 속한 사회에 영향을 미칠 수 있는 결정에 참여할 수 있는 것 등으로 정의했으며,[14)] 인간개발이 고려해야 할 주요 요소를 평등(equity), 역능화, 협력(참여), 지속가능성, 안전성, 생산성으로 보았다.[15)] 이러한 요소들을 제고시키기 위해서 국가와 지역은 개인과 사회의 능

---

13) http://www.undp.org.bz/human-development/what-is-human-development/

14) 매년 발간되는 UNDP 보고서는 기대수명, 평균 교육연수, 기대 교육연수(expected years of schooling), 1인당 GNI(국민총소득)를 고려하여 나라별 인간개발지수를 산출한다.

15) 1. Equity: Equal opportunities for all. Special emphasis is placed on equity of human development between men and women and various social groups. 2. Empowerment: Freedom of the people to influence, as the subjects of development, decisions that affect their lives. 3. Cooperation: Participation and belonging to communities and groups as a means of mutual enrichment and a source of social meaning. 4. Sustainability: Meeting the needs of today without compromising the ability of satisfying the same by future generations. 5. Security: Exercise development opportunities freely and safely with confidence that they will not disappear suddenly in the future. 6. Productivity: Full participation of people in the process of

력을 향상시킬 경제적·사회적·정치적·문화적 환경을 점차적으로 만들어낼 발전 전략을 주도해야만 한다고 본다.

UNDP 보고서에는 포함되어 있지 않지만, UNDP를 비롯한 세계은행, 경제사회이사회(ECOSOC) 등 유엔개발기구들의 주요 목표가 세계 국가들의 협력을 통한 빈곤의 극복이라는 점, 그리고 인권이사회(HRC)를 비롯한 인권기구들의 인권탄압 비판과 민주주의 독려라는 목표 등은 한 국가사회의 발전에 인권에 기초한 국제 협력이 중요하다는 믿음을 보여주는 것이다.

(2) 빈곤과 질병의 극복

저개발국의 빈곤을 인권 문제로 파악하고, 이것을 세계사회의 책임으로 여기는 규범적 접근이 '인권에 기초한 발전론(human rights based approach to development)'으로 점차 그 영향력을 넓히고 있다. 이상의 능력접근 등이 기본적으로 빈곤한 상태에서는 능력과 자유가 향유될 수 없다는 점을 보여주는 데 반해, 여기서 더 나아가 보다 본격적으로 빈곤을 인권이 부정되는 상황으로 규정하고 빈곤 타파의 원칙과 방안을 논의하는 개념틀이 발전되고 있는 것이다. 1993년 비엔나인권회의로부터 2000년 새천년발전목표(MDGs)[16]에 이르면서 발전한 인권에 기초한 발전론의 핵심은, 성장 위주의 개발에서 좀 더 인간 중심의 개발과 빈곤 타파 위주의 개발로 의제가 전환되어야 한다는

---

income generation and gainful employment.

16) 2000년 유엔 새천년총회에서 채택한 새천년발전목표(Millennium Development Goals). 빈곤과 기아의 종식(End poverty and hunger), 보편적 교육(Universal education), 성 평등(Gender equality), 아동 건강(Child health), 모성 보호(Maternal health), 에이즈 퇴치(Combat HIV/AIDS), 지속가능한 환경(Environmental sustainability), 국제 파트너십 구축(Global partnership)의 8개의 대목표와 각 목표 밑의 여러 하위 목표들로 구성되어 있다(http://www.un.org/millenniumgoals).

것이다(한센·사노, 2010: 93). 발전권이 추상화된 권리 개념이라고 한다면, 인권에 기초한 발전론이란 모든 발전 과정과 그와 관련된 활동이 인권 기준을 준수하는 방식으로 수행되어야 한다는 것을 의미한다(센굽타, 2010: 57). 또한 능력접근과 인간개발접근이 개인의 능력 향상에 초점을 맞추는 데 비해, 인권에 기초한 발전접근은 인권의 성취가 발전이 추구하는 목표의 중요한 부분을 이룬다는 점을 명확히 한다. 이는 개인의 역량과 자유를 보장하도록 하는 국가와 다른 행위자의 책무를 강조하며, 참여와 세력화 등을 포함한 발전 과정(개발 절차)에 주목한다(한센·사노, 2010: 95~96).

2000년대에 들어서도 빈곤 타파는 유엔 인권위원회(현 인권이사회)와 인권소위원회(현 인권이사회자문위원회)에서 인권 증진을 위해 가장 심각하게 해결되어야 할 문제로 지속적으로 제기되었다. 2001년에 발표된 유엔 경제사회문화적 권리위원회의 '빈곤과 경제사회문화적 권리규약'은 빈곤 타파의 인권적 규범틀을 다음과 같이 요약했다. 첫째, 인권의 불가분성과 상호 의존성(적절한 생활수준에 대한 권리가 빈곤 계층에게 가장 직접적으로 관련이 있지만, 시민적·정치적 권리 역시 빈곤에 처한 사람들에게 필수불가결한 권리이다), 둘째, 비차별과 평등(빈곤이 차별로 이어지기도 하고 차별이 빈곤을 야기하기도 한다), 셋째, 실효성 있는 참여(빈곤층이 관련 정책에 참여할 수 있어야 한다), 넷째, 책무성(accountability, 빈곤층이 국가 등 의무 주체의 책임을 물을 수 있어야 한다). 이후 유엔 인권최고대표사무소가 발표한 "인권과 빈곤 감소: 개념틀"(2004)과 "빈곤 감소에 대한 인권적 접근의 원칙과 가이드라인"(2006)에서도 비슷한 전략이 제안되었다.[17)]

---

17) UN CESCR, Statement on Poverty and International Covenant on Economic, Social and Cultural Rights 10 May 2001(E/C.12/2001/10). UN OHCHR, Human Rights and Poverty Reduction: A Conceptual Framework(2004). UN OHCHR, Principles and Guidelines for a Human Rights Approach to Poverty Reduction Strategy(2006)(이주

(3) 사회적 포용: 소수자의 권리와 기업의 책임

세계화의 인권적 측면에 관한 본격적인 연구가 유엔 인권소위원회에서 진행되는 중에,[18] 인권소위원회는 비시민(non-citizen)의 권리에 주목하는 연구를 수행했다. 이주 노동자(특히 불법 체류자 포함), 난민 등 국제적 차원의 이주가 크게 늘어나면서 종래 시민 중심으로 규정되었던 권리들의 대상을 시민이 아닌 사람들로 넓혀야 한다는 것이다. 이 연구는 유엔 논의를 거쳐 단행본으로 출간되었는데(Weissbrodt, 2008), 국제법 중심의 논의이지만, 사회학에서 일찍부터 발전시켜온 시민사회론의 새로운 지평을 보여준다. 이 밖에도 성적 소수자, 선주민 등 여러 소수 집단의 권리를 인권 개념에 기반을 두고 논의하는 연구들이 발전하고 있다. 이러한 연구들은 사회적 포용성에 관한 이해를 크게 확대시키는 것이다.

또 다른 맥락에서 사회적 포용성과 관련된 연구로서, 기업의 사회적 책임에 관한 논의를 들 수 있다. 기업의 사회적 책임에 관한 논의는 광범위한 학문 분야에서 다루어지고 있지만, 인권에 기초한 기업의 책임 문제를 선도적으로 다룬 것은 유엔 인권소위원회였다. 특히 다국적 기업의 인권보호 책임에 초점을 둔 실무 회의를 구성하고,[19] 기업들이 지켜야 할 규범을 인권위원회에 제안했다.[20] 개인 연구자들의 조직인 인권소위원회에서 주창한 이 제안은 정부 기구인 인권위원회로부터 기업의 인권책임 실천에 대한 관점이 다

영, 2012: 3~5).

18) "Globalization and its impact on the full enjoyment of all human rights" by J. Oloka-Onyango and Deepika Udagama(E/CN.4/Sub.2/2000/13).

19) Working Group on Transnational Corporation.

20) "Norms on the responsibilities of transnational corporations and other business enterprises with regard to human rights"(E/CN.4/Sub.2/2003/12/Rev.2). 이에 대한 설명은 Weissbrodt(2008) 참조.

소 급진적이라는 평가를 받고 통과되지 못했으나, 이후 기업과 인권 논의의 기초를 이루었다. 이어 2005년 기업과 인권 관련 유엔 사무총장 특별대표로 선출된 존 러기(John Ruggie)가 유엔 중심의 국제사회에서 보다 온건한 기업과 인권 논의를 이끌어왔으며,[21] 그의 주도하에 유엔 인권이사회는 2012년 12월에 기업과 인권포럼(Forum on Business and Human Rights)을 부속 기관으로 설치하고 매년 회의를 개최하기로 결정했다. 이를 통해 기업과 인권에 관한 다각적인 연구가 발전될 전망이다.

(4) 인간안보와 사회보장에 대한 인권적 접근

인간안보(human security) 모델은 국가 중심의 무기를 통한 고전적인 안보에 그 사회 안에 살고 있는 개인의 실질적인 안보 개념을 통합한 접근이다. 즉, 국가안보가 아무리 잘 되어 있어도 밤중에 자유롭게 길을 걸을 수 없다면, 또는 내일을 보장할 수 없는 생활의 불안함을 느낀다면, 그것을 진실한 의미의 안보라고 할 수 있는가, 하는 의문에서 출발한 것이다. 궁핍으로부터의 자유(freedom from want), 공포로부터의 자유(freedom from fear)는 인간안보의 기본 출발점이다. 따라서 인간안보는 안보라는 국가발전의 주요 측면에 사회와 개인을 연결시킨 인권사회발전론의 한 형태라고 평가할 수 있다.[22]

인간안보 모델이 논의되기 이전부터 유엔의 인권기구들은 사회보장에 대

21) 2005년 이후 논의가 거듭된 이 주제는 마침내 2011년에 인권이사회에서 "Guiding principles on business and human rights: implementing the United Nations 'Protest, Respect and Remedy' framework"(Report of the Special Representative of the Secretary-General on the issue of human rights and transnational corporations and other business enterprises)(A/HRC/17/31)라는 제목으로 발표되었다.

22) United Nations Trust Fund for Human Security, "Human security in theory and practice"(2009). http://hdr.undp.org/en/media/HS_Handbook_2009.pdf 참조.

〈그림 8-2〉 사회의 질 개념도에 맞춘 인권 개념

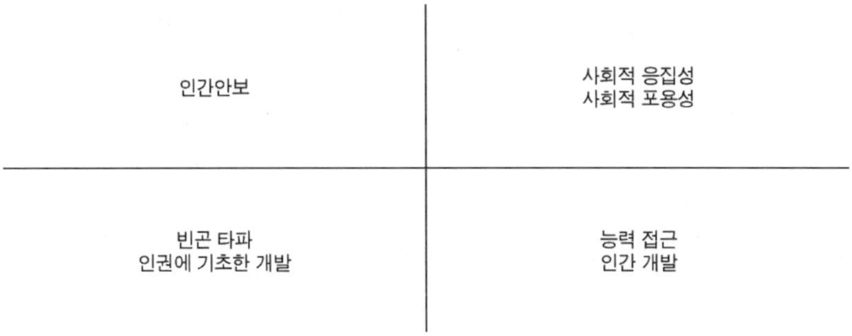

한 인권적 접근을 시도해왔다. 1952년 국제노동기구(ILO)는 "사회보장의 최저기준에 관한 협약(Convention concerning Minimum Standards of Social Security, No.102)"을 채택했다. 2009년 유엔의 '2015년 이후 발전 어젠다 팀'은, 2007~2008년 세계금융위기 시에 사회보장 서비스가 축소된 사회에서 서민들의 삶이 큰 타격을 입은 반면, 사회보장제도가 확충·강화된 사회에서는 서민들에 대한 타격이 훨씬 완화된 형태로 영향을 미쳤다고 보고했다. 같은 해에 유엔 기구들이 공동으로 사회보장 최저선 확보계획(Social Protection Floor Initiatives)을 발족했는데, 여기서는 사회보장에 대한 권리가 세계인권선언 등에서 보장하고 있는 보편적 인권임을 명시하고 있다.[23]

인권사회발전론의 논의를 사회의 질 틀에 맞추어 정리해보면 〈그림 8-2〉와 같다. 즉, 앞서 〈그림 8-1〉의 1·3사분면을 차지했던 사회적 응집성과 사회적 포용성을 〈그림 8-2〉의 1사분면에서 볼 수 있듯, 하나로 통합하여 다양한

23) UN System Task Team on the Post-2015 UN Development Agenda, Social Protection: A Development Priority in the Post-2015 UN Development Agenda, May 2012(이주영, 2012: 5~8).

소수자 논의와 차별 문제를 다루고, 3사분면에 빈곤을 포함한 저개발의 논의를 새롭게 포함시키는 것이다. 그리고 이 논의들은 모두 인권에 기반을 두는 것이며, 국제 협력이 그 주요 방안이 된다.

5. 결론: 새로운 사회발전론으로서의 인권론

근대화론과 종속이론을 넘어서 사회발전의 이론화를 시도한 사회의 질이 빈곤과 질병, 낮은 교육수준의 덫에 갇힌 제3세계의 발전을 설명하지 못하는 가운데, 인권에 기초한 여러 발전의 설명 시도는 새로운 가능성을 제시하고 있다. 그 가능성이란 첫째, 인권 존중이라는 사회발전의 목표가 명확히 지향되고 있다는 점에서 시작된다. 이것은 기본적으로 발전이라는 가치를 지향하는 근대화론, 종속이론, 사회의 질 등의 사회발전론과 맥락을 같이하는 것이지만, 인권이라는 보다 근본적이고 포괄적인 가치라는 점에서 구별된다. 둘째, 이때 인권이란 시민적·정치적 권리뿐만 아니라 경제적·사회적·문화적 권리까지도 포함하는 것으로서, 사회의 질과는 달리 빈곤 타파의 중요성이 강조되고 있다. 셋째, 이전의 사회발전론과 마찬가지로 국가를 사회발전의 기본 단위로 보고 발전의 전략을 논의하지만, 세계가 하나의 체계로서 상호 긴밀하게 영향을 주고받는다는 전제가 그 어떤 발전론보다 강하게 인식되고 있다. 넷째, 따라서 국제 협력은 인권사회발전론에서 핵심 개념이 되고 있다. 여기서 국제 협력은 단순한 경제적 원조를 뜻하는 것이 아니라 발전의 동기, 동력, 방법 등의 전수와 훈련을 모두 포함한다.

이러한 인권사회발전론은 인권을 중심으로 한 수많은 논의들을 어떻게 논리적으로 연결하여 하나의 견고한 분석틀로 만들 것인가의 과제를 안고 있다. 사실상 점점 더 활발해지고 있는 여러 분야의 인권 논의들을 묶어 하나의 이론을 만들기는 쉽지 않다. 그러나 앞서 논의한 근대화론이 여러 학문 분야의 방대한 논의들을 포괄한 시도였고, 다른 한편 사회의 질 연구가 새로운 사회발전론으로서 분석틀 구축을 시도하는 초기 단계에 있다는 점을 감안하면, 분산되어 있는 논의들을 인권사회발전론으로 종합하고자 하는 시도는 중요한 의미를 지닌다고 생각된다.

제9장

복지국가 전략 유형론*

안상훈 서울대학교 사회복지학과 교수

1. 서론: 사회의 질과 복지국가

최근 사회지표[1]에 대한 관심이 국내외적으로 높아지고 있는데, '사회의 질(social quality)'에 관한 연구도 궁극적으로는 이러한 경향의 대표적인 사례라고 할 수 있다. OECD, EU와 같은 국제기구들도 사회의 발전이나 진보를 경제성장과 동일시해온 전통, 특히 GDP로 표현되는 경제 중심적 성장 논리를 넘어서서 종합적인 사회발전(societal progress)을 측정하고 평가하기 위한 기준을 수립하고자 노력하고 있다(김영미·최영준·안상훈, 2010). 더불어 사회발전을 측정하는 지표를 정책과 연결해 '경험적 근거에 기반을 둔 정책을 만들기

---

* 이 글은 안상훈(2002, 2005, 2008, 2011a, 2011b), 안상훈(편)(2015) 등 저자의 여러 논저와 기타 보고서 가운데 복지와 생산의 조응, 복지 인식, 한국형 전략에 관한 논의 부분을 '사회의 질' 논의의 맥락에서 발췌·보완하여 작성한 것이다.

1) 사회지표(social indicator)란 그 사회의 복지수준을 나타내는 지표로, 건강·교육·근로생활의 질, 여가 활동, 삶의 질, 가족, 커뮤니티 등 국민 생활의 전반적인 복지 상황을 파악할 수 있게 해주는 척도를 말한다(위키백과사전; 김영미·최영준·안상훈, 2010 재인용).

(evidence-based policy making)' 위한 노력들이 전 세계적인 관심사가 되고 있다(통계청, 2009).

한편, 복지국가에 관한 연구도 복지국가의 결과를 측정하는 지표들에 관한 관심을 중심으로 이루어져왔다.[2] 윌렌스키(Harold L. Wilensky) 등이 제안한 사회지출 수준에 관한 연구에서 시작해서, 에스핑안데르센이 제안한 탈상품화나 사회계층화와 같은 것들이 이러한 연구 경향의 대표적인 사례들이다(김상균 외, 2011). 사실 전반적인 사회의 발전을 무엇으로 보는가는 다분히 철학적이거나 이념적인 것이라서 만고 진리의 정답을 구하는 것은 애초에 불가능할 수도 있을 것이다. 그럼에도 불구하고 20세기 선진 자본주의 사회에서는 진보의 핵심적 화두로서 복지국가를 거론해온 것이 분명한 사실이다. 동시에 복지국가라는 제도가 실제 사람들의 삶에 어떠한 영향을 미쳤는가에 관한 관심이 비교사회정책학의 기본적인 연구 주제로 자리매김해온 것도 쉽게 확인이 가능하다.

이렇게 보면, 복지국가의 제도들은 사회의 질과 직간접적으로 연결되어 있다고 할 수 있으며, 양자 간의 관계를 살펴보는 것이 사회의 질에 관한 연구가 지니는 현실적인 의미를 파악하는 데 도움이 될 것이라 여겨진다. 실증적인 차원에서 보더라도 양자 간의 관계가 적어도 귀납적으로는 확인이 된다. 사회적 신뢰에 관한 국가 간 비교연구(이재혁, 2006; Fukuyama, 1995)나, 전반적인 사회진보에 관한 국가 간 비교연구(Yee and Chang, 2009)와 같은 '사회의 질' 연구들을 보면, 관련된 거의 모든 변수들이 복지국가 유형론에서 제안하는 국가집락으로 묶이는 경향이 관찰되는 것이다. 이러한 사실에 기초하여 구성될 본 장의 내용은 '사회의 질'과 '복지국가의 제도적 구성 방식'에 관한

2) 적어도 실증적인 분석과 관련해서는 그러하다.

이론적이고 실증적인 연결 고리를 검토하는 것에 할애될 것이다.

이 장의 논의는 다음과 같은 순서로 구성된다. 첫째, 복지국가 전략 유형에 관한 제도주의적 연구와 자본주의 다양성에 관한 연구들을 에스핑안데르센이 제안한 세 가지 복지국가 체제를 중심으로 토의한다. 둘째, 제도주의의 핵심적 명제인 경로의존성을 비판적으로 검토하고, 정책적으로 유용한 방식으로 제도주의적 유형화를 완화 혹은 재구성하는 논리에 관해 살펴본다. 셋째, 새로운 변수 중심 유형화 전략에 따라 각기 다른 복지국가 제도의 특성이 경제적·사회적·정치적으로 어떠한 성적표를 나타내는지에 관해 간단한 비교분석을 시도한다. 넷째, 새로운 전략적 유형화가 지향하는 것이 새로운 정책적 설계를 위한 함의 도출에 있기 때문에 마지막 부분은 한국에서의 복지국가를 위한 방향성 타진으로 채울 것이다.

2. 서로 다른 모습의 복지국가 전략들

제도주의적 사고에 기초한 복지국가 연구에서 1990년 에스핑안데르센의 연구는 하나의 큰 획을 그은 것으로 평가받는다(Esping-Andersen, 1990). 기존의 연구들이 복지국가의 발전을 하나의 선형적 경로로 단순하게 파악한 데 비해, 그는 각 국가들에 질적으로 상이한 제도적 유산이 존재하며, 복지국가도 그에 따라 경로 의존적(path-dependent)으로 발전하게 된다고 보았다는 점에서 차별적이다. 그렇다면 복지국가를 변수 중심으로 치환해서 살펴보는 것에 비해서 상이한 경로를 유형화하여 파악하는 것이 어떠한 면에서 도움이 되는가? 에스핑안데르센은 복지국가 전략을 유형화해서 살펴보는 것이 적어도 세 가지의 유용성을 지니고 있다고 강조한다(Esping-Andersen, 1999). 첫째, 분석에 대한 시간과 노력을 절약시켜주고, 나무 대신 숲을 조망할 수 있게 해준다. 둘째, 변화의 인과관계를 용이하게 발견할 수 있게 해준다. 셋째, 복지국가와 관련된 거시수준의 총체적 변화에 대한 가설을 만들어내고 실증적으로 검증할 수 있게 한다.

에스핑안데르센은 복지자본주의에 관한 제도주의적 분석을 통해 자유주의, 보수주의, 사민주의라는 세 가지 유형의 복지국가를 제시했다(Esping-Andersen, 1990). 그의 연구가 기초하는 유형화의 기준은 체제 유형별로 사뭇 다른 역사적 유산으로서 사회적·경제적·정치적 제도이다. 하지만 그의 연구는 계량적인 두 가지 기준 지표에 의해 간결하게 요약되고 있다. 그것들은 탈상품화(decommodification)[3]와 사회계층화(social stratification)[4]이다.

그런데 에스핑안데르센이 기대어 있는 제도주의(institutionalism) 관점에 기초하여, 현대 자본주의 수정 전략의 유형화에 관한 연구의 맥은 비교정치경제학 분야에서의 '자본주의의 다양성론(Varieties of Capitalism)'과 연결되어 있다. 자본주의의 다양성을 분석하는 데 관심을 가졌던 학자들은 '생산의 사회적 체계'에 관심을 갖는다는 공통점을 지니고 있는데(Hollingsworth and Boyer, 1997), 이러한 경향은 조직화된 자본주의에 관한 신조합주의 관점(neo-corporatist perspective)으로 이어지며(Schmitter and Lemburch, 1981; Lemburch and Schmitter, 1982; Goldthorpe, 1984), 본격적인 자본주의 다양성에 관한 비교정치경제학 연구들로 발전하게 된다(Iversen et al., 2000; Hall and Soskice, 2001; Berger and Dore, 1996; Crouch and Streek, 1997; Hollingsworth and Boyer, 1997; Hollingsworth et al., 1994).

연구의 주 내용이 다양한 자본주의로 표현되건, 혹은 다양한 복지국가를 이야기한 것에 모아지건, 제도주의에 기초한 연구들은 특정국가(들) 내부의

---

3) 개인의 복지가 시장에 의존하지 않고도 충족될 수 있는 정도를 말한다.

4) 이는 복지국가 정책에 의해 파생되는 것이다.

생산 레짐, 노사 관계, 사회적 보호 체계나 복지제도 사이에는 '제도적 상보성(institutional complementaries)'이 있다고 본다(Huber and Stephens, 2001). 따라서 제도주의 관점에서는 한 나라의 정치, 경제, 문화, 가족 등등 각 하위 부문의 제도들은 그러한 제도가 내포하는 통제, 그리고 통치 형식에서 각자 명백하게 구별되는 자신들만의 제도적 조합을 가지고 있다고 본다(Hall, 1999).

그런데 개별 국가 혹은 국가군은 '제도적 동형(institutional isomorphism)'을 지속적으로 복제함으로써 특유한 제도 형식을 정하게 된다고 한다(Berger and Dore, 1996; DiMaggio and Powell, 1983). 특히 전 세계적 시스템의 수렴을 잉태하는 것으로 이야기된 근자의 경제적 범세계화 속에서도 상이한 종류의 제도 관련 모델들이 여전히 존재하는 것을 보면, 각기의 모델들이 나름대로의 독특한 생존 방식을 가지고 있다고 볼 수 있을 것이며, 자본주의의 수정 유형 혹은 복지국가의 전략 유형을 구분하여 따져보는 것은 논리적인 접근이 아닐 수 없다(안상훈, 2002).

어쨌거나 제도적 분기에 관심을 표명하는 근자의 비교정치경제학은 실제로 경제적 활동에 관한 다양한 종류의 이분법(dichotomy)을 만들어냈다. '포드주의 생산과 특화된 생산'(Piore and Sabel, 1984), '앵글로색슨 자본주의와 라인 자본주의'(Albert, 1991), '탈규제적인 정치경제와 제도화된 정치경제'(Crouch and Streek, 1997), '조정된 시장경제와 조정되지 않은 시장경제'(Soskice, 1991, 1999) 등이 대표적이다.

복지 체제에 관한 논의도 생산 레짐에 관한 정치경제학적 논의와 매우 유사하다. 에스핑안데르센이 '국가-가족-시장'이라는 제도를 구분틀로 해서 복지국가의 유형을 구분한 것(Esping-Andersen, 1990, 1999)도 앞서 살펴본 다양한 자본주의 생산 레짐에 관한 논의들과 동일한 인식에서 출발하고 있는 것이라 평가할 수 있다. 이론 인식은 그 이전의 복지국가에 관한 수렴론적 관점들과 명시적인 차별성을 지닌다. 물론 그 이전에도 복지국가 체제와 생산 체제의 상이한 결합에 관심을 가진 학자들이 있기는 했었다. 예컨대 티트머스(R. M. Titmuss)는 잔여적(residual) 모형, 산업적 성취-공로지향(industrial achievement-merit oriented) 모형, 제도적(institutional) 모형으로 복지국가를 분류했다(Titmuss, 1974). 미시라(R. Mishra)의 경우는 분화적·다원주의적 복지국가와 통합적·조합주의적 복지국가의 구분을 통해 복지와 경제의 관계에 명시적으로 주목하기도 했다(Mishra, 1984). 그러나 제도주의의 관점에서 복지국가 유형화를 하나의 본격적인 분석의 차원으로 승화시킨 것은 온전히 에스핑안데르센의 업적으로 봐야 할 것이다.

앞서 언급한 것처럼 에스핑안데르센의 세 가지 복지국가 유형, 즉 자유주의, 보수주의, 사민주의 복지 체제는 탈상품화 효과와 노동시장의 계층화 등을 비롯한 여러 가지 차원에서 매우 상이한 특성을 지니면서 상호 배타적으로 구분 가능하다.

'자유주의(liberal)' 체제는 잔여적(residual)인 특징을 갖고 있고, 매우 부분적(partial)인 욕구만을 공공부조 중심의 복지를 통해 해결하며, 사회보험이나 사회적 서비스는 발달하지 못했다. 충족되지 못한 복지 욕구는 시장에서의 사적 보험이나 사적 서비스의 구매를 통해 해결하는 시장 중심적인 체제이다. '보수주의(conservative)' 체제는 그 사회보장 체계가 산업 부문별로 분절되어 있고, 노동시장에서의 기여를 중심으로 하며, 포괄적인 이전지출로서의 사회보험을 중심으로 사회보장이 이루어진다. 이 체제는 전통적으로 가부장제가 강하여 본질적으로 남성부양자(male breadwinner) 모형이다. '사민주의(social democratic)' 체제는 보편주의적 시민권에 기초한 사회보장을 특징으로 한다. 주지하는 바와 같이 이 체제는 성평등적(gender-egalitarian)이며 노동 운동의 전통이 강한 특징을 보인다.

선진 자본주의 국가들을 복지와 생산이 조응하는 방식에서 차이를 보이는 세 가지 체제로 나누어, 복지국가와 생산 체계의 다양한 변수들의 견지에서

〈표 9-1〉 세 가지 체제의 특성 요약

체제		사민주의	보수주의	자유주의
복지국가의 크기	사회보장 지출	높음	높음	낮음
	이전지출	중간	높음	낮음
	총 세율	높음	중간	낮음
시장 규제	평균 적자예산	높음	중간	낮음
	조정 지수	높음	높음	낮음
노사 관계	코포라티즘	높음	높음	낮음
	노조 조직률	높음	낮음	낮음
	중앙 협상	높음	낮음	낮음
생산적 복지	식자율	높음	중간	낮음
	적극적 노동시장 정책	높음	낮음	낮음
	공공 고용	높음	낮음	낮음
	여성 노동 참여	높음	낮음	낮음
	비노인 지출	높음	중간	낮음
분배 성적	임금 격차	낮음	중간	높음
	탈상품화	높음	중간	낮음
	모성 고용	높음	높음	낮음
	세후 이전 후 지니계수	낮음	중간	높음

통계적으로 어떠한 차이를 보이는지 분석한 연구에 따르면, 이들 세 체제는 생산-복지와 관련된 주요 특성 변수들에 있어 상당한 수준의 확률적 차이를 노정하고 있다고 한다(안상훈, 2005). 요컨대 세 가지 체제는 각기 특유한 방식의 생존 전략을 배타적으로 소유한 것으로 볼 수 있는 것이다. 이들 세 가지 생산-복지 체제의 특성을 요약한 것이 〈표 9-1〉 이다.[5]

5) 여기에는 해당 변수에 관해 분산분석 결과의 p값이 0.05를 넘는 것만 포함되어 통계적으로 유의한 내용이다. 한편, 세 가지 체제의 특성에 대한 설명은 안상훈 외(2007a)의

〈표 9-1〉에 나타난 체제별 특성을 보면, 자유주의 체제는 복지국가의 크기가 작고 시장이 탈규제적이며 노동 운동의 힘이 약하기 때문에 자본 우위의 시장자본주의가 가능한 체제이다. 이 체제에서는 복지수준이 낮기 때문에 복지의 생산화 노력이 필요하지 않다. 또한 분배수준도 낮다. 하지만 이 체제의 경제적 성과는 다른 두 체제에 비해 월등하지 않다. 이는 자유주의 경제학이 강조하는 시장의 성공과 정부의 실패 논리가 현실에서는 허상일 수 있음을 보여준다. 즉, 자유주의 체제는 복지를 희생한 반면, 그 희생에 걸맞은 경제적 성공을 거두지 못했다고 평가할 수 있다.

보수주의 체제에서는 복지국가와 관련된 지출수준이 매우 높은 반면, 분배 성적은 세 체제 가운데 중간 정도에 그친다. 이는 복지국가의 노력이 소득과 기여에 연동되는 이전지출에 치우쳐 있어 산업적 성취를 통해 획득한 지위가 유지되기 때문이다. 시장규제 수준은 높으나 사민주의 체제에 비해 생산적 복지를 위한 노력의 수준은 낮다. 단, 산업 조정과 협력적 노사 관계는 경제에 긍정적 영향을 미친다. 즉, 이 체제는 경제적 성과 측면에서는 양 체제와 크게 차이가 없고, 복지지출 수준은 사민주의 못지않게 높은 데 비해, 분배 성과는 다른 두 체제의 중간수준이다.

사민주의는 복지국가의 크기가 상대적으로 크고 현금이전 지출뿐만 아니라 다양한 사회 서비스에도 노력을 기울이는 체제이다. 복지국가를 유지하기 위한 시장 규제가 강하고, 강력한 노동운동과 사회적 협력을 토대로 노사 관계가 구축되어 있다. 또한 다른 체제들에 비해 평등을 달성하기 위한 분배수준이 높다. 이처럼 강한 시장 규제와 강한 재분배 정책에도 불구하고 경제성과는 다른 체제와 거의 유사하다. 이는 코포라티즘(Corporatism, 조합주의)을

내용을 정리한 것이다.

토대로 노사 간 협력이 이루어져 산업 조정이 원활하게 진행되고, 동시에 사회 구성원의 교육수준 제고, 적극적 노동시장 정책, 여성의 노동시장 참여를 위한 노력을 기울여 복지가 생산에 기여하도록 유도하기 때문이다. 즉, 사민주의적 생산-복지 체제에서는 생산에 기여하는 영역을 중심으로 복지가 확대된다. 이처럼 복지 확대를 통해 양질의 인적 자원이 노동시장에 투입되는 체계를 구축함으로써, 산업의 혁신과 생산성 제고를 꾀할 수 있고, 복지와 생산에서 모두 성공을 거둘 수 있다.

요컨대 세 체제 모두 나름대로의 방식으로 복지와 생산을 결합하고 있는 것이 확인된다. 한편 생산과 복지의 종합 순위를 매겨보면, 복지국가의 황금기인 1980년 전후의 상황에서는 사민주의의 성공이 가장 두드러지며, 보수주의, 자유주의 순이라 판단된다.

3. 제도주의의 함정과 정책지향 전략화

1) 경로 의존과 체제 변화의 가능성

앞에서는 복지자본주의의 다양성이라는 이론적 견지에서 복지국가 체제 간의 특성 차이를 확인했다. 복지자본주의를 몇 개의 제도적으로 상이한 체제로 구분하는 것이 비교사회정책학의 주류적 관점이긴 하지만, 제도주의적 접근법은 이론을 넘어 정책적 함의를 끌어내는 과정에서 치명적인 결함을 지닌다. 기존의 사회학적 제도주의에서는 제도적 경로 의존성을 지나치게 강조하기 때문에, 한 나라의 경험을 다른 나라에 반영한다는 것이 논리적으로 불가능한 것이라 오해하게 만들 수 있는 것이다.

제도주의적인 복지국가 전략 유형화가 이론을 넘어 복지국가의 지속가능성 추출을 위한 정책에 기여하기 위해서는 역사적 변곡점(historical turning point)에 관한 새로운 인식을 체제론에 녹여낼 필요가 있다(Nee and Ingram, 1998; Rothstein and Steinmo, 2002; 안상훈, 2005). 새로운 관점은 어떠한 제도라도 역사적으로 중요한 변화를 겪으면 새로운 모습으로 바뀔 수 있다는 가능성을 제시한다는 점에서, 제도주의적 결정론을 벗어던질 수 있는 계기를 잉태한다. 제도적 종속성이 완전한 결정력을 지닌 것이 아니고, 새로운 변화의 단초는 언제든지 마련될 수 있다는 정책 지향적 각성을 수용하면 지속가능한 복지국가의 전략적 요소들을 따져볼 논리적 여지가 확보된다. 역사적 변곡점에 관한 강조는 '이미 만들어져버린 어떤 것'으로 복지국가 제도를 바라보는 수동적 자세를 탈피하게 해준다. 이는 새로운 복지국가를 만들어낼 수 있는, 이른바 제도화의 새로운 계기를 확보할 수 있다는 적극적 신념으로 우리를 안내한다.

더구나 한국의 상황은 아직 복지국가의 틀이 완결된 상태가 아니다. 또한 정치사회적 변화의 속도가 매우 빠르기 때문에 기존의 잘못된 전략을 벗어던지고 지속가능한 전략으로 개혁 혹은 대체해낼 수 있는 가능성이 크다고도 볼 수 있다.[6] 선진 복지국가 제도화의 경험을 통해 지속가능성을 제고할 수 있는 요소를 추출하고, 그것들을 재조합하는 방향으로 유형론을 정하는 작업

6) 한국 복지국가의 성격에 관한 논쟁을 통해 잘 알려진 바와 같이, 한국 복지국가는 서구 선진 복지국가의 혼성 사례(hybrid case)로서 파악되는 경향이 있음과 동시에 성격이 변화하고 있다는 관찰이 도처에서 제기되고 있다(김연명, 2002). 현재 한국이 거시경제구조, 산업의 성격, 인구 구성, 문화적 경향 등 매우 다양한 차원에서 급격한 변화를 겪고 있으며, 이러한 변화가 고용 없는 성장, 여성 참여의 사회문화적 장애, 저출산·고령화와 같은 새로운 종류의 사회 문제로 이어지고 있다는 것도 새로운 전략으로 한국 복지국가를 개혁해야 할 시점에 도달했음을 보여주는 상황 변화라고 할 것이다(안상훈, 2005).

이 의미를 가질 수 있는 이유이다.

제도적 유산이 나름대로의 긴 생명력을 가지고 있지만, 절대적인 것일 수는 없다. 지속가능성을 담보하는 선진적 경험의 요소들을 결합할 수 있다고 한다면, 남은 과제는 지속가능성의 요소들을 어떠한 방식으로 추출할 것인가로 전환된다. 이제 아래에서 논의할 새로운 분석 전략은 세 가지이건 네 가지이건 '전체로서의 복지 체제'로 모든 것을 설명하는 것을 지양한다. 새로운 분석 전략은 여러 체제의 장점과 단점을 정리하고, 어떤 특성이 복지국가의 경제적·사회적·정치적 지속성에 도움을 줄 수 있는지 확인함으로써, 우리 고유의 모형을 새롭게 작성할 수 있다는 유연화된 제도주의의 관점을 채택한다.

2) 변수지향 유형화 전략

새로운 분석 전략은 복지국가의 개념에 관한 발상의 전환에서 출발한다. 그 첫 번째 고리는 복지국가의 지출수준에 집중하는 산업화론과 제도주의적 유산과 경로 의존성에 집중하는 체제론으로부터의 거리두기에서 출발한다. 복지국가비교론에서의 수렴론과 확산론을 대표하는 양대 전략 사이에서 인식론적으로 중간 입장을 취하는 것이다. 모든 복지국가가 동일한 길을 가고 있는 것은 아니지만, 동시에 어떤 특정 유형의 복지국가가 기존 경로 그대로를 답습하기만 할 것이라는 제도주의적 수동성도 지나치다고 보는 것이다.

복지국가가 삶의 문제와 직결된 것이고, 사회의 질을 묘사하는 것에서 벗어나 그것을 높이기 위한 정책적 노력으로 우리의 연구를 승화시키기 위해서는, 체제 유형에 관한 비교 분석에서 출발하되 지속가능성을 높일 수 있는 기본적 원칙을 도출하는 것으로 이어져야 한다. 이러한 새로운 분석 전략은 한국에서의 복지국가 패러다임 전환과 사회의 질을 고양하기 위한 시금석으로서 기능할 것이다.

결정론적 유형화를 수정하는 방법론적 전략의 두 번째 고리는, 사회정책의 상대적 구성 방식에 주목하고 복지국가의 안전망 개념을 소득 보장에서 생활 보장으로 확장하는 것에서 출발한다. 사회정책의 구성 방식을 기준으로 삼는 새로운 유형화를 제안하기 전에, 프로그램의 종류에 따라 사회정책의 개념을 정리할 필요가 있다(안상훈, 2006). 이 장에서 정의하는 사회정책의 구성은 크게 '현금이전(cash transfer)'형 프로그램과 '사회 서비스(social service)'형 프로그램으로 대별된다. 전자에는 연금보험, 상병보험 등 사회보험, 아동수당과 같은 데모그란트(demogrant), 소득 최하층을 위한 공공부조 등 소득보장 프로그램들이 포함된다(안상훈 외, 2011). 사회 서비스는 돌봄(양로/육아), 교육, 주거, 고용, 보건의료, 환경 등과 관련된 문제 해결을 위한 공공 서비스로서, 수혜자에게 최종적으로 전달되는 욕구충족 기제가 유무형의 서비스 형태로 주어지는 것을 말한다(안상훈, 2006). 사회정책 수단이 현금이전과 사회 서비스를 포괄한다는 점을 감안한면, 복지국가의 목표를 소득 보장에만 국한하는 것은 무리가 있다(안상훈, 2011a). 요컨대 새로운 분석 전략의 개념적 출발점은 복지국가의 목표를 소득 보장과 사회 서비스 보장을 아우르는 개념인 '생활 보장'으로 재설정하는 것이다. 여기서는 같은 욕구에 대해 사회 서비스로 접근하는 방식이 현금이전으로 접근하는 방식보다 우월하다는 논의에 근거해서, 양자 간 상대적인 구성 비중에 주목하기로 한다.[7)]

현금이전과 사회 서비스라는 복지정책의 양대 형식을 포괄하는 개념인 생활 보장 구성 방식에 기초한 유형화의 준거는, 개념적으로 사분면으로 설정이 가능하다. 복지국가들을 사회 서비스와 현금이전 구성 비중의 높고 낮음에 따라 유형화하면, 개념적 수준에서 각각의 생활 보장 형태에 따라 '저·저',

7) 사회 서비스 전략의 우월성에 관한 좀 더 자세한 논의는 안상훈(2007)을 참조하기 바란다.

'저·고', '고·저', '고·고'라는 네 가지의 조합이 가능하다. 하지만 '고·저'의 상황은 개념적으로는 가능하지만 현실을 반영하는 유형이라 할 수 없다.[8] 이에 나머지 3개의 조합에 해당하는 복지국가 유형을 사회 서비스와 현금이전이 모두 높은 수준인 '사회서비스통합형', 사회 서비스와 현금이전이 모두 낮은 수준인 '공공부조형', 사회 서비스는 낮고 현금이전만 높은 '사회보험형'이라 칭하고 에스핑안데르센의 구분법과 비교하면, 순서대로 사민주의, 자유주의, 보수주의와 같은 것으로 볼 수 있다.[9] 아래의 성과 차원의 논의에서는 제도주의의 완화를 감안하여 용어를 약간 변형하여 각각 북유럽형, 영미형, 대륙유럽형으로 부르도록 한다.

4. 복지국가 전략에 따른 성과들

앞서 살펴본 새로운 분석 전략은 후발국을 위한 전략 마련의 교훈과 단초를 제공하는 데 유용하다. 예컨대 지속가능한 한국형 복지 전략을 마련하기

8) 적어도 현재로서는 현금이전 없이 사회 서비스만을 추구하는 전략이 존재하지 않는다(안상훈 외, 2007b).

9) 1995년을 기준으로 현금이전과 사회 서비스의 구성에 따라 15개국을 세 유형으로 묶는 군집분석을 실시한 결과, 안상훈(2005)은 에스핑안데르센의 유형화와 상당히 비슷한 결과를 얻었다. 하지만 실제 분석 결과를 보면, 양자 간에 약간의 차이가 보인다. 1995년을 전후로 한 안상훈(2005)의 분석에서는 자유주의의 영국과 사민주의의 핀란드가 사회보험형으로 묶이고, 독일이 사회서비스통합형으로 분류되어 북유럽 국가들과 묶이고 있다. 하지만 이들 국가들은 분석된 시기에 따라 불안정하게 유형화되는 국가들이라 논의의 편의를 위해 에스핑안데르센의 분류와 안상훈의 집락을 동일한 것으로 간주키로 한다.

위해서 기존의 복지 선진국 유형들을 성과 차원에서 비교할 수 있기 때문이다. 이 절에서는 현금이전과 사회 서비스의 구성의 견지에서 분류한 북유럽형(사민주의형), 영미형(자유주의형), 대륙유럽형(보수주의형)의 전략들이 각각 경제적·사회적·정치적 차원에서 어떠한 성과를 거두었는지를 살펴보도록 하자. 복지국가의 유형 분류는 분석 시기와 유형 분류의 기준이 되는 주요 변수에 따라 조금씩 차이를 보일 수 있으나, 큰 틀에서는 북유럽형, 영미형, 대륙유럽형의 분류가 유지되는 양상을 보인다.10)

먼저 사회지출 수준과 국민부담 수준을 보자. 〈그림 9-1〉과 〈그림 9-2〉를 보면 사회지출 수준과 국민부담 수준이 큰 틀에서 연동되어 있음을 알 수 있다(안상훈 외, 2011). 이런 점에서 제시된 국가들은 적어도 복지와 부담이 균

〈그림 9-1〉 복지 유형별 GDP 대비 사회지출

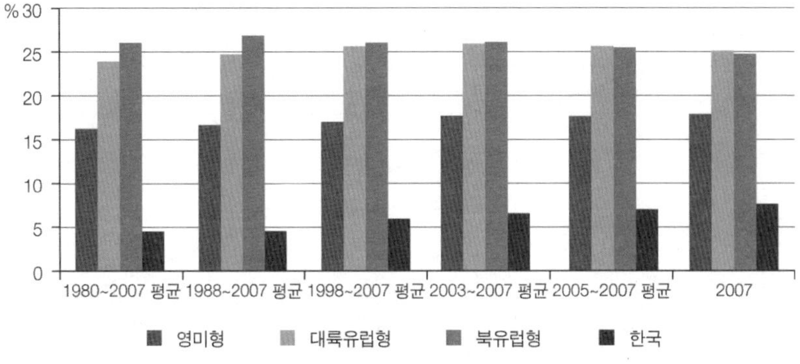

자료: OECD(2009).

10) 여기서는 근래에 유형 분류를 꾀한 남상호·최병호(2011)를 따라 북유럽형 국가(덴마크, 핀란드, 노르웨이, 스웨덴), 영미형 국가(호주, 아일랜드, 일본, 뉴질랜드, 영국, 미국), 대륙유럽형 국가(오스트리아, 벨기에, 프랑스, 독일, 스위스)로 나누어 각 유형별 거시적 성과를 살피고, 이를 한국과 비교했다.

〈그림 9-2〉 복지 유형별 국민부담률

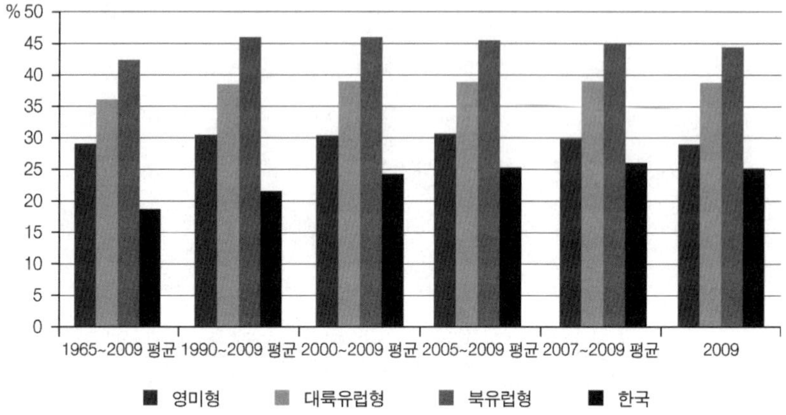

자료: OECD(2011).

〈그림 9-3〉 유럽병 가설: 복지지출과 경제성과의 관계

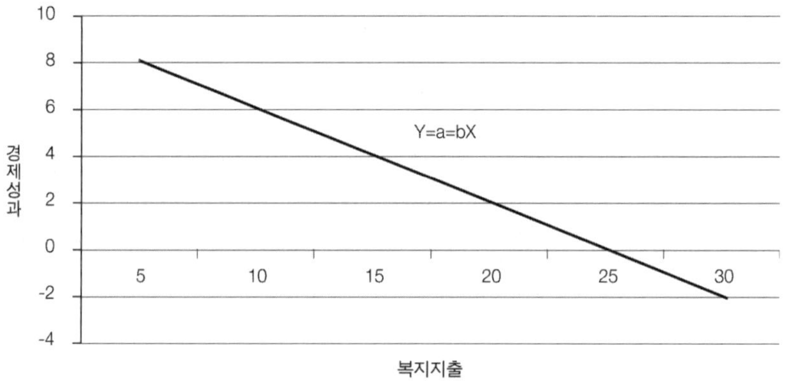

형을 이루어 재정 면에서 장기적으로 지속가능한 모형이라고 할 수 있다. 보다시피 스웨덴과 같은 북유럽 사회서비스통합형이나 프랑스 같은 대륙유럽의 사회보험형은 사회지출이 크고, 미국과 같은 영미형 국가의 공공부조형은

상대적으로 지출수준이 낮다.

다음으로는 성장률, 실업률, 고용률 등으로 대표되는 경제적 성과를 유형별로 비교해보도록 하자. 단, 비교에 포함된 나라들은 경제성장 속도가 둔화된 서구 선진국들로서, 후발 주자인 한국에 비해 성장률 지표가 낮을 수밖에 없음을 감안하자(안상훈, 2011a).

만약 모든 종류의 복지국가가 생산에 대해 침해적인 효과를 지닌다고 한다면, 사회지출 수준이 높고 국민부담이 큰 유형의 나라들은 영미의 공공부조형과 같은 나라들에 비해 경제적 성과가 저조해야 한다. 즉, 미국에 비해 스웨덴이나 독일 같은 나라들은 사회지출을 거의 2배 가까이 하고 있는데, 이들의 성장률은 낮아야 하고 실업률은 높으며 고용률은 낮게 나와야 침해 효과에 관한 신자유주의 경제학의 일반적 가설이 입증될 것이다. 이러한 논의는 학술적 논의뿐만 아니라 언론 등을 통해서도 널리 전파되어 있는 내용으로, '유럽병' 혹은 '복지병'이라는 용어가 이러한 '침해 가설'을 응축적으로 묘사하는 것들이다. 이러한 소위 '유럽병 가설'을 복지지출과 경제성과의 관계로 표현하면 〈그림 9-3〉과 같이 요약된다.

유럽병 가설을 확인하기 위해서, 먼저 경제성장률을 보자. 가장 장기적인 평균[11]으로 나타난 성과에서는 영미형이 가장 앞서고, 유럽형들이 조금 뒤처지는 것으로 나타난다. 하지만 성과의 차이가 대략 0.5%에 불과하며, 최근으로 와서는 오히려 유럽형들에 뒤지기도 하는 것으로 나타나고 있다.

실업률의 경우, 가장 장기적인 평균 지표로 표시된 성과에서 영미형이 가장 높고, 유럽형들이 다소 낮게(약 1% 정도) 나타나고 있다. 어떤 기간을 보느냐에 따라 성과가 바뀌고 있기는 하지만, 최근으로 오면서 영미형의 실업률

11) 경기가 순환하기 때문에 장기적 지표가 그 나라의 상황을 더 잘 반영한다고 할 수 있다.

〈그림 9-4〉 복지 유형별 경제성장률

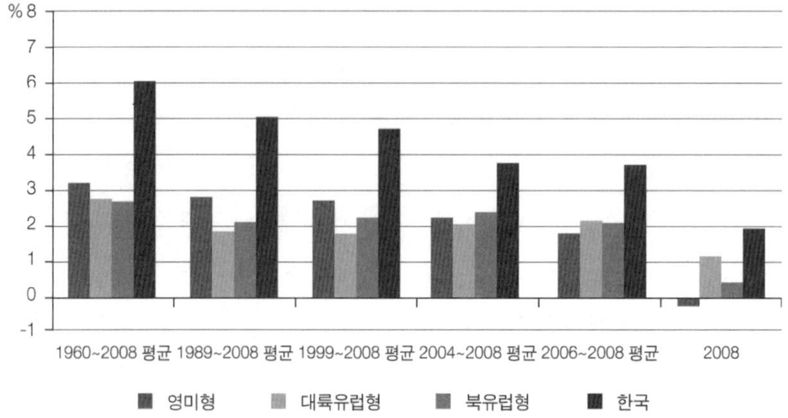

자료: OECD(2010a).

〈그림 9-5〉 복지 유형별 실업률

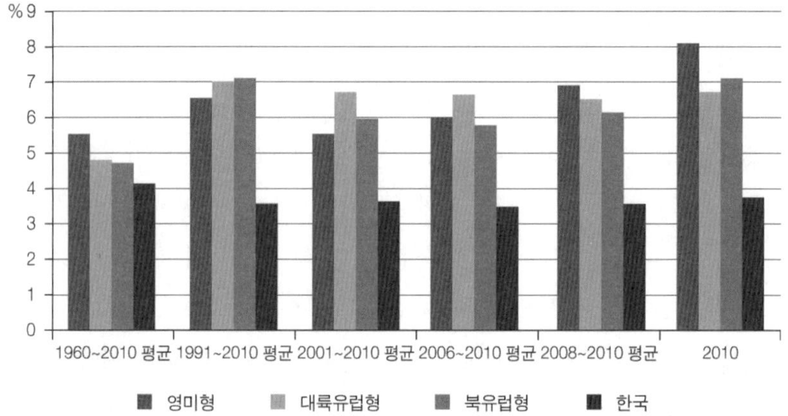

자료: OECD(2012).

이 더 높아지고 있음도 쉽게 확인이 가능하다. 유럽형 중에서는 대체로 북유럽형에서 실업률이 낮은 것으로 나타난다.[12)]

〈그림 9-6〉 복지 유형별 고용률

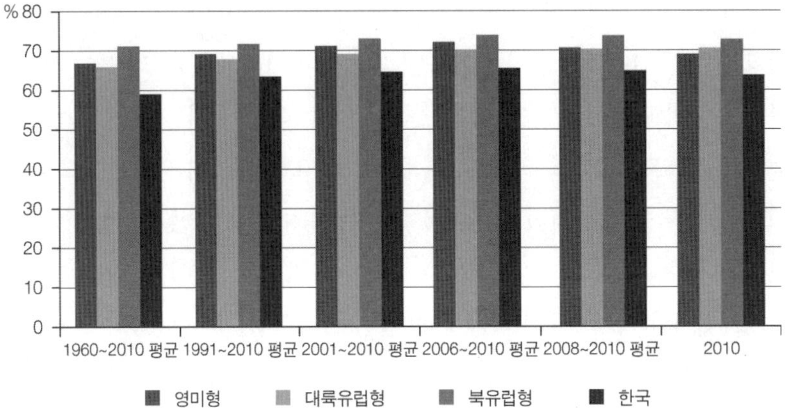

자료: OECD(2012).

〈그림 9-7〉 복지 유형별 여성 고용률

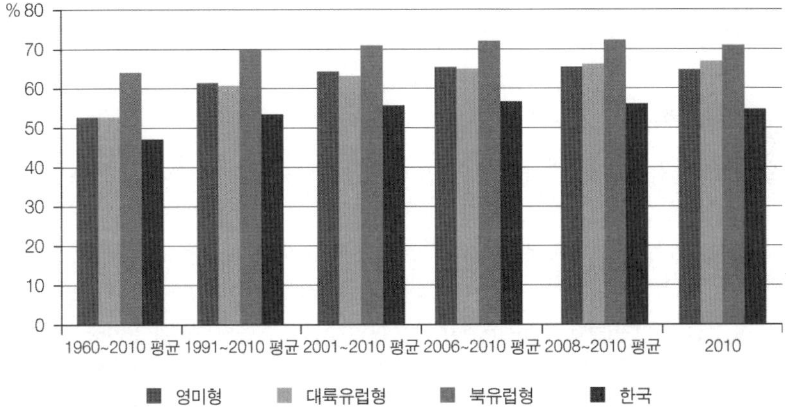

자료: OECD(2012).

---

12) 1990년대 초를 제외하고는 그러하다. 1990년대 초는 북유럽 국가들, 특히 스웨덴 같은 나라가 외환위기를 겪었던 시기인데, 그 영향에 의해 단기적으로 실업이 급증했다.

고용률에서는 북유럽형이 모든 경우에 가장 높게 나타나고 있으며, 대륙유럽형과 영미형은 시기에 따라 엎치락뒤치락하는 형국이다. 여성 고용률[13]의 경향도 동일하며, 북유럽의 성과가 더욱 두드러지게 나타나고 있다. 기존의 복지국가 비교연구들에서 밝히고 있는 것처럼 복지국가가 사회 서비스 분야의 고용주[14]로서 기능하고 있기 때문이라 여겨지며, 특히 사회 서비스 일자리의 핵심인 돌봄 일자리 분야에서 북유럽 복지국가가 역할을 하고 있음이 관찰된다.[15]

경제성과와 복지지출의 관계를 전반적으로 살펴볼 때 발견되는 흥미로운 사실은, 복지지출 수준이 낮은 영미형의 성장률이 높으나, 북유럽형의 성장률도 만만치 않다는 사실이다. 이는 높은 복지지출 수준이 반드시 저성장과 직결되지 않는다는 데 대한 결정적 증거가 된다. 요컨대 '유럽병' 혹은 '복지병'에 관한 익히 알려진 가설은 증거에 기반을 두고 있지 못한 것으로 판명된다. 이는 비단 성장률뿐만 아니라 또 다른 주요 경제성과 지표인 실업률을 비교해보더라도 마찬가지 결론에 이르게 된다. 또한 유형별 고용률 수준의 차

13) 최근에는 복지국가의 성과지표 중에서 고용률, 특히 여성 고용률의 중요성이 높아지고 있다고 볼 수 있다. 지식산업화 혹은 탈산업화 단계에서 완전고용에 관한 케인스주의적 기대가 무너진 이후, 복지국가의 경제적 성과는 '고용수준을 최대한 유지할 수 있는가'로 요약되기 때문이다. 이는 어떤 종류의 복지국가도 노동과 그에 따른 소득의 지속적 창출, 이어지는 납세수준 유지의 연결 고리가 없이는 유지 자체가 불가능하기 때문이다.

14) 비교 관점에서 대륙유럽 국가들은 총지출은 북유럽과 유사하나, 비용의 대부분을 현금으로 지출하는 경향이 발견된다.

15) 북유럽 방식의 복지 전략은 여성주의의 영향으로 현금보다는 사회 서비스를 강조한다. 사회 서비스를 통해 돌봄의 의무에서 여성이 해방되는 효과는 배가된다. 한편으로는 가부장적 가족 돌봄의 강제적 의무를 벗을 수 있으며, 다른 한편으로는 새로이 생겨나는 사회 서비스 유급 일자리의 혜택을 통해 경제활동 참가가 용이해지기 때문이다.

이는 '고용 없는 성장'의 상황 속에서 사회서비스형 복지국가가 유력한 대안임을 보여준다. 이러한 결과를 통해 알 수 있는 것은, 사회지출 '총량'이 아닌 '다른 무엇인가'가 경제적 성과, 특히 일자리 관련 성과에서 의미 있는 차이를 가져온다는 것이다(안상훈, 2011a).

그 차이는 '사회 서비스와 현금의 상대적 구성'에 기인한다고 여겨진다. 〈그림 9-8〉과 〈그림 9-9〉를 보면 덴마크, 스웨덴 같은 북유럽이나 미국과 같은 영미형 나라들은 사회 서비스와 현금의 비중이 균형을 이루는 데 반해, 독일이나 프랑스 같은 대륙유럽의 나라들은 현금의 비중이 상대적으로 높다. 요컨대 복지지출을 키울 경우에는 현금성 복지를 주로 사용하는 것보다는 사회 서비스를 균형적으로 강화하는 전략에서 전반적인 경제적 성과가 좋을 가능성이 크다.

다음으로는 사회적 성과에 관해 살펴보자. 복지국가의 궁극적 목적이 경제적 성과를 높이기 위한 것이 아님은 자명하다. 따라서 분배와 관련된 지표들이나 국민들의 복지국가에 대한 정치적 동의를 보여주는 사회적 성과 지표들

〈그림 9-8〉 복지 유형별 사회지출의 구성 비교(장기 평균)

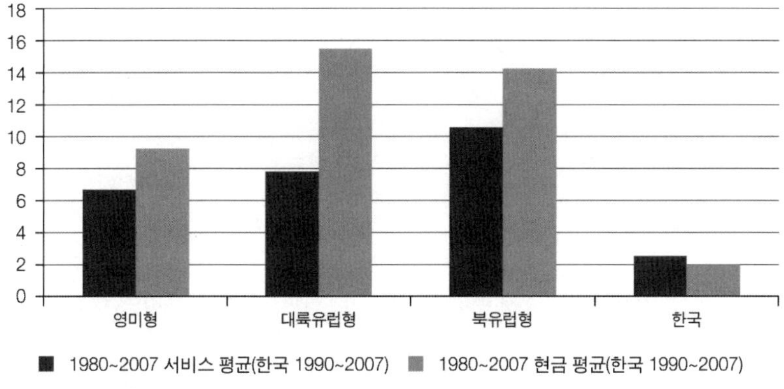

자료: OECD(2009).

〈그림 9-9〉 복지 유형별 사회지출의 구성 비교(최근)

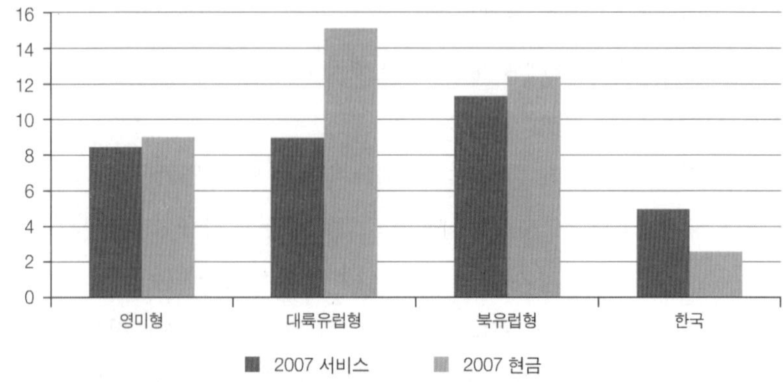

자료: OECD(2009).

〈그림 9-10〉 복지 유형별 지니계수

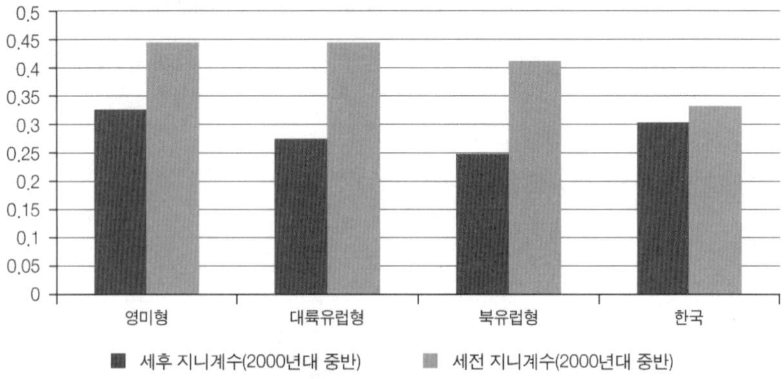

자료: OECD(2010b).

을 살펴보는 것이 더 중요한 것은 두말할 나위가 없다. 〈그림 9-10〉을 보면, 세 가지 선진 유형에서의 '세전 지니계수(pre-tax Gini-coefficient)' 값은 큰 차이를 보이지 않지만, 세후(post-tax) 지니계수는 유의미한 차이를 보여준다. 특

〈그림 9-11〉 복지 유형별 5개 국가의 중산층 비중

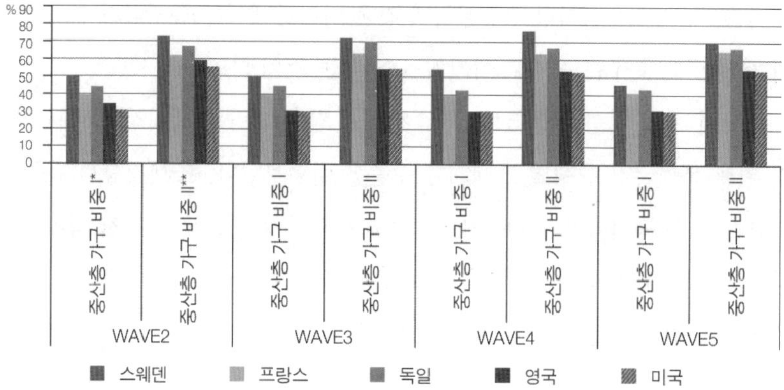

자료: LIS(1985~2000).

히 북유럽 복지국가 훨씬 더 가시적인 불평등 완화로 이어지고 있음은 쉽게 확인된다. 대륙유럽형도 세전 지니계수는 북유럽보다 크지만, 세후에는 북유럽과 유사한 수준의 불평등 완화를 경험하고 있다(안상훈, 2011a).

중산층이 두터운 것이 정치적·사회적으로 갈등을 줄이고 경제적으로도 안정감을 고양한다는 것은 주지의 사실이다(안상훈, 2008). 자료의 한계로 인해 5개국을 비교하는 데 그치고 있으나 유형별 중산층 비중의 차이는 명확하다. 스웨덴과 같은 북유럽형에서 중산층의 규모가 가장 크고, 프랑스나 독일과 같은 대륙유럽형이 그다음이고, 영미형에서 중산층이 가장 작게 나타난다(안상훈, 2011a).

분배와 관련된 사회적 성과 면에서 보자면 세 가지 유형의 성과가 매우 두드러진 차이를 보인다. 가장 기본적인 복지국가의 목표가 분배 상황의 개선 혹은 재분배에 있다고 한다면, 북유럽의 성과가 괄목할 만하다. 대륙유럽과 함께 유럽 역내의 국가들처럼 복지지출 수준이 높아야만 재분배나 중산층 살리기와 같은 본격적인 사회 안전망으로서 복지국가의 기능이 가능해진다는

사실을 보여주는 결과이다. 빈곤층을 위주로 해서 잔여적인 공공부조 정책만을 주로 추구하는 영미형이나 한국과 같은 나라들에서는 복지국가에 의한 분배 개선이 그다지 큰 성과로 이어질 수 없다는 것이 확인된다.[16)]

이상의 사회적 성과에 더해, 사회 서비스 강화 전략의 정치적 성과를 살피기 위해 복지국가 유형별 조세저항 수준을 살펴보았다. 조세저항 지표를 비교하는 것은 복지국가가 지속가능하려면 사회통합을 통해 친복지 정치의 영향력을 확대해 조세저항을 낮추는 것이 중요하다는 전제로부터 출발한다. 조세저항 수준은 안상훈(2008: 169)과 동일하게, 조세부담 증가를 전제로 보건의료, 노후소득 보장, 실업 및 고용과 같은 주요 사회보험제도에 대한 정부 역할 증가에 대한 찬반 여부를 묻는 질문에 대한 찬성 대비 반대의 비율로 계산했다. 이를 분석하기 위해 국제사회조사프로그램(International Social Survey Program: ISSP)에서 조사한 2006년 '정부의 역할(Role of Government)' 조사 자료 및 ISSP 자료와 연동된 '사회정책 욕구 및 인식'에 대한 필자 연구팀의 2010년 한국 조사 자료를 참고했다.[17)] 분석 대상 국가는 대륙유럽형에서 오스트리아와 벨기에를 제외한 것 외에는 앞서 제시한 세 유형별 국가와 한국이 모두 포함되었다. 사회보장의 주요 세 분야에 대한 정부 역할 증가에 대한 찬성 대비 반대의 비율을 각각 계산하여 그것을 합한 값을 총 조세저항으로 정의했고, 값은 복지국가 유형별로 평균을 내어 제시했다.

---

16) 하지만 무조건 복지국가를 키우기만 하는 것이 능사는 아니다. 지속가능한 한국형 복지국가의 조건에 관해서는 뒤에서 보다 자세히 따져보기로 한다.

17) 이전 연구(안상훈 외, 2007b: 71~110)를 통해 동일한 문제의식에서 1996년의 선진국 대상 조사 자료를 분석한 것과는 달리, 이번 분석에서는 2006년도 선진국 대상 조사 자료 및 2010년도 한국의 인식조사 자료를 활용해, 2000년대 이후 각국에서의 복지 인식이 어떠한 양상으로 나타났는지를 파악했다. 관련 내용은 안상훈(2012)을 참고하기 바란다.

〈그림 9-12〉 복지 유형별 조세저항

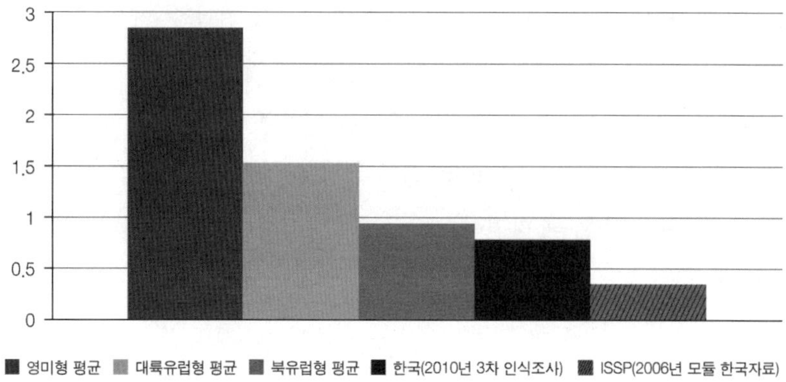

자료: ISSP(2006); 안상훈(2011a).

결과에서는 각 체제별 차이가 명확히 나타났다. 북유럽에서 조세저항이 가장 낮은 반면, 흥미롭게도 국민 부담이 가장 낮은 영미형의 조세저항 수준이 가장 높게 나타났다.[18] 이를 통해 조세저항의 수준에는 국민 부담과 함께 복지수준도 영향을 미친다고 짐작할 수 있다. 즉, 세금을 많이 내더라도 복지로 돌아오는 것이 있으면 조세저항이 줄어들 수 있는 것이다(안상훈, 2011a). 특히 연금이나 실업급여와 같이 유보된 혹은 잠재적인 현금급여에 비해 보육, 교육, 양로, 의료, 주거 등 일상적이고 현재적인 사회서비스 급여가 복지체감도를 높이기 때문에 이런 결과가 나타나는 것이라 여겨진다.

18) 한국의 경우는 2010년 하반기 이후에 들어서야 본격적인 복지정치의 활성화 시대가 열렸기 때문에, 그 이전에 조사된 인식 측면의 결과는 그다지 큰 의미가 없다고 여겨진다. '복지국가라는 것의 혜택이나 부담이 어떤 것인가?'에 관한 일반 국민들의 경험이 거의 전무한 상황에서 깊은 고민이 없이 '모범 답안'을 선택할 공산이 크기 때문이다. 추후 수집될 자료에서는 예상컨대 영미형 수준으로 조세저항이 확인되는 등 전혀 다른 결과가 도출될 가능성도 있다고 여겨진다.

정리하면, 복지국가를 등한시할 경우, 경제적 성과가 각별히 뛰어나지도 않으면서 사회적 성과만 낮게 나타날 우려가 있음을 기억해야 한다. 이는 사회지출 수준을 낮게 유지해 재분배나 중산층 키우기, 조세정치 등에서 저조한 성과를 보이면서도 경제성장률은 유사한 영미형 국가가 웅변하는 사실이다. 동시에 사회지출 수준이 엇비슷하게 큰 경우에도 북유럽과 같이 사회 서비스를 강화하는 경우에 다면적으로 긍정적인 성과가 도출된다는 것도 특기할 만하다.[19)]

5. 결론: 한국 복지국가를 위한 몇 가지 교훈들

복지의 궁극적인 목적은 국민을 행복하게 하는 것이며, 행복의 전제 조건으로서 물질적 수준에서의 안정성이 중요함은 두말할 나위가 없다(정해식·안상훈, 2011). 최근 이루어진 조사에 의하면, 우리 국민들은 한국의 소득 격차가 감당하기 힘들 정도로 크며, 이를 해소하는 것이 정부의 역할이라고 여기고 있음이 확인된다(안상훈, 2011b).

〈그림 9-13〉은 한국의 현재의 사회계층 구조에 대한 인식을 5점 척도로 측정했을 때(1점: 부자가 약간 있고 가난한 사람이 대부분이고 중간층이 거의 없는 사회, 5점: 부자가 많고 하층으로 갈수록 인구가 줄어 가난한 사람이 극소수인 사회)의 평균을 각국의 평균과 비교한 것이다. 한국의 평균 점수는 1차(2006년) 2.28, 3차(2010년) 2.35, 4차(2012년) 2.15로, 평균이 1.97인 포르투갈 다음으로 낮았

---

19) 우리 사회 일각에서 '스웨덴 모델'을 필두로 한 사민주의 복지국가로의 전환을 주장하는 근거로서 이러한 내용들이 제시되고 있다. 하지만 이어질 결론 부분에서는 스웨덴의 성공이 왜 한국에 적용하기 힘든지 논할 것이다.

〈그림 9-13〉 사회계층 구조에 대한 인식

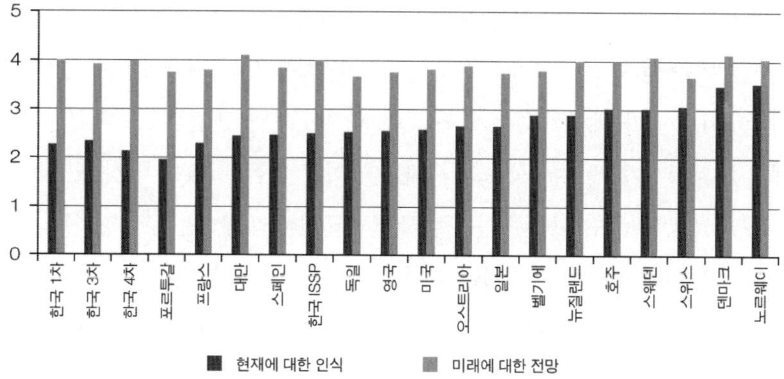

자료: 안상훈(2012).

다. 즉, 한국 국민은 현 사회계층 구조에 대해 부정적으로 보고 있으며 다른 국가들과의 편차도 큰 것으로 나타났다. 반면에 미래에 대한 전망은 대부분의 국가가 긍정적으로 기대하면서 국가 간의 편차가 별로 없는 것으로 나타났다(안상훈, 2012).

또한 '소득 격차가 너무 크다'라는 진술에 대해서는 값이 낮을수록 소득격차가 심하다고 생각하는 것인데, 한국은 평균이 1.7로 프랑스(1.44), 포르투갈(1.46), 독일(1.63)과 더불어 낮게 나타나 다른 국가들에 비해 소득 격차가 크다고 인식하고 있음을 알 수 있다. 북유럽 국가들이 높은 값을 보이는 것과는 대조된다. 정부 책임에 대한 인식에서는 포르투갈(1.61), 프랑스(1.85), 스페인(2.04), 한국(2.10) 순으로 정부 책임성을 강조했다. 반면 미국은 평균이 3.31로, 다른 국가들에 비해 소득 격차 해소에 대한 정부의 책임에 동의하지 않는 정도가 가장 큰 것으로 나타났다(안상훈, 2012).

같은 조사의 결과를 보면, '최근 삶을 생각할 때 삶이 행복하다고 할 수 있는가?'라고 물었을 때, 한국(77.2%)과 이탈리아(65%)에서 행복감이 제일 낮은 것으로 나타났다(안상훈, 2012). 기존 연구들이 공통적으로 시사한 바와 같이 우리 국민들이 스스로를 가장 불행하다고 여기는 이유가 사회경제적 안전성이 떨어지는 등 전반적인 복지수준이 열악한 데서 오는 결과라면, 오늘날 복지국가의 이슈가 정치적 화두가 된 것이 우연이 아닌 것 같다. 그렇다면 한국에서 복지국가가 새로운 상승의 시대를 맞이한 지금, 유형화 전략과 간략한 실증 분석을 통해 도출할 수 있는 한국 복지국가에의 함의는 무엇일까?

앞선 분석에서 살펴본 것처럼 복지에 같은 돈을 쓰더라도 그 경제적·사회적·정치적 효과는 매우 달라질 수 있다.[20] 가장 단순하게 본다면, 현금 위주로 복지 혜택을 주는 경우의 복지국가 전략보다는 사회 서비스를 강화하여 지출 구성상의 균형을 확보하는 전략이 우월하다는 점을 확인할 수 있었다. 앞으로 전개될 한국 복지국가의 전면적 확대 과정에서는 구시대적 유물로서의 현금급여가 가지는 정책적·제도적 관성을 넘어서는 것이 중요하다고 여겨진다. 어쩌면 다른 선진 유형이 추구했던 것보다 훨씬 더 적극적인 방향으로 사회 서비스를 강화하는 전략을 써서라도 경제와 복지를 견고하게 결합시키고 한국 복지국가의 장기적 지속가능성을 높여야 할 것이다. 사회서비스 전략을 중심으로 해서 생산과 복지가 어떻게 결합될 수 있는가에 관해서 몇 가지 중요한 논거들을 정리하면 다음과 같다.

첫째, 사회 서비스는 전통적으로 여성이 가정에서 무급으로, 그리고 본인의 의사와는 무관하게 담당해오던 일들을 국가 혹은 사회가 대신 떠맡아주는 것을 의미한다. 여성들의 사회 진출을 가로막은 장애 요인을 복지국가가 체계적으로 제거해주는 것이다. 이를 통해서 교육받은 여성의 사회 진출이 용이하게 되며, 궁극적으로는 여성 고용률을 증대시키는 데 기여할 수 있게 된

20) 이하의 내용은 안상훈(2011a)에서 발췌·정리했다.

다. 교육받은 여성이 노동시장에 차별 없이 참여하게 될 경우, 사회 전체의 거시적 생산성은 그만큼 높아지게 된다.[21] 이는 직접적으로 복지가 생산에 기여하는 선순환의 첫 번째 고리로 작동하게 될 것이다.

둘째, 노동시장에서의 문제를 해결하기 위한 활성화(activation) 정책과 관련해서도 고용과 복지를 유기적으로 결합하는 사회 서비스의 강조는 대단히 의미가 있다. 특히 취약 계층을 위한 관련 프로그램의 경우, 일자리나 고용을 중심으로 하는 노동시장정책적 접근에 더해서 다양한 종류의 개인적 문제를 해결해주는 부가적인 복지 서비스와의 상호 결합적 접근이 필요하다는 점에도 주목해야 한다. 특히 근로빈곤층의 경우 다양한 문제와 결부된 경우가 적지 않은데, 예컨대 적절한 현금급여와 더불어 가족생활을 위한 다양한 부가적 사회복지 서비스, 즉 약물남용 상담, 건강 서비스, 자녀교육 서비스 등이 있어야 직업훈련이나 근로시간 확보 등이 용이해질 수 있기 때문이다. 같은 돈을 이 분야에 쓰더라도 현금의 지급이 아무런 행동교정 효과가 없음과 비교한다면, 구체적으로 마련된 맞춤형 복지 서비스의 효과는 쉽게 예상이 가능할 것이다.

셋째, 복지와 노동이 결합되는 방식으로 사회 서비스가 강조되어야 하는 이유는 자칫 복지가 줄 수 있는 해악으로서 빈곤의 함정[22]과 같은 근로동기 침해를 막기 위해서이다. 예컨대 공공부조나 사각지대 해소 방책과 근로장려

21) 더구나 최근 선진국뿐만 아니라 한국의 상황을 보아도 대학진학률 면에서 여성이 남성을 초월하는 현상이 나타나고 있기도 하다. 만약 여성을 교육만 시키고 고용하지 않는 지금과 같은 상황이 계속될 경우, 교육투자 부분이 오롯이 '비용'이 되어버린 채 회수되지 못하는 '실패한 투자'가 되며, 이는 생산성 침해로 귀결될 것임이 분명하다.

22) 일을 해서 최저생계비보다 많이 벌 경우, 공공부조 급여가 없어지게 되어 일보다는 빈곤에 머무는 것을 선택하는 현상을 말한다. 특히 빈곤급여에 각종 의료, 교육, 주거 등 서비스가 부가되어 연동되는 경우 잘 발생한다.

세제(Earned Income Tax Credit: EITC)를 결합하는 경우, 일을 하는 것이 복지급여를 삭감시키는 것이 아니라 일정 부분 증대시키게 되어 근로 의욕을 증진시킬 수 있게 된다. 보육 서비스의 내용을 전업주부나 일하는 여성의 구분 없이 무차별적으로 확대할 경우에도 근로동기 침해가 발생할 수 있다. 이 경우 보육시설 이용에서 맞벌이 부부, 혹은 일하는 여성에게 유리한 방향으로 재조직할 경우, 여성고용 제고에 보탬이 될 수도 있을 것이다.

무엇보다 중요한 사실은, 어떠한 방식의 복지를 추구하건 간에 재정적으로 지속가능한 공정 복지의 기본 원칙을 망각해서는 안 된다는 점이다(안상훈, 2011a). 조세저항에 관한 비교에서 어느 정도 시사하고 있듯이, 복지수준에 걸맞은 방식으로 복지 비용을 적절하고 공정하게 분담하는 일이 중요하다. 전 국민이 어떤 방식으로건 복지를 위해 필요한 부담에의 기여에 동참하도록, 능력에 따라 공평하게 분담되도록 부담에 관한 제도를 개혁하는 것, 그리고 그러한 부담의 약속이 잘 지켜지도록 하는 것에서 좋은 복지국가의 첫걸음이 시작되어야 함을 잊지 말아야 한다. 결국 지속가능한 복지는 기본적인 권리와 의무를 조화롭게 구성해낼 경우에만 주어지는 '합리성의 선물'이라 할 수 있다.

마지막으로, 주로 선진 복지국가의 경험에 관한 비교를 통해 얻어진 결과를 해석할 때의 한 가지 주의 사항을 논의하면서 이 장을 마감하고자 한다. 이상에서 제시한 전략적 유형 비교분석을 통해 가장 두드러지게 드러난 결과는 북유럽형의 사회서비스 강화 전략이 경제적·사회적·정치적 성과가 가장 높다는 사실이다. 비록 여기서 제안한 유형 비교의 전략이 제도주의적 결정론의 완화를 전제하고 있기는 하지만, 이것이 다른 나라의 모형을 무작정 따라할 수 있음을 의미하지는 않는다. 선진국의 복지국가가 만들어질 때와는 상전벽해와 같이 달라진 거시적 상황 변화들만으로도 선진 모형을 무조건적으로 수용하는 것이 불가능하다는 점은 자명하다. 예컨대 북유럽형 중에서도 가장 성과가 높은 것으로 유명한 스웨덴 모형의 과거와 한국형 복지국가 전략을 마련해야 하는 현재의 모습은 엄청나게 다르다.

스웨덴 복지국가 황금기(제1·2차 세계대전~1970년대 중반)의 특징적 상황을 보면, 제1·2차 세계대전에 직접적으로 노출되지 않은 채 전후 복구의 특수를 누렸고, 전시의 비상 체제를 근접 거리에서 경험하면서 전쟁을 겪은 것과 거의 동일한 수준의 국민적 단결을 이룰 수 있었으며, 강력한 노조에 더해 1932년부터 장기 집권한 사민당의 실용주의적 연대 정치라는 리더십이 있었던 반면, 우파는 지속적인 내부 균열을 겪었던 것이 확인된다.

오늘날 한국의 상황은 이러한 특징과 정반대라 할 수 있다. 즉, 무한 경쟁의 경제적 범세계화에 노출되어 있고, 양극화 등으로 인해 복지국가에 대한 욕구가 축적되었다. 반면, 이로 인한 사회갈등이 심해 합의의 문화와는 거리가 멀고, 노조가 내부적 이해관계에 따라 분열되어 있고 조직률도 매우 낮다. 또한 분열된 채 선명성 경쟁에 치중하는 진보 정당은 실현 가능한 복지국가 전략의 부재 상태에 놓여 있고, 스웨덴의 과거와 달리 오히려 좌파가 더 균열된 상황이다.

이에 더해, 한국이 경험하고 있는 고령화의 절대적 속도나 남북통일이라는 우리만의 독특한 과제들도 복지국가 확장 속도의 조절을 요구하는 상황이다. 최근 연구 결과를 보면, 통일 비용은 주로 북한 주민의 복지를 증진시키기 위한 사회보장성 비용과 관련된다. 독일식 통일이 현실화되었을 경우를 전제로 한 최준욱(2009)의 연구 결과에 의하면, 국민기초생활보장제도만 적용했을 경우에도 북한 지역 GDP의 약 300%, 통일한국 GDP의 8%가 소요될 것으로 추정된다.[23]

---

23) 물론 장기적으로는 편익이 비용을 상쇄할 수 있을 것으로 보이지만, 독일의 경험을 보아도 사회주의에서 자본주의로의 전환은 개인적으로도 사회적으로도 시간이 걸리며

〈표 9-2〉 인구 고령화 속도 국제 비교

노령 인구 비율 / 국가	도달 연도			증가 소요 연수	
	7%	14%	20%	7%→14%	14%→20%
프랑스	1864	1979	2018	115	39
노르웨이	1885	1977	2024	92	47
스웨덴	1887	1972	2014	85	42
호주	1939	2012	2028	73	16
미국	1942	2015	2036	73	21
캐나다	1945	2010	2024	65	14
이탈리아	1927	1988	2006	61	18
영국	1929	1976	2026	47	50
독일	1932	1972	2009	40	37
일본	1970	1994	2006	24	12
한국	**2000**	**2018**	**2026**	**18**	**8**

자료: 통계청(2005); 안상훈(2011a) 재인용.

빠른 고령화 속도도 스웨덴과는 매우 다른 우리만의 상황적 제약이라 할 수 있다. 〈표 9-2〉를 보면 한국의 고령화 속도가 엄청나게 빠르다는 점이 쉽게 드러난다. 65세 이상 노년 인구는 2000년부터 시작해서 총인구의 7%를 넘어서서 본격적인 고령화사회(aging society)에 돌입했고, 2018년에는 14%를 넘어 고령사회(aged society)에 진입할 것으로 전망되고 있다. 노년 인구 비율이 7%에서 14%에 도달하는 데 걸릴 시간은 고작 18년, 14%에서 20%(초고령사회)까지는 단 8년에 불과할 것으로 예상된다.

최근 한국에서의 복지정치 폭발 현상을 보면 한국형 복지국가의 변곡점이 될 것이 거의 확실하다. 하지만 정부의 방향타가 여전히 경제 부처에 쥐어지고 있는 등 주류 사회의 성장 우선론이 지니는 제도적인 관성의 힘도 상당하

단기적으로는 비용의 급격한 발생이 예상된다.

여, 곧바로 북유럽 유형과 같은 보편주의 복지국가가 되기는 힘들 것이다. 그럼에도 불구하고 정치 공학이 우세한 현실이 복지국가 이슈와 결합될 경우 지속가능성이 떨어지는 방향으로 초기 설계를 잘못할 가능성도 농후하다. 이에 사회의 질을 높일 뿐만 아니라 장기적으로 지속가능하게 해줄 한국형 사회정책 제도화의 방향성을 제대로 설정할 책임이 학계의 몫으로 남겨져 있다. 복지의 권리와 의무가 공정하게 조화되도록 급여와 부담의 체계를 정의롭게 개선하는 일, 예산 제약 속에서 개혁의 우선순위를 총체적으로 제시하는 일, 이러한 일들이 이 시대 우리 학계의 사명이라 할 수 있는 것이다.

결론

제10장 사회의 질 연구와 한국 사회 발전

제10장

사회의 질 연구와 한국 사회 발전*

이재열 서울대학교 사회학과 교수

1. '좋은 사회'에 대한 관심

어떠한 사회가 '좋은 사회'인가에 대한 논란이 많다. 높은 경제성장과 민주화에도 불구하고 양극화가 심각하고 또한 사회갈등이 끊이지 않는 한국 사회라서 더욱 그렇다. '좋은 사회'에 대한 질문은 인지적 관심에 그치지 않는 가치부하적 질문이다. 이러한 질문은 엄격한 경험과학적 탐구의 대상을 벗어나는 것으로 여겨지기도 하지만, 인간의 삶의 개선이라는 대의를 수용하는 한 피하는 것은 불가능하다. 오히려 가치지향으로나 이론적 수준에서 치열한 논쟁을 거쳐 '좋은 사회'에 대한 정의를 내리는 것이 필요하며, 또한 어떻게 하면 그러한 '좋은 사회'를 성취할 수 있을지 실천적이고 정책적인 노력을 경주하는 것이 바람직할 것이다.

'좋은 사회'에 대한 관심이 가장 잘 반영되었던 사회학 분야는 발전론이다. 기존의 다양한 사회학 이론에서는 '좋은 사회를 향한 사회변동'을 발전이라고

* 이 글의 일부는 수정과 경험적 분석의 보완을 거쳐 '사회의 질, 경쟁, 그리고 행복'이라는 제목으로 2015년 ≪아시아리뷰≫ 제4권 제2호(통권 9호), 3~29쪽에 발표되었다.

정의했다. 역사적이고 거시적인 비교분석에 기반을 두었던 1960~1970년대의 발전이론들은 이념적으로는 보수적인 시각을 견지한 근대화이론과 급진적인 지향을 갖는 종속이론으로 구별되지만, 사회변화의 방향성에 대한 본격적 논쟁을 촉발했다는 점에서, 그리고 경제성장을 발전의 주된 척도로 삼았다는 점에서는 공통점이 있다(So, 1990; 김경동, 2002).

근대화이론의 뿌리는 뒤르켐이나 퇴니에스(Ferdinand Tönnies)까지 거슬러 올라간다. 뒤르켐은 '기계적 연대'와 '유기적 연대'를 구분한 후, 전자에서 후자로의 변화를 근대화로 이해했다. 퇴니에스는 '공동사회'와 '이익사회'를 구분한 후, 전자를 전통적인 것으로, 후자를 근대적인 것으로 나누었다. 이들은 모두 전통과 구분된 '근대성'을 상정하고, 그것을 갖출 수 있는 심리적·조직적·사회구조적 요인들에 대해 탐구했다는 점에서 설명의 방식은 기능주의적이고 변화의 방향성에서는 단선적인 진화를 염두에 두었다고 할 수 있다.

다양한 근대화론자들은 개인의 심리나 가치에서부터 출발하여 거시적인 사회 구조에 이르기까지의 다양한 문제들을 비교적 일관된 틀로 분석했다는 데서 공통적이다. 본래 근대화란 서구 유럽에서 18세기 이후에 진행된 거시적인 사회변동을 지칭하는 말이었다. 그러나 그것이 지역적으로는 서구에 한정되어 나타났기 때문에, 과학적 진보와 물적인 생활 조건의 개선, 경제의 성장, 민주주의 확산 등이 뚜렷했던 서구의 선진국과 그렇지 않은 후발국 등 서로 대비되는 두 범주의 나라들을 상정하게 되었고, (서구의) 선진국이 후발국을 도와줌으로써 전체 인류가 경제성장과 민주주의의 확산, 그리고 과학과 산업 발전의 혜택을 입게 될 것이라고 하는 가치판단에 근거하고 있다.

이처럼 근대화를 발전으로 이해하는 것은 계몽주의적 진보 관념으로부터 찾아진다. 자연과학과 과학기술의 발전이 사회의 발전도 촉발시킬 수 있다고 하는 사회공학적 믿음이 바탕에 깔려 있는 것이다. 아울러 근대화론에서는 지구상에 존재하는 나라들 간에는 엄청난 성장의 차이가 존재하는데, 이러한 변이의 원인이 무엇인지에 대해서도 비교적 분명하게 설명한다. 주로 시장 구조, 기술, 인적 자본과 물질적 자본 등의 핵심적 요인에서의 결함이나 부족, 그리고 신념이나 태도 등의 근본적이고도 문화적인 요인이 중요하다고 본 것이다(Inkeles and Smith, 1974).

그러나 역사적 경험은 근대화론의 예측과는 다른 부분이 많았다. 선진국과의 거래 확대가 물질적 성장을 역전시키는 일도 있었고, 경제의 확장이 과연 발전인가를 의심케 하는 일도 잦았다. 국가적 자율이나 독립 등과 같은 질적인 효과에 반하는 성장에 대한 비판적 여론도 일어나곤 했다. 이에 따라 종속이론은 각 개별 국가 내부의 요인보다는 그 나라가 위치한 세계 체제의 맥락 안에서 작동하는 외부적 효과에 더 주목했다. 예를 들면, 남미 국가들의 저발전은 내부 요인이라기보다는 유럽과의 관계에서 차지하고 있는 불평등한 위치 때문에 그렇게 되었다는 것이다. 크게 보면 지정학적인 요인에 주목하는 설명인 것이다(Wallerstein, 1974).

발전을 결정하는 요인에 대한 강조점에서는 극단적으로 갈렸지만, 근대화론과 종속이론 모두의 공통점이자 한계는 발전의 궁극적 척도를 경제적 성장으로 이해했고, 경제성장을 발전의 지표로 활용하고 있다는 점이다. 따라서 두 입장 모두 경제성장이 이루어진 사회가 '좋은 사회'라는 가정에서 벗어나지 않고 있다는 점에서 경제 중심적이라는 비판을 받을 수 있을 것이다.

2. 경제성장은 좋은 사회를 만드는가

이러한 경제 중심적 사고에 대해 문제를 제기한 이는 이스털린(Richard A. Easterlin)이다. 그는 제2차 세계대전 이후 미국의 1인당 국민소득은 지속적으로 증가했으나 행복하다고 느끼는 국민들의 비율은 30% 내외에 불과하며, 또한 그 비율이 거의 변화하지 않았다는 점에 주목하고 그 원인에 대해 설명하고자 했는데, 이 같은 문제 제기에 대해 경제학자들은 '이스털린의 역설(Easterlin Paradox)'이라고 이름붙인 바 있다(Easterlin, 1974). 물론 국가수준에서의 경제성장과 국민들이 느끼는 행복감의 평균 사이 관계에만 주목하여, 개인들 간에도 소득과 행복이 무관하다고 주장하면 곤란하다. 왜냐하면 한 나라 내에서는 대체로 소득이 높은 사람들일수록 보다 행복하다고 느낄 가능성이 높기 때문이다. 다만 지속적인 경제성장에도 불구하고 국민들의 평균적인 행복감이 높아지지 않는다면, 성장 위주의 국가 정책이 과연 정당한 것인가에 대해 되돌아보게 만든다는 점에서 이스털린의 문제 제기는 의미가 있다.

한국의 경우에 1960년대에 1인당 국민소득은 100달러 내외에 불과했지만, 2000년대 중반 이후에는 2만 달러를 넘어서고 있어서 가히 선진국이라고 해도 무방한 부유한 나라가 되었다. 선진국의 기준은 기관마다 다르지만, 대부분의 객관적 기준들에 따르면 한국은 이미 '선진국'이다. 선진국 클럽이라고 불리는 OECD의 회원국이며, 기대수명과 문자해독률 및 상급학교 진학률 등으로 발전을 측정하는 유엔개발계획(UNDP) 기준의 인간개발지수(Human Development Index)도 세계에서 12위 수준이다. 한국은 이미 어느 측면으로 보나 국제사회에서는 선진국으로 대접받는다. 그러나 여전히 '선진화'는 한국 정치권의 화두이다. 선진화론은 아직 선진국이 아니니 선진화를 통해 선진국으로 진입하자는 주장인데, 국민들의 자화상도 그와 별로 다르지 않다. 아직 선진국이 아니라고 느끼는 국민이 대다수인 것이다.

역사적으로 보면, 1인당 국민소득이 1만 달러 이전인 국가들과 그 이상인 국가들 간에는 경제성장과 행복감 간의 관계에서 질적인 변화가 나타나는 것으로 보인다. 〈그림 10-1〉은 그 관계를 어떻게 읽어내느냐에 몇 가지 해석을 가능케 한다. 필자가 보기에는 국민소득 1만 달러 이하의 국가군과 그 이상의 국가군들이 존재하고, 1만 달러 이하의 국가군에서는 행복감과 국민소득

〈그림 10-1〉 소득과 행복 간 관계

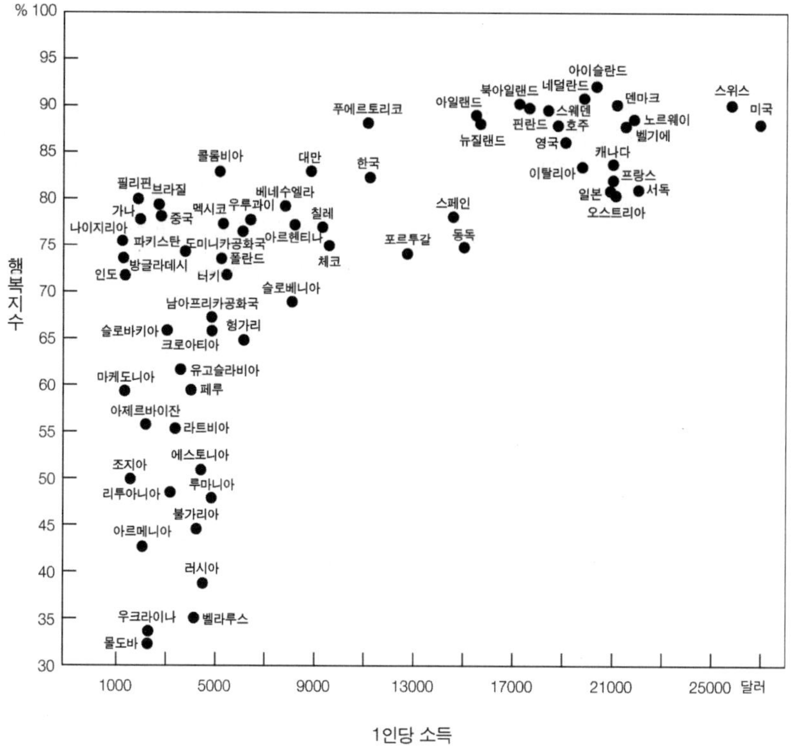

자료: Inglehart and Klingemann(2000).

간에 매우 가파른 상관관계가 있는 것 같다. 그러나 1만 달러 이상 국가군에서는 그 기울기가 현저히 낮아지는 반면, 같은 소득군 내에서도 행복감의 격차가 드러난다는 점에서 국민소득 1만 달러를 기준으로 질적인 변환점이 존재하는 것으로 읽힌다.

3. 물질재에서 지위재로

문제는 이러한 전환을 어떻게 해석할 것인가 하는 점이다. 왜 경제적 성장과 소득의 증대가 이루어질수록 행복감의 증대에 미치는 효과는 체감(遞減)하는가에 대한 가장 직접적이고 설득력 있는 해석은 허시(Fred Hirsch)에 의해 제시되었다(Hirsch, 1976). 그는 물질재(material good)와 지위재(positional good)를 구분한다. 물질재란 기본적인 의식주의 욕구를 충족시키는 데 필요한 재화로서, 음식, 주거, 의복 등 생존에 필요한 가장 기본적인 재화들을 일컫는다. 반면에 지위재는 상대적으로 희소해서 대체재의 존재 여부, 그리고 다른 사람들의 요구에 따라 그 상대적 가치가 결정되는 재화나 서비스를 일컫는데, 대표적인 것이 환경, 교통, 교육, 일자리 등이다.

물질재를 둘러싼 경쟁은 물질재의 공급을 확대하면 완화될 수 있다. 그러나 지위재는 늘 상대적인 서열이 중요하기 때문에 지위재를 둘러싼 경쟁은 최소한 단기적으로는 늘 제로섬 게임의 특징을 가진다. 아울러 지위재는 경제적으로는 지대(rent)나 유사 지대(quasi-rent)를 내포하고 있다.

돌이켜보면 한국의 고도성장기는 물질재의 확대 과정이었다. 보릿고개를 넘던 고통스런 기억을 가진 세대들에게 고도성장의 과실은 확실하고도 강력한 것이었다. 헐벗고 굶주렸던 이들이 먹을 것과 입을 것을 풍부하게 누리고, 몸을 쉴 주택을 소유하게 되었기 때문이다. 그 사회에서 가장 어려운 처지에 있던 이들조차 성장의 과실로 인해 삶의 개선을 누리게 되었기 때문에, 밀물이 닥쳐오면 모든 배들이 떠오르듯 사회 전반에 내일은 오늘보다 나을 것이라고 하는 희망이 넘쳤다.

반면에 고도성장기가 끝나고 기본적인 물질재에 대한 욕구가 포화 상태에 이르게 되면서, 쾌적한 환경, 더 편리한 주거, 더 좋은 일자리, 더 나은 대학교육 등에 대한 욕구가 중요해졌다. 지위재는 절대적 소유 여부보다도 다른 이들과의 비교가 중요하다는 점에서 상대적이다. 예를 들어 자동차 보급률이 낮은 사회에서는 내가 혼자 자동차를 소유하고 있다면 도로가 좁더라도 쾌적하게 운전할 수 있으므로 자가 운전자의 효용은 매우 클 것이지만, 모든 가정에 자동차가 보급되면 교통량이 급증하여 곳곳에 정체가 생기므로 자가 운전자들은 엄청난 비용을 지불하지 않을 수 없게 된다. 환경의 쾌적성 역시 상대적이다. 소수가 거주하는 교외 지역은 쾌적하게 살 수 있는 곳이지만, 주변이 고밀도로 개발되어 거주자가 늘어나면 더 이상 누리기 어려운 장점이 된다. 따지고 보면 지난 60여 년간의 한국 사회의 발전 과정을 돌이켜보면, 바로 이러한 물질재에 대한 욕구가 채워진 후 지위재를 둘러싼 경쟁이 포화 상태에 달하게 되면서 여러 가지 문제들이 발생했음을 알 수 있다.

한국의 대학진학률을 예로 들어보자. 30년 전과 비교하면 고졸자의 대학진학률은 25%에서 85%로 급증했다. 이 정도의 대학진학률은 세계에서 유례를 찾기 힘들 정도로 높은 것이다. 그럼에도 불구하고 대학 입시를 둘러싼 경쟁은 과거 어느 때에 비해서도 치열해졌다. 더구나 대졸자들이 대량 양산되면서 좋은 일자리를 갖는 일, 특히 청년층이 원하는 대기업에 사무직으로 취직하기 위해 벌이는 경쟁은 과거 어느 때보다도 치열해졌다. 따라서 심각한 청년실업률은 좋은 일자리에 몰린 대졸자들의 적체 현상에 다름 아니다. 반면에 저학력 생산직 노동자는 구하기 힘들어서, 외국인 노동자를 구하기 위한 중소기업 사장들 간의 경쟁이 치열하다는 보도도 심심치 않게 나온다.

주택보급률은 또 다른 예이다. 전국적으로 110%에 달하는 주택보급률에도 불구하고 젊은이들에게 내 집을 장만하는 일은, 특히 서울에서 내 집을 장만하는 것은 거의 불가능한 일처럼 느껴진다.

사회적 희소성(social scarcity)에는 크게 보면 두 가지 상이한 유형이 존재한다. 직접적인 희소성(direct scarcity)이란 순전히 재화나 서비스가 존재하지 않기 때문에 발생하는 것이다. 반면에 부수적인 희소성(incidental scarcity)이란 얼마나 많은 타인이 그 재화나 서비스의 혜택을 받느냐 하는 포괄성에 의해 영향을 받아서 자신의 만족감이 결정되는 것을 의미한다. 교통 체증이 물리적 적체(physical congestion)를 의미한다면, 좋은 일자리나 명문 대학 입학을 둘러싼 과도한 경쟁은 사회적 적체(social congestion)를 의미한다.

적체를 그냥 둘 경우 사회 전반의 경쟁이 격화되기 때문에 사회의 질은 급속히 추락한다. 따라서 이를 해결하기 위해서는 다양한 대안이 필요해진다. 그 대안의 하나는 선별(screening)을 강화하는 것이다. 특정한 자격을 가진 이들만 특권을 가진 구역에 입장하도록 허용하는 것인데, 이럴 경우에는 특권 구역 입장을 결정할 자격증을 따기 위한 경쟁이 격화된다. 대표적인 예는 과거 비평준화 시절의 중고등학교 입시제도나 고시제도를 들 수 있다. 그러나 한국이 택한 전략은 단계적 선발을 최대한 연기하여, 대학 졸업 후 좋은 일자리를 둘러싼 경쟁에서 일생일대의 한판 승부를 거는 방식으로 자리 잡았다. 이 문제에 대한 독일의 해법은 중고등학교 수준에서 고등교육을 받을 학생과 직업교육을 받을 학생을 일찌감치 선별해내는 방식이었다. 경쟁을 약화시킬 두 번째 대안은 혼잡세의 형태로 제한된 지위에 접근하는 이들에게 더 많은 부담을 지도록 하는 방안이다. 도심에 접근하는 자동차에 세금을 부과하여 교통 기반을 확충하는 데 사용하거나, 토지에 대한 과잉 투기열이 이루어질 경우 그 결과로 얻게 된 이득을 환수하는 초과이득토지세(초토세) 같은 것이 대안이다.

급속한 경제성장과 민주화에도 불구하고 국민들의 행복감은 낮아지고, 제도와 정당에 대한 불신은 심해졌으며, 사회갈등도 심각해진 현실은 성장 과정에서 물질재에서 지위재로 경쟁의 대상이 바뀌게 될 때 드러나는 풍요의 역설(paradox of affluence)을 보여준다. 풍요의 역설을 한국 사회에 적용하여 가장 잘 드러내는 표현은 배고픈 사회(hungry society)가 분노하는 사회(angry society)로 바뀌었다는 것이다(전상인, 2008). 분노의 증상은 여러 가지 형태로 발현되고 있다. 이를 가장 잘 표현하는 것은 불신과 불만 그리고 불안이다.

상대적 위치가 열악한 이들이 누적될 경우 사회적 분노는 심화된다. 예를 들면 한국의 저임금 노동자 비중은 25.7%로서 OECD 평균인 16.3%에 비해 월등히 높은 수준이며, 정규직과 비정규직 간 차이는 단순한 노동시간 차이에 그치지 않고 심각한 신분 차별의 단계에까지 이르고 있다. 노인빈곤율은 45.1%로서 OECD 평균 13.5%의 3배에 달하며, 노인 100명 중 4명은 78만 원 미만으로 생계를 유지하고 있다.[1] 그리고 10만 명당 자살률은 31명으로, OECD 평균 13명의 거의 3배에 달한다. 반면에 한국의 최근 투표율은 46%로, OECD의 최하위 수준이다. "20대는 취업과 진로가 불안하고, 30대는 거주 대책이 불안하고, 40대와 50대는 노후 대책이 불안하다"고 말한다. 빈번하게 재발한 대규모 사고와 재난, 비정규직의 급속한 증대, 주택 가격의 폭등, 증가하는 불신과 사회적 갈등, 권력 투쟁에만 몰두하는 여의도 정치에 대한 비난 등 헤아릴 수 없이 많은 분노의 증상들이 넘쳐난다.

과거 한국의 현대사를 돌이켜보면 시대정신이 비교적 뚜렷했었다. 시대정신이란 어떤 가치와 어떤 사회를 지향할 것인가에 대한 사회 구성원의 포괄적이고 암묵적인 합의를 일컫는다. 앞서 지적했지만 1960·1970년대의 고도성장기에는 '잘살아보세'라는 경제적 가치가 지배적이었다. 그리고 1987년 이후에는 '민주화'가 시대정신이었다. 그러나 1인당 국민소득이 2만 달러를 넘어선 2010년대 한국에서는 뚜렷한 시대정신이 보이지 않는다. 혹자는 더 많은 성장을, 혹자는 더 진전된 민주주의를 대안으로 제시하지만, 불신, 불만, 불안의 시대를 해결하는 대안으로서의 긴장감은 훨씬 떨어진다.

---

1) OECD, "OECD 2014 한국경제보고서". http://www.keepeek.com/Digital-Asset-Management/oecd/economics/oecd-economic-surveys-korea-2014_eco_surveys-kor-2014-en#page6

하나의 대안은 선진화(先進化)다. 그러나 선진화는 이미 앞서 있는 선진국을 전제한다는 점에서, '뒤처져 있는 후진국의 영원한 따라잡기'라는 의미로 해석될 여지가 많다. 이에 대해 혹자는 선진국(善進國)을 대안으로 제시하기도 한다. 마치 GDP나 군사력과 같은 경성 파워에 대비되는 연성 파워로서 정보력, 기술력, 도덕 자원, 문화적 매력, 제도적 유연성 등을 지칭하는 것과 같이, 그 사회의 포용성과 사회적 신뢰가 높아지지 않고는 해결하기 어려운 문제들이 많아졌다는 의미이다(김진현, 2008). 실제로 한 신문에서는 사회적 효율성 제고에 직접적으로 도움이 되는 소프트 파워로서 약자에 대한 배려, 공정성, 개방성, 시스템적인 규율 등 네 가지 요소들을 종합하여 '선(善)인프라'로 지수화하기도 했다(≪매일경제신문≫, 2011년 3월 29일). 이 지수로 OECD 30개 국가와 비교한 결과 한국은 골고루 최하위권을 기록했다. 종합 순위는 28위였다. 특히 지도층의 의무감을 나타내는 노블레스 오블리주 분야는 30등으로 꼴찌를 차지했다.

4. 좋은 사회의 개념화

이처럼 경제성장이 오히려 행복감을 떨어뜨린다는 풍요의 역설이 사실이라면, 앞서 제기한 문제로 되돌아가서 발전이 무엇인지 다시 질문하지 않을 수 없다. 기존의 발전이론에 대해 포괄적으로 검토한 후 발전이론을 종합하고자 한 김경동은 경제성장만으로는 해결할 수 없는 '발전의 핵심 가치'를 제시함으로써 좋은 사회가 어떤 사회인지를 개념적으로 구체화할 수 있다고 보았다(김경동, 2002: 92~94). 그가 제시하는 좋은 사회를 구성하는 삶의 가치는 두 가지 일반 가치로 요약할 수 있는데, 하나는 '삶의 질적 향상'이고, 다른 하나는 '삶의 기회의 확대'이다. 그는 다시 삶의 질의 향상이라는 가치를 두 가

〈그림 10-2〉 발전의 핵심가치 체계

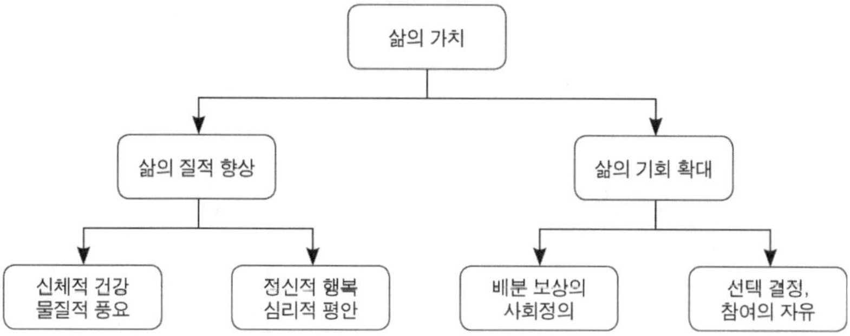

자료: 김경동(2002).

지 차원으로 나누는데, ① 육체적으로 살기 좋으려면 객관적 조건이 나아져야 하고, ② 잘살기 위해서는 심리적·정신적으로도 살기 좋아야 한다고 본다. 여기서 객관적 조건은 주로 최소한의 물질적 자원과 이를 뒷받침할 경제적 여유를 의미하며, 주관적으로 좋은 삶은 정신적 풍요와 행복감 등을 의미한다. 한편 삶의 기회의 확충은 자원의 배분과 직결된다. 여기서 삶의 기회도 다시 ① 사회적 불평등이나 배제, 차별 등의 분배정의와 관련된 사회정의라는 측면과 ② 인간으로서 누릴 수 있는 가장 기본적인 자유와 선택권으로 나눈다. 이상의 내용을 정리하면 〈그림 10-2〉와 같다.

김경동이 주목한 발전가치는 좋은 사회가 되기 위한 제도적 측면과 구성론적 측면, 그리고 거시적 측면과 미시적 측면을 모두 포괄하고 있다. 대부분의 사회학 연구들과 마찬가지로 김경동도 전통적인 사회학 연구의 패러다임을 배경으로 자신의 논의를 전개하고 있다.

이러한 가치지향의 여러 차원을 구분할 때 우리는 리처(George Ritzer)가 객관적·주관적 지향의 차원과 거시적·미시적 차원을 교차하여 4개의 분면을 판별해냈음을 기억할 필요가 있다. 리처에 따르면 거시적·객관적 분면에는 관

〈그림 10-3〉 삶의 질과 사회의 질에 관한 다양한 개념

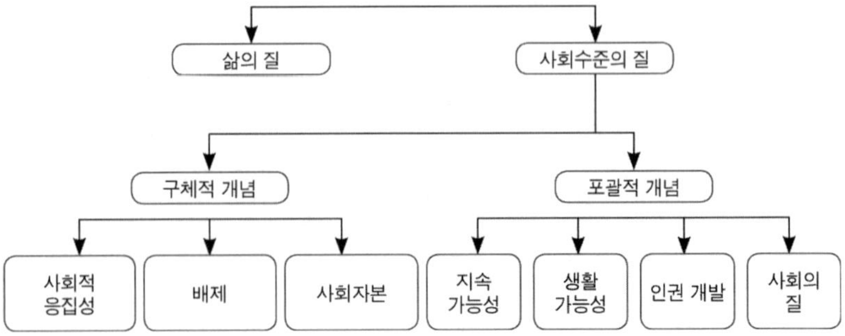

자료: Noll(2002).

료제나 기술, 언어 등과 같은 체계론적 분석의 대상이 놓이며, 미시적·객관적 분면에는 인간 행동이나 상호 작용의 규칙성 등에 대한 경제학적·기술적 분석 대상들이 놓인다. 반면 거시적·주관적 분면에는 문화, 규범, 가치 등이 해당하고 이에 대한 구성론적이고도 문화론적 접근이 어울리며, 미시적·주관적 분면은 개인의 심리적 과정에 대한 심리학적 접근의 대상이 된다는 것이다(Ritzer, 1981). 김경동의 발전가치를 리처의 틀에 대입해보면 좋은 사회란 삶의 기회에 큰 영향을 미치는 시스템의 차원과 삶의 질적 향상에 영향을 미치는 생활세계의 차원, 양자에서 개선이 이루어지는 것이다.

그동안 양적 성장이 아닌 질적 발전, 혹은 사회의 품격에 관해 진행된 연구들을 보면, 개인적 수준의 발전의 총합으로 사회 전체의 수준을 가늠하는 연구와 개인적 수준과는 일정한 정도 독립적인 차원인 사회적(societal) 수준에 관심을 가지는 연구로 대별된다. 전자에 해당하는 대표적인 연구는 '삶의 질' 접근법이다. 그리고 후자는 다시 사회적 응집성(social cohesion)이나 사회적 배제(exclusion), 혹은 사회적 자본(social capital) 등 구체적인 사회의 특징을 다루

는 접근법과, 지속가능성(sustainability), 인간개발(human development), 사회의 질(social quality) 등 보다 포괄적으로 사회의 성격을 가늠하는 접근법으로 구분할 수 있다(Noll, 2002).

여기서 특별히 관심을 갖는 사회의 질은 각 개인들이 자신의 복지나 개인적 잠재력을 향상시킬 수 있는 조건하에서 사회경제적·문화적 공동체의 삶에 참여할 수 있는 정도를 의미한다(Beck et al., 1997). 처음 사회의 질에 대해 정의한 벡과 그의 동료들에 의하면, 사회의 질은 김경동이나 리처의 문제의식과 마찬가지로 객관적 차원과 구성적 차원, 그리고 거시적 차원과 미시적 차원을 모두 포괄하는 다차원적 개념이다.

5. 사회의 질과 사회이론

유럽에서 사회의 질에 대한 관심이 대두한 것은 1980년대 신자유주의적 분위기가 팽배했던 시대적 배경과 밀접히 연관된다. 복지국가 확대에 따른 복지병을 치유하기 위해 불어 닥친 신자유주의는 레이거노믹스와 대처리즘으로 대표된다. 그러나 시장의 부활을 외친 신자유주의적 정책으로 인해 미국과 유럽에서는 시장 경쟁이 격화되고, 성장 위주의 정책이 자리 잡게 됨에 따라 사회정책은 경제정책의 부속물이 되고, 경제적이고 도구적인 가치가 공동체의 해체를 가속화하는 것이 아닌가 하는 우려를 낳게 만들었다. 그 결과 유럽의 지식인 천여 명이 1997년 6월 10일 암스테르담에 모여 사회의 질 선언을 하게 되었다. 이 선언에서 이들은 경제적으로 성공적이면서 동시에 사회정의와 시민 참여가 보장되는 유럽 사회를 원하며, 이를 성취하기 위해서는 사회의 질을 높이는 일이 핵심적이라고 주장했다(Declaration for Social Quality). 이 선언에 따르면, 사회의 질은 유럽연합 각국의 국민들에게 다음과 같은 항목들을 제공하는 것이어야 한다.

- 폭력과 생태적 위협으로부터의 안전
- 적절한 수거와 난방, 의복과 음식
- 적절한 의료와 사회 서비스
- 자신의 취향에 따라 출산하고 아이들을 양육하며 가족과 어울릴 수 있는 충분한 시간
- 모든 노동자들을 위한 사회생활을 하는 데 충분한 소득
- 연령이나 건강상 이유로 일하지 못하는 이들을 위한 적절한 소득
- 장애, 고령, 소수 인종, 이민자 등이 지역사회에 충분히 정착하여 생활할 기회
- 시민들이 유대감을 유지하고, 위기 상황에 생계를 유지하며, 사회적 위험을 방지할 수 있는 사회보장제도
- 생애에 걸친 교육과 훈련 기회 제공
- 공평한 과세제도
- 국적, 연령, 성, 인종, 종교, 정치적 신념, 결혼 지위, 성적 지향 등에 따른 차별 철폐

아울러 유럽연합의 소속 국가들에게는 ① 이상과 같은 기본적 권리를 각국 국민들이 향유하기 위해서는 유럽 시민들이 관련 정책에 대해 누가 정치적으로 책임을 지고 있는지 알아야 하며, 잘못된 정책에 대해서는 문제를 제기할 수 있어야 하고, ② 모든 다양한 수준에서 민주적인 정치적 결정이 이루어져야 하며, ③ 세계화하는 경제에서 유럽 국가들은 취약한 주변 국가들에 대한 사회적 책임을 인식해야 한다고 주장했다.

또한 유럽연합에 대해서는 ① 모든 유럽의 정책들이 사회통합에 미치는 영

향을 연구할 것과 ② 유럽연합 전체의 사회적 측면에 대한 통계적 지표들을 산출할 것, ③ 그리고 사회적 측면에서의 정책 목표에 대한 명백하고 측정가능한 벤치마킹, 그리고 그 목표를 어느 정도 달성했는지를 보고할 것을 주문했고, ④ 정책입안자와 과학자, 시민이 모두 참여하여 유럽의 사회의 질을 고양시킬 새로운 어젠다를 작성할 것을 촉구했다.

이 같은 선언이 가지는 의미는 유럽연합으로 하여금 사회의 질을 높이는 노력을 하게 하는 핵심 가치를 제시했다는 점이다. 사회의 질을 구성하는 핵심 개념은 '사회성(the social)'의 재발견이다. 사회성이란 무엇인가. 이는 사회학의 고전적인 문제의식을 담은 개념으로서, '개인의 심리'보다는 사회적 존재인 '사람들 간의 관계'에서 발현되는 속성을 의미한다. 사회성은 존재론적 근거를 갖기 때문에, 자신의 이익을 극대화하는 유아독존적 개인을 전제한 공리주의자들보다는 사회적 관계의 중요성을 강조하는 관계론적 입장들에 더 잘 어울린다. 이러한 관계론의 예를 우리는 신뢰의 중요성을 강조하는 사회자본론, 혹은 타인의 사회적 인정을 통해 자아가 실현된다고 보는 호네트(Axel Honneth)의 승인이론, 개인주의화 경향에서 성찰적 근대성을 강조하는 벡(Ulrich Beck)의 위험사회론 등에서 찾을 수 있다. 사회학적으로는 상식이라고 할 수도 있는 사회성이 '재발견'되는 이유는 그만큼 사회과학에서 사회적인 것이 자꾸 잊혀왔기 때문이다. 특히 서구 사회과학에서 탈근대주의는 모든 것을 해체의 대상으로 삼았고, 또한 1980년대 이후 레이거노믹스와 대처리즘으로 대표되는 신자유주의적 사고의 틀은 공리주의적이고 이기적인 인간관에 기반을 둔 경제학적 사고가 사회과학 전반을 풍미하게 만들었다.

사회의 질을 구성하는 사회성에 대한 사회학적 논의는 다음과 같은 세 가지 명제로 정리할 수 있다. 첫째, 사회성이란 한 개인이 사회적 존재로 완성되어가는 자기실현 과정과 이러한 상호 작용을 거쳐 집합적 정체성이 형성되어가는 과정, 이 양자 간의 상호 의존성에 의해 실현된다(미시-거시 연계, 혹은 사회성의 구성). 둘째, 현실에서 이러한 관계는 권력, 지위, 능력 등에서의 무시할 수 없는 개인 간 편차에 의해 특징지어진다(불평등, 기회 구조 등). 셋째, 사회성의 성격, 내용, 형태와 구조 등은 체계와 생활세계 간의 수평적인 긴장, 그리고 개인과 사회 간의 수직적인 긴장에 의해 역동적으로 규성된다(사회의 질의 구체화)(Beck et al., 1997).

사회의 질이 무엇인지, 사회의 질 접근이 전통적인 삶의 질 접근과는 어떻게 다른지 하는 이슈는 구혜란이 이 책의 제1장 '사회의 질, 이론과 방법'에서 소상히 다루었다. 구혜란은 기존의 사회의 질 연구 문헌들을 체계적으로 검토한 후, 사회의 질 접근의 핵심을 사회성에서 찾는다. 그렇다면 사회성의 구성과 내적 긴장, 그리고 재생산은 어떤 방식으로 인식되고 어떤 구체적인 방법론에 의해 분석될 수 있을까. 기본적으로 자아실현과 집합적 정체성 형성은 모두 사전에 예견하기 어려운 상호 작용과 의도, 그리고 효과가 발생하는 열린 과정이다. 따라서 좁은 의미의 객관적이고 인과적인 경험적 분석만으로는 충분히 그 메커니즘을 분석하기 어렵다는 점에서 종합적이고도 체계적인 접근을 요한다. 또한 사회성은 사회 현실의 복합성을 반영하는 개념으로서 실천적이고도 참여적인 효과를 갖기 때문에, 타협, 협의, 합의 제도가 소통의 과정으로 연구되어야 한다. 따라서 개개인의 의도로 환원하는 합리적 선택 모델보다는 감성적이고 인지적이며 동기 차원을 중시하는 총체적이고 관계론적 시각을 유지해야 하며, 이를 위해서는 행위자들 간에 권력, 지위, 정보 등에서의 최소한의 균형을 이루어야 한다는 것을 전제한다.

사회성에 대한 관심은 자기실현의 방식에서도 관계성을 중요시한다. 자기실현은 개인의 독립성뿐 아니라 이기주의도 촉진시킬 수 있으므로 좋은 것과 나쁜 것 사이의 질적인 차이를 구별할 수 있어야 한다는 것이다. 또한 민주주의적 규범과 가치를 제고함에 있어서도 공식적인 제도에만 초점을 맞추는 것은 부적절하며, 인권, 인도주의적 유대감, 사회정의, 지역적합성 등에 관한

〈그림 10-4〉 사회성의 발현에 대한 정리

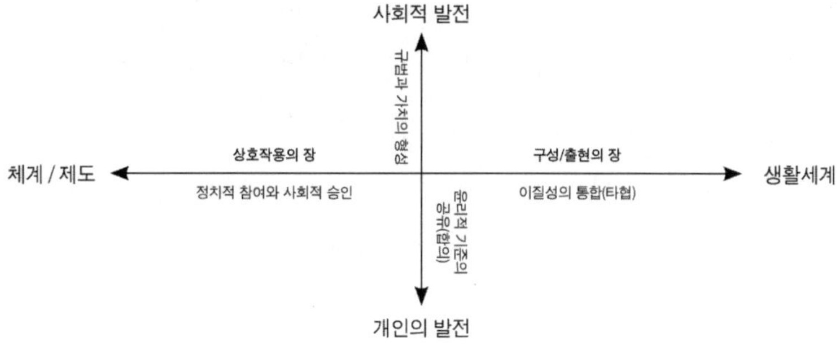

글로벌한 관점, 그리고 타문화에 대한 이해에 기반을 둔 포용성 등도 매우 중요하다고 주장한다.

이상의 내용들을 개략적으로 정리한 것이 〈그림 10-4〉이다. 이 그림은 제도와 생활세계 간, 그리고 거시적 사회발전과 미시적 개인발전 간의 긴장과 상호 연관성을 일목요연하게 보여준다. 이 그림에서 수평축은 상호 작용의 장이다. 생활세계에서의 여러 갈등과 인과적 관계들이 체계에 영향을 미쳐 제도를 바꾸어나가는 과정을 정치적 참여나 사회적 승인의 과정으로 볼 수 있다면, 체계와 제도가 일상생활 속에서 수용되는 과정은 곧 이질성이 통합되고 타협이 이루어지는 과정이므로, 체제의 정당성이 일상성 속에서 구현되고 작동하는 것으로 볼 수 있다. 이미 앞에서 언급한 바와 같이 이는 제도권과 재야 간의 상호 작용으로 이해할 수도 있다. 이러한 맥락에서 시민사회나 재야의 인물들이 제도권에 참여하는 경우, 이는 비제도권에 해당하는 시민사회나 운동권 등에 대한 사회적 승인으로 이해할 수 있다.

이 과정에서 가장 중요한 것은 상호 소통이다. 소통을 통해 이질적인 개인들 간의 이해관계와 권력에 대한 욕구, 그리고 갈등 등이 해소되고 타협이 이루어질 수 있기 때문이다.

수직축은 사회성이 구성되고 발현되는 장이다. 한 사회의 가치나 규범 등은 미시적 개인들 간의 상호 작용을 통해 발현되지만, 동시에 개개인의 행위나 가치지향은 거시적인 구조에 의해 영향을 받는다. 아마도 이러한 이중적 상관관계에 대해 가장 잘 표현한 것은 기든스의 구조화이론이라고 생각된다. 구조는 규칙이라는 점에서 개인에게는 제약이기도 하면서, 또한 어떤 일을 가능케 하는 자원으로 작동하기도 한다는 점에서 이중적이다. 대표적인 예는 언어에서 찾을 수 있다. 공통의 언어를 사용한다는 것은 지켜야 하는 문법 체계가 있다는 것이고, 이는 다른 언어 습득을 방해하는 제약 요인으로 이해할 수도 있다. 그러나 언어의 규칙을 이해하는 개인들은 풍부하게 자신의 의사를 전달할 수 있다는 점에서 중요한 자원이 되기도 한다. 마찬가지로 사회적 규범은 미시적인 개인들의 선택과 행위의 결과로 구성되고 발현되는 집합적 속성이지만, 동시에 개인들의 선택에 영향을 미치는 중요한 규범적 강제력을 갖는다는 점에서 이중적이다.

이상과 같은 접근은 삶의 질 접근과는 매우 다르다. 이 책의 제1장에서 구혜란이 지적하고 있듯이, 삶의 질 연구가 삶과 사회의 질을 구성하는 다양한 요인들을 기계적으로 종합하려고 한다면 사회의 질 연구는 이를 이론적 토대 위에서 좀 더 유기적으로 통합하려고 한다. 또한 삶의 질 연구에서 개인은 자신의 욕구 실현을 목표로 하는 데 반해서, 사회의 질 연구에서 개인은 사회과정 속에서 자기실현을 통해 공동체의 정체성을 획득해나가는 것을 목표로 한다는 점에서 두 연구는 개인과 개인 행위에 대해 다른 전제를 하고 있다. 아울러 개인을 기본적 분석과 측정 단위로 하고 있는 삶의 질 접근과 달리 사회의 질 연구는 개인 간의 상호 작용에 초점을 맞춘다.

6. 경험적 연구를 통해 본 사회의 질 분석틀의 유용성

이러한 요인들을 모두 고려한다면, 사회의 질을 극대화하기 위해서는 네 가지 차원에서 지향하는 규범과, 그것을 구성하는 요인, 그리고 이를 담보할 수 있는 현실적 조건들에 대해 고민하여야 한다. 유럽의 사회과학자들이 제안한 규범적 가치는 분배적 정의로서의 형평성, 연대감, 평등한 가치, 그리고 인간적 존엄성인데, 각각은 구성 요소로 본다면, 인간안보, 사회적 승인, 사회적 반응, 그리고 개인의 역량과 긴밀히 연결된다. 그리고 각각의 가치와 자원을 확보하기 위한 구체적인 조건으로서 사회경제적 안전성, 사회적 응집성, 사회적 포용성, 그리고 사회적 역능성이 확보되어야 한다.

그렇다면 사회의 질이라는 이론적 틀을 통해 한국의 현실을 분석하는 것은 얼마나 유익할까. 이 책의 제1부에서는 사회경제적 안전성, 사회적 응집성, 사회적 포용성, 사회적 역능성이라는 네 영역별로 한국적 현실과 대비하여 그 유용성에 대해 검토하고 있다.

첫째, 사회경제적 안전이란 인간적 삶을 위한 기본 토대로서, 물질적으로 최소한의 자원을 확보하고 있으며, 환경으로부터도 위협받지 않는 삶을 사는지를 보는 척도가 된다. 빈곤, 질병과 재해, 실업으로부터의 안전 등이 이를 충족시키는 조건이다. 이러한 기초적 욕구들이 충족되는 사회가 '안전사회'라면, 그렇지 못한 사회를 우리는 '위험사회'라고 정의할 수 있으며, 객관적 차원의 '안전과 위험'은 주관적 차원에서는 '안심과 불안'에 대응한다. 이 책의 제2장에서 남은영은 사회적 위험(social risk) 개념을 활용하여 한국 사회에서 사회경제적 안전성이 얼마나 위협받고 있는지에 대해 서술하고 있다. 사회적 위험이란 삶의 조건을 위협하는 사건이나 상황을 의미하는데, 과거 전통적인 산업 사회에서는 실업, 질병, 노후 빈곤 등과 같은 전통적인 위험이 중심이었다면, 최근으로 올수록 불규칙한 생애 과정과 가족 구조의 불안정, 그리고 노동시장의 유연화 등으로 인해 위험의 양상이 불규칙하게 변하고 있다는 점에 주목한다.

남은영은 고용 환경의 악화와 일-가족 양립의 어려움, 고용시장의 양극화 등으로 인해 전통적인 사회적 위험은 저학력, 저소득층이나 청년층과 노년층에서 높게 나타나고 있으나, 새로운 사회적 위험은 계층이나 세대를 불문하고 광범하게 퍼지고 있다는 사실을 지적하고 있다. 즉, 한국은 경제적으로나 사회적으로 더욱 위험하고 불안한 사회로 진입하고 있다는 진단이다.

둘째, 사회적 응집성은 사람들이 얼마나 정체성과 가치 규범을 공유하느냐의 정도를 보여준다. 즉, 사회적 결속과 연대감에 해당한다. 불특정 다수에 대한 신뢰, 제도와 기관에 대한 신뢰, 이타심, 시민의식, 관용성 등이 주된 척도가 될 수 있다. 사회적 응집력이 유지되는 사회를 '신뢰사회'라고 한다면, 사회적 규범의 일관성이 없고 이기적인 경쟁만 존재하는 사회는 '불신사회'라고 할 수 있다. 문화적 맥락도 중요해 보인다. 한국적 맥락에서는 특수주의적인 연고가 잘 발달해 있어서 가까운 연고 집단에 대한 신뢰와 낯선 이에 대한 신뢰의 격차가 매우 크다. 이는 사회 규칙의 보편성과 투명성에 대한 신뢰가 높으며, 그래서 친근한 이들이나 낯선 이에 대한 신뢰의 격차가 작은 북유럽 사회의 보편주의와는 다른 양상을 띤다.

이 책 제3장에서 정해식과 안상훈은 사회적 응집성의 제반 차원들을 구분한 후, 사회통합과 연관시켜 그 정도를 가늠하고 있다. 특히 사회적 자본이라는 긍정적 특성과, 사회적 배제와 불평등이라는 부정적 특성을 다른 나라들의 지표와 비교해본 결과, 한국의 사회적 응집성은 다른 나라들에 비해 매우 낮은 수준에 머물고 있다고 진단한다. 즉, 한국은 불신사회의 특성이 매우 강하다는 것이다.

셋째, 사회적 포용성은 보편적 인권 개념이 얼마나 작동하고 있는지에 대해 다룬다. 즉, 사회 성원들이 자신의 가치나 신념과 무관하게 그가 사회 구

〈그림 10-5〉 사회의 질을 구성하는 영역들(EFSQ 모델)

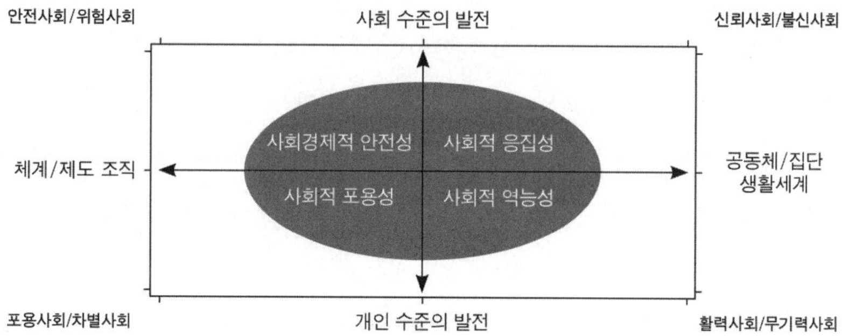

성원이라는 이유만으로도 사회의 다양한 제도나 기회 구조에 평등하게 접근할 수 있어야 한다는 것을 의미한다. '포용사회'에 대비되는 사회는 '배제사회' 혹은 '차별사회'라고 할 것이다.

이 책의 제4장에서 정병은은 한국에서 사회적 배제의 구체적인 양상들이 어떻게 구현되고 있는지를 검토한다. 남녀 간의 차별은 점차 줄어들고 있지만, 여전히 절대적인 수준에서의 격차는 매우 큰 현실에 대해 주목하고 있다. 아울러 고용 구조에서 정규직과 비정규직 간의 차별이 단순한 근로시간의 차이를 넘어서, 동일한 노동을 하더라도 보상에서는 신분적 차별을 받는다는 점에서 사회적 포용성을 심각하게 저해하고 있음을 보여준다.

넷째, 역능성은 개인의 역량이나 능력을 발휘할 수 있는 정도를 의미한다. 사람들이 개인적으로 자신의 역량을 발전시킬 수 있는지, 그리고 자신들의 운명을 결정할 공적인 사안에 참여하고 있는지를 보는 것이다. 개인의 능력 발휘가 잘 이루어지는 사회를 '활력사회'로, 그리고 그 반대를 '무기력사회'로 정의할 수 있을 것이다.

이 책의 제5장에서 김주현은 특히 개인적 수준에서의 역능성 대신 사회적 역능성에 대해 주목한다. 즉, 시민들의 민주적 참여와 통제를 통해 자율성을 높이고, 정책 결정에 관한 접근가능성을 높이는 문제가 중요해졌다는 것이다. 이러한 역능성의 정치사회학적 함의는 민주화의 역설에 시달리는 한국에 매우 중요한 의미를 갖는다. 즉, 민주화를 통해 제도적 민주주의를 성취했지만, 정치에 대한 냉소가 심각하고 투표참여율은 OECD 최저수준인 한국의 현실에서, 역능성을 높이는 것이 향후 한국 사회 발전에 결정적 역할을 할 것임을 가늠케 한다.

제1부의 네 편의 글들은 모두 유럽의 사회의 질 연구가 전제하고 있는 4개 영역을 대상으로 하고 있다. 즉, 미시와 거시의 수직축과, 체계와 생활세계를 구분하는 수평축을 교차하여 포착한 네 가지 영역, 즉 사회경제적 안전성, 사회적 응집성, 사회적 포용성, 사회적 역능성 등을 다루고 있다. 그리고 각자 의미 있는 개념화와 현실 분석에 일정한 정도 성공하고 있다.

반면에 제2부에 실린 네 편의 글들은 사회의 질 개념을 한국 사회에 적용하면서 주제별 접근을 통해 사회의 질 프레임이 가진 문제점에 직면하고, 이에 대한 개선의 가능성에 대해 제언하고 있다.

제6장에서 정민수는 '지역사회 역량'의 개념을 통해 사회의 질 접근에 대해 검토하고 있다. 유럽에서 이미 시작된 바 있지만, 지역사회는 사회의 질에 대해 다양한 접근을 시도할 수 있는 가장 자연스러운 관찰 단위이다. 개인들 간의 결속과 응집을 통해 집합행동이 가능해지고, 공동체의 운명이 결정되며, 동시에 변화한 공동체는 개개인에게는 중요한 환경과 자원으로 작동하기 때문이다. 정민수는 구체적인 자료들을 통해 지역사회 내에서 주민들이 발휘하는 시민 역량이 지역사회의 건전성과 사회의 질 향상에 결정적 영향을 미친다는 점을 경험적으로 보여주고 있다.

제7장에서 조병희는 의료 분야에 사회의 질 분석틀을 적용하는 실험을 하고 있다. 즉, 수직축을 거시적인 보건의 질과 미시적인 개인 건강의 향상 간

의 길항 관계로 구획해내고, 수평축은 의료제도와 건강공동체라는 양 극단 간의 긴장과 균형으로 개념화한다. 그 결과 〈그림 10-5〉에서 보는 것과 동일한 방식의 사분면이 구성이 되며, 각각의 분면에는 ① 국가의 보건재원 조달에 따른 의료보장 체제, ② 의사와 환자 간의 신뢰 체계, ③ 계층 간 건강 격차, ④ 위험 인식과 주체적 건강 증진 등이 배치된다. 이러한 구분을 토대로 하여 한국의 건강수준이 객관적으로는 매우 높음에도 불구하고 주관적 건강은 이에 크게 못 미치는 현실을 설명하고 있다. 의료보험이나 의료제도가 외형적으로 크게 성장했지만, 질적 측면에서는 의료비의 개인 부담이 크고 서비스의 질이 낮으며 계층과 연령에 따른 건강불평등과 의료 기관 이용의 불평등이 매우 큰 현실에 대해 진단한다. 조병희가 발견한 것은 환자들의 의사에 대한 신뢰가 높지만, 이것이 인간관계에 기초한 신뢰라기보다는 병원과 의사의 미분화에 따른 확신의 경향이 강하다는 사실이다. 아울러 건강위험을 둘러싼 성찰성이 제대로 자리 잡지 못하다 보니 과잉 공포감이 쉽게 확산되고, 질병에 대해 왜곡된 인식이 광범하게 퍼져 있다는 점을 지적하고 있다.

제8장에서 정진성은 사회의 질에 관한 담론들을 기존의 발전론에 비추어 평가한 후, 새로운 사회발전론으로서의 인권사회론의 가능성에 대해 제안한다. 이 또한 사회의 질 사분면을 인권의 측면에 적용한 사례이다. 과거 1세대 인권 개념이 주로 법 앞의 평등이나 신체활동의 자유, 재산권 등 시민적이고 정치적인 권리로만 인식되었다면, 2세대에는 경제, 사회, 문화적 권리로서의 인권이 중요해지고, 특히 노동과 사회보장, 적절한 생활수준을 영위할 권리, 가능한 한 최상의 신체와 정신 건강을 영위할 권리, 교육받을 권리 등으로 확대되었다는 것이다. 반면에 3세대로 오게 되면 국제적 차원에서의 협력과 소통을 통해 발전권, 환경권, 평화권 등의 새로운 권리 개념이 부상하는데, 그 대표적인 것이 발전권이라고 본다. 결국 사회의 질 프레임워크를 활용할 경우, 전통적인 인권 개념에 머물기보다는 인간안보(안전성), 역량과 인간 개발

(역능성), 빈곤 타파와 인권에 기초한 개발(포용성과 응집성) 등으로 그 범위가 확장되어야 한다고 주장한다.

제9장에서 안상훈은 사회의 질과 복지국가의 유형론 간의 관계에 대해 검토하고 있다. 에스핑안데르센에 의해 제시된 복지자본주의에 관한 제도주의적 분석을 검토한 후, 필자는 기존의 유형론이 사회의 질 연구를 통해 한국 복지국가의 방향 설정에 주는 함의를 이끌어낸다. 즉, 영미형, 대륙유럽형, 북유럽형과 한국을 대상으로 복지지출과 경제성과, 고용 효과, 불평등, 조세저항 등에 대해 검토한 결과, 복지지출이 높은 북유럽형에서 오히려 경제성과가 높고, 불평등은 적으며, 조세저항도 낮다는 점을 확인하고 있다. 즉, 한국에서도 향후 복지정치의 폭발로 인해 한국형 복지국가로의 변곡점을 거치게 될 것인데, 이 경우 사회의 질을 높이는 것이 지속가능한 복지국가로 이행하는 첩경이 될 것이라는 점을 지적하고 있다.

이상의 경험적 연구에서 발견하는 흥미로운 사실은 사회의 질 연구들이 마치 파슨스(Talcott Parsons)가 제시한 사회체계 모델과도 유사한 프랙털 구조를 가지고 있다는 점이다. AGIL 모델로도 불리는 파슨스의 체계이론은 모든 체계는 환경에의 적응(Adaptation), 목적 달성(Goal attainment), 통합(Integration), 잠재적 특성 유지(Latency) 등의 기능을 달성해야 한다고 본다. 이런 기능들은 다양한 체계에서 모두 필요하다고 주장한다. 예를 들면 기업은 적응을 담당하는 대표적인 체계이지만, 그 기능은 다시 A-G-I-L로 나뉘게 되고, 목적 달성 기능을 담당하는 정당(政堂)도 그 하위 기능은 다시 A-G-I-L로 나뉜다는 것이다.

이와 유사하게 제2부의 모든 연구들은 정도의 차이는 있으나, 지역사회, 보건과 건강, 인권, 그리고 복지라고 하는 상이한 영역에 연관되어 있는 것으로 보이는 주제들이라도 그 안을 들여다보면 다시 안전성-응집성-포용성-역능성으로 구성되는 프랙털 구조가 발견된다는 점에서 구조적 유사성을 보여주고 있다.

그러나 경험적 사회과학이 직면하는 심각한 문제 중의 하나는 개념의 타당성과 신뢰성이다. 특별히 추상적이고 철학적인 차원에서 구성된 개념들일수록 사회 현실에서 관찰 가능한 조작적 정의로 구현해내기는 매우 어렵다. 유럽의 사회과학자들이 제안한 규범이나 이념수준의 사회의 질 개념은 결국 이를 확보할 수 있는 조건변수(conditional factors)로 구체화할 수밖에 없다. 규범적이고 이념적인 차원의 논의들은 추상적이고 포괄적이기 때문에, 현실에서 측정 가능한 형태로 조작화하기 위해서는 개념의 일관성과 측정가능성에 주목하지 않으면 안 된다.

그러나 이러한 작업을 통해 우리가 발견하는 사실은 유럽의 학자들이 택한 분석틀은 과도한 다차원성을 가지고 있어서 조작화하기에 매우 어렵다는 점이다. 유럽 학자들은 사회의 질을 측정하기 위한 지표를 네 가지 영역에서 모두 95개를 선정한 바 있다(van der Maesen and Walker, 2005). 그리고 각 영역에 해당하는 중요한 지표들에 대해 상세히 설명한 바도 있다. 예를 들자면 사회경제적 안전성의 경우에는 최소한의 인간적 삶을 누리기 위한 객관적인 조건으로서의 금융 자원·주택과 환경·건강·일자리·교육 등을, 사회적 포용성을 보장할 수 있는 조건으로는 다양한 형태의 시민권·노동시장 참여·공적이고 사적인 서비스의 혜택·연결망을 들고 있다. 사회적 응집성의 척도로는 신뢰·통합적 규범과 가치·사회 연결망·정체성을 들며, 사회적 역능성을 위한 조건으로는 지적인 토대·노동시장 참여ㅍ다양한 제도에 대한 접근 권한·개인적 관계 등을 들고 있다.

그러나 이러한 지표들을 자세히 검토해보면 다양한 문제들이 드러난다. 첫 번째는 지나친 이론지향성으로 인해 조작화된 개념들 간 중첩성의 문제이다. 이들의 논의가 연역적이다 보니 생겨나는 문제인데, 예를 들면 사회적 연결망은 사회적 응집성의 척도이면서 동시에 포용성의 척도이기도 하고, 사회적 역능성을 재는 척도로 사용되기도 한다. 일자리와 노동시장은 사회경제적 안전성의 조건이면서 동시에 사회적 포용성이나 응집성의 주된 조건으로 간주된다. 또한 개념과 조작화 변수 간의 비대칭성은 논의를 혼란스럽게 만들고, 경험적인 분석을 어렵게 만든다. 필자는 이러한 문제의 발단을 지나친 연역적 체계화에서 찾고자 한다. 다시 말하면 개념과 이론수준에서의 일관성을 추구하는 경향이 강할수록 그 분석틀이 현실과의 정합성을 놓치게 될 가능성이 큰 것이다. 따라서 적정한 수준에서의 귀납적 분석과 결합하지 않으면 안 된다. 이런 조작화의 어려움은 측정의 수준과 관련하여 파생된 문제라고 생각된다. 특히 문제가 되는 것은 거시와 미시 수준의 상호 작용을 지표화할 때 생기는 어려움이다. 다차원에 대한 경험적 연구는 기본적으로 다층위계분석과 같은 다차원의 지표들로 지지되어야 하지만, 이들의 연구는 명시적인 분석의 수준을 제시하지 않고 있다. 제시된 95개의 지표들은 모두 거시적 수준의 지표들이어서 개인수준의 특성들은 지역사회나 국가 등의 거시수준의 지표로 환원해 측정할 수밖에 없다. 예를 들면 개인들의 소득의 평균, 혹은 소득 분포의 불평등성 등을 거시수준의 지표로 제시하게 되는 것이다. 그러다 보니 동일한 변수들이 서로 상이한 도메인을 측정하는 지표로 중첩되어 사용되는 결과를 낳는 것이다.

두 번째의 문제는 사회의 질 개념이 가진 유럽적인 치우침이다. 이미 유럽의 국가들은 전 세계의 평균적인 국가들에 비하면 높은 수준의 사회의 질을 유지해왔다. 따라서 사회의 질을 떠받치고 있는 법치주의 전통을 당연시하는 경향을 보인다. 즉, 높은 수준의 국민소득과 수준 높은 민주주의, 그리고 높은 투명성과 법치주의를 당연한 것으로 전제하는 경향이 있다. 그러나 여타의 발전도상국이나 문화적인 맥락이 다른 동아시아 국가들은 유럽의 국가들이 당연시하는 문제들에서 오히려 심각한 어려움을 겪고 있는데, 그 대표적인 요인들이 제도의 투명성과 법치주의의 문제이다.

〈그림 10-6〉 수정된 사회의 질 구성 요소들

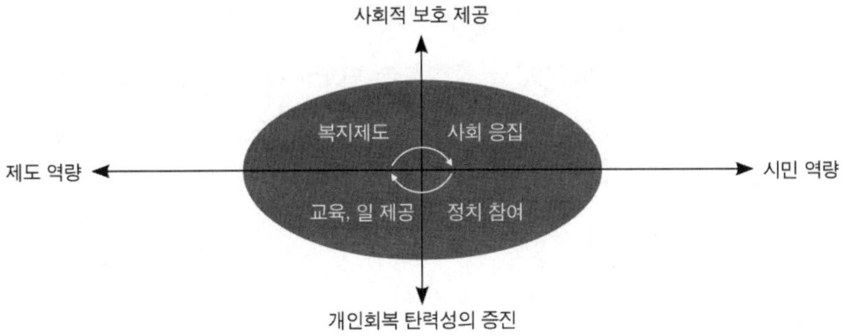

이러한 어려움에 대한 대안으로, 이 글에서는 사회의 질을 경험적으로 연구하기 위해서는 분석의 틀을 거시적 수준으로 고정할 필요가 있다고 주장한다. 이미 앞에서 언급한 바와 같이 경제성장이나 민주화에도 불구하고 사회적 갈등과 불신, 그리고 불행감이 높은 사회의 문제들을 조명하는 데는, 사회의 질이 그 사회가 얼마나 진보했는지, 혹은 얼마나 '좋은 사회'인지를 측정하는 개념적 대안이 될 수 있다. 그러나 이러한 목적을 달성하기 위해서는 경험적인 분석을 통해 개념의 단일차원성과 간결성이 확보되어야 한다. 그래서 필자는 사회의 질을 사회적 수준에서 측정하기 위해서는 ① 미시-거시의 구분을 없애고 거시 사회수준의 지표를 측정하는 형태로 바꿀 것, ② 지나치게 추상적이고 포괄적인 사회의 질 개념을 현실적으로 활용가능한 사회정책의 대상이 되는 현상으로 국한할 것으로 제안하고자 한다. 이렇게 되면 사회의 질은 '한 사회가 다양한 사회적 위험을 다룰 수 있는 사회의 제도적 역량과 시민적 역량의 총합'이라고 정의할 수 있고, 사회적 위험에 대처할 수 있는 능력으로는 사회적 보호를 제공하는 기능(대체로 거시적이고 제도적인 과정이 매개되는)과 개인의 회복탄력성을 증진시키는 기능(대체로 궁극적으로는 개인의 능력 발현으로 귀착되는)으로 구별할 수 있다.

한 사회의 제도 역량은 복지제도를 통해 사회적 보호를 제공하는 역량과 개개인의 회복탄력성을 증진시킬 수 있는 교육 및 일자리 제공 역량으로 구성된다. 여기서 복지제도 역량을 측정하는 변수로는 상대적 빈곤율, 공적 사회지출, 노조조직률, 공적 연금 대체율 등이 활용되었고, 교육 및 일자리 제공 역량의 지표로는 남성 및 여성의 고용률, 공적 교육지출, 그리고 고등교육 등록률 등이 활용되었다.

정치시민사회 역량은 사회 구성원들이 공동의 규칙에 속해 있다고 느끼고 서로 결속하는 정도를 측정하는 사회적 응집성과, 자신들의 문제를 풀어나가기 위해 얼마나 정치적으로 참여하는지로 구성되었는데, 구체적으로 전자를 구성하는 요소로는 언론의 자유, 정부의 효과성, 인터넷사용자 비율, 투명성, 권리의식, 젠더 역능성, 일반적 신뢰 등이었고, 후자를 구성하는 요소로는 제도에 대한 신뢰, 각종 선거의 투표율, 결사체 참여율, 민주주의의 수준 등이었다(Yee and Chang, 2011).

이러한 수정된 분석틀에서 최초의 분석틀과 비교해 바뀌지 않은 부분은 생활세계 간의 구분이다. 이미 노스(D. North)가 지적한 바와 같이 제도란 '사람들 사이의 상호 작용을 규정하는 공식적인 규제, 혹은 경기의 규칙'이라고 말할 수 있다(North, 1990). 경제제도가 경제적 인센티브나 계약 및 분배를 결정하는 재산권이나 진입 장벽 등을 뜻한다면, 정치제도는 정치적 인센티브나 정치권력의 분포를 형성하는 정부형태 등을 의미한다.

문제는 규칙이 어떻게 성문화되어 있느냐와 어떻게 작동하느냐는 때로 별개의 문제라는 점이다. 대부분의 나라들이 헌법 규정의 측면에서는 거의 차이가 없을 만큼 대동소이함에도 불구하고 실제 시스템의 작동에서는 엄청난 차이가 나타나기도 한다. 예를 들면 미국의 헌법과 많은 남미 국가들의 헌법은 매우 유사하지만 실제 작동하는 정치는 전혀 그 양상이 다른 것처럼, 공식제도와 비공식 관행 간의 큰 격차를 풀어나가는 것이 중요한 쟁점이 된다.

아제모글루(Daron Acemoğlu)는 공식적 권력과 실질적 권력을 구분한다. 공식적(*de jure*) 권력이란 정치제도에 의해 부여된 권력을 의미한다. 예를 들면 선거에 의해 의석을 차지한 정당과 의원에게 할당되는 권력이 그것이다. 반면에 실질적(*de facto*) 권력은 경제적·군사적 혹은 치외법권적인 수단에 의해 결정되는 것인데, 그 가장 극단적인 형태는 내전을 일으킨 반란군의 권력이지만, 평화적인 시기에 발휘되는 그런 집단의 위협도 이에 해당한다. 실질적 권력은 그래서 집합행동을 통해 발휘되는 권력이라고 할 수 있을 것이다(Acemoğlu et al., 2005, 2006). 김경동은 근대화와 토착화를 구분해야 한다고 주장한다는 점에서 대표적인 신근대화론자라고 할 수 있다. 그는 사회변동을 이끌어가는, '상대적으로 특권을 누리는 소수'와 '상대적 박탈감을 느끼는 다수' 간의 권력 갈등이 사회변화를 이끌어나간다고 본다(김경동, 2002). 그는 권력 갈등이 지속적으로 제도의 경직성을 변환시켜나가는 사회가 좋은 사회라는 점에 착안하여 제도와 생활세계 간 길항 관계를 '구조적 유연성'이라고 지칭했다.

결과적으로 근대화론이나 종속이론이 제대로 해결하지 못한 문제에 대한 해답은 얼마나 제대로 작동하는 제도를 갖추었는지, 그리고 그 제도가 끊임없이 구조적 유연성을 발휘하면서 사회적 갈등의 원천을 흡수하고 사회를 통합해 나갔는지에서 찾을 수 있다. 제도가 어떻게 작동하는가는 재산권의 보호, 법률 체계, 부정부패, 정치엘리트에 대한 견제 등에서 매우 상이한 차이들을 만들어낸다. 그리고 그 차이가 장기적으로는 경제성장이나 사회발전에 심대한 영향을 미친다.

아제모글루는 경제제도가 한 국가의 번영에서 중요한 위치를 점하는 이유를, 상이한 집단이나 개인들이 혜택을 받도록 하여 결과적으로 사회적 갈등을 만들어내기 때문이라고 본다. 특히 사회갈등의 과정에서 정치제도에 의해 규제되는 공식적 권력은 늘 집합행동이나 폭력, 혹은 극단적인 경우에는 무력 사용에 의해 발현되는 실질적 권력의 도전에 직면하여 변화를 강요받거나, 혹은 선제적으로 변화를 추구하게 되어 장기적으로 보면 경제적 제도와 규칙의 변화를 촉발하고, 그 결과는 다시 정치권력 분포를 재편하여 새로운 갈등의 장을 재생산하게 된다고 주장한다.

7. OECD 국가의 사회의 질과 복지국가 유형 비교[2)]

〈그림 10-6〉에 제시된 대안적 개념틀을 활용하여 한국 사회의 질적 수준을 다른 선진국들과 비교해보고, 이를 통해 향후 사회발전의 함의를 끌어낼 수 있다. 이를 위해 활용한 자료들은 〈표 10-1〉과 같다. 대표적인 거시 지표들은 OECD로부터, 그리고 설문 조사를 활용한 자료들은 세계가치관조사나 각 대륙별 바로미터 조사 자료들을 활용했다.

사회의 질을 구성하기 위해서는 다음과 같은 절차로 진행했다. 먼저 각 국가별로 사회의 질을 구성하는 지표들을 입력한 후, 각 변수별로 최대값이 100이 되고 최소값이 0이 되도록 표준화했다. 그리고 이재열과 장덕진의 연구(Yee and Chang, 2011)에서 시도한 바와 같이 각 부문별 점수를 내기 위해 해당되는 변수들을 산술평균하여 하위 부문별 점수를 산출했고, 이들을 모두 산술평균하여 사회의 질 지표를 구성했다. 그 결과는 〈표 10-2〉에 나타난 바와 같다.

이 결과를 보면 OECD 국가들 중 사회의 질이 가장 우수한 나라는 덴마크이며, 그다음 아이슬란드, 스웨덴, 노르웨이, 핀란드 등의 순으로 북유럽 국가들이 최상위권에 포진해 있고, 독일 14위, 이탈리아 22위, 그리스 26위이다.

---

2) 이 부분의 서술은 이재열(2013)에서 가져왔다.

〈표 10-1〉 사회의 질 구성 지표 및 출처

구분	지표명	해당 연도	출처
1	남성 고용률	2008	OECD 2008
2	여성 고용률	2008	OECD 2008
3	공공교육지출		
4	대학진학률	2009	Upper Secondary Graduation Rate, OECD Education at Glance 2011
5	상대적 빈곤율	2007	OECD
6	공공사회지출	2007	OECD, net public social expenditure
7	노조 조직률	2008~2010	OECD
8	연금의 소득대체율		OECD
9	언론자유도	2011	Freedom House
10	정부효과성	2010	Worldwide Governance indicators 2008
11	인터넷 사용자(%)	2010	International Telecommunication Union
12	부패인식지수	2010	Transparency International
13	자유도	2011	FreedomHouse
14	젠더 역능성	2009	UNDP
15	일반적 신뢰	2007~2009	European Value Survey 2008, Latinobarometro 2009, Asian Barometer Round 2(2007)
16	제도 신뢰	2007~2010	Eurobarometer 74.2 (November-December 2010), Latinobarometro 2009, Asian Barometer Round 2 (2007)
17	투표율(국회의원 선거)	2007	IDEA
18	결사체 참여	2005~2006	WVS2005, Euro Barometer (2006)
19	민주주의 만족도	2007~2010	Eurobarometer 73.4(May 2010), Latinobarometro 2009, Asian Barometer Round 2(2007)

한국의 사회의 질은 비교 대상 30개 OECD 국가들 중에 28위에 불과하다. 4개의 하위 영역별로 보면, 교육과 일자리제공 능력은 18위로서 조금 양호하지만, 사회적 응집성은 23위, 그리고 복지 역량이나 시민의 정치 참여는 모두 29위로 최하위에 머물고 있다. 그래서 제도 역량은 28위, 시민사회 역량은 27위이다.

〈표 10-2〉 OECD 국가의 사회의 질(표준화된 값, 2011년)

국가(순위)		사회의 질 지표	공적 제도 역량			시민 사회 역량		
				탄력성	복지		사회직 응집성	징시적 역능성
1	덴마크	90.0	86.9	87.8	86.0	93.2	96.9	89.4
2	아이슬란드	85.9	84.1	93.6	74.6	87.8	92.2	83.3
3	스웨덴	80.9	76.3	73.8	78.8	85.5	95.5	75.5
4	노르웨이	80.8	73.2	83.3	63.1	88.4	94.2	82.7
5	핀란드	75.6	72.6	72.2	73.0	78.7	95.3	62.0
6	네덜란드	68.0	59.7	58.3	61.2	76.3	89.7	63.0
7	오스트리아	68.0	59.2	50.8	67.7	76.7	73.1	80.3
8	룩셈부르크	67.9	52.7	39.8	65.5	83.1	79.3	86.9
9	스위스	66.1	63.3	79.2	47.3	68.9	86.1	51.7
10	뉴질랜드	63.7	58.7	82.3	35.2	68.7	86.1	51.4
11	오스트레일리아	60.7	48.6	63.2	33.9	72.8	81.2	64.4
12	벨기에	60.5	53.6	45.5	61.7	67.5	76.3	58.6
13	영국	56.7	55.2	65.6	44.8	58.2	75.6	40.9
14	독일	55.5	49.6	53.5	45.6	61.4	77.5	45.3
15	캐나다	55.0	49.7	60.5	38.8	60.4	81.6	39.2
16	아일랜드	51.3	47.7	68.2	27.1	54.9	70.0	39.8
17	프랑스	48.9	47.3	40.0	54.7	50.4	67.5	33.3
18	스페인	48.8	48.1	49.9	46.4	49.4	62.9	35.9
19	미국	48.5	38.9	57.4	20.3	58.2	72.0	44.3
20	포르투갈	48.2	55.8	69.1	42.4	40.7	55.7	25.6
21	체코	48.0	51.8	55.1	48.6	44.1	55.7	32.6
22	이탈리아	46.6	51.7	45.4	58.0	41.4	41.8	41.1
23	일본	46.5	45.9	64.7	27.1	47.0	61.7	32.3
24	헝가리	44.1	53.2	47.2	59.2	35.0	45.9	24.1
25	슬로바키아	43.0	43.2	43.5	43.0	42.8	51.6	33.9
26	그리스	40.6	50.0	43.5	56.5	31.2	36.2	26.3
27	폴란드	39.4	39.1	44.6	33.6	39.7	50.7	28.7
28	한국	33.8	33.0	51.8	14.3	34.5	52.3	16.8
29	멕시코	16.0	21.1	38.2	4.0	10.9	9.8	12.1
30	터키	15.6	12.1	6.6	17.6	19.2	8.4	30.0

〈그림 10-7〉 한국, 스웨덴, 독일, 이탈리아, 그리스의 사회의 질 비교

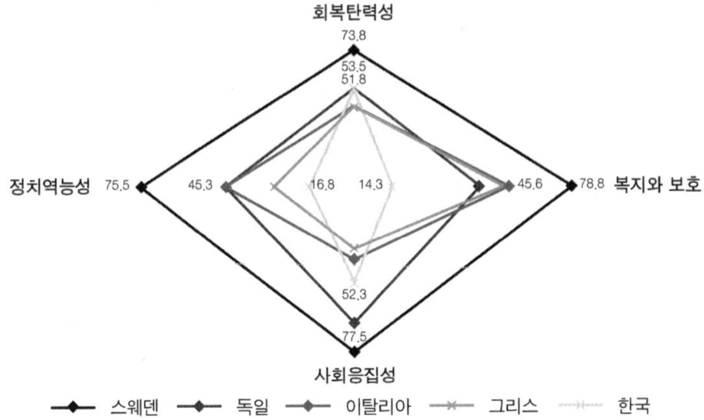

우선 전 세계에서 가장 질 높은 사회 중 하나인 스웨덴과 비교해보면 한국이 얼마나 개선의 여지가 많은지가 적나라하게 드러난다. 〈그림 10-7〉에서 보는 바와 같이 나라들 간 사각형의 면적 차이는 표준화된 점수 차이로 측정한 질적 격차를 의미한다. 스웨덴의 사회의 질이 80.9점인 반면 한국은 33.8점에 불과한데, 스웨덴과의 질적 격차가 두드러지는 부분은 특히 정치적 역능성과 복지 및 보호 부문으로 각각 60점 내외의 격차가 있다. 반면에 회복탄력성이나 사회적 응집성의 차원에서는 그 차이가 20~40점 사이로 좁혀져 있다.

독일과 한국 간 차이는 스웨덴과의 차이만큼 극적이지는 않다. 독일은 네 하위 영역 모두에서 균형 잡혀 있지만, 스웨덴에 비하면 축소된 모습을 하고 있다. 독일과 한국 간의 질적 격차는 회복탄력성에서는 거의 드러나지 않는 반면, 정치적 역능성이나 복지와 보호 차원에서는 약 30점 가량의 격차를, 그리고 사회적 응집성에서는 약 25점 정도의 격차를 드러낸다. 따라서 한국에게는 스웨덴에 비해 독일이 더 현실적인 벤치마킹 대상이 될 만한 국가이다.

한편 이탈리아 및 그리스와 한국 간에는 여러 특성이 교차하고 있다. 한국

〈그림 10-8〉 보호와 회복탄력성을 교차한 유형화

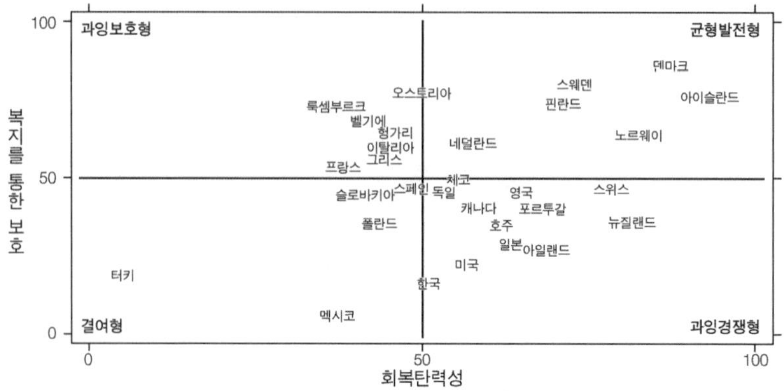

은 회복탄력성이나 사회적 응집성의 측면에서는 그리스나 이탈리아보다 우수하나, 정치적 역능성이나 복지 및 보호의 측면에서는 뒤지는 모습을 보이고 있다.

제도 역량을 구성하는 보호 역량(복지)과 회복탄력성(교육 및 일자리)을 교차해서 살펴보면(〈그림 10-8〉), 한국의 경우에는 사회적 위험에 대한 보호는 매우 취약한 반면, 교육 및 일자리를 통해 개인의 회복탄력성을 높이는 데는 상대적으로 성공적인 모델로 인식된다. 그리스나 이탈리아와 비교해보면, 한국은 교육과 일자리 제공을 통한 회복탄력성을 높이는 데 더 성공적인 반면, 복지를 통한 보호 기능은 취약했다. 독일과 비교해보면, 회복탄력성의 수준에서는 유사한 반면 복지 제공 역량은 한참 뒤지고 있다. 스웨덴과의 비교에서는, 복지를 통한 보호나 교육 및 일자리 제공을 통한 회복탄력성 강화 모두에서 크게 뒤지고 있다.

전반적으로 보아 보호 역량과 회복탄력성 제공 역량이 모두 우수한 균형발전을 이룬 나라들로는 덴마크, 아이슬란드, 노르웨이, 핀란드, 스웨덴 등의

〈표 10-3〉 사회의 질의 4개 하위 영역 간 상관관계

구분	보호	탄력성	응집성	역능성
복지를 통한 보호	1.0000			
회복탄력성(교육과 일자리)	0.4034*	1.0000		
사회적 응집성	0.6071**	0.7772**	1.0000	
정치적 역능성	0.7285**	0.5200**	0.7688**	1.0000

* .05 수준에서 유의미한 관계, ** .01 수준에서 유의미한 관계.

북유럽 국가들을 꼽을 수 있다. 반면에 보호 역량과 회복탄력성 제공 역량이 모두 뒤지는 결여형 국가들로는 터키와 멕시코, 폴란드, 슬로바키아 등이 대표적이다. 반면에 그리스와 이탈리아 등의 남유럽 국가들은 회복탄력성 제공 역량은 뒤지는 반면, 복지를 통한 보호수준은 높은 과잉보호형 국가들이다. 한편 미국과 일본, 영국, 호주, 뉴질랜드 등은 보호 역량은 낮은 반면 회복탄력성은 높아서 전형적인 과잉경쟁형 체제의 모습을 보여준다.

사회의 질을 구성하는 4개의 하위 영역, 즉 복지를 통한 보호, 교육과 일자리를 통한 회복탄력성 제고, 사회적 응집성, 그리고 정치적 역능성 간의 상관관계를 살펴보면(〈표 10-3〉), 복지와 가장 높은 상관관계를 가지는 영역은 정치적 역능성(r=0.7285)이고, 그다음이 사회적 응집성(r=0.6071)이다. 반면에 교육과 일자리를 통한 회복탄력성 제고 역량은 사회적 응집성과 가장 상관관계가 높고(r=0.7772), 그다음이 정치적 역능성이다(r=0.5200). 이것은 무엇을 의미하는가? 한 국가의 복지수준을 결정하는 요인으로 단순히 경제적 성과만을 볼 것이 아니라는 점이다. 즉, 민주주의 수준이 높고, 제도에 대한 신뢰가 높으며, 각종 선거에서의 투표율이 높고, 활발한 결사체 활동을 하는 나라들에서 공적 사회지출이 높고, 노조조직률도 높으며, 상대적 빈곤율은 낮아지는 경향이 있다는 의미이다.

이런 점에서 주목할 사실은 사회적 응집성과 정치적 역능성으로 대표되는

시민사회 역량과 복지를 통한 보호수준 간의 관계이다. 사회의 질에 관한 논의에 입각해서 본다면, 한 사회의 제도적 보호수준과 생활세계에서 시민들이 만들어내는 공동체의 수준은 일정 정도 상호 조응해야 한다. 따라서 이상적인 상황이라면, 한 사회에서 복지제도가 별 무리 없이 관리되고 발전하기 위해서는 이를 지탱해줄 다양한 시민사회 역량이 함께 발전되어야 한다.

〈그림 10-9〉에서 복지를 통한 보호와 시민사회 역량 사이의 비례적 상관성을 검토해보면 흥미로운 관계를 발견할 수 있다. 멕시코나 터키 등은 그동안 발전시킨 시민사회 역량이 취약한 만큼 복지에 대한 투자도 저발전되어 있는 전형적인 복지결여 국가임을 알 수 있다. 다른 극단에서 덴마크나 스웨덴, 핀란드 등은 매우 높은 수준의 시민사회 역량을 발전시켰으며, 동시에 그에 걸맞은 최고 수준의 복지제도를 발전시켜온 것을 알 수 있다. 극단으로 갈렸지만, 두 국가군들은 시민사회 역량과 복지에 대한 투자 간에 어느 정도 균형이 잡혀 있는 것으로 해석할 수 있다.

반면에 균형에서 벗어나는 국가군들도 있다. 그리스와 이탈리아는 시민사회 역량에 비해 과도한 복지를 발전시켜온 것을 알 수 있고, 한국, 일본, 미국, 호주, 뉴질랜드 등은 모두 시민사회 역량으로 관리할 수 있는 수준에 훨씬 미치지 못하는 복지제도를 발전시켜온 것을 알 수 있다. 그리스나 이탈리아의 금융 위기가 재정 위기로 비화된 가장 큰 이유는 제도 운영에 필요한 거버넌스의 수준이나 정치적 역량에 비해 분에 넘치는 수준의 복지지출을 했기 때문이다. 반면에 독일의 경우에는 사회적인 역량 안에서 과도한 복지지출을 하지 않았으며, 이는 복지제도의 운영에 관련해서는 낭비의 요소가 그만큼 적었다는 의미이다.

거버넌스의 수준을 가장 잘 보여주는 변수는 투명성이다. 그래서 투명성의 수준을 수평축에 놓고, 공적 사회지출의 수준을 수직축에 놓고 비교해본 결과는 〈그림 10-10〉과 같다. 여기서는 복지지출을 감당할 수 있는 사회적 역

〈그림 10-9〉 시민사회 역량과 복지를 통한 보호수준

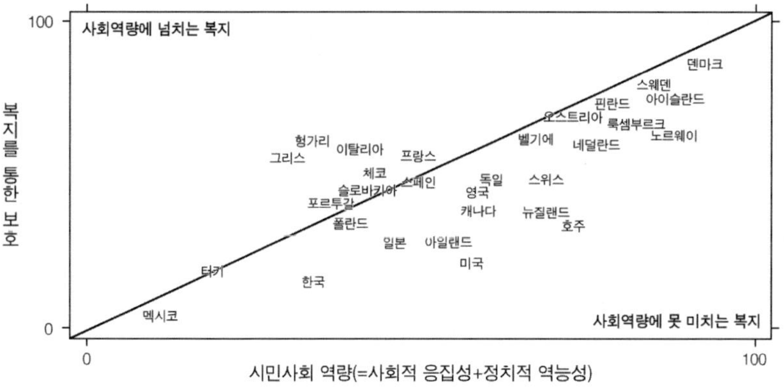

〈그림 10-10〉 투명성과 복지국가 유형

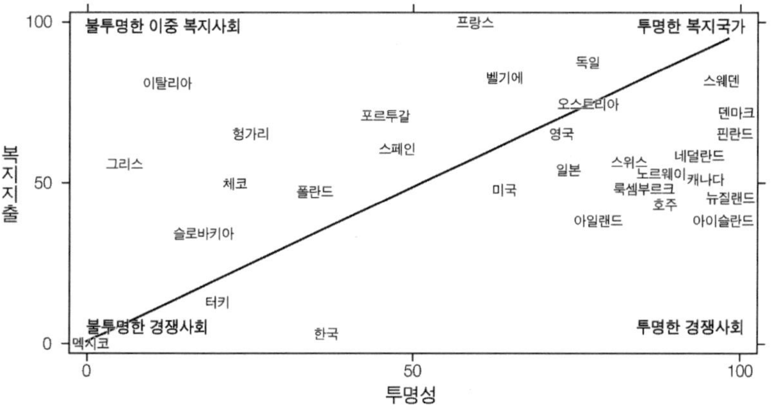

량과 지출의 과다 여부가 보다 적나라하게 드러난다. 스웨덴과 독일은 모두 매우 높은 투명성을 유지하면서 동시에 높은 수준의 복지지출을 하는 나라들로서 가히 '투명한 복지국가'라고 할 만한 나라들이다.

반면에 멕시코나 터키 등은 투명성의 수준이 OECD 국가들 중에서 최하위이며, 복지지출의 수준도 매우 낮아서 사회적 불평등을 개선할 제도적 능력을 결여한 나라로 분류된다. 관심의 대상이 되는 이탈리아와 그리스의 경우에는 이 투명성의 수준에 비해서 매우 과도한 복지지출을 하고 있다. 따라서 복지에 대한 재원을 마련하기 위한 과세의 기준이나 정당성에 대한 논란의 여지가 많고, 또한 복지지출의 효율성에서도 많은 문제가 제기되기 때문에, 복지지출이 늘어날수록 재정 위기와 정당성 논란이 확산되는 구조를 가지고 있다. 이 분석에서도 한국은 투명성 수준에 비추어서도 복지지출이 과소한 유형에 속함을 알 수 있다.

이상의 간단한 분석을 통해 확인할 수 있는 바는 다음과 같다. 첫째, 이탈리아와 그리스는 교육과 일자리 제공을 통한 회복탄력성의 증대보다는 과도하게 복지를 통한 보호에 주력했다. 그리고 이러한 과도한 복지지출은 이를 관리할 수 있는 사회적 역량에 비추어보아도 분수에 넘치는 것이었다. 둘째, 스웨덴과 독일의 경우에는 복지를 통한 보호와 교육 및 일자리 제공을 통한 회복탄력성의 증대라는 두 가지 차원에서의 제도적 역량이 비교적 균형을 이루고 있었다. 특히 스웨덴에서는 매우 높은 수준에서 복지와 회복탄력성의 균형이 이루어진 반면, 독일에서는 비교적 낮은 수준에서의 균형이 이루어졌다. 아울러 스웨덴의 경우에, 복지에 대한 지출은 그 사회의 높은 거버넌스 역량에 비례해서 이루어진 것이기 때문에 사회적으로 지속가능했다. 그리고 독일의 경우에는 거버넌스 역량에 비해 조금 낮은 수준에서 복지에 대한 지출이 이루어졌다.

반면에 한국의 사례는 두 측면 모두에서 심한 불균형 상태에 있음을 보여준다. 첫 번째는 복지를 통한 보호보다는 교육과 일자리 제공을 통한 회복탄력성 증진에 과하게 치우쳐 있다는 점이다. 따라서 극심한 과잉경쟁사회가 되고 있으며, 사회적 불평등과 빈곤의 문제를 해소할 수 있는 제도적 역량을 결여하고 있다.

두 번째로 보여주는 특징은 한국이 보여주는 거버넌스 역량, 특히 사회적 신뢰나 정치 참여의 수준 등을 모두 고려하더라도, 관리할 수 있는 역량에 미치지 못하는 복지지출을 하고 있다는 점이다. 이는 비교 대상이 되는 이탈리아나 그리스에 비하면 복지에 대한 지출이 많지 않기 때문에 재정 위기를 겪지 않아도 되는 이점이 있는 반면, 관리 능력에 비해서도 지출이 적기 때문에 생기는 여러 가지 문제들을 해소하지 못하는 단점도 존재함을 보여준다.

사회의 질에 대한 비교연구를 통해 확인한 국가 간 질적 차이는 사회적 위험을 다루는 방식이나 복지정책의 차이를 잘 보여준다. 첫째, 뛰어난 복지 역량을 갖추고 풍부한 교육 기회와 일자리를 제공하는 스웨덴에서는 실패한 이들에게도 재도전의 기회가 많다. 그래서 청년들은 과감하게 창의적인 일에 도전한다. 반면에 복지 역량이 취약한 한국의 젊은이들은 위험을 회피하기 급급하다. 실패가 용인되지 않다 보니 혁신적인 기업가정신이 위축되고 있다. 둘째, 투명성이 높고 복지지출이 많은 스웨덴에서는 공정한 보편적 복지가 이루어진다. 반면에 한국은 투명성이 낮고 복지지출도 적다. 그래서 투명성이 획기적으로 개선되지 않고서는, 복지재정의 증가가 재정 위기로 연결된 남유럽의 불공정한 이중 복지의 길을 따라갈 가능성이 높다. 셋째, 사회의 질이 높은 사회에서는 불평등이 적고 구성원 간의 신뢰도 높기 때문에 조화로운 공생 발전이 가능하다. 반면에 상대적 불평등이 심각하고 불신도 높은 한국은 약육강식의 승자독점에 가깝다.

선진국들은 지금 우리보다 훨씬 낮은 소득수준이었을 때 이미 높은 수준의 시민 역량을 갖추었다. 〈표 10-4〉는 그러한 양상들을 보여준다. 1인당 국민소득이 2만 달러를 돌파한 시점을 생각해보면, 스웨덴은 1988년, 독일은 1991년으로, 2007년에 2만 달러를 달성한 한국보다는 약 20여 년을 앞서 있다. 따라서 한국의 사회의 질을 현재의 스웨덴이나 독일과 비교하기보다는,

〈표 10-4〉 유사한 GDP 수준에서의 사회의 질 비교(한국, 스웨덴, 독일)

구분		한국	스웨덴	독일
연도		2007	1988	1991
1인당 GDP		22892.7	23047.9	22734.1
복지 및 보호		-	5.7배	3.1배
	지니계수	2.11	4.9	3.37
	공적 사회지출	7.85	30	23.4
	노조조직률	9.06	81.45	35.99
	소득세	4.68	36.57	18.45
회복탄력성		-	1.0배	0.8배
	남성취업률	71.63	82.49	77.61
	여성취업률	53.58	78.51	56.31
	공적 교육지출	3.852	-	4.317
	대학진학률	56.02	22.07	19.54
사회적 응집성		-	2.0배	1.4배
	언론 자유	3.33	12.5	6.25
	정부의 효과성	1.29	2.19	2.09
	인터넷 사용자	75.93	-	0.25
	투명성	5.1	8.71	8.13
	권리	6.5	7	6.5
	젠더 역능성	0.51	-	-
	일반적 신뢰	51.77	78.87	56.13
정치적 역능성		-	2.2배	1.5배
	정치 참여	0.089	0.261	0.149
	투표율	59.98	85.96	77.76

자료: 박기웅(2010).

1998년의 스웨덴, 그리고 1991년의 독일과 비교하는 것이 공정하다고 판단했다. 비교의 결과 발견한 사실은, 국민소득 2만 달러를 달성한 시기에 스웨덴은 이미 한국의 5.7배에 달하는 수준의 복지 및 보호 역량을 보여주었으며, 독일도 3.1배에 달하는 복지와 보호 역량을 갖추었다는 점이다. 특히 스웨덴의 공적 사회지출은 4배, 독일은 3배 수준이었고, 소득세 부담에서도 스웨덴은 한국의 8배, 독일은 4배 더 많았다. 반면에 회복탄력성의 측면에서 보면, 한국의 위상은 당시의 스웨덴이나 독일에 비해 뒤지지 않으며, 대학진학률은 훨씬 높게 유지하고 있음을 알 수 있다.

시민사회 역량이라고 할 수 있는 사회적 응집성이나 정치적 역능성의 측면에서는 스웨덴이나 독일에 많이 뒤져 있음을 알 수 있다. 특히 뒤지는 것은 언론의 자유, 정부의 효과성, 투명성, 일반적 신뢰, 정치 참여 및 투표율 등이다.

8. 한국형 복지 모형을 찾아서

한국은 높은 대외 의존 경제 구조를 가지고 있고, 매우 빠른 기술 변화에 적응하면서 해외시장을 개척해왔다는 점에서 독특한 위치를 점하고 있다. 비교적 내수시장 의존도가 높은 미국이나 일본의 경우에는 내부 경쟁을 통해 전체 경제의 역동성을 높일 수 있기 때문에 불평등 수준이 높아지더라도 용인할 수 있는 여지가 있다. 즉, 노동시장의 유연성과 생산물시장의 혁신성, 그리고 단기적 계약 관계에 기반을 둔 과감한 시장화 등이 모두 효율성과 체제 안정성을 높이는 전략으로 채택될 수 있으며, 다양한 부문의 정책들 간에 기능적 상호 연관성과 의존성이 존재하는 것으로 이해할 수 있다.

반면에 한국의 위치는 독특하다. 무역 의존도가 세계에서 거의 최고수준인데, 인구 규모가 크면서도 이러한 정도의 무역 의존도를 보이는 나라들은 스웨덴이나 독일 등이 있다. 이들의 특징은 매우 강한 내부조정 시스템을 갖추고 있다는 점이다. 여기서 내부조정 시스템은 비교적 낮은 지니계수로 표현되는데, 강력한 소득재분배정책과 복지정책을 통해 시장에서의 불평등을 줄여나가는 시스템을 의미한다. 즉, 교육과 훈련은 현장에서의 경험을 중시하

〈그림 10-11〉 무역 의존도와 지니계수로 본 한국의 위치

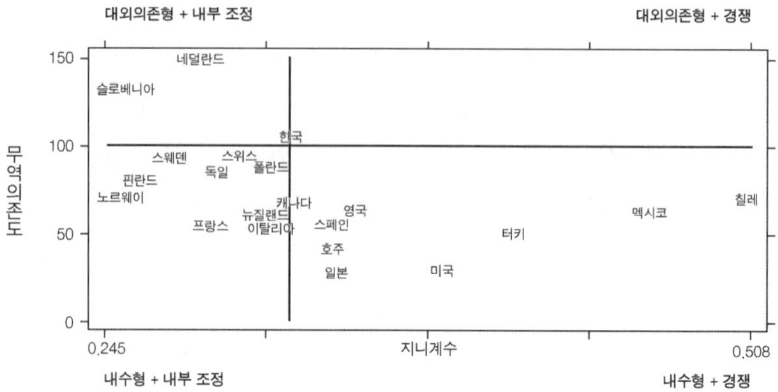

며, 비교적 장기적인 고용을 염두에 두고 투자가 이루어지며, 고용의 안정성이 상대적으로 높다. 또한 기업의 거버넌스 측면에서는 이해 당사자들 간의 협의를 통해 조정이 이루어진다. 거시적인 경제정책과 임금정책도 산별수준에서, 혹은 전국수준에서의 타협과 조정을 통해 이루어진다. 이 과정에서 급속한 세계시장의 변화에 대응할 수 있는 내부조정 시스템의 작동 방향과 수준이 결정된다. 그리고 그 핵심에는 급속한 변화에 적응할 수 있도록 노동력을 훈련시키고 다양한 사회적 위험으로부터 보호하는 정교한 적극적 노동시장정책이 작동하고 있다.

〈그림 10-11〉에서 한국의 위치가 대외 의존형이자 내부조정 경제의 성격을 띠는 스웨덴이나 독일과 근접하다는 사실은 무엇을 의미하는가. 이는 그동안 한국의 성공적인 발전 전략은 결과적으로 독일이나 스웨덴의 조정 경제에 못지않은 강력한 통제력을 발휘한 국가 주도의 산업화, 혹은 관치 경제의 소산이었다는 것이다. 결과적으로는 유럽의 조정 경제와 유사했지만, 결정적인 차이는 다양한 민간 부문과 시민사회의 자발적 참여와 협력을 통한 협치

〈그림 10-12〉 총 사회지출과 새로운 사회적 위험 관련 지출(2007년)

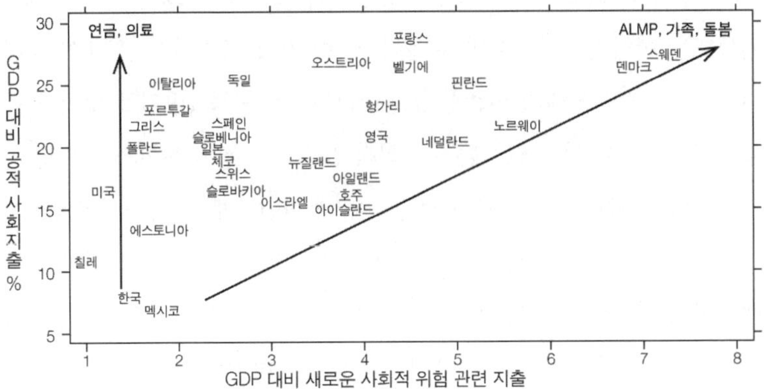

의 발전이라는 거버넌스 모델이 아니라, 정부에 의한 위로부터의 조직화였다는 점이다.

특히 정당 구조나 정치적 과정에서의 차이가 두드러졌다. 유럽의 복지국가들이 주로 분명한 정책 지향과 이념을 앞세운 정당들의 주도로 사회적 위험에 대한 대응 시스템을 만들어왔다면, 한국에서는 여전히 정부 주도로 사회적 위험에 대한 대비와 복지에 대한 투자가 이루어지고 있다. 〈그림 10-12〉는 GDP 대비 공적 사회지출의 비중과 새로운 사회적 위험 관련 지출 비중 간의 관계를 보여주는 것이다. 여기서 새로운 사회적 위험 관련 지출은 ① 적극적 노동시장정책, ② 현금과 현물 형태의 가족지원, ③ 고령자에 대한 현물부조, ④ 공적 부조 등의 합을 의미한다(Bonoli, 2007: 508). 한국은 공적 사회지출의 비중이 매우 낮을 뿐 아니라 새로운 사회적 위험과 관련한 지출도 미미하다. 따라서 향후 복지의 방향을 어떻게 잡아나갈지를 결정해야 하는 중요한 기로에 서 있다.

높은 대외 의존도를 유지하면서 때로는 중상주의적인 강력한 경쟁력을 유지하기 위해서는 유럽의 조정 경제 틀을 유지해온 나라들에 버금가는 안전망과 복지 투자, 그리고 적극적 노동시장정책이 필요하다. 그러나 현재 한국의 불평등도는 이미 앞에서 본 바와 같이 지속적으로 증가하여, 현재의 상태를 유지할 경우 조만간 대외 의존형 조정 경제권 국가들의 범위를 벗어나게 될 가능성이 있다. 이 경우에는 높은 사회적 갈등과 조정 비용의 상승으로 인해 대외 의존형 경제를 유지하기 어려운 상황에 직면하게 될 가능성이 있다. 더구나 급속한 신자유주의적 경쟁 논리의 확산으로 인해, 그리고 이미 글로벌 플레이어로 성장한 한국의 재벌 기업들을 염두에 둘 때, 과거 고도성장기의 일사불란한 중상주의적 관치 경제의 효과를 기대하기도 힘들다.

결국 남아 있는 선택은 최대한 내부 조정의 효율성과 제도 업그레이드를 통해 국가 전체의 유연성과 시스템의 복원 역량을 극대화하는 것이다. 이러한 선택을 위해서는 과감하고도 적극적인 복지에 대한 투자와, 그 투자가 빛을 발할 수 있는 투명하고 효율적이며 정교한 복지전달 체계와 적극적 노동시장정책이 요구된다.

그러나 현재 한국의 복지지출은 OECD에서 최하위 수준이다. 또한 향후 복지 투자의 증대를 위한 사회적 합의도 존재하지 않는다. 취약한 정당정치와 체계적이지 못한 복지-노동-교육의 연계 체계는 복지에 대한 투자가 역동적이고 생산적인 복원 능력의 제고로 이어지기 어렵게 하는 요인이 되고 있다.

재정 위기를 경험한 이탈리아, 그리스, 스페인, 포르투갈 등의 남유럽 국가들과 성공적으로 재정 위기를 극복하고 높은 수준의 적응력과 국가경쟁력을 유지하고 있는 덴마크, 스웨덴 등의 북유럽 복지국가들을 가르는 특징은 무엇인가. 그 가장 큰 차이는 어떤 사회적 위험을 타깃으로 하느냐 하는 것과, 어떻게 복지 비용을 지출하느냐의 차이이다. 남유럽형 국가들은 대부분 북유럽 복지국가들 못지않은 복지지출을 했음에도 불구하고, 전통적인 사회적 위험에 대한 대비책인 의료보험과 연금에 집중하는 경향을 나타냈다. 반면에

북구의 복지국가들은 다양한 사회적 위험에 대비할 수 있는 적극적 노동시장 부문에 많은 예산을 지출했고, 또한 효과적으로 예산을 집행했다.

한국은 매우 빠른 속도로 새로운 사회적 위험의 요소들을 수용해야 하는 상황에 놓여 있다. 전통적 위험에 대한 준비도 충분치 않은 상태에서 새롭게 부상하는 위험에도 대비해야 하는 문제를 안고 있는 것이다. 이런 점에서 스웨덴과 독일의 모델은 한국에 좋은 벤치마킹의 대상이 되고 있다. 스웨덴은 가장 이상적인 벤치마킹의 대상이지만, 여러 가지 제도적 특성과 역사적 경로의존성을 고려하면 현실적인 도착점이 될 것으로 판단되지는 않는다. 아마도 독일이 보다 현실적인 벤치마킹의 대상이 될 수 있지 않을까 한다. 그러나 한국의 입장에서 걱정해야 할 것은 그리스와 이탈리아의 경로이다. 사회의 질 측면에서 보면 한국이 현재 상태의 사회적 응집성이나 정치적 역능성을 유지한 상태에서 복지지출을 증대시킨다면 독일이나 스웨덴보다는 그리스나 이탈리아의 전철을 밟을 가능성이 더 높아 보이기 때문이다.

참고문헌

제1장 사회의 질: 이론과 방법

서울대학교 사회발전연구소. 2009. 「사회의 질(Standard Questionnaire for Social Quality)」. 조사자료.

소비자보호원. 1999. 「IMF 전후 소비생활 변화 비교」.

이희길·심수진·박주언·배현혜. 2013. 「국민 삶의 질 측정 2013」. 통계청.

통계청. 2002~2011. 「경제활동인구조사 근로형태별 부가조사」.

한국노동연구원. 2011. 「비정규직 노동 통계」.

Afsa, Cédric et al. 2008. "Survey of existing approaches to measuring socio-economic progress." Joint Insee-OECD document prepared for the first plenary meeting of Commission on the Measurement of Economic Performance and Social Progress CMEPSP.

Alkire, Sabina. 2008. "The Capability Approach to the Quality of Life." Working paper prepared for the Working Group 'Quality of Life.' Commission on the Measurement of Economic Performance and Social Progress.

Bandura, R. 2008. "A Survey of composite indices measuring country performance: 2008 update." UNDP/ODS Working paper.

Beck, W., Laurent J. G. van der Maesen, F. Thomese and A. Walker. 2001. *Social Quality: a Vision for Europe*. Kluwer Law International.

Beck, W., M. Keizer, Laurent J. G. van der Maesen and D. Phillips. 2001. "General paper on behalf of the first plenary meeting of the network 'indicators social quality.'" European Foundation on Social Quality.

Berger-Schmitt, R. and H. Noll. 2000. "Conceptual framework and structure of a European System of Social Indicators." EUReporting working paper, No.9.

Bilsky, W. and K. A. Jehn. 2002. "Organizational culture and individual values: evidence for a common structure." in M. Myrtek(ed.). Die Person im biologischen und sozialen Kontext. Göttingen: Hogrefe. http://miami.uni-muenster.de/servlets/DerivateServlet/Derivate-1535/Bilsky_Jehn.pdf

Caldwell, D. and C. O'Reilly. 1990. "Measuring Person-job fit using a profile comparison process." *Journal of Applied Psychology*, 75: 648~657.

Chang, L. and T. Jacobson. 2010. "Measuring participation as communicative action: a case study of citizen involvement in and assessment of a city's smoking cessation policy-making process." *Journal of Communication*, 60: 660~679.

Cobb, C. 2000. "Measurement Tools and the Quality of Life. Redefining Progress." San Francisco: http://www.econ.tuwien.ac.at/hanappi/lehre/pee/measure_qol_Cobb.pdf

Delhey, J., P. Böhnke, R. Habich and W. Zapf. 2001. "The Euromodule: a new instrument for comparative welfare research." WZB Working paper, No.FS III 01~401.

Diener, Ed. 2000. "Subjective well-being. The science of happiness and a proposal for a national index." *American Psychologist*, 55: 34~43.

Diener, Ed. and Eunkook Suh. 1997. "Measuring Quality of life: economic, social, and subjective indicators." *Social Indicators Research*, 40: 189~216.

Dittmann-Kohli, F. and G. J. Westerhof. 1997. "The SELE-sentence completion questionnaire: A new instrument for the assessment of personal meaning in research on aging." *Anuario de Psicologia*, 73: 7~18.

Dolan, Paul and Mathew White. 2006. "Dynamic well-being: Connecting indicators of what people anticipate with indicators of what they experience." *Social Indicators Research*, 75: 303~333.

Easterlin, R. 1973. "Does money buy happiness?" *The Public Interest*, 30: 3~10.

Erikson, Robert. 1974. "Welfare as a planning goal." *Acta Sociologica*, 17: 273~288.

_____. 1993. "Descriptions of Inequality: The Swedish Approach to Welfare Research." In M. Nussbaum and A. Sen.(eds.) *The Quality of Life*. Oxford: Clarendon Press, pp.67~87.

Farrell, G. et al.(eds.). 2008. "Well-being for all: concepts and tools for social cohesion." *Trends in social cohesion*, no.20. Council of Europe Publishing.

Gasper, D., Laurent J. G. van der Maesen, T. Truong and A. Walker. 2008. "Human Security and Social Quality: Contrasts and Complementarities." *Institute of Social*

Studies Working paper, No.462.

Gordon, D., Laurent J. G. van der Maesen and H. Verkleij(eds.). 2005. "Indicators of Social Quality: Applications in Fourteen European Countries." *The European Journal of Social Quality*, Vol.5, Issue 1 and 2.

Jacobson, Thomas. 2004. "Measuring Communicative Action for Participatory Communication." Presented at the 54th Annual Conference of the International Communication Association, May 27~31. New Orleans.

Keizer, M. and J. Hamilton. 2002. "Guidelines for National Explorations." ENIQ document nr. 6.

van der Maesen, Laurent, J. G. and A. Walker(eds.). 2011. *Social Quality: from Theory to Indicators*. Palgrave Macmillan.

Noll, H. 2002. "Towards a European system of social indicators: theoretical framework and system architecture." *Social Indicators Research*, 58: 47~87

_____. 2004. "Social Indicators and Quality of Life Research: Background, Achievements and Current Trends." in Nicolai Genov(ed). *Advances in Sociological Knowledge Over Half a Century*. Wiesbaden: 151~181.

O'Reilly, C., J. Chatman and D. F. Caldwell. 1991. "People and organizational culture: A profile comparison approach to assessing person-organization fit." *Academy of Management Journal*, 34: 487~516.

OECD. 2008. Handbook on constructing composite indicators: methodology and user guide. OECD.

Robeyns, I. 2005. "The Capability Approach: a theoretical survey." *Journal of Human Development*, 61: 93-117.

Robeyns, I. and R. J. van der Veen. 2007. *Sustainable quality of life: Conceptual analysis for a policy-relevant empirical specification*. Bilthoven and Amsterdam: Netherlands Environmental Assessment Agency and University of Amsterdam.

Stiglitz, J. E., A. Sen and J. Fitoussi. 2009. Report by the Commission on the Measurement of Economic Performance and Social Progress.

van der Maesen, Laurent J. G. 2009. "The experimental urban space of Laak Noord of the Cith of the Hague as part of the Dutch Delta Metropolis: an adequate international frame of reference?" EFSQ working papers, nr. 2.

_____. 2010. "Justice, Migration and Sustainable Urban Development: the case of

LaakNorth, neighbourhood of the city of the Hague." EFSQ working paper, nr. 6.
van der Maesen, Laurent J. G. and A. Walker. 2002. "Social Quality: the Theoretical State of Affairs." European Foundation on Social Quality.
_____. 2005. "Indicators of Social Quality: Outcomes of the European Scientific Network." *European Journal of Social Quality*, Vol.5: 8~24.
van der Maesen, Laurent J. G. and M. Keizer. 2002. "From theory to practice." ENIQ document, nr. 4.
Veenhoven, R. 2002. "Why social policy needs subjective indicators." *Social Indicators Research*, 58: 33~45.
Walker, A. 2009. "The Social Quality Approach: Bridging Asia and Europe." *Development and Society*, 38(2): 209~235.
_____. 2011. "Social Quality and Welfare System Sustainability." *International Journal of Social Quality*, 11: 5~18.
Wallace, C. and P. Abbott. 2007. "From quality of life to social quality: relevance for work and care in Europe." CALITATEA VIETII. XVIII. nr. 1-2: 109~123.
Yee, J. and D. Chang. 2011. "Social quality as a measure for social progress." *Development and society*, 402: 153~172.

제2장 사회경제적 안전성: 사회적 위험의 관점에서

구해근. 2007.「세계화 시대의 한국 계급 연구를 위한 이론적 모색」. ≪경제와 사회≫, 76(겨울): 255~327.
금재호. 2007.「청년실업의 현황과 원인 및 대책」. ≪사회과학논총≫, 9: 27~54.
금재호·조준모. 2005.「고용불안정성의 동대적 변화에 대한 연구」. 한국경제학회 공동학술대회 발표논문.
기든스, 앤서니(Anthony Giddens). 2004.『노동의 미래』. 신광영 옮김. 을유문화사.
김영란. 2005.「한국의 신빈곤현상과 탈빈곤정책에 관한 연구」. ≪한국사회복지학≫, 572: 41~69.
_____. 2006.「새로운 사회적 위험과 여성빈곤 그리고 탈빈곤정책」. ≪한국사회학≫, 402: 189~226.
김영순 외. 2007.「복지국가유형별 사회서비스의 발전과정과 시사점」. ≪보건복지포럼≫.

한국보건사회연구원.
김우영. 2003. 「우리나라 근로자의 직업안정성은 감소하고 있는가?: KHPS와 KLIPS를 이용한 외환위기 전후의 상용직 근로자의 직업안정성 비교분석」. Working Paper Series, 한국 노동패널연구 2003~2006.
남은영. 2009. 「외환위기 이후 계층의 양극화: 변화된 일상과 소비생활」. 한국조사연구학회. ≪조사연구≫, 101: 1~32.
남재량. 2005. 「고용불안의 실태와 원인」. ≪노동리뷰≫, 77: 83~102.
남재량·김태기. 2000. 「비정규직, 가교인가 함정인가?」. ≪노동경제논집≫, 제232호.
남재량·류근관·최효미. 2005. 「고용불안계층의 실태 및 고용정책과제」. 한국노동연구원 정책연구.
남찬섭·허선. 2005. 「한국사회 빈곤대책의 개선방향」. 참여연대 토론회 '빈곤문제 해결 어떻게 할 것인가'.
놀테, 파울(Paul Nolte). 2008. 『위험사회와 새로운 자본주의』. 윤종석 옮김. 도서출판 한울.
류정순. 2005. 「빈곤의 여성화 추이」. 한국여성학회 추계학술대회 발표논문.
미시라, 라메시(Ramesh Mishra). 2002. 『지구적 사회정책을 향하여』. 이혁구·박시종 옮김. 성균관대학교출판부.
서동희. 2009. 「새로운 사회적 위험과 사각지대의 여성복지」. ≪한국콘텐츠학회 논문지≫, 93: 320~358.
서울대학교 사회발전연구소. 2007. 「외환위기 10년 국민의식」. 조사자료.
_____. 2009. 「사회의 질(Standard Questionnaire for Social Quality)」. 조사자료.
성명재. 2009. 「소득분배동향 고찰」. ≪재정포럼≫, 10: 27~50.
성재민·정성민. 2011. 「2011 KLI 비정규직 노동통계」. 한국노동연구원.
소비자보호원. 1999. 「IMF 전후 소비생활 변화 비교」.
송다영. 2008. 「일과 가족 양립을 위한 가족지원 서비스 발전방안에 관한 연구」. ≪사회복지정책≫, 34: 7~33.
송다영·장수정·김은지. 2010. 「일가족양립갈등에 영향을 미치는 요인분석: 직장내 지원과 가족지원의 영향력을 중심으로」. ≪사회복지정책≫, 37(3): 27~52.
송호근. 2002. 「빈곤노동계층의 노동시장 구조와 정책」. ≪한국사회학≫, 361: 23~50.
신경아. 2007. 「산업화이후의 일-가족 문제의 담론적 지형의 변화」. ≪한국여성학≫, -232: 6~45.
양소남·신창식. 2011. 「어린 자녀를 둔 일하는 어머니의 일가족양립 고충」. ≪보건사회

연구≫, 313: 70~103.
에스핑안데르센, 요스타(Gøsta Esping-Andersen)(편). 1999.『변화하는 복지국가』. 한국사회복지연구회 옮김. 인간과 복지.
에스핑안데르센, 요스타. 2006.『복지체제의 위기와 대응』. 박시종 옮김. 성균관대학교출판부.
유경준. 2008.「빈곤감소적 성장: 정의와 한국에의 적용」. 정책연구시리즈 2008-03. 한국개발연구원.
윤홍식. 2006.「새로운 사회적 위험과 한국사회복지의 과제: 사적[가족]영역으로부터의 접근」. 사회복지학회 학술대회 발표문.
이병희. 2009.「일자리 위기와 근로빈곤」. ≪보건복지포럼≫. 한국보건사회연구원.
이재열. 2007.「한국사회의 질의 변화와 전망」.『외환위기 10년, 한국사회 얼마나 달라졌나』. 서울대학교출판부.
이진숙·최원석. 2011.「기혼 직장여성의 일-가족양립갈등 경로에 관한 연구」. ≪아시아여성연구≫, 501: 169~198.
임현진 외. 2002.『한국사회의 위험과 안전』. 서울대학교출판부.
임현진·이세용·장경섭(편). 1997.『한국인의 삶의 질: 신체적·심리적 안전』. 서울대학교출판부.
장수정·송다영·김은지. 2009.「일가족 양립 정도에 대한 인식: 집단간 비교분석을 중심으로」. ≪한국(사회복지학≫, 612: 349~370.
전병유. 2000.「경제위기 전후 고용안정의 변화」. 한국노동연구원.
정운찬·조홍식(편). 2007.『외환위기 10년, 한국사회 얼마나 달라졌나』. 서울대학교출판부.
정진성 외. 2010.『한국사회의 트렌드를 읽는다』. 서울대출판문화원.
주정. 2008.「새로운 사회적 위험 속에서의 국가의 역할」. ≪복지행정논총≫, 181: 65~88.
통계청. 2002~2011.「경제활동인구조사 근로형태별 부가조사」.
_____. 2003~2012.「고용동향조사」.
_____. 2008~2009.「사회조사」.
_____. 2010.「사회조사를 통해 본 우리나라 부부의 자화상」.
_____. 2011.「2011 통계로 보는 여성의 삶」.
_____. 2012.「고용통계」.
통계청. 2014.「2014 통계로 보는 여성의 삶」.
한국노동연구원. 2011.「KLI 비정규직 노동통계」.

한상진. 2008.「위험사회 분석과 비판이론」. ≪사회와 이론≫, 12: 37~72.
헤럴드경제. 2013.3.11. “사실상 백수 20~30대 ‘쉬었음’ 인구 10년새 2배↑”.
황덕순. 2010.「최근의 실업자 증가 동향분석」. ≪노동리뷰≫, 4: 37~48.
Atkinson, A. B. 1983. *The Economics of Inequality*. Oxford University Press.
Barnett, R. C. and C. Rivers. 1996. *She Works, He Works: How Two-Income Families are Happy, Healthy, and Thriving*. Cambridge: Harvard University Press.
Beck, Wolfgang, Laurent J. G. van der Maesen and Alan Walker. 2001. “Theorizing Social Quality: The Concept's Validity.” *Social Quality: A Vision for Europe*. ed. by Wolfgang Beck et al..
Beck, Wolfgang, Laurent J. G. van der Maesen, Fleur Thomese and Alan Walker. 2001a. “Introduction: Who and What is the European Union For?” *Social Quality: A Vision for Europe*. ed. by Wolfgang Beck et al. Kluwer Law International.
_____. 2001b. “Reflections on the Social Quality Initiative.” *Social Quality: A Vision for Europe*. ed. by Wolfgang Beck et al. Kluwer Law International.
Bernhardt, Annette, Martina Morris, Mark S. Handcock and Marc A. Scott. 1999. “Trend in Job Instability and Wages for Young Adult Men.” *Journal of Labour Economics*, 17S4: S65~S90.
Bislev, Sven. 2004. “Globalization, State Transformation, and Public Security.” *International Political Science Review*, 253: 281~296.
Erikson, Robert and John H. Goldthorpe. 1992. *The Constant Flux: Class Mobility in Industrial Societies*. Clarendon Press.
Esping-Andersen, G. 1990. *The Three World of Welfare Capitalism*. Polity Press.
_____. 1999. *Social Formation of Postindustrial Economics*. Oxford University Press.
_____. 2001. “A Welfare State for the 21st Century.” in *The Global Third Way Debate*. ed. by Anthony Giddens. Polity.
_____. 2002. *Why We Need a New Welfare State*. Oxford University Press.
European Quality of Life. 2009.
Furstenberg, Frank F. and Mary Elizabeth Hughes. 1995. “Social Capital and Successful Development among At-Risk Youth.” *Journal of Marriage and the Family*, 573: 580~592.
Giddens, Anthony. 2007. *Europe in the Global Age*. Polity Press.

Giddens, Anthony, Patrick Diamond and Roger Liddle. 2006. *Global Europe, Social Europe*. Polity Press.

Greenhaus, J. H. and N. J. Beutell. 1985. "Sources of Conflict Between Work and Family Role." *The Academy of Management Review*, 101: 76~88.

Hammer, L. and C. Thompson. 2003. "Work-Family Role Conflict, a Sloan Work and Family Encyclopedia." Sloan Work and Family Research Network.

Jaeger, David A. and Ahn Huff Stevens. 1999. "Is Job Instability in the United States Falling? Reconciling Trends in the Current Population Survey and Panel Study of Dynamics." *Journal of Labor Economics*, 17S4: S1~S28.

Marks, S. K., T. L. Huston, E. M. Johnson and S. M. MacDermid. 2001. "Role Balance Among White Married Couples." *Journal of Marriage and the Family*, 634: 1083~1098.

McKinnon, Roddy. 2002. "Social Risk Management: A Conceptual Fallacy of Composition." *Risk Management*, 42: 21~31.

Neubourg, Chris D. and Weigand Christine. 2000. *Social Policy as Social Risk Management*. ISSA Paper Helsinki.

Neumark, David, Daniel Polsky and Daniel Hansen. 1999. "Has Job Stability Decline Yet? New Evidence for the 1990s." *Journal of Labor Economics*, 17S4: S29~ S64.

OECD Factbook. 2009·2011.

Philips, David and Yitzhak Berman. 2001. "Definitional, Conceptual and Operational Issues." *Social Quality: A Vision for Europe*. ed. by Wolfgang Beck et al. Kluwer Law International.

Room, G. 1990. *'New Poverty' in the European Community*. Policy and Politics.

Shavit, Yossi and Hans-peter Blossfeld(eds.). 1993. *Persistent Inequality: Changing Educational Attainment in Thirteen Countries*. Colo, Westview Press.

Standing, Guy. 2001. "Social Quality from Basic Security: A Redistributive Strategy." *Social Quality: A Vision for Europe*. ed. by Wolfgang Beck et al. Kluwer Law International.

Taylor-Gooby, P. 2004. "New Risks and Social Change." *New Risks, New Welfare*. ed. by P. Taylor-Gooby. Oxford University Press.

Therborn, Göran. 2001. "On the Politics and Policy of Social Quality." *Social Quality: A Vision for Europe*. ed. by Wolfgang Beck et al. Kluwer Law Internatio-

nal.
Voydanoff, P. 2005. "Social Integration, Work-Family Conflict and Faciliation, and Job and Marital Quality." *Journal of Marriage and Family*, 673: 666~679.
Williams, J. 2000. *Understanding Gender: Why Family and Work Conflict and What To Do About It*. Oxford University Press.

제3장 사회적 응집성: 현실과 수준 제고를 위한 전략

고형면. 2009.「사회적 응집을 통해서 본 한국 사회의 질」. ≪사회와 역사≫, 82: 393~423.
노대명·강신욱·전지현. 2010.「한국사회통합지표 연구」. 사회통합위원회.
노대명·이현주·강신욱·강은정·전지현·이은혜. 2009.「사회통합을 위한 과제 및 추진 전략」. 한국보건사회연구원.
박병진. 2007.「신뢰형성에 있어 사회참여와 제도의 역할」. ≪한국사회학≫, 413: 65~105.
박종민·김왕식. 2006.「한국에서 사회신뢰의 생성」. ≪한국정치학회보≫, 402: 149~169.
박통희. 2010.「대인신뢰에 대한 가치관과 단체참여의 영향: 어떤 가치관과 단체참여가 사회적 자본을 배태시키나?」. ≪한국행정학보≫, 441: 67~97.
박희봉. 2009.『사회자본: 불신에서 신뢰로, 갈등에서 협력으로』. 조명문화사.
안상훈. 2000.「복지정치의 사회적균열구조에 관한 연구: 계급론의 한계와 새로운 분석틀」. ≪한국사회복지학≫, 43: 193~221.
_____. 2003.「친복지 동맹의 복지지위균열에 관한 정치사회학적 비교연구: 스웨덴의 경험과 한국의 실험」. ≪사회복지연구≫, 21: 79~104.
_____. 2011.「사회서비스형 복지국가전략의 지속가능성」. ≪경제논집≫, 503: 263~293.
유석춘·장미혜·배영. 2002.「사회자본과 신뢰: 한국, 일본, 덴마크, 스웨덴 비교연구」. ≪동서연구≫, 141: 101~135.
이재열. 1998.「민주주의, 사회적 신뢰, 사회적 자본」. ≪사상≫, 여름호: 65~93.
이재혁. 2006.「신뢰와 시민사회」. ≪한국사회학≫, 405: 61~98.
이태진·김태완·권소현·김성철·김문길·우선희·박은영. 2008.「사회현황 및 사회정책지표 체계개발에 관한 연구」. 한국보건사회연구원·보건복지가족부.
이희길·신지성. 2010.「사회지표 개편 기초연구 I: 사회통합(social cohesion)을 중심으로」. 통계개발원.
장용석·박명호·강상인·오완근·이영섭·한상범·박찬열·정명은·박나라. 2010.「한국 경제·

사회 선진화의 조건(II)-통합사회지표」. 경제·인문사회연구회.

정해식·안상훈. 2011.「사회의 질 하위 영역간의 관계에 관한 연구: 사회경제적 안전성과 사회적 응집성을 중심으로」. ≪사회복지연구≫, 422: 205~233.

차미숙·임은선·김혜승·윤윤정·이현주·강신욱·전지현·박수진. 2011.「사회통합을 위한 지역적 대응과제」. 국토연구원.

Ahn, S.-H. 2000. *Pro-welfare Politics: A model for changes in european welfare states*. Uppsala: Univesitetstryckeriet.

Beck, W., Laurent J. G. van der Maesen and A. Walker. 1997. *The Social Quality of Europe*. Hague: Kluwer Law International.

Beck, W., Laurent J. G. van der Maesen, F. Thomese and A. Walker. 2001. *Social Quality: A Vision for Europe*. Hague: Kluwer Law International.

Berger-Schmitt, R. 2000. "Social Cohesion as an Aspect of the Quality of Societies: Concept and Measurement." EuReporting Working Paper, 14.

_____. 2002. "Considering social cohesion in quality of life assessments: Concept and measurement." *Social Indicators Research*, 581-3: 403~428.

Berman, Y. and D. Phillips. 2004. *Indicators for Social Cohesion*. the European Network on Indicators of Social Quality. Amsterdam.

Coleman, J. 1988. "Social capital in the creation of human capital." *American Journal of Sociology*, 94: 95~120.

Council of Europe. 2005. *Concerted development of social cohesion indicators: Methodological Guide*. Belgium: Council of Europe Publishing.

EVS. 2010. "European Values Study 2008, 4th wave, Integrated Dataset." GESIS Data Archive, Cologne, Germany, ZA4800. Data File Version 2.0.0 2010-11-30 doi: 10.4232/1.10188

Fukuyama, F. 1995. *Trust: the social virtues and the creation of prosperity*. New York: The Free Press.

Healy, T. 2002. "The measurement of social capital at international level." *Social Capital: The Challenge of International Measurement Series of the Organisation for Economic Co-operation and Development OECD*. Paris: OECD.

ISSP Research Group. 2008. "International Social Survey Programme: Role of Government IV - ISSP 2006." GESIS Data Archive, Cologne. ZA4700 Data file Version 1.0.0, doi:10.4232/1.4700

_____. 2012. "International Social Survey Programme: Social Inequality IV - ISSP 2009." GESIS Data Archive, Cologne. ZA5400 Data file Version 3.0.0, doi:10.4232/1.11506

Jenson, J. 1998. "Mapping Social Cohesion: The State of Canadian Research." *CPRN Study*, 03.

Koster, F. and J. Bruggeman. 2008. "The institutional embeddedness of social capital: a multi-level investigation across 24 European countries." *Policy and Politics*, 36(3): 397~412.

Kumlin, S. and B. Rothstein. 2005. "Making and Breaking Social Capital." *Comparative Political Studies*, 384: 339~365.

OECD. 2005. *Society at a Glance 2005: OECD Social Indicators*. Paris: OECD Publications.

_____. *Society at a Glance: OECD Social Indicators 2006 edition*. Paris: OECD Publising.

_____. 2009a. *Society at a Glance 2009: OECD Social Indicators*. OECD Publications.

_____. 2009b. 「한눈에 보는 사회: 2009 OECD 사회지표」. OECD 대한민국정책센터.

_____. 2009c. *OECD Factbook 2009: Economic, Environmental and Social Statistics*. OECD Publishing.

_____. 2011. *How's Life?: Measuring well-being*. OECD Publishing.

Putnam, R. 1993. "The Prosperous Community: Social Capital and Public Life." *The American Prospect*, 13/spring: 35~42.

Ritzen, J. and M. Woolcock. 2000. "Social Cohesion, Public Policy, and Economic Growth: Implications for countries in transition." Annual Bank Conference on Development Economics(Paris, June 26-28, 2000).

Rothstein, B. and D. Stolle. 2008. "The state and social capital: An institutional theory of generalized trust." *Comparative Politics*, 404: 441~459, 502.

Rothstein, B. and E. M. Uslaner. 2005. "ALL FOR ALL: Equality, Corruption, and Social Trust." *World Politics*, 581: 41~72.

Stiglitz, J. E., A. Sen and J.-P. Fitoussi. 2009. "Report by the Commission on the Measurement of Economic Performance and Social Progress."

Uslaner, E. M. 2002. *The Moral Foundations of Trust*. Cambridge University Press.

van der Maesen, Laurent J. G. and A. Walker. 2005. "Indicators of Social Quality:

Outcomes of the European Scientific Network." *European Journal of Social Quality*, 51/2: 8~24.

van der Maesen, Laurent J. G., A. Walker and M. Keizer. 2005. "Social Qulity The Final Report." the European Network on Indicators of Social Quality. European Foundation on Social Qulity.

van Oorschot, W. and W. Arts. 2005. "The social capital of European welfare states: the crowding out hypothesis revisited." *Journal of European Social Policy*, 15(1): 5~26.

Walker, A. and A. Wigfield. 2004. "The Social Inclusion Component of Social Quality." the European Network on Indicators of Social Quality. European Foundation on Social Qulity.

Walker, A. and Laurent J. G. van der Maesen. 2004. "Social Quality and Quality of Life." W. Glatzer, V. Below and M. Stofferegen(eds.). *Challenges for Quality of Life in the Comtemporary World*. The Hague: Kluwer Academic Publishers: 13~31.

WVS. 2009a. "World Values Survey 2005 Official Data File v.20090901". World Values Survey Association.

_____. 2009b. "World Values Survey 1981-2008 Official Aggregate v.20090901". World Values Survey Association.

제4장 사회적 포용과 배제

강신욱. 2006. 「사회적 배제 개념의 정책적 적용을 위한 이론적 검토」. ≪동향과 전망≫, 66: 9~31.

강신욱 외. 2005. 「사회적 배제의 지표개발 및 적용방안 연구」. 한국보건사회연구원

김광웅·이봉근. 2011. 「북한이탈주민의 '사회적 배제'에 관한 실증연구」. ≪북한연구학회보≫, 15(1): 1~36.

김교성·노혜진. 2008. 「사회적 배제의 실태와 영향 요인에 관한 연구-퍼지 집합이론을 이용한 측정과 일반화선형모델 분석」. ≪사회복지정책≫, 34: 133~162.

김동기·이웅. 2012. 「장애인 사회적 배제 개념화 연구」. ≪한국장애인복지학회≫, 17: 129~147.

김안나. 2007a. 「유럽연합(EU)의 사회적 배제 개념의 한국적 적용가능성 연구」. ≪유럽연구≫, 25(1): 351~379.
김안나. 2007b. 「한국의 사회적 배제 실태에 관한 실증적 연구」. ≪사회이론≫, 가을/겨울: 227~254.
김안나 외. 2008. 「사회통합을 위한 사회적 배제계층 지원방안 연구: 사회적 배제의 역동성 및 다차원성 분석을 중심으로」. 한국보건사회연구원.
김태수. 2009. 「한국에서의 사회적 배제 지표의 개발 시론: 외래인을 중심으로」. 서울행정학회 동계학술대회 발표논문집.
류지웅. 2006. 「북한이탈주민의 사회적 배제 연구: 소수자의 관점에서」. 한국학중앙연구원 한국학대학원 박사학위논문.
문진영. 2004. 「사회적 배제의 국가 간 비교연구-프랑스, 영국, 스웨덴을 중심으로」. ≪한국사회복지학≫, 56(3): 253~277.
신명호 외. 2003. 「'사회적 배제'의 관점에서 본 빈곤층 실태 연구」. 국가인권위원회.
심창학. 2001. 「사회적 배제 개념의 의미와 정책적 함의: 비교 관점에서의 프랑스를 중심으로」. ≪한국사회복지학≫, 44: 178~208.
심창학. 2003. 「빈곤문제해결을 위한 새로운 패러다임: 사회적 배제 극복정책의 국가별 비교」. ≪유럽연구≫, 18: 209~238.
유동철. 2011. 「장애인의 사회적 배제와 참여-장애인차별금지법 제정과정을 중심으로」. ≪한국사회복지학≫, 63(1): 217~239.
윤성호. 2005. 「한국노동빈민의 빈곤과 사회적 배제의 관련성에 관한 실증적 연구」. ≪한국사회보장연구≫, 21(1): 149~176.
윤진호 외. 2004. 「선진국의 빈부격차와 차별 시정을 위한 국가행동계획 사례연구」. 국회환경노동위원회.
이웅·김동기, 2012. 「교환이론관점에서 장애인 사회적 배제 고찰: 에머슨의 교환연결망 이론을 중심으로」. ≪한국사회복지조사연구≫, 33: 201~227.
이재열. 2015. 「사회의 질 연구와 한국 사회 발전」. 『한국 사회의 질: 이론에서 적용까지』. 도서출판 한울.
이정우. 2009. 「빈곤과 사회적 배제의 정치경제학」. ≪황해문학≫, 가을: 18~38.
이정욱. 2010. 「프랑스 무슬림 이민자의 사회적 배제에 관한 연구」. ≪프랑스문화연구≫, 1(1): 319~345.
이정은·조미형. 2009. 「사회적 배제 집단의 잠재적 유형 분류 및 성별과 학력에 따른 차이 분석」. ≪사회복지정책≫, 36(3): 79~103

장지연·양수경. 2007. 「사회적 배제 시각으로 본 비정규 고용」. ≪노동정책연구≫, 7(1): 1~22.

정병은. 2013. 「사회의 질과 인권침해(차별)경험의 국제비교」. 한국사회학회 전기한국사회학대회 발표논문.

정진성 외. 2010. 『사회의 질 동향 2009』. 서울대학교출판문화원.

_____. 2011. 「2011 국민인권의식조사」. 국가인권위원회.

Alvey, Simon. 2000. "Social exclusion and public sector housing policy in Scotland." *International Journal of Sociology and Social Policy*, Vol.20 No.5/6: 72~94.

Beck, Wolfgang, Laurent J. G. van der Maesen and Alan Walker. 1997. "Theorizing Social Quality: The Concept's Validity." in Wolfgang Beck, Laurent J. G. van der Maesen and Alan Walker(eds.). *The Social Quality of Europe*. The Hague: Kluwer Law International.

Berghman, J. 1995. "Social Exclusion in Europe: Policy, Context and Analytical Framework." in Room, G.(ed). Beyond the Threshold: The Measurement and Analysis of Social Exclusion. Bristol: Policy Press.

Berman, Y. and D. Phillips. 2000. "Indicators of Social Quality and Social Exclusion at National and Community Level." *Social Indicators Research*, 50: 329~350.

Bhalla, A. S. and F. Lapeyre, 1997. "Social Exclusion: Towards an Analytical and Operational Framework." *Development and Change*, Vol.28.

_____. 1999. *Poverty and Exclusion in a Global World*. Palgrave.

Bradshaw, J., J. Williams, R. Levitas, C. Pantazis, D. Patsios, P. Townsend, D. Gordon and S. Middleton. 2000. "The Relation between Poverty and Social Exclusion in Britain." Paper prepared for the 26th General Conference of The International Association for Research in Income and Wealth Cracow, Poland.

Burchardt, T., J. Le Grand and D. Piachaud(BLP). 1999. "Social Exclusion in Britain 1991~1995." *Social Policy and Administration*, 33(3): 227~244.

Pierson, John, 2001. *Tackling Social Exclusion*. Routledge.

Robbinson, P. and C. Oppenheim. 1998. *Social Exclusion Indicators: A Submission to the Social Exclusion Unit*. London: Institute for Public Policy Research.

Silver, H. 1994. "Social Exclusion and Social Solidarity: Three Paradigms." *International Labour Review*, 133(5~6): 531~578.

Walker, Alan. 2009. "The Social Quality Approach: Bridging Asia and Europe." *De-*

velopment & Society, 38(2): 209~235.

Wallace, Claire and Pamela Abbott. 2007. "From Quality of Life to Social Quality: Relevance for Work and Care in Europe." *Calitatea Vietii Revista de Politici Sociale*, 18(1~2): 109~123.

Yee, Jaeyeol and Dukjin Chang. 2011. "Social Quality as a Measure for Social Progress." *Development and Society*, 40(2): 153~172.

제5장 사회적 역능성

김수정. 2008.「빈곤가정 아동, 청소년의 자아탄력성 및 사회적 지지가 임파워먼트에 미치는 영향: 결식아동, 청소년을 중심으로」. ≪한국아동복지학≫, 25: 9~38.

박원우. 1997.「임파워먼트: 개념정립 및 실천방법 모색」. ≪경영학연구≫, 26: 115~138.

변영순. 1992.「힘을 북돋아 줌(Empowerment)의 개념 분석에 관한 연구」. ≪간호과학≫, 4: 41~50.

보그트(Judith F. Vogt)·머렐(Kenneth L. Murrell). 1995.『경영혁신 임파워먼트 : 세계화를 위한 자율경영전략』. 김성구 옮김. 서울: 고려원.

안정옥. 2009.「사회적 역능성 지표와 사회의 질: 복지체제의 탈상품화 모델에 대한 함의」. ≪사회와 역사≫, 81: 169~211.

양난주. 2007.「사회정치적 임파워먼트와 노인복지: 개념화, 지표개발 및 적용」. ≪사회복지연구≫, 35: 239~266.

양옥경·최명민. 2005.「사회복지실천모델의 재검토: 전통모델과 임파워먼트모델(Empowerment Model)의 재검토」. ≪한국사회복지학회≫, 2005년도 추계공동학술대회.

여성가족부. 2005.「UNDP Human Development Report」.

이태진 외. 2009.「지표로 보는 우리나라의 사회현황과 사회정책의 실태와 동향」. 보건복지부 발간자료. 한국보건사회연구원.

장성희. 2008.「사회적 관계망이 중년기혼여성의 임파워먼트 수준에 미치는 영향에 관한 연구」. 호남대학교 사회복지학과 석사학위논문.

정진성 외. 2010.『사회의 질 동향』. 서울대학교출판문화원.

조권중. 2011.「활력도시사회를 위한 시민역량제고(Citizen Empowerment) 정책연구」. 서울시정개발원.

Alsop, Ruth and Nina Heinsohn. 2005. "Measuring Empowerment in Practice: Structuring Analysis and Framing Indicators." World Bank Policy Research Working Paper.

Bebbington, Anthony, Scott Guggenheim, Elizabeth Olson and Michael Woolcock. 2004. "Exploring social capital debates at the World Bank." *Journal of Development Studies*, 405: 33~64.

Browne, C. V. 1995. "Empowerment in social work with older women." *Social Work*, 40: 358~364.

Gutierrez, L. M. 1990. "Working with women of color: An empowerment perspective." *Social Work*, 352: 149~153.

Herrmann, P. 2003. *Social Quality and the Conditional Factor of Social Empowerment*(3rd draft). Amsterdam: EFSQ.

_____. 2005. "Empowerment: the Core of Social Quality." *European Journal of Social Quality*, Vol.5: 289~299.

Markstrom, C. A., S. K. Marshall and R. J. Tryon. 2000. "Resiliency, social support, and coping in rural low-income Appalachian adolescents from two racial groups." *Journal of Adolescence*, 236: 693~703.

Moore, M. 2001. "Empowerment at Last?" *Journal of International Development*, 13(3): 321~329.

Ortiz-Torres, B. 1994. "The Ecology of Empowerment for At-risk Youth." Ph.D. dissertation. New York University.

van der Maesen, Laurent J. G. and A. Walker. 2005. "Indicators of Social Quality: Outcomes of the European Scientific Network." *European Journal of Social Quality*, Vol.5: 292~302.

World Bank. 2002. Empowerment and Poverty Reduction: A Source book(draft) Available at http://siteresources.worldbank.org/

제6장 지역사회 역량

유승현. 2009.「건강증진을 위한 지역사회 기반 참여연구의 적용 방안」. ≪보건교육·건강증진학회지≫, 261: 141~158.

이명순. 2008.「건강증진을 위한 지역사회 주민참여 전략 및 방법 개발 연구」. 성균관대학교 사회의학교실.
이수철. 2010.「일상의 연대와 도시 공동체의 조건: 성남시민의 결사체 참여 경험을 중심으로」. 연세대학교 대학원 사회학과 박사학위논문.
정민수. 2008.「한국 시민사회단체의 연대활동에 대한 네트워크적 접근」. ≪시민사회와 NGO≫, 62: 135~174.
정민수·길진표·조병희. 2009.「지역사회 기반 조직을 이용한 지역사회역량의 측정과 건강증진 기획: 서울시 S구를 중심으로」. ≪보건교육·건강증진학회지≫, 263: 35~48.
정민수·정유경·장사랑·조병희. 2008.「지역사회 기반 참여연구 방법론」. ≪보건교육·건강증진학회지≫, 251: 83~104.
정민수·조병희. 2007.「지역사회역량이 주민 건강수준에 미치는 영향: 2006년 서울시 도봉구 주민 건강행태조사를 중심으로」. ≪보건과 사회과학≫, 22: 153~182.
_____. 2012.「개인 및 조직 수준에서의 지역사회 역량 측정과 주관적 건강수준과의 관계 분석: 서울시 D구와 Y구의 비교」. ≪보건교육·건강증진학회지≫, 29: 39~57.
정민수·조병희·이성천. 2007.「지역사회 자발적 결사체의 연결망과 지역사회역량: 서울시 도봉구와 강동구의 비교를 중심으로」. ≪보건행정학회지≫, 174: 54~81.
최종렬·황보명화·정병은. 2006.「일반화된, 너무나 일반화된 호혜성?: 울산 주전동 어촌계의 사회자본」. ≪한국사회학≫, 404: 48~97.
Antonucci, T. C., H. Akiyama and J. E. Lansford. 1998. "Negative effects of close social relations." *Family Relations*, 47: 379~384.
Baker, H. R. 1989. "Extension Linkages with Community Development." In Donald, J. Blackburn(eds.). *Foundations and Changing Practices in Extension*. Ontario: University of Guelph.
Barett, L., R. C. Plotnikoff, K. Raine and D. Anderson. 2005. "Development of measures of organizational leadership for health promotion." *Health Education and Behavior*, 322: 195~207.
Beck, W., Laurent J. G. van der Maesen and F. W. Thomese. 2001. "Social quality: A vision for Europe." *The Hague*. Kluwer Law International.
Blaxter, L. and C. Hughes. 2000. "Social capital: A critique." In Thompson J.(eds.). *Stretching the Academy: The Politics and Practice of Widening Participation in Higher Education*. Leicester, NIACE, 2000.
Boone, J. 1989. "Philosophical Foundations of Extension." In Donald, J. B.(eds.). *Foundations and Changing Practices in Extension*. Ontario: University of

Guelph.

Burg, M. M. and T. E. Seeman. 1994. "Families and health: The negative side of social ties." *Annals of Behavioral Medicine*, 16: 109~115.

Butterfoss, F. D. 2007. *Coalitions and Partnerships in Community Health*. San Francisco: Jossey-Bass.

Carlson, E. D., J. Engebretson and R. M. Chamberlain. 2006. "Photovoice as a social process of critical consciousness." *Qualitative Health Research*, 166: 836~852.

Chaskin, R. J., P. Brown, S. Venkatesh and A. Vidal. 2001. *Building Community Capacity*. NY: Aldine Transaction.

Chipuer, H. M. and G. M. H. Pretty. 1999. "A review of the sense of community index: Current uses, factor structure, reliability, and further development." *Journal of Community Psychology*, 276: 643~658.

Cohen, S., W. J. Doyle, D. P. Skoner, B. S. Rabin and J. M. Gwaltney. 1997. "Social ties and susceptibility to the common cold." *Journal of the American Medical Associations*, 277: 1940~1944.

Contra Costa Health Service. 2006. *Healthy Neighborhood Project: A Guide for Community Building and Mobilizing for Health*. Contra Costa County, California, USA.

Crisp, B. R., H. Swerissen and S. J. Duckett. 2000. "Four approaches to capacity building in health: Consequencies for measurement and accountability." *Health Promotion International*, 152: 99~107.

Elster, J. 1983. *Explaining Technical Change: Studies in Rationality and Social Change*. NY: Cambridge University Press.

Fagg, J., S. Curtis, S. A. Stansfeld, V. Cattell, A. M. Tupuola and M. Arephin. 2008. "Area social fragmentation, social support for individuals and psychosocial health in young adults: Evidence from a national survey in England." *Social Science & Medicine*, 66: 242~254.

Fleishman, J. A., C. D. Sherbourne, S. Crystal, R. L. Collins, G. N. Marshall, M. Kelly, S. A. Bozzette et al. 2000. "Coping, conflictual social interactions, social support, and mood among HIV-infected persons." *American Journal of Community Psychology*, 284: 421~430.

Freire, P. 1970. *Pedagogy of the Oppressed*. NY: Seabury.

Giddens, A. 1976. "Functionalism: Apres la lutte." *Social Research*, 43: 325~366.

Gittell, R. and A. Vidal. 1998. *Community Organizing: Building Social Capital as a Development Strategy*. CA: Sage.

Goodman, R. M., M. A. Speers, K. McLeroy, S. Fawcett, M. Kegler, E. Parker and S. R. Smith et al. 1998. "Identifying and defining the dimensions of community capacity to provide a basis for measurement." *Health Education and Behavior*, 253: 258~278.

Israel, B. A., B. Checkoway, A. Schulz and M. Zimmerman. 1994. "Health education and community empowerment: Conceptualizing and measuring perceptions of individual, organizational, and community control." *Health Education Quarterly*, 21: 149~170.

Israel, B. A., E. Eng, A. J. Schulz and E. A. Parker. 2005. "Introduction." in B. A. Israel, E. Eng, A. J. Schulz and E. A. Parker(eds.). *Methods in Community-Based Participatory Research for Health*. CA: Jossey-Bass.

Israel, B. A., J. Krieger, D. Vlahov, S. Ciske, M. Foley, P. Fortin and J. R. Guzman et al. 2006. "Challenges and facilitating factors in sustaining community-based participatory research partnerships: Lessons learned from the Detroit, New York City and Seattle Urban Research Centers." *Journal of Urban Health*, 836: 1022~1040.

Jewkes, R. and A. Murcott. 1998. "Community representatives: Representing the 'community'?" *Social Science and Medicine*, 467: 843~858.

Jung, M. 2011. "The Relations of Community Capacity and Health Behavior Among Seoul Residents: A Multi-level Study of Contextual Effects Using Community Capacity Indicators." [Ph.D. dissertation] Graduate School of Public Health, Seoul National University.

_____. 2012. "Network analysis as a tool for community capacity measurement and assessing partnerships between community-based organizations in Korea." *The Health Care Manager*, 31(1): 81~93.

Jung, M. and H. S. Rhee. 2013. "Determinants of community capacity influencing residents' health status in Seoul, South Korea." *Asia-Pacific Journal of Public Health*, 25: 199~208.

Jung, M. and K. Viswanath. 2013. "Does community capacity influence self-rated health? Multilevel contextual effects in Seoul, Korea." *Social Science & Medicine*, 77: 60~69.

Kretzmann, J. P. and J. L. McKnight. 1990. *Mapping Community Capacity.* IL: Center for Urban Affairs and Policy Research: Northwestern University.

Kretzmann, J. P. and J. L. McKnight. 1993. *Building Communities from the Inside Out: A Path Toward Finding and Mobilizing a Community's Assets.* IL: Center for Urban Affairs and Policy Research: Neighborhood Innovations Network, Northwestern University.

Laverack, G. 2005. "Evaluating community capacity: Visual representation and interpretation." *Community Development Journal*, 413: 266~276.

Laverack, G. and N. Wallerstein. 2001. "Measuring community empowerment: A fresh look at organizational domains." *Health Promotion International*, 162: 179~185.

Mattesich, P., M. Murray-Close and P. Monsey. 2005. *Collaboration: What Makes It Work - A Review of the Research Literature on Factors Influencing Successful Collaboration.* MN: Amherst H, 2nd edition.

McMillan, D. W. and D. M. Chavis. 1986. "Sense of community: A definition and theory." *Journal of Community Psychology*, 141: 6~23.

Minkler, M. 2005. *Community Organizing and Community Building for Health.* NJ: Rutgers University Press, 2nd edition.

Minkler, M. and N. Wallerstein. 2003. *Community-Based Participatory Research for Health.* CA: Jossey-Bass.

Minkler, M., N. Wallerstein and N. Wilson. 2008. "Improving health through community organization and community building." In K. Glanz, B. K. Rimer and K. Viswanath(eds.). *Health Behavior and Health Education.* CA: Jossey-Bass, 4th edition: 287~312.

Narayan, D. and M. F. Cassidy. 2001. "A dimensional approach to measuring social capital: Development and validation of a social capital inventory." *Current Sociology*, 492: 59~102.

Pearce, J., P. Raynard and S. Zadek. 1996. *Social auditing for small organization: A Workbook for Trainers and Practitioners.* London: New Economic Foundation.

Poole, D. L. 1997. "Building community capacity to promote social and public health: Challenges for universities." *Health and Social Work*, 223: 163~175.

Provan, K. G., L. Nakama, M. A. Veazie, N. I. Teufel-Shone and C. Huddleston. 2003. "Building community capacity around chronic disease services through a collaborative interorganizational network." *Health Education and Behavior*, 30: 646~662.

Putnam, R. 1993. "The Prosperous Community-Social Capital and Public Life." *American Prospect*, 13: 35~42.

Rahim, M. S. and S. Asnarulkhadi. 2010. "Community Development through Community Capacity Building: A Social Science Perspective." *Journal of American Science*, 62: 68~76.

Rubin, J. and S. Rubin. 2008. *Community Organizing and Development*. MA: Allyn and Bacon, 4th edition.

Sanders, I. T. 1958. "Theories of Community Development." *Rural Sociology*. 23: 1~12.

Smith, M. B., Y. J. Graham and S. Guttmacher(eds.). 2005. *Community-Based Health Organizations: Advocating for Improved Health*. SF: Jossey-Bass.

Walter, C. 2005. Community building practice. In Minkler, M.(eds.). *Community Organizing and Community Building for Health*. NJ: Rutgers University Press, 2nd edition: 66~78.

Wang, C. C., S. Morrel-Samuels, P. M. Hutchison, L. Bell and R. M. Pestronk. 2004. "Flint photovoice: Community building among youths, adults, and policy makers." *American Journal of Public Health*, 946: 911~913.

Winer, M. and K. Ray. 1994. *Collaboration Handbook: Creating, Sustaining, and Enjoying the Journey*. MN: Amherst H. Wilder Foundation.

Woolcock, M. 1998. "Social capital and economic development: Toward a theoretical synthesis and policy framework." *Theory and Society*, 27: 151~208.

제7장 건강과 의료

강영호·김혜련. 2006. 「우리나라의 사회경제적 사망률 불평등: 1998년도 국민건강영양조사 자료의 사망추적 결과」. ≪대한예방의학회지≫, 392: 115~122.

국민건강보험공단. 2005.「암 치명률의 불평등 연구」.
보건교육포럼. 2009.「학교의 효과적인 신종플루 예방과 보건교육 발전을 위한 정책토론회」 자료집.
서울대학교 사회발전연구소. 2009.「안전한 생활환경에 대한 인식조사」.
장지연·부가청. 2007.「우리나라 중노년 인구의 건강상태: 주관적 건강상태의 국가 간 비교연구 시론」. ≪한국인구학≫, 302: 45~69.
조병희. 1994.『한국의사의 위기와 생존전략』. 명경.
_____. 2008.『섹슈얼리티와 위험연구』. 나남.
_____. 2009.「광우병 사례를 통해 본 한국인의 질병인식」. ≪보건과 사회과학≫, 25: 129~152.
_____. 2010a.「신종 플루의 사회학」. ≪황해문화≫, 66: 291~303.
_____. 2010b.「건강불평등」. 통계청 엮음.『한국의 사회동향』. 통계청.
_____. 2011.「의사신뢰의 구성요인」. ≪보건과 사회과학≫, 29: 127~150.
질병관리본부. 2010.「2008년 국민건강영양조사」.
통계청. 2014.「2013년 사망원인 통계」.
한국보건사회연구원. 2007.「국민건강영향조사 제3기 조사결과 심층분석 연구: 건강면접 및 보건의식 부문」.
황치성. 2009.「수용자의 신종 플루에 대한 인식과 미디어 이용」. ≪미디어인사이트≫, 13호. 한국언론재단.
Ahern, M. and M. S. Hendryx. 2003. "Social capital and trust in providers." *Social Science and Medicine*, 57: 1195~1203.
Calnan, M. W. and E. Sanford. 2004. "Public trust in health care: the system or the doctor?" *Quality and Safety in Health Care*, 13: 92~97.
Crawford, R. 2004. "Risk ritual and the management of control and anxiety in medical culture." *Health, An Interdisciplinary Journal of the Social Study of Health, Illness and Medicine*, 84: 505~528.
Gilson, L. 2003. "Trust and the development of health care as a social institution." *Social Science and Medicine*, 56: 1453~1468.
Hall, M. A., F. Camacho, E. Dugan and R. Balkrishnan. 2002. "Trust in the medical profession: conceptual and measurement issues." *Health Services Research*, 375: 1419~1439.
Kuhlmann, E. 2006. "Traces of doubt and sources of trust: health professions in

uncertain society." *Current Sociology*, 544: 607~620.
Lindstrom, M. 2004. "Social capital, the miniaturization of community and self-reported global and psychological health." *Social Science and Medicine*, 59: 595~607.
Luhmann, N. 1979. *Trust and Power*. Chichester: Wiley.
_____. 2000. "Familiarity, confidence, and trust: problems and alternatives." Diego Gambetta(ed.). *Trust: Making and Breaking Cooperative Relations*. 94~107.
Luzzio, G. 2006. "A sociological concept of client trust." *Current Sociology*, 544: 549~564.
Mechanic, D. 1996. "Changing medical organization and the erosion of trust." *Milbank Quarterly*, 742: 171~189.
OECD. 2015. OECD Health Data 2015.
Rosenthal, M. 2006. "Disappointed expectations and disrupted trust: the patient's experience of problems with health care." Paper presented at the annual meeting of the American Sociological Association, Montreal Convention Center, Montreal, Quebec, Canada.
van Doorslaer, E., A. Wagstaff et al. 2000. "Equity in the delivery of health care in Europe and the US." *Journal of Health Economics*, 19: 553~583.
Wallis, P. and B. Nerlich. 2005. "Disease metaphors in new epidemics: the UK media framing of the 2003 SARS epidemic." *Social Science and Medicine*, 60: 2629~2639.

제8장 인권과 사회발전

김경동. 2002.『한국사회발전론』. 집문당.
마크스(Stephen P. Marks)·안드레아센(Bard Andreassen). 2010.「서론」. 보르 안드레아센·스티븐 마크스(Stephen P. Marks) 엮음.『인권을 생각하는 개발 지침서』. 후마니타스.
박찬운. 1999.『국제인권법』. 도서출판 한울.
센, 아마르티아(Amartya Sen). 1999·2001.『자유로서의 발전』. 박우희 옮김. 서울: 세종연구원.

센굽타, 아준(Arjun Sengupta). 2010. 「개발권의 정의와 실천」. 보르 안드레아센·스티븐 마크스 엮음. 『인권을 생각하는 개발 지침서』. 후마니타스.
이주영. 2012. 「인권 기반 사회정책 수립을 위한 원칙과 가이드라인」. 제3회 인권도시 포럼 발표문.
임현진. 2006. 「한국의 발전경험과 대안모색: 새로운 발전모델을 찾아서」. ≪한국사회학≫, 40(1): 1~41.
한센(Jakob Kirkemann Hansen)·사노(Hans-Otto Sano). 2010. 「권리에 기초한 접근법의 함의」. 보르 안드레아센·스티븐 마크스 엮음. 『인권을 생각하는 개발 지침서』. 후마니타스.
Beck, Wolfgang, Laurent J. G. van der Maesen, Fleur Thomese and Alan Walker. 2001. "Introduction: Who and what is the European Union for?" in Beck et al.(eds.). *Social Quality: A Vision for Europe*. Kluwer Law International: 1~16.
Booth, David. 1994. "Rethinking social development: an overview." in David Booth(ed.). *Rethinking Social Development*. Essex: Longman Scientific & Technical.
Diamond, Patrick. 2006. "Social justice reinterpreted: New frontiers for the European Welfare State." in *Global Europe Social Europe*. Polity Press.
Evans, Peter. 2002. "Collective capabilities, culture, and Amartya Sen's development as freedom." *Studies in Comparative International Development*. Summer, Vol. 37, No.2: 54~60.
Phillips, David and Yitzhak Berman. 2001. "ch.8 Definitional, Conceptual and operational Issues." in Wolfgang Beck et al.(eds). *Social Quality: A Vision for Europe*. Kluwer Law International.
Phillips, David. 2008. "Social quality, quality of life and human development." in National Taiwan University 'Social Quality Seminar in Asia': 37~80.
Robeyns, Ingrid, 2006, "The Capability Approach in Practice." *Journal of Political Philosophy*, Vol.14, No.3: 351~376.
Sassen, Sakia. 1998. *Globalization and Its Discontents*. New York: The New Press.
Sen, Amartya. 2002. "Response to Commentaries." *Studies in Comparative International Development*, Summer, Vol.37, No.2: 78~86.
Skocpol, Theda. 1978. State and Social Revolution: A Comparative Analysis of France, Russia and China. Cambridge: Cambridge.

So, Alvin Y. 1990. *Social Change and Development*. Newbury Park: Sage Publication.

Walby, Sylvia. 2005. "Measuring women's progress in a global era." *International Social Studies Journal*, 57(June): 371~387.

Weissbrodt, David. 2008. *The Human Rights of Non-citizens*. OUP Oxford.

Weissbrodt, David and Muria Kruger. 2003. "Norms on the responsibilities of transnational corporations and other business enterprises with regard to human rights." *The American Journal of International Law*, Vol.97, No.4: 901~922.

제9장 복지국가 전략 유형론

김상균 외. 2011.『사회복지개론』. 파주: 나남출판.

김연명(편). 2002.『한국 복지국가 성격논쟁 I』. 서울: 인간과 복지.

김영미·최영준·안상훈. 2010.「한국의 복지지표체계 개발에 관한 연구」. ≪보건사회연구≫, 30(2): 219~253.

남상호·최병호. 2011.「국민부담과 공공사회지출의 적정수준: 복지국가유형별 접근」. ≪재정정책논집≫, 13(1): 3~49.

안상훈. 2002.「세 가지 복지자본주의에서의 생산적복지, 그 성적표: 복지국가의 경제적 효과와 평등전략의 차이에 관한 체제론적 비교연구」. ≪한국사회복지학≫, 49: 162~189.

_____. 2005.「생산과 복지의 제도적 상보성에 관한 연구: 선진자본주의 국가를 중심으로」. ≪한국사회복지학≫, 57(2): 205~230.

_____. 2006.「사회서비스투자국가로의 전환논리: 하나의 비교사회정책학적 서설」. 2006 한국사회복지학회 추계공동학술대회 자료집.

_____. 2007.「세계화 시대, 생산적 보완성이 높은 복지전략에 관한 비교사회정책연구: 사회서비스형 복지국가전략의 경제적 성과를 중심으로」. ≪사회복지연구≫, 32: 131~159.

_____. 2008.「유럽의 복지국가와 중산층, 한국에의 교훈」. 한국사회학회 엮음.『기로에 선 중산층: 현실진단과 복원의 과제』. 서울: 인간사랑.

_____. 2011a.「사회서비스형 복지국가전략의 지속가능성」. ≪경제논집≫, 50(3): 263~293.

_____. 2011b.「사회정책 욕구 및 인식조사」. 서울대학교 사회정책연구그룹.

_____. 2012.「복지정치 활성화 과정에서의 국민인식 변화 연구」. ≪재정포럼≫, 189: 61~73.
안상훈(편). 2015.『한국 사회의 이중구조와 생애주기적 불평등』. 서울: 집문당.
안상훈 외. 2007a.「미래 한국의 경제사회정책의 쟁점과 과제」. 한국노동연구원.
_____. 2007b.「지속가능한 한국의 복지국가 비전과 전략」. 보건복지부 연구용역 보고서.
_____. 2011.「고용·복지 연계형 사회정책 개혁전략: 공정사회를 위한 비전과 원칙」. 고용노동부 연구용역 보고서.
이재혁. 2006.「신뢰와 시민사회」. ≪한국사회학≫, 40(5): 61~98.
정해식·안상훈. 2011.「사회의 질 하위 영역간의 관계에 관한 연구: 사회경제적 안전성과 사회적 응집성을 중심으로」. ≪사회복지연구≫, 42(2): 205~233.
최준욱. 2009.「남북한 경제통합이 재정에 미치는 영향」. ≪재정포럼≫, 158: 6~18.
통계청. 2005.7.11.「세계 및 한국의 인구현황」. '세계인구의 날' 관련 보도자료.
_____. 2009.「OECD 세계포럼의 이해: 제1권 역대 주요 발표문 발췌·요약집」.
Albert, M. 1991. *Capitalisme contre capitalisme*. Paris: Seuil.
Berger, S. and R. Dore(eds.). 1996. *National Diversity and Global Capitalism*. Ithaca, NY: Cornell University Press.
Crouch, C. and W. Streek(eds.). 1997. *Political Economy of Modern Capitalism: Mapping Convergence and Diversity*. London: Sage.
DiMaggio, P. and W. Powell. 1983. "The Iron Cage Revisited: Institutional Isomorphism and Collective Rationality in Organizational Fields." *American Sociological Review*, 48: 147~160.
Esping-Andersen, G. 1990. *The Three Worlds of Welfare Capitalism*. Princeton: Princeton University Press.
_____. 1999. *Social Foundations of Postindustrial Economies*. Oxford: Oxford University Press.
Fukuyama, F. 1995. *Trust: The social virtues and the creation of prosperity*. New York: The Free Press.
Goldthorpe, J. H.(eds.). 1984. *Order and Conflict in Contemporary Capitalism*. Oxford: Claredon Press.
Hall, P. A. and D. Soskice(eds.). 2001. *Varieties of Capitalism: The Institutional Foundations of Comparative Advantage*. New York: Oxford University Press.
Hall, Peter. 1999. "The Political Economy of Europe in an Era of Interdependence."

in Herbert Kitschelt et al.(eds.). *Continuity and Change in Contemporary Capitalism*. Cambridge University Press: 135~163.

Hollingsworth J. R. and R. Boyer. 1997. "Coordination of Economic Actors and Social Systems of Production." in J. R. Hollingsworth and R. Boyer.(eds.) *Contemporary Capitalism: The Embeddedness of Institutions*. New York: Cambridge University Press.

Hollingsworth J. R., P. C. Schmitter and W. Streek(eds.). 1994. *Governing Capitalist Economies: Performance and Control of Economic Sectors*. New York: Oxford University Press.

Huber, E. and J. D. Stephens. 2001. *Development and Crisis of the Welfare State: Parties and Policies in Global Markets*. Chicago: The University of Chicago Press.

ISSP(INTERNATIONAL SOCIAL SURVEY PROGRAMME). 2006. Database: Role of Government. Survey IV. Available at http://www.issp.org

Iversen, T., J. Pontusson and D. Soskice(eds.). 2000. *Unions, Employers, and Central Banks: Macroeconomic Coordination and Institutional Change in Social Market Economies*. New York: Cambridge University Press.

Lembruch, G. and P. C. Schmitter(eds.). 1982. *Patterns of Corporative Policy-Making*. London: Sage.

LIS(Luxembourg Income Study). 1985~2000. Database: Luxembourg Income Study. Survey II(1985), III(1990), IV(1995), V(2000). Available at http://www.lisdatacenter.org

Mishra, R. 1984. *The Welfare state in crisis: social thought and social change*. Brighton: Harvester.

Nee, V. and P. Ingram. 1998. "Embeddedness and Beyond: Institutions, Exchange, and Social Structure." in M. C. Brighton and V. Nee(eds.). *The New Institutionalism in Sociology*. Stanford: Stanford University Press.

OECD. 2009. Database: Social Expenditure Statistics Database. Paris: OECD. Available at http://www.oecd.org/social/expenditure.htm

_____. 2010a. Database: National Accounts Statistics Database. Paris: OECD. DOI: 10.1787/na-data-en.

_____. 2010b. Database: Social and Welfare Statistics Database. Paris: OECD. DOI: 10.1787/socwel-data-en.

_____. 2011. Database: Tax Statistics Database. Paris: OECD. DOI: 10.1787/tax-data-en.

_____. 2012. Database: Employment and Labour Market Statistics. Paris: OECD. DOI: 10.1787/lfs-data-en.

Piore, M. J. and C. F. Sabel. 1984. *The Second Industrial Divide*. New York: Basic Books.

Rothstein, B. and S. Steinmo. 2002. "Restructuring politics: Institutional Analysis and the Challenges of Modern Welfare States." in B. Rothstein and S. Steinmo(eds.). *Restructuring the Welfare State*. New York: Palgrave Macmillan.

Schmitter, P. C. and G. Lembruch(eds.). 1981. *Trends Toward Corporatist Intermediation*. Beverly Hills, CA: Sage.

Soskice, D. 1991. "The Institutional Infrastructure for International Competitiveness: A Comparative Analysis of the UK and Germany." in A. B. Atkinson and R. Brunetta(eds.). *Economies for the New Europe*. London: Macmillan.

_____. 1999. "Divergent Production Regimes: Coordinated and Uncoordinated Market Economies in the 1980s and 1990s." in H. Kitschelt et al.(eds.). *Continuity and Change in Contemporary Capitalism*. Cambridge: Cambridge University Press.

Titmuss, R. M. 1974. *Social policy: An introduction*. London: Allen & Unwin.

Yee J. and D. Chang. 2009. "Social Quality as a Measure for Social Progress." Paper presented at the 3rd OECD World Forum.

제10장 사회의 질 연구와 한국사회 발전

김경동. 2002.『한국사회발전론』. 집문당.

김진현. 2008.「대한민국 근대화혁명의 승화」. ≪선진화정책연구≫, 1(1): 3~21.

≪매일경제신문≫. 2011.3.29. "[view point] '善인프라' 왜 중요한가".

박기웅. 2010.「사회의 질 영역의 시기별 변화에 대한 분석: OECD국가의 시계열 데이터를 중심으로 1990~2007」. 미발표논문.

이재열. 2007.「외환위기 10년, 한국사회의 질은 어느 수준까지 왔나」. 정운찬·조홍식 엮음.『외환위기 10년, 한국사회 얼마나 달라졌나』. 서울대학교 출판부.

_____. 2013.「사회의 질 비교를 통해 본 한국형 복지모델: 독일, 스웨덴 복지는 우리가

따라가야 할 표본인가?」. 최병호 외. '한국형 창조복지의 탐색을 위한 기초연구'. 한국보건사회연구원 수시보고서 2013-11.
전상인. 2008.「앵그리 시대의 사회갈등과 사회통합」. 철학문화연구소. ≪철학과 현실≫, 76: 30~40.
_____. 2015.「사회의 질, 경쟁, 그리고 행복」. ≪아시아리뷰≫, 4권 제2호(통권 8호).
정진성 외. 2009.『한국사회의 트렌드를 읽는다』. 서울대학교 출판문화원.
Abbott, Pamela and Claire Wallace. 2011. "Social Quality: A Way to Measure the Quality of Society." *Social Indicators Research*, DOI: 10.1007/s11205-011-9871-0
Acemoğlu, Daron and James A. Robinson. 2006. "Economic backwardness in Political Perspective." *American Political Science Review*, 1001.
Acemoğlu, Daron, Simon Johnson and James A. Robinson. 2005. "Institutions as a fundamental cause of long-run growth." Philippe Aghion and Steven N. Durlauf (eds.). *Handbook of Economic Growth*, Vol.1. Elsevier.
Beck, Wolfgang, Laurent J. G. van der Maesen, Fleur Thomese and Alan Walker (eds.). 2001. *Social Quality: A Vision for Europe*.
Beck, Wolfgang, Laurent J. G. van der Maesen and Alan Walker. 1997. "Theorizing Social Quality: The Concept's Validity." in Wolfgang Beck, Laurent J. G. van der Maesen and Alan Walker(eds.). *The Social Quality of Europe*. The Hague: Kluwer Law International.
Bonoli, Giuliano. 2007. "Time matters. Postindustrialisation, new social risks and welfare state adaptation in advanced industrial democracies." *Comparative Political Studies*, 40: 495~520.
Easterlin, R. A. 1974. "Does Economic Growth Improve the Human Lot?" in Paul A. David and Melvin W. Reder(eds.). *Nations and Households in Economic Growth: Essays in Honor of Moses Abramovitz*. New York: Academic Press, Inc.
_____. 2001. "Income and happiness: towards a unified theory." *Economic Journal*, 111.
Hirsch, Fred. 1976. *Social Limits to Growth*. Harvard University Press.
Inglehart, R. 1997. *Modernization and Postmodernization*. Princeton University Press.
Inglehart, R. and H.-D. Klingermann. 2000. "Genes, culture, democracy and happiness." in E. Diener and E. M. Suh(eds.). *Subjective Well-being Across Cultures*. Cambridge, MA: MIT Press.
Inkeles, Alex and David Horton Smith. 1974. *Becoming Modern: Individual Change*

in Six Developing Countries. Harvard University Press.

Noll, H. 2002, "Towards a European system of social indicators: Theoretical framework and system architecture." *Social Indicators Research*, 58: 47~87.

North, Douglas. 1990. *Institutions, Institutional Change and Economic Performance*. Cambridge: Cambridge University Press.

Ritzer, George. 1981. *Toward and Integrated Sociological Paradigm*. Boston: Allyn and Boston.

Sen, Amartya. 1999. *Development as Freedom*. Anchor Books.

So, Alvin Y. 1990. *Social Change and Development: Modernization, Dependency, and World-System Theories*. Newbury Park, CA: Sage Publications, Inc.

van der Maesen, Laurent J. G. and Alan Walker. 2005. "Indicators of Social Quality: Outcomes of the European Scientific Network." *European Journal of Social Quality*, Vol.5, Issue 1/2.

Wallace, Claire, and Pamela Abbott. 2007. "From Quality of Life to Social Quality: Relevance for Work and Care in Europe." *Calitatea Vietii Revista de Politici Sociale*, Vol.18, No.1-2: 109~123.

Wallerstein, Immanuel. 1974. *The Modern World-System*. New York: Academic Press.

Yee, Jaeyeol, and Dukjin Chang. 2011. "Social Quality as a Measure for Social Progress." *Development and Society*, Vol.40, No.2.

기획

서울대학교 사회발전연구소

서울대학교 사회발전연구소는 1965년에 설립되어 2015년에 50주년을 맞이한 전통 있는 연구기관이다. 설립 이래 지금까지 한국 사회가 요청하는 시대적 과제를 외면하지 않고 그에 대한 사회과학적 해답을 제시하는 연구를 꾸준히 진행해왔다. 인구문제가 가장 중요한 사회정책적 과제였던 1960년대부터 인구학 분야의 연구를 개척했으며, 체계적인 사회조사를 가장 먼저 도입하기도 했다. 1970년대에는 빠른 산업화와 더불어 등장한 산업사회와 노동 관련 연구를, 1980년대에는 민주화와 더불어 시작된 정치사회적 변동에 관한 연구를 진행했다. 1990년대에는 정보통신 및 이주, 가족, 여성 등 우리 사회의 다양한 소수자에 대한 연구를 포괄했으며, 2000년대 이후에는 고령화 및 양극화 등 한국 사회의 장기 추세 변화에 대한 연구를 진행해왔다. 2007년부터는 세계 여러 나라들과의 사회모델 비교를 통해 경제위기, 노동시장 거버넌스, 위험사회 등 다양한 영역에서 한국 사회 발전을 위한 정책적 대안을 제시해왔다.

http://www.isdpr.org

지은이

구혜란

이화여자대학교 사회학과를 졸업하고 동 대학원에서 석사학위를, 시카고대학교에서 사회학 박사학위를 취득했다. 성균관대학교 동아시아학술원 연구교수와 한국사회과학자료원 원장을 지냈으며, 현재 서울대학교 사회발전연구소 연구교수로 재직 중이다. 사회과학방법론과 국제비교연구에 관심이 있으며 주요 논문으로 「위험인식의 집단 간 차이」(2010), 「지역사회의 질 수준과 격차」(2013), 「공공성은 위험수준을 낮추는가? OECD 국가를 중심으로」(2015) 등이 있다.

남은영

서울대학교 사회학과를 졸업하고 동 대학원에서 사회학 석사·박사학위를 취득했다. 현재 서울대학교 아시아연구소 선임연구원이며, 아시아연구소 정기학술지 ≪아시아리뷰≫의 책임편집을 맡고 있다. 관심분야는 사회계층, 소비사회학이다. 주요 논저로 「외환위기 이후 계층의 양극화」(2009), 「한국 중산층의 소비문화: 문화자본과 사회자본의 함의를 중심으로」

(2010),『한국사회 변동과 중산층의 소비문화』(2011), “Class, Cultural Capital and Cultural Consumption: Exploring the Effects of Class and Cultural Capital on Cultural Taste in Korea”(2011, 공저), 「행복감, 사회자본, 여가: 관계형 여가와 자원봉사활동의 함의를 중심으로」(2012, 공저), 「이태리 사회경제적 위기: 복지모델과 사회갈등을 중심으로」(2013), “Social Risks and Class Identification after the Financial Crisis in Korea”(2013), 『나눔의 사회과학』(2014, 공저), 「한국, 독일, 이탈리아 친복지태도 비교연구: 제도인식의 영향을 중심으로」(2014, 공저) 등이 있다.

정해식

서울대학교 사회복지학과를 졸업하고 동 대학원에서 박사학위를 취득했다. 현재 한국보건사회연구원 사회정책연구본부 사회통합연구센터 부연구위원으로 재직 중이다. 주요 연구 분야는 사회보장, 비교사회정책, 사회통합 등이다. 주요 논저로 「이탈리아 연금개혁의 정치와 노동조합의 역할」(2008, 공저), 「한국 퇴직연금제도 도입에 관한 연구」(2009, 공저), 「사회의 질 하위영역간의 관계에 관한 연구: 사회경제적 안전성과 사회적 응집성을 중심으로」(2011, 공저), 「OECD 주요 국가의 사회의 질 수준에 관한 비교 연구」(2013) 등이 있다.

안상훈

스웨덴 웁살라대학교에서 사회정책학으로 박사학위를 취득한 후, 현재 서울대학교 사회복지학과 교수로 재직 중이다. 2013년에는 제18대 대통령직인수위원회 고용복지분과 인수위원으로 활동했으며, 대통령 직속 국민경제자문회의 민생경제분과위원장과 사회보장위원회 위원을 역임했다. 지속적으로 한국의 사회보장문제에 관심을 가지고 국가 간 사회정책 비교방법론을 통해 연구를 진행해온바, 복지국가 전략과 복지정치, 복지거버넌스 등의 주제들에 천착해왔다. 최근에는 사회적 경제의 틀 안에서 첨단복지기술을 활용해 사회서비스 전달체계를 새롭게 구축하는 방안과 함께, 복지국가 전환기에 놓인 한국에서 다양한 정책 주체들이 참여하는 사회적 대타협 도출방안이라는 두 가지 주제에 학문적 노력을 집중하고 있다. 주요 논저로 『현대 한국복지국가의 제도적 전환』(2010), “Dynamic Cleavages of ‘Welfare Rights and Duties’ in Public Attitude towards Old-Age Pensions: A comparative study”(2014, 공저) 등이 있다.

정병은

연세대학교 사회학과를 졸업하고 동 대학원에서 석사·박사학위를 취득했다. 한국여성정책연구원 객원연구원, 한림대학교 고령사회연구소 전임연구원, 성균관대학교 서베이리서치

센터 연구교수를 역임하고, 현재 서울대학교 사회발전연구소 선임연구원으로 재직 중이다. 현재는 인권사회학, 장애의 사회학, 사회적 경제 등에 관심을 가지고 연구 중이다. 주요 논저로 「한국의 사회의 질과 복지체계」(2013), 『장애아동의 문화예술: 권리이해와 실태보고』(2013), 『인권사회학』(2013), 「네덜란드의 홍수 위험 극복과 공공성: 1953년 대홍수와 이중학습의 진전」(2015), 『세월호가 우리에게 묻다: 재난과 공공성의 사회학』(2015) 등이 있다.

김주현

서울대학교에서 사회학 석사·박사학위를 취득했으며 일본 와세다대학교에서 박사후 과정을 마쳤다. 서울대학교 사회발전연구소 연구교수를 지냈고, 현재 충남대학교 사회학과 교수로 재직 중이다. 주요 관심분야는 노년사회학, 인구학, 노인복지, 사회정책이다. 최근 논문으로 「연령주의(Ageism)척도의 개발 및 타당성 연구」(2012), 「韓国と日本のエイジズム(Ageism)の構造と影響要因の比較」(2013) 등이 있다. 한국의 사회의 질 연구에서는 독일 사례연구를 통한 합의적 거버넌스 분석[「사회의 질과 사회적 합의 지향성의 효용: 독일의 경제위기 극복사례」(2013)]과 동아시아 4개국의 일-가족 갈등에 대한 비교연구["Do Part-Time Jobs Mitigate Workers' Work-Family Conflict and Enhance Wellbeing? New Evidence from Four East-Asian Societies"(2015)]를 수행했다.

정민수

연세대학교 사회학과 및 법학과를 졸업하고 서울대학교 보건대학원에서 보건학 박사학위를 취득했으며, 미국 하버드대학교에서 박사후 과정을 수료했다. 대나-파버/하버드 암센터 연구위원을 역임했으며, 현재 동덕여자대학교 보건관리학과 교수로 재직 중이다. 주된 연구관심은 인구집단의 건강수준, 질병, 건강행동에 다양한 사회적 맥락요인이 어떻게 영향을 미치는가이다. "Does community capacity influence self-rated health? Multilevel contextual effects in Seoul, Korea"(2013), "Effect of information seeking and avoidance behavior on self-rated health status among cancer survivors"(2013), "Associations between health communication behaviors, neighborhood social capital, vaccine knowledge, and parents' H1N1 vaccination of their children"(2013), "Contextual effects of community mobilization and communication capacity as a positive factor for self-rated health status: A multi-level analysis"(2014) 등의 논문 수십 편을 국제저널에 발표했다.

조병희

서울대학교 사회학과를 졸업하고 동 대학원에서 석사학위를, 스탠퍼드대학교에서 사회학 석사학위를, 위스콘신-매디슨 대학교에서 사회학 박사학위를 취득했다. 계명대학교 사회학과 교수를 거쳐 현재 서울대학교 보건대학원 원장·보건사회학 교수로 재직 중이다. Social Quality Consortium in Asia 회원이고 사회정책학회 회장을 역임했으며 한국AIDS퇴치연맹 부회장을 맡고 있고 통계청 국가통계위원회 사회통계분과위원이기도 하다. 주요 연구분야는 의료전문직, 건강위험, 보완대체의학, 사회자본 등이다. 오랫동안 한 사회의 신체적·정신적·사회적 건강을 평가하는 방법과 전반적 건강수준을 향상시키는 방안에 천착해왔으며, 최근에는 보건영역을 넘어서 사회통합과 갈등의 문제를 고민하고 있다. 주요 저서로 『질병과 의료의 사회학』(2006), 『섹슈얼리티와 위험 연구』(2008) 등이 있다.

정진성

서울대학교 사회학과를 졸업하고 동대학원을 거쳐 미국 시카고대학교에서 사회학 박사학위를 취득했으며, 현재 서울대학교 사회학과 교수로 재직 중이다. 서울대학교 사회발전연구소 소장, 한국여성학회 회장, 한국사회학회 회장, 서울대학교 인권센터 초대센터장 등을 역임했으며 UN인권이사회 자문위원으로도 활동해왔다. 인권, 젠더, 역사 및 일본사회에 관심을 갖고, 특별히 일본군위안부문제, 재일동포 및 결혼이주에 관해 실천적·학문적 활동을 지속해왔다. 주요 저서에 『현대일본사회운동론』(2001), 『일본군성노예제』(2004), 『인권으로 읽는 동아시아』(2010, 공저), 『인권사회학』(2013, 공저) 등이 있다.

이재열

서울대학교 사회학과를 졸업하고 동 대학원을 거쳐 미국 하버드대학교에서 사회학 박사학위를 받았으며, 현재 서울대학교 사회학과 교수로 재직 중이다. 한림대학교 사회학과 교수, 워싱턴주립대학교 방문교수, 서울대학교 사회발전연구소장, 한국사회학회 연구이사 등을 역임했다. 최근에는 '성장사회'에서 '성숙사회'로 나가는 데 관심을 가지고 사회의 질 연구에 참여하고 있다. 한국사회의 연결망에 주목하여 네트워크사회에 관한 3부작 『한국사회의 연결망연구』(2004), 『한국사회의 변동과 연결망』(2006), 『네트워크사회의 구조와 쟁점』(2007) 등을 묶어냈고, 최근 논저로 "Social Capital in Korea: Relational Capital, Trust and Transparency"(2015), 『당신은 중산층입니까』(2015, 공저) 등이 있다.

한울아카데미 1823

한국 사회의 질

이론에서 적용까지

기 획 | 서울대학교 사회발전연구소
지은이 | 구혜란·남은영·정해식·안상훈·정병은·김주현·정민수·조병희·정진성·이재열
펴낸이 | 김종수
펴낸곳 | 도서출판 한울
책임편집 | 배유진

초판 1쇄 인쇄 | 2015년 9월 14일
초판 1쇄 발행 | 2015년 9월 28일

주소 | 10881 경기도 파주시 광인사길 153 한울시소빌딩 3층
전화 | 031-955-0655
팩스 | 031-955-0656
홈페이지 | www.hanulbooks.co.kr
등록번호 | 제406-2003-000051호

Printed in Korea.
ISBN 978-89-460-5823-1 93330 (양장)
ISBN 978-89-460-6058-6 93330 (학생판)

* 책값은 겉표지에 표시되어 있습니다.
* 이 책은 강의를 위한 학생판 교재를 따로 준비했습니다.
강의 교재로 사용하실 때에는 본사로 연락해주십시오.